KB070126

Discourses on
Character Education

인성교육의 담론

미래세대를 위한 지혜교육 탐색

김영래 저

학지사

이 저서는 2015년 정부(교육부)의 재원으로 한국연구재단의 지원을 받아 수행된
연구임(NRF-2015S1A6A4A01014141).

This work was supported by the National Research Foundation of Korea
Grant funded by the Korean Government(NRF-2015S1A6A4A01014141)

들어가는 말

필자가 비재(非才)에도 불구하고 이 책을 쓰게 된 동기는, 첫째로는 필자 자신의 교직경험으로부터 우러나온 교육자로서의 책임감 때문이고, 둘째로는 교육철학 및 인성교육 연구자로서 시대의 요청에 응답해야 한다는 학자로서의 소명감을 느꼈기 때문이다.

필자는 1980년대 중반부터 10년간 서울시내 고등학교에서 교편을 잡은 경험이 있다. 교단에 처음 섰을 때에 필자에게는 모든 학생이 사랑스럽게 보였고, 그래서 열정적으로 교직생활을 시작했다. 그러나 시간이 지나면서 점점 초심을 잃고 교직사회의 관행에 젖어 드는 스스로를 보면서 많은 고민을 하게 되었다. 필자 자신의 교육자적 소양이 어딘가 모르게 부족하다는 느낌이 들었고, 또한 학교사회도 무언가 잘못되어 있는 것 같다는 느낌을 갖게 되었지만 정작 무엇이 어떻게 잘못되었는지를 명확히 알 수가 없어 답답한 마음뿐이었다. 필자가 학교에 근무하고 있는 동안에 평교사협의회운동, 전교조운동이 일어났고 학교는 혼란에 빠져들었다. 학교교육에 대한 이러한 고민, 답답함, 혼란은 필자가 정든 교직생활을 10년 만에 접고 독일 유학을 떠나게 된 이유 중의 하나였다. 필자가 8년간의 유학생활을 마치고 돌아온 이후, 한국 학교교육에 나름의 해법을 제시해 보고자 노력을 했지만 현실은 녹록지 않았고, 세월이 흐를수록 본래의 뜻은 점점 희미해져 갔다.

그러던 중 우연한 기회에 필자가 20년 전에 담임을 맡았던 제자를 만나게 되었고, 그 제자의 연락으로 서울 종각 근처에 있는 한 음식점에서 같은 반 졸업생 7명과 함께 만나게 되었다. 모두 40줄을 바라보는 나이가 되어 있었지만 시간은 20년 전으로 돌아갔고, 밤늦게까지 이야기꽃을 피우느라 헤어질 줄을 몰랐다. 그중에 명수(가명)라는 아이(마흔 살 먹은 아이!)가 "선생님이 나를 기억하지 못하면 어떻게 하나." 하고 걱정을 하면서 왔다고 말했다. 다행히도 명수와 면담했던 기억이 즉시 떠올라서 그때의 일을 말해 주자 그 아이의 얼굴은 기쁨으로 상기되었다. 사실 명수는 고3 시절에 '학업성적이 우수한' 편이 아니었다. 한번은 그를 불러서 면담을 했는데, 자기가 몸이 약해서 병이 자주 나고, 수업 중이나 혼자 공부를 할 때에 자꾸 졸음이 오고, 또 잡념이 일어나서 공부에 집중하기가 어렵다며 어떻게 했으면 좋겠느냐는 하소연을 했다. 그런 그에게 필자는 "그래도 자꾸 노력하다 보면 나아지지 않겠느냐."라는 말밖에 해 줄 수 없는 무능한 담임교사였다. 그때 필자가 측은하지만 어찌할 도리가 없다는 생각을 갖고 대했던 그 아이는 이제 한 가정의 가장이자 개인사업자가 되어 어엿한 삶을 살고 있었다. 그 아이는 허약했고 공부도 잘하지 못했던 자신의 모습을 기억하고 있을 예전 담임교사에게 현재 자신의 당당한 모습을 보여 주는 것이 여간 기쁜 일이 아닌 것 같았다. 그러나 필자는 그 아이에게 해 준 것이 별로 없었다는 생각에 자괴감을 금할 길이 없었다.

사실 그 당시의 학교풍토로 볼 때, 공부 잘하는 아이 위주의 교실에서 명수 같은 아이들은 교사의 관심을 받기 어려웠다. 명문대 합격률의 제고가 끊임없이 강조되는 학교풍토 속에서 교사들은 집단최면에 걸린 듯 공부 잘하는 아이들을 만들어 내려고 전전긍긍한다. 공부를 잘하는 아이들은 언제나 교사들에게 관심의 초점이 되며, 교육력의 대부분이 그들에게 집중된다. 반면, 공부를 안 하고 수업에 저항하는(면학 분위기를 해치는) 아이들은 공부의 방해세력으로 간주되며, 교사는 이 방해꾼들과 끊임없는 실랑이를 하면서 미운 정 고운 정이 들게 된다. 반면에 얌전하고 순종적이지만 공부에는 두각을 나타내지 못하는 아이들은 관심의 사각지대(死角地帶)에 놓인다. 골치 아픈 문제를 일으키지도 않으며, 학급의 진학률을 높여 줄 가능성도 별로 없는 아이들이라고 생각하니 신경이 쓰이지 않는 것이다. 필자 자신도 이러한 의식에 젖어 교직생활을 했던 지난날들을 생각하며 몸서리를 쳤다.

아이들을 만난 후 며칠 동안 무엇이 문제였을까를 깊이 생각해 보았다. 학교의 풍토만이 문제가 아니라, 필자가 교육에 대한 안목(眼目)을 제대로 확립하지 못한 상태에서 교직사회에 들어간 것이 문제였다는 결론이 나왔다. 교육에 대한 확고한 견해가 없으니 기존의 관행에 속수무책으로 지배를 당할 수밖에 없었던 것이다. 물론 조직사회 속에서 한두 사람이 바른 생각을 갖고 있다고 하여 조직의 풍토를 지배하는 관행을 바꾸기는 어렵다. 그러나 한두 사람의 생각이 또 다른 사람에게 공감을 일으키고, 이렇게 하여 점점 더 많은 사람의 생각이 바뀌게 되면 결국에는 조직풍토까지 바꿀 수 있는 힘이 나올 수도 있을 것이다.

요컨대, 교육을 바꾸기 위해서는 교육에 대한 교육 당사자들의 안목이 바뀌어야 한다. 안목이란 단지 육안(肉眼)만을 의미하는 말이 아니며, 보는 작용의 바탕에 깔려 있는 생각, 지식, 감정, 의지가 모두 포함되어 있는 말이다. 다시 말해서, 우리는 세상을 단지 육안으로만 보는 것이 아니라 우리 자신이 가지고 있는 생각과 지식, 감정, 의욕들을 가지고 바라보는 것이다. 그러기에 같은 사안(예: 다문화가정 아동의 부적응 행동)을 보더라도 사람마다 다른 시각에서 보고 다르게 느낄 수 있는 것이 아닐까? 이처럼 우리가 세상을 바라보는 시각의 바탕을 이루고 있는 저마다의 생각의 틀을 헤르바르트(J. F. Herbart)는 '사고권(思考圈, circle of thought)'이라고 불렀다. 그는 우리가 어떠한 인간이 되느냐 하는 것은 어떠한 사고권을 형성하느냐에 달려 있다고 하였는데, 이러한 주장에 따르면 우리가 어떠한 교사가 되느냐 하는 것도 우리가 교육에 대하여 어떠한 사고권(또는 '안목'!)을 지니고 있느냐에 달려 있다는 말이 된다.

그런데 이러한 교육에 대한 안목은 단순히 교육학 지식을 많이 익히고 있다고 해서 생기는 것이 아니다. 우리가 지니고 있는 안목은 우리 마음에 심층적으로 각인되어 있는 생각, 감정, 의지, 신념 같은 뿌리를 지니고 있다. 그렇기 때문에 우리의 안목은 쉽게 형성될 수 없으며, 또한 한 번 생긴 안목은 쉽게 바뀌기도 어렵다. 따라서 우리가 자신의 교육에 대한 안목을 넓히고 발전시키려면 자신의 마음 깊은 곳에 자리 잡고 있는 교육에 대한 생각, 감정, 의지, 신념이 무엇인지를 스스로 되짚어 보고, 그 타당성과 적절성을 점검하는 일이 필요하다. 그런데 자신이 이미 지니고 있는 교육에 대한 안목은 자신의 자아의식과 한 덩어리가 되어 있어서 자각하기가 쉽지 않다. 마치 눈[眼]이 자신을 직접 볼 수 없듯이 말이다. 그런데 거울을 통하면 자기 눈을 볼 수 있듯이, 우리가 다른 사람의 교육에 대한 안목을 볼 수 있으면 그것을 거울삼아 우리 자신의 안목을 알아볼 수 있다. 이것이 우리가 교육에 대한 뛰어난 안목을 그려 낸 교육사상가들의 작품을 연구해야 하는 이유이다.

책의 제목으로 인성교육이라는 화두를 빼 들었다. 필자는 진정한 인성교육은 교육의 전체 장면에서 이루어져야 한다는 신념을 가지고 있다. 모든 교육적 노력이 인간다운 인간을 길러 내는 일로 수렴되어야 한다. 그러나 인간은 사회 속에서 자기보존을 할 수 있어야 인간답게 살아갈 수 있으므로, 이를 위한 실용적 교육(사회적·직업적 성공을 위한 교육)도 또한 넓은 의미의 인성교육이라고 볼 수 있다. 따라서 실용교육만 편협하게 강조하는 것도 문제이지만, 실용교육과 구별되는 좁은 의미의 인성교육만 강조하는 것도 한국의 교육을 정상 궤도에 올려놓는 데에 별로 도움이 되지 않는다. 인성교육과 실용교육이 지금처럼 상충되는 구도에 갇혀 있는 한 인성교육의 문제는 해결되기 어려울 것이기 때문이다. 우리의 아이들이 진정으로 '성공적인 삶'을 살아갈 수 있게 하기 위해서는 실용교육만 하지 말고, 인간성을 잘 가꾸어 주는 인성교육까지 해야 한다. 그리고 이 양 축이 유기적인 연관관계를 가질 때 교육의 상승효과가 나타날 것이라고 필자는 믿는다.

교육자가 교육에 대한 주체적인 안목을 갖추어야 하듯이, 아동·청소년들도 교육자의 안내를 받아 삶과 세계에 대한 주체적인 안목을 길러야 한다. 그래야만 그들이 미래사회 속에서 자기중심을 잡고 스스로의 삶을 이끌어 갈 수 있을 것이기 때문이다. 커다란 변화가 예상되는 미래사회에서 우리의 아동·청소년이 성공적으로 살아가기 위해서는 자기를 보존하면서 타인들과 조화롭게 공생, 상생할 수 있는 지혜의 계발이 그 어느 때보다 중요하며, 이것이 곧 인성교육의 핵심 과제라고 필자는 판단한다. 그래서 이 책의 부제를 '미래세대를 위한 지혜교육 탐색'이라고 붙여 보았다.

앞서 언급한 바와 같이, 본 저술의 핵심의도는 교육자들(교사와 학부모)이 인성교육에 대한 안목을 형성·발전시키는 데에 도움을 주기 위함에 있다. 이에 따라 필자의 능력이 허락하는 한 인성교육에 관한 다양한 관점(동양과 서양, 전통과 현대, 또는 모던과 포스트모던 등)을 제시하고자 노력하였다. 그러나 필자의 전공(독일교육철학)적 한계로 인하여 서양의 인성교육사상을 많이 다루었으며, 동양의 인성교육사상은 비교적 간략하게 다룰 수밖에 없었다. 따라서 인성교육에 대한 깊은 관심을 가진 동양학 전공자가 나머지 미흡한 반쪽에 대한 보완작업을 해 주실 것을 기대한다. 물론 서양적 관점에 대해서도 많은 보완이 필요함은 더 말할 나위도 없다. 이 책에서 펼쳐지는 이야기들이 교육자 여러분의 인성교육에 대한 안목을 비춰 볼 수 있게 하는 거울이 되고, 그 안목을 튼실하게 키우기 위한 양식이 되기를 바랄 뿐이다.

끝으로, 이 책을 활용하는 방법에 대한 제언을 덧붙이고자 한다.

이 책은 전문적인 학술연구자보다는 교육자(교사와 학부모)와 일반 교양인을 위해 썼다. 그러나 탈고를 하고 보니 몇몇 단원의 내용은(특히 하이데거와 니체, 프로이트 등) 일반 교양인에게는 다소 어렵게 느껴질 수도 있다는 생각이 들었다. 그 이유는 필자의 역량이 부족하기 때문이기도 하고, 해당 주제 자체가 난해하기 때문이기도 하다. 또한 분주하고 복잡한 삶을 영위하는 현대인에게 이 책의 분량이나 목차가 담고 있는 주제들의 수가 부담스러울 수도 있다는 생각도 들었다. 이러한 사정을 감안하여 이 책을 이용하는 몇 가지 방법을 제시해 보고자 한다.

첫째, 적은 시간을 투자하여 본 저술의 핵심의도를 파악하기를 원하는 독자는 서론 부분을 읽고 나서, 제2장, 제3장, 제4장의 마지막 절을 읽어 나가시기 바란다('제2장 5. 모던적 인성교육 기획의 현재화 가능성 탐색'/'제3장 5. 모던과 포스트모던 인성교육 담론의 통합 가능성 탐색'/'제4장 4. 영성사상의 인성교육에 대한 의미'). 그다음에 '제5장 통합적 인성교육의 시론'을 읽으면 된다.

둘째, 그러나 위와 같이 요약된 내용들만 읽어서는 각 주제에 대한 심도 있는 사유를 체험할 수 없다. 그러므로 전체를 통독하기 부담스러운 독자는 목차를 보고 관심 있는 주제부터 읽어 나가시기 바란다.

셋째, 이 책의 독자가 교육철학 또는 인성교육을 전공하는 석·박사 과정생들이나 기성학자라면 이 책의 내용을 분석적-비판적으로 읽어 주시기를 바란다. 나아가 필자에게 책 내용에 대한 질의나 토론을 청해 오신다면 기쁜 마음으로 응하겠다. 물론 현장교육자들이나 일반 교양인이 이러한 비판적 독서와 토론에 참여해 주신다면 필자의 기쁨은 배가(倍加)될 것이다.

  끝으로, 많은 각주도 독자에게 부담을 줄 수도 있을 것 같다. 학술연구자가 아닌 일반 독자는 본문 내용의 이해를 위해 꼭 필요한 경우만 각주를 읽어 보시기 바란다.

2019년 봄

저자 김영래

차례

◆ 들어가는 말 _ 3

제1장 서론 ◆ 13

1. 왜 인성교육의 담론이 필요한가 ······ 15
2. 인성의 기본개념 ······ 17
3. 인성교육 유형들에 대한 검토 ······ 19
4. 지능정보사회의 도전과 인성교육 ······ 26
참고문헌 ······ 31

제2장 모던적 인성교육의 기획: 이성과 감성의 조화 ◆ 35

1. 루소: 자기보존의 인성교육 ······ 37
2. 칸트: 이성적 자율성의 계발로서의 인성교육 ······ 64
3. 헤르바르트: 통합적 인성교육의 기획 ······ 90
4. 듀이: 전인적 성장으로서의 인성교육 ······ 113
5. 모던적 인성교육 기획의 현재화 가능성 탐색 ······ 127
참고문헌 ······ 130

제3장 포스트모던적 인성교육의 가능성: 사유와 욕망의 결합 ◆ 135

1. 니체 '자유정신'의 인성교육론적 의미 ······ 137
2. 하이데거의 '존재사유'와 인성교육 ······ 166
3. 프로이트 무의식이론의 인성교육론적 해석 ······ 196
4. 라캉의 관점에서 본 인성교육 ······ 216
5. 모던과 포스트모던 인성교육 담론의 통합 가능성 탐색 ······ 226
참고문헌 ······ 232

제4장 인성교육의 새로운 지평으로서의 영성교육 ◆ 237

1. 마이스터 에크하르트의 기독교적 영성수행론 ······ 240
2. 선불교의 영성수행론 ······ 253
3. 유교의 영성수행론 ······ 268
4. 영성사상의 인성교육에 대한 의미 ······ 279
참고문헌 ······ 284

제5장 통합적 인성교육의 시론 ◆ 287

1. 통합적 인성개념의 획득을 위한 인간학적 탐구 ······ 289
2. 통합적 일반교육학의 시론 ······ 303
참고문헌 ······ 329

제6장 **인성교육의 방법론** ◆ 333

1. 인문학적 스토리텔링을 통한 인성교육　　　　　　…… 335
2. 사회정서학습을 통한 인성교육　　　　　　　　　…… 353
참고문헌　　　　　　　　　　　　　　　　　　…… 368

◈ 나가는 말 _ 371
◈ 찾아보기 _ 375

제1장

서론

1 왜 인성교육의 담론이 필요한가

　본론에 들어가기에 앞서서 제목에 대한 해명을 먼저 하는 것이 필요할 것 같다. 20세기 후반에 와서 담론(談論, discourse)이라는 말이 새롭게 주목받기 시작한 것은 말과 권력의 관계가 새롭게 인식된 결과였다(Clement, 1996: 70). 말, 특히 학문적 언어가 사람들의 사고와 행위에 크고 작은 영향을 미친다는 일상적인 현상이 다시 주목을 받게 된 것이다. 그런데 어떤 학문적 언어는 사람들에게 커다란 영향을 미치는 반면, 어떤 학문적 언어는 그렇지 못하다. 그 이유는 무엇일까? 전통사회에서는 그 이유가 주로 학문언어 자체의 진리성 여부와, 이 진리성을 사람들에게 이해시키고 설득할 수 있는 역량의 여부에 있다고 생각한 것 같다.

　그러나 고대 이래의 학문사적 변화를 경험한 현대인들은 특정 학문적 입장들의 (절대적·보편적) 진리성 주장을 더 이상 쉽게 수긍하지 않게 되었다. 사람들은 예전처럼 학문이나 학자의 권위를 크게 인정하지 않는다. 칸트나 듀이의 진리가 중요한 것이 아니라, 지금 여기에 있는 나와 우리에게 의미 있는 언어(진리)가 무엇이냐가 중요하다. 현대인들은 이러한 언어에 공감하며 기꺼이 받아들인다. 그 결과, 칸트와 듀이의 진리가 사람들을 움직이기보다는 사람들이 스스로 공감하면서 받아들인 언어가 그들을 움직인다. 요컨대, 오늘날에는 특정 담론의 절대적·보편적 진리성을 말하기 어렵게 되었다. 다만 다양한 담론이 생산되고 경쟁하며 성쇠(盛衰)를 겪는 일이 반복되고 있다. 이러한 현대적 상황 속에서 학문이 사람들을 움직여서 어떤 개인적·사회적 목표를 이루도록 하고자 한다면(교육학이 바로 그러한 학문 중의 하나이다), 담론화(談論化)의 길을 피해 갈 수 없을 것이다.

어떤 학문적 입장이 담론화에 성공하기 위해서는 해당 학문적 입장의 진리성(타당성)과 시대적·사회적 적합성을 입증하고 설득할 수 있어야 하는 것 외에도, 해당 영역에 그때그때 새롭게 떠오르는 사유 언어들과 방법들을 참작하면서 부단히 새롭게 갱신됨으로써 사람들의 관심을 매번 불러일으킬 수 있어야 한다. 왜냐하면 어떤 담론이 사람들에게 진부함을 느끼게 하는 순간부터 그 담론은 힘을 잃기 시작할 것이기 때문이다. 그러나 이것만으로 충분하지 않다! 담론이 살아 움직이면서 본래 의도한 과업을 달성하기 위해서는 또한 담론 소비자들의 욕망과 어떤 형태로든지 연결 상태를 유지해야 한다. 담론의 진리성에 대한 확신만으로 담론에 충성을 바치는 현대인들은 많지 않으며, 그들의 욕망 실현에 도움이 된다고 여겨질 때 비로소 자발적으로 수용하는 사람들이 많다는 것은 경험적인 사실이다.[1]

이상의 논의에 비추어 볼 때, 인성교육이 우리 사회에서 성공적으로 실현되기 위해서는 시대적 삶의 상황에 적합한 인성교육 담론이 개발되어 우리 사회의 주류담론으로 정착될 때까지 지속적으로 공동의 노력이 이루어져야 하며, 주류담론으로 정착한 뒤에도 변화하는 인간 삶의 상황과 사유지평을 참작하면서 지속적으로 갱신되어야 한다는 점이 분명

---

1) 담론화 성패의 조건으로는 그 밖에도 소속사회의 권력(정치권력과 경제권력뿐만 아니라 언론이나 여론 등 사회적 영향력을 모두 포함한 의미의 권력)의 지지 여부도 고려될 수 있을 것이다.

해 진다. 이와 같은 지속적인 담론화를 통하여 인성교육에 대한 사회적 공감과 합의가 이루어져야만 인성교육은 확고하게 자리를 잡을 수 있을 것이다.

이러한 인성교육 담론화의 작업은 궁극적으로 인성교육에 대한 교육담당자들의 주체적 안목 형성으로 수렴된다. 인성교육의 실질적인 주체이며 담당자인 교육자들은 우리 사회 안에서 이루어지고 있는 인성교육 담론화의 과정에 주체적으로 참여하면서 스스로 인성교육의 근거, 방향, 방법 등에 대한 모색과 고민을 계속해 나가야 한다. 인성교육에 대한 안목은 타인이 제공해 줄 수 없는 것이며, 교육자 스스로가 형성·발전시켜 나가야만 하는 것이기 때문이다. 교육자가 인성교육에 대한 자신의 주체적이고 고유한 안목을 갖출 때, 그는 비로소 아이들의 인성계발의 동반자, 안내자가 될 수 있을 것이다.

2 인성의 기본개념

인성교육에 대한 그동안의 이론적 연구들과 실천들에도 불구하고, 우리 사회 안에서 인성교육에 대한 이론적 명료화와 이에 대한 폭넓은 합의가 잘 이루어지지 못하고 있다. 이러한 상황은 인성교육의 실천에도 혼란과 장애를 초래하는 요소이므로 시급히 해소되어야 할 것이다.

우리말에서 인성이라는 용어는 본래 유학(儒學)에서 유래한 것이라고 볼 수 있는데, '인성(人性)', 즉 인간의 '심성(心性)'이란 유가(儒家)에서 말하는 마음의 요소인 심(心), 성(性), 정(情), 의(意)를 포함하는 개념이다 (박의수, 2007: 7f.). 이 가운데에서 심(心)과 성(性)은 보다 선천적이고 근원적인 마음의 부분을 말한다면, 정(情)과 의(意)는 심(心)과 성(性)의 작

용이며 결과이니 대체로 후천적인 마음의 부분을 말한다.[2] 유가적 의미
의 인성교육은 따라서 마음의 후천적 부분인 정(情)과 의(意)를 잘 다스
려서 선천적인 부분인 심성(心性), 즉 천리(天理)에 상응하는 사단(四端:
仁義禮智)에 합당하도록 인간을 형성하려는 교육적 노력이라고 할 수 있
을 것이다.

그러나 실제로 우리말에서 인성이라는 용어는 인간본성이라는 의미
를 주로 환기시키는 것 같고, 이에 상응하여 우리 사회 안에는 인(간)성
은 타고나는 것이므로 교육을 통해 변화시킬 가능성이 별로 없다고 생
각하는 사람들이 적지 않은 것 같다. 그러나 이러한 견해가 옳지 않은
것임은 인류의 수많은 경험을 돌아보면 쉽게 드러난다. 사람의 성품은
환경과 상호작용하는 경험의 과정 속에서 지속적으로 영향을 받는 것이
분명하며, 한 인간의 인간다운 품성은 저절로 길러지기보다는 부모와
교육자 그리고 당사자 자신의 각고면려의 결과라는 증거를 무수히 많이
찾을 수 있기 때문이다.

인성교육이 인성에 변화를 가져올 수 있는 경험적 과정이 되기 위해서
는 인성의 개념도 인간의 인간다움을 발현할 수 있는 내적인 성품, 또는
심성(心性)과 아울러 이 내적인 성품이 드러나는 '태도(態度, attitude)'[3]를
아우르는 개념이 되어야 한다고 본다. 태도는 '마음가짐'과 이 마음가짐
에 따라 나타나는 '외적인 거동'을 포함한다. 그리고 이러한 의미의 태도야
말로 인성의 경험적 부분이며, 교육 행위를 통해서 영향을 미칠 수 있는
부분이다.[4] 개인의 성품 또는 심성이란 한 인간 존재의 근원적이고 심

---

2) 율곡에 따르면, "성(性)은 심(心)의 리(理)요, 정(情)은 심(心)의 동(動)이니, 정
(情)이 동(動)한 후에 정(情)으로 인하여 계교(計較)하는 것이 의(意)다."(율곡전
서 권14, 잡저1: 박의수, 2007: 7에서 재인용).

3) 태도의 사전적 정의는 "속의 뜻이 드러나 보이는 겉모양"이다(민중서림편집국,
1997: 2317).

충적인 차원을 말하는 것이므로 타인이 직접적인 영향을 주기는 쉽지 않으며, 따라서 인성교육이란 주로 태도에 영향을 줌으로써 간접적으로 심성의 함양에 기여하고자 하는 교육이라고 할 수 있다.

요약해 보면, 심성은 인간됨의 내적 바탕이요, 태도는 심성이 외적으로 드러나는 측면을 말하는데, 한 개인이 지니고 있는 태도와 심성은 그 사람의 삶의 기본적인 방향을 규정하는 요소라는 점에서 공통적이다. 따라서 태도와 심성은 인간됨의 겉과 속이라고 표현해 볼 수 있을 것이며, 이에 따르면 인성교육이란 인간됨의 겉과 속을 함께 배려하는 교육이라고 말할 수 있을 것이다.

3 인성교육 유형들에 대한 검토

그렇다면 이제 현대적 삶의 상황에 적합한 인성교육이란 어떤 것이어야 하는가에 대해 논의해 보기로 하겠다. 이를 위해서는 먼저 기존의 인성교육과 관련된 교육적 입장들을 유형별로 검토해 보는 것이 도움이 될 것이며, 이를 통해서 인성교육의 개념에 대한 명료화를 시도해 보겠다.

---

4) 이러한 의미에서 보면 태도(態度)는 유가에서 말하는 마음의 요소인 심, 성, 정, 의 가운데에서 정(情), 의(意)와 어느 정도 관련된다고 볼 수 있다. 그러나 태도는 어느 정도 이상의 지속성과 일관성을 보이는 개인의 특성이라고 볼 수 있으므로 인성의 개념을 명료화하는 데에 더 적합한 개념이라고 본다.

1) 학교교육과정의 운영을 통한 인성교육

우리나라 교육계에 퍼져 있는 인성교육에 대한 견해 중의 하나는 인성교육의 실패가 기존의 학교교육과정을 충실하게 운영하지 못한 데에 그 원인이 있다고 보는 의견이다(김명진, 2007a). 이러한 입장에서는 현행의 교육과정을 그 본래의 취지에 충실하게 운영하면 인성교육의 문제가 자연히 해결될 것이므로 인성교육을 위한 별도의 노력은 필요하지 않다고 주장한다. 실제로 기존의 학교교육과정에는 도덕, 윤리를 비롯하여, 문학, 역사, 사회, 예술, 체육, 생활지도, 상담 등 인성을 함양시킬 수 있는 분야들이 많이 있고, 또한 학교교육과정을 통하여 지적 · 정서적 · 신체적 성장 · 발달이 도모되고 있으므로 이러한 주장에 일리가 없는 것은 아니다. 그러나 이 경우에도 해당 과목 교사들(또는 모든 교사)이 인성교육에 대한 어느 정도 이상의 공통된 이해와 의지를 가지고 있어야 하며, 특히 교사 스스로가 자신의 인성함양에 힘쓰는 사람으로서, 성장세대가 교사의 말이 아닌, 교사 자신의 마음 씀과 태도, 행동을 보고 따를 수 있어야 인성교육의 효과를 거둘 수 있을 것이다. 따라서 현행 교과과정에 대한 기능적 운영만으로는 성장세대의 인성 형성을 기대하기는 어렵다. 더구나 현행의 교과교육과정이 불가피한 것으로 전제하고 있는 경쟁과 선발의 메커니즘은 인성교육의 커다란 제약요인이 아닐 수 없다. 경쟁을 통한 스트레스와 선발을 통한 좌절감의 누적, 그리고 그 과정에서 유발되는 허영, 자만, 경멸, 시기, 질투, 증오, 분노 등은 행복하고, 따뜻한 인성의 형성을 어렵게 할 것이 분명하기 때문이다.

2) 도덕-윤리교육을 통한 인성교육

학교교육과정 속에서도 특히 도덕-윤리교육이 주도적으로 인성교육을 담당해야 한다는 입장이 있다. 실제로, 그동안의 인성교육 관련 연구물들을 보면 도덕-윤리교육의 관점에서 인성교육의 가능성을 모색하고 있는 연구물들이 가장 많다(김명진, 2007b; 이석호, 2004; 조강모, 2010). 도덕-윤리 과목을 통하여 단지 지식으로 주입하는 것이 아니라 사례와 토론을 통한 가치 명료화, 체험활동, 역할극 등을 통하여 성장세대들에게 도덕-윤리의 의식을 고취하고, 도덕적 판단력을 길러 주며, 이를 행위 차원에서 구현해 가도록 성장세대를 이끈다면 올바른 인성교육이 될 수 있을 것이라는 주장은 나름대로 설득력이 없지 않다. 그러나 필자가 보기에 이러한 교육도 인성교육의 요구에 충분히 부응하기는 어렵다.

왜냐하면 기존의 도덕-윤리교육은 오늘날의 이른바 개방적 다문화사회 안에서 특정의 도덕-윤리의 입장을 정당화하기 어렵다는 문제를 안고 있을 뿐만 아니라, 정당화가 성공적으로 이루어진다고 하여도 어떻게 성장세대가 이를 수용적으로 인식하고 행위에 적용하여 조화로운 삶을 이룩할 수 있느냐 하는 더 큰 난제에 부딪히기 때문이다. 한 개인이 나름대로의 도덕-윤리의식을 지녔다고 하더라도 반드시 이에 따른 행동을 하는 것은 아니다. 오히려 많은 경우에 자신이 지니고 있는 도덕-윤리관과 개인적 욕구나 현실세계의 요구 사이의 괴리로 인하여 괴로워하고 방황하다가 도덕적인 삶을 상당 부분 포기하거나, 타인을 의식하여 도덕적 외관을 갖추려고 노력하지만 실제로는 표리부동한 삶을 사는 경우가 적지 않기 때문이다. 도덕적 인식능력과 행위능력 사이의 괴리가 클수록 무력감, 좌절감, 자기비하, 죄책감 등이 유발되며, 이러한 심리 상태는 자아정체감, 자존감, 행복감, 안정감 등을 빼앗아 버린다.

3) 인격[5]교육을 통한 인성교육

여기에서 윤리-도덕교육과 유사한 인격교육(人格敎育)을 통한 인성 형성의 가능성에 대해서도 잠시 숙고해 볼 필요가 있을 것 같다(금교영, 2004). 동양사상에서 인격은 인간으로서의 품격, 즉 "짐승과 다른 존재로서 덕을 행하는 '사람다움'"이다(진교훈 외, 2007: 5). 서양사상에서 인격(person)의 어원인 라틴어 페르소나레(persônare)의 본래 의미는 '분장(扮裝)' '가면(假面)'이었다. 그 이후 인격이라는 용어는 타고난 충동적 본

---

5) 그동안 국내학계에서는 영어의 personality와 character를 문맥에 따라 인격, 성격, 인성 등으로 다양하게 번역해 왔다. 그러나 많은 경우에 personality를 성격으로, character를 인격으로 번역하고 있다(서울대학교 교육연구소, 1999: 1620f.; 조강모, 2010: 7f.; 한국교육심리학회, 2001: 193f.). 그러나 두 용어의 어원으로 거슬러 올라가 볼 때, personality를 철학적·문화적·종교적 함의를 많이 지닌 '인격' 또는 '인격성'으로, character를 심리학적인 함의를 많이 지닌 '성격'으로 번역하는 것이 적합하다고 본다. personality의 어근인 person은 로마시대 후기에 쓰이기 시작한 persônare에서 유래한 것으로 보며, 그 본래의 의미는 '분장하다(verkleiden)' '가면(Maske)'의 의미였고, 이는 고대그리스어 πρόσωπον(prosôpon): '가면(Maske)' '역할(Rolle)' '인간(Mensch)'에서 유래한 것으로 보고 있다. 이것이 중세시대로 넘어오면서 종교적·철학적인 용어로 사용되어, '신격(神格, Gottesperson)'과 이에 상응하는 '인격(人格, Person)'을 의미하는 용어가 된 이래 근대와 현대에 이르기까지 대체로 보아 도덕적·문화적·종교적 주체로서의 개인(Individuum)의 의미로 사용되었고, 이러한 person의 근본 특성을 의미하는 말이 personality인 셈이다(Schischkoff, 1991: 548f.; Boehm, 1994: 530f.). character는 고대 그리스어 χαρακτήρ(charaktér)에서 유래한 말로 '각인(Praegestempel, Praegung)' '특징(Merkmal)' 등의 의미였다. 이로부터 '개인의 특성(die Eigenschaften eines Individuums)' '인격 특성(Persoenlichkeitseigenschaft)' 등의 의미가 파생되었으며, 인간의 근본 특성을 신화학적·의학적·철학적·심리학적으로 규명하려는 시도 속에서 사용되었다. 종합적으로 볼 때, 개인의 모든 삶의 표현들을 관통하는, 외부의 영향에 대항하여 지속적으로 존속하는 태도나 신조의 기본 특색, 인간의 행동방식, 또는 인격성과 도덕성의 핵심을 의미한다고 볼 수 있다(Boehm, 1994: 142; Schischkoff, 1991: 106). 이와 같은 고찰을 통해 볼 때, personality의 개념과 character의 개념은 서로 혼동되어 사용된 점이 없지 않음을 알 수 있다. 그러나 본 논문에서는 위에서 행한 어원적 고찰에 따라 personality는 인격(성)으로, character는 성격으로 번역할 것을 제안한다.

성을 가리는 지적(知的)·문화적 자아, 특히 도덕적·종교적 자아를 의미하는 용어가 되었으며, 칸트에 의해 인격개념이 이성적·도덕적 행위의 주체로 정립된 이래로 현대에 이르기까지 다양한 인격개념이 제시되었지만, 요컨대 인격이란 인간의 자연적 성향의 승화나 극복을 통해 형성되는 문화적·도덕적 자아를 이르는 말이라고 해도 크게 어긋나지 않을 것이다. 따라서 인격, 특히 바람직한 인격이란 요컨대 '인간에 대한 문화적 이상(理想)'에 근거한다고 볼 수 있는데, 문제는 변화가 빠른 다문화사회, 포스트모던사회에서 특정의 문화적 이상을 배타적으로 주장하기가 어려울 뿐만 아니라 보편적인 가치로 제시되는 문화적 이상을 개인의 타고난 성향과 접근시키는 일도 매우 어렵다는 것이다. 특히 세련된 문화적 이상을 수용하고 성찰하며, 그에 따라 개인의 삶을 꾸려 갈 수 있기 위해서는 당사자의 상당 수준의 문화적 소양이 요구되므로 성장세대들 간에 개인차가 크게 나타날 수밖에 없다. 이에 따라 인격교육은 결국 대중을 사실상 배제시키는 문화적 엘리트주의와 높은 수준의 문화적 이상들을 포기하고 대중의 욕구구조에 부합하는 이상들(우상들!)에 몰두하는 통속주의 사이의 양극화를 벗어나기가 어려울 것이다. 이상과 같은 문제들이 해결되지 않는다면 인격교육을 통한 인성함양의 효과는 매우 제한적이라고 하지 않을 수 없다.

4) 성격교육을 통한 인성교육

성격교육(性格敎育)이라는 용어는 우리 사회에서 별로 쓰이고 있지는 않지만, '성격'은 '인격'과 함께 '인성'과 인접한 개념으로서 고찰할 가치가 있다. 일반적으로 볼 때, 성격은 인격보다는 가치중립적인 개념이며, 철학적이기보다는 심리학적인 개념이라고 말할 수 있다. 따라서 성격교육이란 문화적·도덕적 이상에 따라 개인을 형성시키는 활동이라기보다는 자연적으로 주어지고, 경험적으로 확인되는 개개인의 마음의 활동(심리현상)과 행동 특성을 파악하고, 이를 지배하는 메커니즘, 법칙 및 구조 등을 알아내어 현실세계 안에서 조화로운 삶을 이루어 낼 수 있는 심리적 통제능력을 형성시키기 위해 노력하는 교육으로 개념화할 수 있다. 이러한 의미의 성격교육의 장점은—도덕교육이나 인격교육에서와 같이—개개인의 타고난 성향과 괴리된 규범이나 이상이 제시되는 대신에, 개인의 사실적인 심리활동의 조화를 위해 개인의 타고난 성향에 근접하는 발달목표가 제시되므로 목표달성의 실패로 인한 부작용의 가능성이 적다는 점일 것이다. 또한 심리적 조화가 주요 목표로 추구되므로 자아정체감, 자존감, 행복감, 안정감 등이 보다 용이하게 달성될 수 있고, 또한 이러한 심리적 안정성과 활력을 바탕으로 인간관계와 직업활동도 성공적으로 영위해 나갈 가능성을 높일 수 있다. 반면에, 성격교육의 단점은 경험되지 않는 또는 일상적 경험으로는 잘 접근되지 않는 차원들을 배제한다는 점이다. 인간은 단지 심리적 존재로 환원될 수 없다는 점, 그리고 인간의 경험, 특히 좁은 의미의 경험인 감각경험의 한계를 인정해야 한다는 점, 또한 일상적으로 쉽게 경험되지는 않지만 인류는 초월적 경험(감각경험을 넘어선 경험)을 지니고 있다는 점 등이 인정되어야 한다면 성격교육의 한계 또한 인정되지 않을 수 없을 것이다.

5) 이상의 고찰로부터 귀결되는 인성교육의 개념

앞에서 필자는 인성교육을 사람됨의 겉(태도)과 속(심성)을 함께 배려하는 교육이라고 규정한 바 있다. 다른 표현을 쓴다면, 인성교육이란 개인의 타고난 성향과 소질을 조화롭게 발달시켜서—가장 승화된 의미에서—그 사람 자신이 되도록 도와주며, 특히 따뜻하고 선량한 마음씨의 소유자가 되도록 이끌어 주는 교육이라고 말할 수 있을 것이다. 그런데 이와 같은 의미의 인성교육은 도덕—윤리교육이나 인격교육, 성격교육 중 어느 하나의 교육적 노력만으로는 이루어지기 어려울 것이라고 생각된다. 왜냐하면 성장세대가 따뜻하고 선량한 마음씨의 소유자가 되도록 이끌기 위해서는 무엇보다도 교육자의 아이들에 대한 이해와 사랑, 이른바 '교육적인 사랑'이 중요하기 때문이다.[6] 이것은 세련된 문화 이상이나 도덕적 가치덕목을 내면화하도록 그들을 '교육'시키는 것으로 대체될 수 없다. 교육자는 무엇보다도 인간을, 특히 아이들을 깊이 이해하고 사랑하는 자이어야 한다. 교육자가 하나하나의 아이들을 수용하고, 인정하며, 사랑하는 크고 따뜻한 마음으로 아이들에게 다가가지 않는다면 아이들을 '좋은' 인성의 소유자가 되도록 이끌기 어렵다. 나아가, 인간사회에 악덕과 고통, 슬픔이 줄어들게 하고, 행복하고 평화로우며, 따뜻하고 선의에 찬 사람들로 가득 차게 하고자 하는 교육자의 강한 소망과 결의가 없다면 인성교육의 실천은 그 핵심을 벗어나 겉돌 수밖에 없을 것이다.

다른 한편으로, 인성교육은 도덕-윤리교육과 인격교육 또는 성격교육을 다 포함하고 있다고 볼 수도 있다. 인성교육의 주요 과제는 성장과정에서 개개인의 마음씨가 어떻게 형성되어 가고 있는지, 어떤 조건들이 마음씨의 형성에 영향을 미치는지, 각각의 연령단계에서 인간적인 마음씨를 길러 내기 위해 주안점을 두어야 할 발달과업은 무엇인지 등에 대한 연구와 관찰 그리고 이에 입각한 실천일 것이다. 그러므로 기존의 도덕-윤리교육과 인격교육 또는 성격교육 등은 인성교육이라는 큰 틀 안에서 통합적으로 재구성되어 각 발달단계에 맞추어서 적절하게 적용될 수 있어야 할 것으로 생각한다.

더 나아가서 인성교육이 성장세대를 인간다운 인간으로 자라나도록 도와주는 교육이라고 볼 때, 성장세대의 발달에 영향을 미치는 모든 교

---

6) 이러한 교육적 사랑은 〈언제나 마음은 태양(To Sir with Love)〉〈프리덤 라이터스(Freedom Writers)〉〈홀랜드 오퍼스(Dr. Holland's Opus)〉〈댓츠 왓 아이 엠(That's what I am)〉 등의 교육영화들이 잘 보여 주고 있다.

육 작용은 인성교육이라는 큰 틀 안에서 이루어져야 할 것이다. 인성교육이 특정의 교과수업이나 별도의 프로그램의 시행에만 국한된다면 지속적인 성공을 기대하기 어렵다.[7] 따라서 인성교육이 교과수업과 분리되어서도 안 된다. 교과지식이 아동의 마음을 질식시킬 정도로 과도하게 부과되지 않고, 충분히 이해되고 흥미를 일으킬 수 있도록 적절히 전달된다면 지식은 오히려 아동의 정신을 활력 있게 성장시킬 수 있다. 이러한 방법으로 모든 교육활동이 아동의 인간됨의 형성·발달에 초점을 맞추어 노력해 나갈 때만이 인성교육의 성공을 기대해 볼 수 있을 것이다. 이와 같은 고찰로부터 교육의 전체 장면을 포괄할 수 있는 통합적 인성교육담론을 개발해야 할 필요성이 생겨난다. 이를 위해서는 먼저 인성교육에 대한 다양한 시각, 전형적인 사고 유형들을 연구할 필요가 있다.

📋 4 지능정보사회의 도전과 인성교육

인간사회는 현재 4차 산업혁명시대의 도래를 앞두고 있다. 정보통신기술(ICT), 인공지능과 의·생명공학, 나노공학, 3D 프린팅, 자율주행, VR/AR, 블록체인 기술 등의 비약적 발전이 주도하는 4차 산업혁명은 인간 삶의 양상과 사회 시스템 전반에 걸친 근본적인 변혁을 예고하고 있다.

국내외의 전문가들이 내놓는 미래사회의 예측은 매우 다양하고 혼란

---

7) 물론 그러한 시도의 필요성이나 공로를 폄하하는 것은 아니다. 그러나 그러한 시도들은 기존의 교육이 인성교육에 실패하고 있다는 인식에 따라 이루어지는 잠정적이고 처방적인 성격이 강하다고 하지 않을 수 없다.

스럽기까지 하다. 4차 산업혁명의 결과 인공지능과 사물인터넷(IoT)을 통해 사람과 사람 아닌 모든 것이 연결되고 그 연결망 안에서 인간의 정신을 닮은 지적 활동이 이루어지는 초연결사회(hyper connected society)가 구현되며, 이를 통해 인간 정신활동의 개념과 양상이 크게 바뀌게 된다(김대호 외, 2015: 109ff.: 전숙경, 2016: 28). 또한 최근의 '포켓몬 고' 현상에서 보듯이 가상현실(virtual reality), 증강현실(augmented reality)이 사람들의 삶에 점점 더 크게 영향을 미치면서, 현실(reality)의 개념 자체도 바뀌게 된다. 나아가 인공지능과 로봇, 자율주행 기술, 3D 프린터의 발달로 생산의 개념과 과정 자체가 변화되므로 노동의 개념도 바뀌게 되며, 제품생산의 한계비용이 제로에 가까워지면서 공유경제가 실현되어 사람들의 삶의 방식도 소유중심에서 연결중심으로 바뀌게 된다(Rifkin, 2016: 12ff.).

요컨대 4차 산업혁명은 인간 삶의 개념 자체를 근본적으로 바꾸어 놓을 것이며, 이러한 인간 삶에 대한 이해의 변화는 당연히 '인성' 개념에 대한 변화를 초래하게 된다. 이에 따라 변화된 삶의 상황에 적합한 새로운 인성교육이 요구될 것이다. 그러나 4차 산업혁명이 초래하는 이른바 지능정보사회(intelligence information society)가 실제로 어떠한 양상으로 전개되어 갈지는 아직 누구도 정확하게 예측할 수 없으므로, 이에 적합한 인성교육의 모델을 미리 제시하는 것도 어렵다. 그럼에도 불구하고 우리의 아동·청소년들을 별다른 준비도 없이 이미 진행되기 시작한 거대한 문명사적 변혁의 쓰나미 속으로 밀어 넣을 수는 없는 일이기에 교육자들의 고민은 깊어질 수밖에 없다.

최근 알파고(AlphaGo)가 보여 주었듯이 인공지능이 이미 인간의 지능을 추월하기 시작하고 있고, 인간의 감정표현까지 정교하게 학습한 로봇이 머지않아 등장할 것이 확실시되는 상황에서, 인류는 '기계가 대체하거나 모방할 수 없는 인간의 고유성과 능력은 과연 무엇인가?' 하는 절박한 물음에 직면하게 되었다. 이러한 물음을 통하여 서구사회에서도 논리적 · 분석적 사고를 넘어서는 직관적 사유 영역이 새롭게 조명되고 있으며, 인간 정신의 심층적 차원을 이루고 있는 이러한 정신 영역은 기계가 모방할 수 없는 창의력과 직관력, 지혜의 원천임이 해명되고 있다 (Gigerenzer, 2009; Klein, 2012). 세계적인 직관연구자인 뮐러-카인츠와 죄니히에 따르면 직관은 판단이나 추론 등의 의식적인 작용에 의존하지 않고 대상을 직접 파악하는 능력이며, 깊은 내면의 목소리이고, 인간 정신의 근원적인 빛이요, 통찰력(insight)의 원천이다(Müller-Kainz & Sönnig, 2014: 22ff.).

고대와 중세까지는 서구인들의 정신세계 안에 직관적 사유 영역이 보존되어 왔으나 계몽주의시대 이래로 '이성', 즉 논증적 지성(논리적 · 수학적 사고력)이 진리의 최고기관으로 등극하면서 직관적 지성은 망각되거나 불신을 받는 처지에 떨어져 버렸다. 이를 통해 서구의 인간이해는 크게 협소해졌을 뿐만 아니라, 논증적 지성에 의한 대상적 · 분석적 사고의 결과로 이성과 감성, 정신과 신체, 자아와 세계가 분리된 것으로 파악되었다. 이에 반해서 직관적 사유는 주체와 대상의 이분법적 대립을 넘어서서 전체를 순간적으로 포착하는 포괄적 사유이므로, 이러한 사유방식을 통하여 정신과 육체, 이성과 감성, 자아와 세계의 분열, 상충이 지양(止揚)된다.

그런데 이러한 직관적 사유세계는 동양의 정신적 전통 속에 특히 풍부하게 보존되어 있다. 따라서 이러한 동 · 서의 직관적 사유를 미래사회 인간 삶의 상황에 적합하게 복원해 내고 이를 교육에 적용하는 노력이 필요하며, 이것이 지능정보사회를 살아갈 미래세대들을 위해 수행되어야 할 중요한 교육적 과제 중의 하나라고 필자는 생각한다. 그러나 이러한 방대한 과제를 이 책을 통하여 본격적으로 수행하고자 하는 것은 아니며, 다만 그 필요성과 방향에 대한 모색을 시도해 보고자 한다.

필자는 이러한 교육적 과제를 '지혜교육(wisdom education)'이라는 틀을 가지고 수행할 수 있다고 생각한다. 지혜란 동과 서를 막론하고 우연적·단편적인 경험이나 특정의 의도, 목적을 위해 필요한 지식, 기술, 태도 등을 넘어선 포괄적인 앎이나 태도 등을 의미한다. 이러한 의미에서 지혜는 영리성(怜悧性, cleverness)과 구별된다. 지혜는 자기중심적 이해관심(利害關心, interest)에서 벗어난 순수한 정신적 태도를 전제로 하며, 이러한 정신적 태도를 통하여 모든 사태를 이해관심에 의해 왜곡하지 않고, 있는 그대로를 파악하며, 또한 이에 상응하는 태도를 취할 수 있으므로 지혜라고 한다. 요컨대 지혜란 이해관심을 벗어난 앎과 태도이며, 이러한 지혜는─아리스토텔레스가 말한 바와 같이─무엇보다도 직관적 지성에 의해 가능하다는 것이 현대 지혜 연구가들의 공통된 견해이다(Steel, 2018: 66f.). 인간에게는 자기중심성을 벗어나, 순수하고 불편부당(不偏不黨)하게 사태를 바라볼 수 있는 직관, 또는 관조(觀照, contemplation)의 능력이 있고, 이러한 직관이 지혜의 핵심을 이룬다는 것이다.

오늘날의 사회적 시스템(국가, 기업, 학교, 각종 단체 등)은 더 이상 개인의 삶을 보장해 주지 못한다는 것이 확인되고 있으며, 사회적 변동성이 증대될 앞으로의 지능정보사회에서 이러한 추세는 더욱 강화될 것이다. 따라서 이러한 상황 속에서 개인들이 삶과 세계에 대한 폭넓은 안목을 길러 스스로 자기중심을 잡고 살아갈 수 있도록 안내해 주는 교육, 즉 지혜교육이 절실하게 요청되는 것이다. 가상과 현실의 경계가 무너지고 기계와 인간의 구별이 모호해지며, 지속적으로 발전하는 첨단기술들의 도움으로 인간의 욕구, 욕망이 거의 무제한적으로 추구되는 지능정보사회 속에서 지혜교육은 개인을 자신의 삶의 세계 안에 올바로 정위(定位)시켜서 지혜롭고 행복한 삶을 영위할 수 있도록 이끌어 주는 교육이 될 것이다.

이 책을 써 나가면서 필자는 미래시대의 인성교육이 궁극적으로 '지혜교육'에 수렴되어야 한다는 결론에 도달하게 되었다. 인성교육은 근본적으로 철학적 통찰에 의해 이끌어져야 한다는 필자의 개인적 신념에

비추어 볼 때, '인성교육은 궁극적으로 지혜교육이다.'라는 명제는 자연
스러운 귀결이다. 인성교육의 목표가 저마다 삶과 세계에 대한 통찰과
안목을 길러 세계 안에서 자기중심을 잡을 수 있고 이를 중심축으로 하
여 타인들, 생명체들, 사물들과 조화로운 관계를 형성할 수 있는 능력을
길러 주는 것이라고 한다면, 이러한 교육적 노력에 대하여 지혜교육이
라는 말 외에 더 적합한 명칭이 있겠는가. 이와 같은 입장에 따라서 이
책에서는 '제4장 인성교육의 새로운 지평으로서의 영성교육'에서 지혜
교육의 단초를 찾고자 하며, '제5장 통합적 인성교육의 시론'에서 본격
적으로 지혜교육의 가능성에 대해 논의하게 될 것이다. 그러나 이 책에
서 다뤄지는 모든 주제는 지혜교육의 여러 가지 버전이라고 해도 과언
이 아니다. 왜냐하면 철학(*philosophia*)의 본래 의미가 '지혜의 추구'이기
때문이다.

참고문헌

강선보, 박의수, 김귀성, 송순재, 정윤경, 김영래, 고미숙(2008a). 인성교육. 경기: 양서원.

강선보, 박의수, 김귀성, 송순재, 정윤경, 김영래, 고미숙(2008b). 21세기 인성교육의 방향설정을 위한 이론적 기초 연구. 교육문제연구, 제30집, 1-38.

강영선외 104인 편(1989). 세계철학대사전. 교육출판공사.

김대호, 김성철, 신동희, 최선규, 이상우, 심용운, 전경란, 이재신(2015). 인간, 초연결 사회를 살다. 서울: 커뮤니케이션북스.

김명진(2007a). 학교교육을 통한 인성교육의 방법 연구. 윤리교육연구, 제13집, 291-312.

김명진(2007b). 도덕과 교육을 통한 인성교육의 방법 연구. 윤리교육연구, 제14집, 181-2005.

류청산, 진홍섭(2006). 인성교육을 위한 인성덕목의 요인분석. 경인교육대학교 교육논총, 26(1), 139-166.

민중서림편집국 편(1997). 민중 엣센스 국어사전. 서울: 민중서림

박의수(2007). 유가 전통에서의 인성교육. 교육문제연구, 제28집, 1-22.

서덕희(2013). 학교현장 안정화를 위한 인성교육 방안: 미래 지향적인 인성교육의 비전 제시(Issue Paper 2012 제1호). 서울: 한국교육개발원.

서울대학교 교육연구소 편(1995). 교육학용어사전. 서울: 도서출판 하우.

서울대학교 교육연구소 편(1999). 교육학 대백과사전②. 서울: 도서출판 하우.

이명준, 진의남, 서민철, 김정우, 이주연, 김병준, 박혜정(2011). 교과교육과 창의적 체험활동을 위한 인성교육 활성화 방안(경제인문연구화 협동연구총서 11-18-01). 서울: 한국교육과정평가원.

이석호(2004). 도덕, 윤리 교육으로서의 人性教育의 의미와 방법. 현상학 · 해석
　　학적 교육연구, 2권, 1호, 5-33.

장사형(2011). 공교육을 통한 인성교육 강화 방안. 교육철학, 43, 193-222.

전숙경(2016). 초연결사회의 교육을 위한 모색. 한독교육학회 춘계학술대회 자료집.

조강모(2010). 인성교육과 도덕과 교육의 관계 설정. 초등도덕교육, 제33집, 6-32.

조난심, 문용린, 이명준, 김현수, 김현지, 이우용(2004). 인성 교육 척도 개발을
　　위한 기초 연구(CRC 2004-4-14). 서울: 한국교육과정평가원.

진교훈 외 20인(2007). 인격. 서울대학교출판부.

장사형(2011). 공교육을 통한 인성교육 강화 방안. 교육철학, 43, 193-222.

차경명(2013). 인성교육 개념의 재구조화 방안 연구. 서울대학교 대학원 석사
　　학위논문.

천세영, 김왕준, 성기옥, 정일화, 김수아(2012). 인성교육 비전 수립 및 실천 방
　　안 연구(정책연구 2012-41). 교육과학기술부.

최준환, 박춘성, 연경남, 이은아, 정원선, 서지연, 차대길, 허준영, 임청묵(2009).
　　인성교육의 문제점 및 창의 · 인성교육의 이론적 고찰. 창의력교육연구,
　　9(2), 89-112.

한국교육학회(1998). 인성교육. 서울: 문음사.

한국교육심리학회 편(2001). 교육심리학 용어사전. 서울: 학지사.

Boehm, W.(1994). *Woerterbuch der Paedagogik*. Stuttgart.

Clement, E (1996). 철학사전[*La Pratique de la Philosophie de A à Z*]. (이정우
　　역). 서울: 동녘. (원저는 1995년에 출판).

Gigerrenzer, G.(2009). 생각이 직관에 묻다[*Bauchentscheidungen. Die Intelligenz
　　des Unbewussten und die Macht der Intuition*]. (안의정 옮김). 서울: 추수
　　밭. (원저는 2008년에 출판).

Herbart, J. F. (2006). 헤르바르트의 일반교육학[*Allgemeine Pädagogik aus
　　dem Zweck der Erziehung abgeleitet*. hg. von Hermann Holstein. 6.
　　durchgesehene und verbesserte Aufl] (헤르바르트/김영래 옮김). 서울: 학
　　지사. (원저는 1983년에 출판).

Klein, G. (2012). 인튜이션[*Sources of Power: How People Make Decisions*] (이유진 옮김). 서울: 한국경제신문 한경BP. (원저는 2008년에 출판).

Lickona, T. (1991). *Educating for character*. New York: NY: Bantam Books.

Müller-Kainz, E., & Sönning, C. (2014). 직관력은 어떻게 발휘되는가[*Die Kraft der intuitiven Intelligen*] (강희진 옮김). 서울: 타커스. (원저는 2003년에 출판).

Riffkin, J. (2016). 한계비용 제로 사회[*The Zero Marginal Cost Society: The Internet of Things, the Collaborative Commons, and the Eclipse of Capitalism*]. (안진환 옮김). 서울: 민음사. (원저는 2014년에 출판).

Schischkoff, G. (1991). Philosophisches Wörterbuych. Stuttgart: Alfred Kröner Verlag.

Steel, S. (2018). 지식은 과거지만 지혜는 미래다[*The Pursuit of Wisdom and Happiness in Education: Historical Sources and Contemplative Practices*]. (박수철 옮김). 서울: 이룸북. (원저는 2015년에 출판).

제2장

모던적 인성교육의 기획:
이성과 감성의 조화

1 루소: 자기보존의 인성교육

1) 들어가기

이 책의 본론을 루소(Jean-Jacques Rousseau, 1712~1778)부터 시작하는 이유를 먼저 말해야 할 것 같다. 루소 이전에도 코메니우스 (Johan Amos Comenius, 1592~1670) 같은 중요한 교육사상가들이 있었다. 체코 지역 개신교 교단의 지도적 목사였던 코메니우스만해도 인간의 역사를 구원의 역사로 보는 중세적 역사관을 가지고 있었다. 그러나 루소는 인간의 역사를 인간들 자신의 우연적 선

Jean-Jacques Rousseau
(1712~1778)

택의 결과라고 본다는 점에서 중세와 결별한 근대적 교육사상가라고 볼수 있다. 이 책을 루소에서 시작하는 또 하나의 중요한 이유는, 그가 이른바 '자연인'이라는 교육적 인간상을 그려 내어 현대교육에 이르기까지 지속적인 영향을 미치고 있다는 사실에 있다. 이것이 우리가 서구적 의미의 인성교육을 논의하는 데 있어서 루소를 빼놓을 수 없는 이유이다. 따라서 우리의 논의는 먼저 『에밀(Emile)』을 주요 텍스트로 하여 루소의

인간관과 교육관을 명료화시키는 데에 집중하고자 한다.

2) 루소의 인간관

『에밀』의 본문은 다음과 같은 문장으로 시작된다. "신이 만물을 창조할 때에는 모든 것이 선하지만 인간의 손에 건네지면 모두가 타락한다."(Rousseau, 2008: 34) 따라서 인간도 태어날 때는 순진무구한 상태로 태어나지만 사회적 인습에 물들면서 악덕과 불행에 빠져 들어간다는 것이다.

이러한 입장에 대해서 즉시 다음과 같은 의문이 떠오를 것이다. '루소는 사회를 너무 부정적으로 본 것이 아닌가? 사회 속에는 악덕과 불행에 빠진 사람들도 있지만 그렇지 않은 사람들이 더 많이 있지 않은가?' 이러한 당연한 항의에 대해서 다음 두 가지 정도를 말할 수 있다. 우선 루소가 『에밀』을 발표한 연도인 1762년 무렵 프랑스는 소수의 지배계층의 화려한 생활을 뒷받침하기 위해 대다수의 서민층은 인간 대접도 제대로 받지 못하며 힘들고 고통스럽게 살아갔던, 이른바 앙시엥 레짐(Ancien Regime, 舊體制) 아래에 있었다는 것을 상기할 필요가 있다. 따라서 루소의 눈에 비친 당시의 인간사회가 어둡고 부정적인 모습이었으리라는 점은 이해가 간다. 그러나 루소가 오늘날의 우리 사회에 살고 있다고 가정하더라도 그의 입장을 근본적으로 바꾸지는 않으리라고 필자는 생각한다. 그 이유는 다음과 같다.

루소는 우리 개개인의 타고난 성향을 우리의 고유한 본성으로 보며, 이를 "우리 안에 있는 자연(성)"이라고 부른다(Rousseau, 2008: 38). 그런데 인간사회는 우리의 타고난 성향과는 다른 것을 우리에게 요구한다. 인류문명사회의 전개과정에서 생겨난 사회적 제도와 관습은 그 안에서 살아가는 인간에게 적응을 요구하며, 사회 속에서 '자기보존(self-preservation)'(생존)을 하기 위해서는 사회가 부과하는 과업과 의무를 충족시키고자 전력을 다해야 한다. 이러한 과정을 통하여 개인의 타고난 성향은 사회의 요구에 적응하면서 변화를 겪지만, 완전히 변화시키기는 어렵다. 여기에서 타고난 성향(즉, 자연성)과 사회적 요구 사이의 괴리, 갈등이 생겨난다.

루소가 인간의 자연 상태와 사회 상태를 구분한 것은 잘 알려진 사실이다. 그는 『인간불평등기원론(Discours sur l'origine et les fondements de l'inégalité parmi les hommes)』에서 다음과 같이 말하고 있다. "자연인은 자기 안에서 살고 있다. 자기 자신으로부터 멀어진 문명인은 타인의 의견의 거울 속에서 살고 있다. 그는 타인들의 판단으로부터 자신의 존재에 대한 느낌을 이끌어 낸다"(Rousseau, 2006: 139).

루소는 자연인의 모습을 종종 원시인을 통해서 그려 보이고 있다(그러나 물론 원시인이 자연인과 동의어인 것은 아니다). 루소는 최초의 원시인이 얼룩말이나 홍학과 같이 군집생활을 하기보다는 표범이나 사자와 같이 비교적 고립적인 생활을 했을 것으로 추측한다. 후자의 경우는 번식기에만 배우자 및 2세들과 어울리다가 그 이후에는 각자 헤어져 혼자 또는 둘셋이 어울려서 살아간다. 원시인도 이와 비슷하게 홀로 다니면서 배가 고프면 주위에서 먹을 것을 구해 주린 배를 채우고, 목이 마르면 발 밑에 흐르는 냇물로 목을 축이며, 피곤하면 적당한 자리를 찾아 풀을 깔고 앉아 쉬다가, 졸리면 그 자리에 누워 잠을 잔다. 그러다가 지나가는 이성을 보고 성욕이 일어나면 눈빛 한번 교환하고 나서 즉시 잠자리를 함께하며, 잠자리가 끝나면 이내 헤어져서 각자 자신의 길을 간다. 이것이 루소가 추측한 원시인의 모습이다. 이러한 원시인의 삶은 자신을 떠나지 않았다. 왜냐하면 그들의 욕구는 생리적 욕구의 범위를 넘어서지 않았으며 대부분의 경우 자신의 힘으로 충족을 할 수 있었기 때문이다. 내가 욕구를 갖고, 나의 힘으로 그것을 충족시키며, 욕구가 충족되면 긴장이 해소되면서 스스로 편안하고 만족스러운 상태가 되니 이것이 바로 원시인이 '자기 안에 사는' 모습, 자족(自足)의 모습이다(Rousseau, 2006:

51, 59, 63, 89). 물론 이것은 형편이 좋은 원시인의 모습을 그려 본 것이다. 실제로는 생리적 욕구마저도 충족하기 어려운 경우가 많았을 것이고 맹수들의 공격에도 시달려야 하니 원시인들은 그들 생애의 많은 부분을 고통과 공포 속에서 살지 않았을까 생각된다. 그럼에도 불구하고 원시인은 자신에게 충실한 삶을 살았다는 점을 루소는 강조한다.

그런데 사회 상태로 들어오면서 인간은 자신의 고유한 삶으로부터 벗어나 버렸다. 왜냐하면 사회 속에서 인간은 사회제도와 관습에 종속되어 버렸으며, 무엇보다도 '비교하는 존재'가 되었기 때문이다. 무명의 루소를 하루아침에 유명하게 해 준 그의 현상논문『학문예술론(Discours sur les sciences et les arts)』에서 루소는 학문과 예술의 발달이 오히려 인간을 불행하고 부덕하게 만들었다고 주장함으로써 당시 계몽주의의 열기에 찬물을 끼얹었다는 비난을 받기도 하였다(Rousseau, 2007: 49 이하). 이러한 루소의 주장을 이해하기 위해서 잠시 다른 이야기를 해 보겠다.

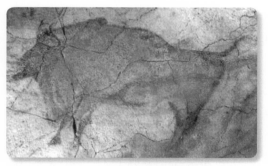

[그림 2-1] 알타미라 동굴벽화

[그림 2-1]의 알타미라 동굴벽화는 현존하는 것 중에서 가장 오래된 동굴벽화로 알려져 있다. 언제, 누가, 왜 이 벽화를 그렸는지는 알 수가 없지만, 다음과 같이 추정해 볼 수는 있을 것이다. 농경사회가 도래하기 이전의 선사시대에 인류는 수렵생활을 하면서 동굴이나 그 밖의 눈, 비를 피할 수 있는 곳을 찾아 임시 주거를 마련해야 했다. 알타미라 동굴은 그림의 들소를 그린 사람이 거주했던 곳일 것이다. 이 사람이 들소의 사냥에 성공했건 실패했건 간에, 자신이 거주하는 동굴로 돌아온 뒤에도 들판에서 위풍당당하게 걸어 다니던 들소의 모습이 뇌리에서 지워지지 않자, 동굴 벽에다 타다 남은 숯이나 부드러운 돌

로 그림을 그려 보았을 것이다. 그 원시인은 자신의 그림 솜씨를 자랑하거나 어떤 이득을 얻을 생각으로 그림을 그리지 않았을 것이므로, 이 그림은 단지 삶의 활동으로서의 '자기표현'에 지나지 않았다고 할 수 있다. 그런데 일단 그림을 그려 놓고 나니 다른 사람들이 와서 보게 되었고, 이를 따라 하는(모방하는) 사람들이 생기게 되면서 '비교'가 시작되었을 것이다. 그래서 잘 그린 것과 못 그린 것의 차별이 생기고, 잘 그린 사람에게 칭찬과 명예가 주어지고 보상이 주어진다면(예컨대, 부족 안에서 가장 멋진 이성을 배우자로 맞아들일 수 있게 된다면!), 사람들은 서로 다투어서 그림을 더 잘 그리려고 애를 쓰게 될 것이며, 혹은 자신의 자녀가 (잘 그리는 사람에게 보상과 함께 의뢰하여) 이를 배우도록 할 것이다. 이러한 과정을 통해서 처음에는 단지 삶의 표현에 불과했던 그리기가 비교와 경쟁의 수단이 되는 것이다. 학문의 경우도 비슷한 이야기를 할 수 있다. 오늘날 학문과 예술은 사회적 비교와 경쟁의 수단이 된 지 오래이며, 이를 통하여 학문과 예술은 종종 삶의 기준과 목표 자체인 것처럼 여겨지기도 한다. 예컨대, 어떤 화가가 국전(國展)에 입상하는 것을 자신의 삶의 목표라고 생각하거나, 학생이(또한 학부모가!) 명문대 입학에 목을 매는 경우 등이 단적인 실례이다. 학문과 예술뿐만이 아니라 사회적으로 형성된 삶의 기준과 목표들도 사회적 비교와 경쟁을 통하여 만들어진 '인위적'인 것이며, 개개인의 고유한 성향이나 필요와는 거리가 먼 것들이 대부분이다. 우리 사회 안에서 대다수의 사람이 바라 마지않는 출세, 부귀, 명예 등도 만일 사람들이 일시에 비교와 경쟁을 그만둔다면 그 의미가 완전히 달라질 것이다. 이를 곰곰이 생각해 볼 때, 사람들이 출세, 부귀, 명예 등을 추구하면서 실제로 원하는 것은 '비교우위'이며, 궁극적으로는 '최고'가 되는 것임을 알 수 있다.

　사람들은 이처럼 사회 속에서 인위적으로 만들어진 기준과 목표를 따르고 추구하도록 내몰리고 있으며, 이로 인하여 자신의 고유한 자아가 원하고 필요로 하는 것에 대해서는 소홀히 하게 되고, 사회적 목표의 추구를 위하여 오히려 자아를 억제·억압하게 된다. 이렇게 하여 종국에는 자신의 고유한 자아가 무엇을 원하고 필요로 하는지조차 거의 알지 못하게 되는 것이다. 이러한 상태를 루소는 '자기소외'라고 불렀다. 고유한 자기 자신으로부터 소외되어 사회 상태에 놓인 인간은 이제 타인의 시선과 사회적 편견의 노예가 되고 만다. 실제로 우리는 일상생활 중에 타인이 나를 어떻게 보아 주는가에 대해서 끊임없이 마음을 쓰고 있다. 내가 나를 어떤 존재로 보느냐는 중요하지 않고, 타인이 나를 어떻게 보아 주는가만이 중요하게 되어 버리면 자신의 고유한 현재적 존재 상태는 더 이상 관심사가 되지 못한다. 자신 안에 어떤 의식과 어떤 감정이 움직이고 있는지, 자신이 무엇을 참으로 바라고 무엇을 두려워하는지를 잘 알지 못하게 된다. 이렇듯 타인의 시선에만 신경을 쓰고 있는 인간은 기쁜 일이 있어도 진정으로 기뻐할 줄도 모르고, 슬픈 일에 마음깊이 슬퍼할 줄 모른다. 이렇게 하여 자기소외는 견고해지며, 자기존재(self-being)로 되돌아가는 것은 매우 어렵게 되어 버린다. 그리하여 사회인은 결국 자신의 존재감마저도 타인의 판단에 의지하는 신세가 되어 버렸다고 루소는 한탄한다(Rousseau, 2006: 139).

이상의 논의들을 통해서 볼 때, 자연 상태의 인간과 사회 상태의 인간이 내적·정신적인 면에 있어서 명백한 차이를 보이리라는 것은 분명하다. 루소는 이를 자애심과 자만심이라는 용어를 가지고 대비시킨다. '자애심(自愛心, amour de soi)' 또는 '자기애'는 대체적으로 보아 자연 상태의 인간의 마음을 표현한 것이라고 볼 수 있다. 루소는 다음과 같이 말한다.

> 우리의 정열의 근원, 다른 모든 정념의 시작이며 근원인 것, 인간과 함께 태어나 인간이 살아가는 한 인간을 떠나는 일이 결코 없을 단 하나의 정념, 그것은 자기애이다. 그것은 사람이 태어나면서 가지는 원시적인 정념으로, 다른 모든 형태의 정념에 우선한다. 다른 정념들은 모두 어떤 의미에서 그것의 형

태를 바꾼 것에 지나지 않는다(Rousseau, 2008: 355).

인간이 선천적으로 지니고 있는 원시적인 정념으로서의 자애심은 이성이나 감성, 욕구, 의지 등으로 분화되기 이전의 심정 상태를 말한다. 이러한 자애심은, 요컨대 '자기를 보존하려는 경향'이다. 자기보존의 실패는 생명의 중단을 의미하므로, 모든 생명을 가진 존재에게 자기보존은 절대적인 과제이다. 따라서 루소는 자기보존을 위한 에너지 자체인 자애심은 그 자체로 정당하고 선한 것이라고 주장하며, 자애심 자체를 죄악시하거나 이를 개조·파괴하려는 모든 시도를 단연코 반대한다(Rousseau, 2008: 354f.). 이것이 루소적 성선설이다. 이렇게 하여 자애심은 인간 존재의 근원적이고 고유한 바탕이며, 본래적 자아의 핵심으로 파악된다. 자애심은 또한 행복 추구의 원리이기도 하다. 자애심은 자기보존을 위하여 욕구와 충동을 일으키며, 이러한 욕구들을 충족시키면 욕구에 의한 긴장 상태에서 벗어나서 편안하고 즐거워진다. 이것이 원시인의 행복—화려한 행복은 아니지만—일 것이다.

그런데 자신의 행복을 추구하다 보면 다른 존재자들의 불행을 보게 되고, 경우에 따라서는 나의 행복 추구가 다른 존재자들에게 고통을 주고 불행을 안겨 주게 되는 경우도 생기게 된다. 이럴 때에 일어나는 감정이 '연민(동정심)'이다. 연민은 자애심을 완화시키며 불행에 빠져 있는 다른 존재자들을 위해 마음 쓰고 행동할 수 있게 하므로, 루소는 연민을 자애심을 조절하기 위해 인간에게 주어져 있는 선천적인 감정이라고 보았다. "연민이 자연의 감정이라는 것은 분명한 사실이다. 연민은 각 개체에서 자애심의 작용을 완화하면서 종 전체의 상호적 보존에 기여함이 분명하다."(Rousseau, 2006: 83) 인간에게 연민의 감정이 있기 때문에 다른 존재자들에 대한 배려가 일어나며, 이를 통해 공동체가 존립할 수 있게 된다는 것이다. 그래서 루소는 연민을 '자연의 덕'이라고 부른다.

'자만심(amour propré)'은 사회 상태 속에서 고유한 자신의 자아로부

터 소외된 인간의 마음을 표현하는 용어이며, '자존심' '이기심' '자기편
애' 등으로 번역되기도 한다. 사회 상태는 비교와 경쟁의 상태이며, 저마
다 다른 사람들보다 앞서기를 원하고, 또한 앞서야 한다는 압력을 받으
며 살아가는 상태이다. 누구나 자신의 분야에서 최고가 되고 싶지만 극
소수를 제외한 대다수의 사람은 좌절을 겪을 수밖에 없다. 그렇지만 원
하던 목표의 달성에 실패한 사람이라고 해서 자신의 능력 부족을 자인
하기란 쉽지 않다. "이번에는 성공하지 못했지만 다음번에는 성공할 것
이다." "이 일에는 내 능력이 모자라지만 다른 면에서는 나도 누구 못지
않은 사람이다."라고 남들에게 주장하고 싶어진다. 왜냐하면 인간은 '자
애심'의 존재이기 때문이다. 그런데 이것이 바로 '허영심'의 시작이다.
허영심이란 현재 자신의 실제 상태보다 더 나은 사람으로 보이려는 심
리 상태이기 때문이다. 도덕적인 면에서 더 나은 존재로 보이고 싶어 하
는 심리 상태는 '위선'이라고 불린다. 그런데 자기보다 잘되어 가는 사람
들을 보면 자신의 모습이 자꾸 초라하게 느껴지면서 우울하고 괴로워진
다. 이로부터 '시기'하고 '질투'하는 마음이 생긴다. 상대방을 주저앉히고
싶은 마음이 생기는 것이다. 이것이 더욱 과도해지면 '증오' '적개심'으로
까지 발전한다. 이 모든 정념이 사회 속에서 끊임없이 비교우위를 추구
하는 자만심의 모습들이며, 자연 상태의 인간에게는 생소한 것들이다.
루소의 말을 직접 들어보겠다.

> 자애심은 자신의 일만 문제 삼으므로, 자신의 진짜 욕구가 충
> 족되면 만족한다. 그러나 자만심은 항상 자신을 남들과 비교
> 하게 하기 때문에, 만족하는 일이 결코 없고 또 만족될 수도
> 없다. 왜냐하면 이 감정은 다른 누구보다도 자신을 사랑하면
> 서, 다른 사람에 대해서도 그 자신보다 자기를 더 사랑해 줄
> 것을 요구하기 때문이다(Rousseau, 2008: 357f.).

그런데 이러한 자만심은 결코 충족될 수 없기 때문에 욕구불만에 시달리게 되며, 따라서 자만심의 인간은 진정으로 행복해질 수 없다. 그렇다면 진정한 행복의 길은 어디에 있을까? 루소는 다음과 같이 말한다.

> 그것은 우리의 욕망을 줄이는 데에 있지 않다. 욕망이 능력보다 적으면 우리 능력의 일부는 할 일을 잃게 되어, 우리는 우리의 존재를 완전한 상태에서 향유할 수가 없기 때문이다. 그것은 또한 우리의 능력을 증대하는 데에 있지도 않다. 동시에 욕망이 더 큰 비율로 커질수록 그만큼 더 우리는 불행해질 뿐이기 때문이다. 진정한 행복은 오직 능력을 넘는 욕망을 없앰으로써 힘과 의지를 완전한 평형 상태에 두는 데에 있다. 그렇게 함으로써 비로소 모든 힘이 활동 상태에 있게 되고 마음은 평정을 유지하여 조화를 이룬 상태의 자신을 발견할 수 있게 된다(Rousseau, 2008: 108).

이러한 루소의 말에서 욕망을 무조건 줄이는 것이 행복의 길은 아니라는 것에는 독자들도 쉽게 수긍이 될 것이다. 자신이 지니고 있는 능력보다 하고자 하는 바가 적으면 자신의 능력을 묵혀 둠으로써 삶을 충분히 구가하지 못하게 되니 현명한 방법이 아니다. 그런데 능력을 증대시키는 것도 행복의 길이 아니라는 말에는 의아해할 것이다. 이것은 대체 무슨 뜻일까? 우리 대다수의 사람에게 있어서는 현재 가지고 있는 능력보다 욕망이 훨씬 크다. 그래서 능력을 더 발달시켜서 욕망을 충족하려고 다양한 노력을 기울이는 것이다. 그러나 능력이 그렇게 원하는 만큼 쑥쑥 발달하는 것도 아니며, 능력을 어느 정도 발달시켰다고 하더라도, 이미 욕망은 훨씬 더 커져 있기 때문에 만족스러운, 행복한 상태에는 도달할 수가 없는 것이다. 따라서 능력을 증대시키려고 애쓰기보다는, 반대로 욕망을 능력의 범위 안으로 제한시키는 것이 행복에 이르는 지혜라는 것이다. 루소는 이러한 자신의 행복관을 거미의 모습을 통해서 설명한다.

> 거미가 자기 집의 한가운데에 있는 것처럼, 우리의 힘이 미치는 범위를 알고 그 한가운데에 머무르도록 하자. 그렇게 하면 우리는 언제나 자기 자신에게 만족하고 자기가 약하다는 것을 느끼지도 한탄하지도 않을 것이다(Rousseau, 2008: 109f.).

그런데 독자들 가운데에는 당장 '현대사회에서 루소식으로 교육받은 사람은 치열한 경쟁에서 살아남지 못하고 도태되어 버릴 것이다.'라고 항의하는 분이 있을 것 같다. 이러한 항의에는 필자도 부분적으로 동감한다. 왜냐하면 교육사상은 시대의 산물이며, 따라서 『에밀』도 산업혁명이 일어나기 이전에 살았던 루소 개인적 삶의 산물이라는 점을 감안해야 하기 때문이다.[1] 그러므로 필자는 만일 루소가 우리 시대에 함께 살면서 『에밀』을 집필했다면 좀 다른 『에밀』이 쓰였으리라는 추측이 충분히 가능하며, 따라서 루소의 교육사상에 대한 융통성 있는 해석이 허용되어야 한다고 생각한다.

필자는 이 부분을 다음과 같이 해석한다. 현대인들은 자신의 현재 능력으로 충족시킬 수 없는 많은 욕망을 가지고 있기 때문에 능력을 개발하기 위해서 쉬지 않고 노력을 한다. 아침에 직장이나 대학에 가기 위해서 집을 나설 때는 경쟁의 대열로 들어서는 것이다. 이렇게 되면 삶의

---

1) 산업혁명은 영국에서 1760년경부터 시작되었으며, 프랑스는 이보다 30~50년 정도 늦게 시작되었다. 따라서 루소가 살았던 시기(1712~1778)의 프랑스는 아직 농경과 수공업, 상업 등 산업혁명 이전의 생산양식에 머물러 있었다(서울대학교 교육연구소, 1995: 354).

초점은 자신의 내부로부터 벗어나 자신이 추구하고자 하는 외부적 목표에 놓이게 된다. 그러나 치열한 경쟁은 하루 일과를 마치고 귀가한 후에도 멈추지 않는다. 야간에도 밀린 일을 처리하거나 공부를 해야 한다. 심지어는 수면 중의 꿈속에서까지 경쟁의 스트레스에서 벗어나지 못하는 경우도 종종 있다. 이처럼 삶의 초점이 자신의 내적 중심으로부터 벗어나 외부를 향해 원심적으로 벗어나는 상태가 과도하게 지속되면, 내적인 공허감에 빠지게 되고 그의 삶은 불안정한 것이 되어 버린다. 이것이 타인이나 주변 상황에 의하여 강요되는 것이라면 위험한 사태가 초래될 수도 있다. 현대사회의 상황이 개인들로 하여금 자신의 고유한 내적인 삶에서 이탈시키고 자꾸 외향적이고 자기소외적 삶을 강요하는 메커니즘을 가지고 있는 것은 분명하다. 그러나 우리가 이러한 '매트릭스'를 벗어날 수 없다고 하더라도 자신의 중심을 잃지 않기 위해서는 이따금씩 본연의 자기 자신으로, 자신의 내면적 삶으로 돌아오려는 노력이 필요할 것이다.

그렇다면 무엇을 어떻게 해야 할까? 무엇보다도 자신의 현재 상태를 인정하고 잘 알아야 한다. 자신의 몸과 마음을, 자신의 의견과 감정, 흥미와 욕구를 스스로 돌아보고 감지하며, 이를 소중히 여기고 사랑해야 한다. 또한 자신이 현재 소유하고 있는 것, 즉 자기 자신과 자신의 수중에 있는 것에 만족하고 이를 향유할 줄 알아야 한다. 자신이 현재 누릴 수 있는 것을 누리면서 만족할 수 있는 사람, 이러한 사람이 욕망과 능력 간에 균형을 이룬 사람이다. 이것이 행복한 인간이 아닐까? 이렇게 산다고 해서 반드시 경쟁에서 이기기 위한 능력개발이 소홀해지는 것은 아닐 것이다. 오히려 그 반대일 수도 있다. 항상 남의 삶만 부러워하고 자신의 삶에는 불만을 갖는, 그래서 자기 삶을 온전히 살지 못하는 사람은 내적인 안정을 얻지 못하며, 자신을 소진시키게 되고, 결과적으로 불행에 빠지기 쉽다. 경쟁 시스템 속에서 최선을 다하면서도 이따금씩 자신으로 돌아와 자신의 삶을 살면서 안정을 되찾는 일은 삶의 재충전을 위해서도 반드시 필요하다. 요컨대, 우리는 한편으로 경쟁체제 속에서 자기보존을 하기 위해 '원심적(遠心的)'으로 활동하면서도, 다른 한편으로는 내적 중심을 잃지 않기 위해 '구심적(求心的)'으로 자기 자신의 삶으로 되돌아와야 한다. 이러한 순환운동이 적절하게 이루어질 때 내적 · 외적인 자기보존이 성공적으로 이루어질 수 있다. 결론적으로, '지족안분'(知足安分), 즉 자신에게 현재 주어져 있는 것에 만족하고 이에 편안히 머무는 것이 자기보존의 지혜인 셈이다.

자기보존을 한다는 것은 자기 존재의 본래적 · 원초적 뿌리를 망각하지 않고, 이를 소중히 여기며 그 바탕 위에 자신의 삶을 세운다는 의미로 해석할 수 있다. 따라서 이러한 사람은 자신이 존재한다는 자체를 소중히 여기며, 누구보다도 자신의 삶을 사랑한다. 이렇게 자기보존을 잘하는 사람은 자살을 할 가능성이 가장 적은 사람이다. 우리나라에서도 최근 청소년의 자살, 생활고로 인한 자살, 연예인이나 사회적으로 이름이 알려진 사람의 자살이 많은 사람에게 충격을 주고 있다. 서구에는 대중적 공연예술이 우리나라보다 더 일찍 발달했기 때문에 배우, 가수 등 연예인의 자살도 우리보다 훨씬 오래전부터 빈번히 발생했다. 연예인의 자살에는 여러 가지 원인이 있겠지만 전성기를 지나면서 인기가 하락하는 것이 주요한 원인 중의 하나인 것 같다. 오페라 가수나 주연배우, 성악가 등이 무대에 서서 공연을 하면 모든 사람이 그를 우러러 보며 찬미한다. 꽃다발과 선물이 쏟아지기도 한다. 그가 다니는 곳마다 사람들은 그에게 선망과 찬미를 보낸다. 우리의 주인공은 이러한 찬미에 점점 도취되며, 마침내는 이것이 자신의 정체성처럼 되어 버린다. 인기에 중독이 된다고 할까? 그런데 세월이 흐르면서 인기가 식어 가면 자신의 정체성이 무너지는 것을 느끼게 되고 이것은 금단현상처럼 견디기 어려운 고통을 가져다준다. 이 고통을 달래려고 술이나 약물, 섹스, 사치생활 등에 탐닉하지만 이로 인해 결국 삶이 고갈되고 극단적인 선택을 하게 되는 것이다.

지난 세기 1980년대 말 우리 사회가 경제발전의 신화에 젖어 있었을 때, 한 성공한 경제인의 자살이 우리 사회에 커다란 충격파를 몰고 왔던 것을 기억하는 분들이 있을 것이다. 창업한 지 20여 년 만에 여러 계열사까지 거느린 재벌 그룹을 일구어 내서 세간의 부러움을 사던 그 회사의 회장이 회계부정에 연루되어 수사를 받게 되자, 자신의 회사건물에서 투신하여 자살한 사건이었다. 필자도 그 당시에는 '회계부정이 드러나 형벌을 받는다고 해도, 적당한 기회에 감형을 받을 수도 있을 것이고, 회사가 망하게 된 상황도 아니니 형(刑)을 마치면 여생을 편안하게 살 텐데 왜 그런 극단적인 선택을 했을까?' 하고 의아한 생각이 들었었다. 그러나 고인에게는 자신의 청춘을 불태워 이룩한 회사가, 그리고 이를 통해 쌓아올린 자신의 사회적 명성이 자신의 존재 자체처럼 느껴지지 않았을까? 그러한 회사가 하루아침에 위기에 처하게 되고, 자신의 명성이 실추되는 것을 보면서, 자신의 삶 자체가 일시에 붕괴되는 것 같은 충격에 사로잡혔을 것이다. 고인의 명예를 훼손할까 우려되어 더 이상의 언급은 피하겠다. 단지 여기에서 필자가 말하고자 하는 것은, 사회적으로 형성된 자아상에 너무 치우친 나머지 자신의 본래적·원초적 존재 바탕의 소중함을 잊는 것은 자기보존을 위태롭게 할 수 있다는 것이다.

고대 그리스의 철학자 디오게네스에 관한 다음과 같은 일화는 독자들도 다 알고 있을 것이다. 알렉산더 대왕이 어느 날 당시 그리스에서 가장 지혜로운 자라고 알려진 디오게네스를 만나러 갔다. 마침 디오게네스는 자신이 주거로 사용하고 있는 통 밖으로 몸을 내밀고 햇볕을 쬐고 있었는데, 알렉산더 대왕이 그의 앞에 서서 "현자여, 그대가 원하는 것이 무엇인가?" 하고 물었다. 원하는 것을 말하면 웬만한 것은 다 들어주겠다는 생각이었을 것이다. 그러자 디오게네스는 "대왕이시여, 제가 원하는 것은 제가 햇볕을 쬘 수 있도록 대왕께서 제 앞에서 비켜 주시는 것뿐입니다."라고 답하였다. 이 말을 듣고 알렉산더 대왕은 바로 발걸음을 돌이켰다. 그는 돌아가면서 자신을 수행하던 신하에게 "내가 알렉산더가 아니라면 디오게네스가 되고 싶다."라고 말하였다고 한다(강영선 외 편, 1989: 242f.). 디오게네스는 왜 다른 소원을 말하지 않았을까? 왜 벼슬이나 재물을 달라고 하지 않았을까? 디오게네스는 소욕지족(小欲知足)을 이상으로 삼는 철학자였다. 많은 것을 원하게 되면 그것을 구하려고 애를 쓰게 되고, 원하는 것이 구해지지 않으면 욕구불만에 시달리게 된다. 그러다 보면 원하는 것을 얻지 못해서 전전긍긍하게 되니 그것에 얽매이게 되고, 또한 그것을 제공해 줄 수 있는 사람이 있으면 그 사람에게 의존하게 되고 결국 그의 지배를 받게 된다. 세상에 공짜가 어디 있겠는가? 아마도 디오게네스는 속으로 이렇게 말하지 않았을까? "당신의 제안을 받아들이면 나는 비단옷을 입고 산해진미를 입에 대겠지만, 조롱 속에 갇힌 새의 신세를 어찌 면하겠소?"

그러나 우리 보통 사람들이 디오게네스의 지혜를 배우고 실천하기란 쉽지 않다. 어찌 보면 디오게네스는 너무 소극적이고 바보스러워 보이기도 한다. 그러나 디오게네스 같은 사람이 쉽게 불행에 빠지거나, 더구나 자살을 할 수 있을까? 작은 것에 만족하며 유유자적하는 사람은 어떤 운명의 변덕도 그를 쉽게 불행에 빠뜨릴 수 없을 것이다. 알렉산더 대왕은 이것을 부러워한 것이리라.

3) 루소의 인성교육: 자기보존의 교육

루소에 따르면 교육은 기본적으로 두 가지로 나누어질 수 있다. 개인의 타고난 성향을 잘 보존·발달시켜서 자기 자신으로 살도록 이끌어 주는 교육(인간교육)과 공동체를 위해서 살도록 이끌어 주는 교육(시민교육)이 그것이다. 그런데 루소는 이 두 가지 교육이 동시에 이루어지는 것은 불가능하다고 주장한다. 왜냐하면 타고난 자연적 성향을 망가뜨리지 않고 보존·발달시키기 위해서는 사회의 영향력을 배제해야 하며, 공동체를 위한 교육을 하기 위해서는 개인의 타고난 성향을 억제해야 하기 때문이다. "자연과 싸우든가 사회와 싸우도록 강요받기 때문에 당신은 인간을 만들 것인가 시민을 만들 것인가를 선택해야 한다. 양자를 동시에 만들 수는 없으니까 말이다."(Rousseau, 2008: 38f.)

그러면 루소가 생각하는 시민교육이란 무엇일까? 루소는 시민교육의 전형으로서 스파르타의 교육을 든다.

> 스파르타의 어떤 부인이 다섯 명의 아들을 군대에 보내고 전투의 상황 소식을 기다리고 있었다. 하인이 소식을 가지고 도착했다. 부인은 떨면서 전황을 물었다.
> "마님, 마님의 아들들이 모두 전사하셨습니다."
> "못난 녀석이로다! 내가 네게 그런 것을 물었느냐?"
> "우리 군대가 승리했습니다."
> 그제서야 부인은 신전으로 달려가 신들에게 감사했다(Rousseau, 2008: 40).

이 예화에 나타난 스파르타 부인의 모습이 어떻게 느껴지는가? 숭고하게 느껴지는가? 아니면, '자기 자식이 다섯이나 죽었다는데, 이 여인은 피도 눈물도 없나?' 하는 생각이 드는가? 스파르타인들은 어려서부터 개인의 선천적인 성향을 최대한 억제하면서 온전히 공동체(폴리스)를 위해 살도록 교육받았다. 그리고 공동체를 위해 자신을 헌신하고, 희생하는 사람들에게 극도의 존경을 바치고 찬양해 마지않았다(훈장을 주고, 공덕비를 세우고, 애국자, 영웅, 위인으로 칭송하고…). 이러한 과정을 통해서 공동체를 위해 헌신하는 것이 지고의 가치라는 생각이 사람들의 마음속에 강하게 심어진 것이 아닐까? 위의 예화에 나온 스파르타 여인은 스파르타식 교육의 성공 사례를 보여 준다. 즉, 자식에 대한 정념(情念)보다 폴리스에 대한 정념이 이 여인의 마음을 더 강하게 지배한 것이다. 그러나 현대사회에서 스파르타의 여인과 같은 완전한 시민을 양성한다는 것은 불가능에 가까운 일이다. 개인의 개성과 자율성, 인권에 대한 의식이 발달한 현대사회에서 개개인의 타고난 성향을 극도로 억압한다는 것은 불가능한 일이 아닐 수 없다. 루소가 보기에도 이러한 교육은 극히 예외적인 경우에만 성공하며, 나머지 대다수의 사람을 사회적 의무와 타고난 개인적 성향 사이에서 방황하면서 괴로워하는 삶을 살게 만든다고 말한다. 루소는 그 당시의 상류계층의 자녀들이 받던 교육이 바로 이런 잘못된 교육의 표본이라고 보았는데, 그 이유는 다음과 같다.

> 상류사회의 교육은 상반되는 두 가지 목적을 추구하다가 어느 쪽 목적에도 도달할 수 없게 되기 때문이다. 그것은 언제나 남을 위해 살도록 교육하는 것처럼 보이면서, 실은 자신의 일 외에는 절대로 생각지 않는 이중인격의 인간을 만드는 것에 불과하다. …… 이러한 모순으로부터 끊임없이 우리가 마음속으로 느끼고 있는 모순이 생겨난다. 자연[=고유한 자아]과 인간[=사회]에 의해 상반되는 길로 이끌려 들어가, 그 서로 다른 힘에 강요되어, 우리는 어느 쪽 목표에도 도달하지 못하는 어중간한 길을 걷게 된다. 그리하여 일생 동안 괴로워하고 휘청거리다가 일관된 의견을 가지지 못한 채, 자기에게나 타인에게나 아무런 도움이 되지 못하는 인간으로 살아가게 되는 것이다(Rousseau, 2008: 42).

[그림 2-2]가 위에서 루소가 말하는 개인의 타고난 '자연'적 성향과 '사회'의 요구 사이에서 방황하면서 어중간한 방향으로 밀려나가는 우리들의 모습을 그려 본 것이다. 이 그림을 보면서 '사회 속에서 살고 있으니 사회적 요구나 의무를 따라야 하고, 또한 타고난 성향은 완전히 제거할 수 없으니 어느 정도 타협을 하는 것이 당연한 것 아닌가?' 하고 생각할 수도 있을 것이다. 그런데 문제는 사회적 요구나 의무 속에는 그 근원으로

거슬러 올라가 살펴볼 때 절대적으로 고수해야 할 만큼 정당하거나 참된 가치를 지닌 것이 아닌 경우도 많다는 것이다.[2]

앞의 인용문에서 루소가 지적한 또 하나의 문제는 사회적 의무를 강조하는 교육은 허위의식(虛僞意識)을 양산한다는 점이다. 가장 빈번한 사례는 개인적인 욕망이나 집단의 욕망이 사회적 의무나 미덕으로 포장되는 경우이다. 사회지도층 인사들이 입으로는 정의, 공정성, 평등, 민주, 애국, 약자에 대한 배려 등의 사회적 가치를 외치지만

[그림 2-2]
자연과 사회의 역학 속의 인간

그들이 내심에서 참으로 바라는 것은 그와는 거리가 있는 것임이 드러난 사례를 우리는 너무나 많이 알고 있다. 또한 강한 애국심은 자기 국가나 민족에 대한 과도한 우월주의로 나타날 수 있으며, 이것은 종종 다른 국가의 국민들에 대해서 배타적인 태도로 나타나거나 경우에 따라서는 매우 위험하고 사악한 결과를 가져올 수도 있다.[3] 이처럼 교육이 개

---

2) 많은 사람이 나치시대의 독일 사회가 총체적인 오류에 빠져 있었으며, 당시에 거의 일사분란하게 국가적·사회적 의무를 다했던 독일인들의 행위를 올바르지 않다고 생각할 것이다. 그러나 나치시대 이후에도 적지 않은 독일인들이 나치시대의 독일 사회에 대한 향수를 느꼈으며, 심정적으로 옹호했다는 사실을 생각해 볼 필요가 있다. 또한 이슬람 사회에서 여성들에 대한 히잡의 강요, 명예살인의 정당화 등의 사회적 요구가 정당하지도, 참된 가치를 지닌 것도 아니라는 증거는 얼마든지 찾을 수 있다.

3) 과거 우리나라와 중국, 동남아를 침탈한 일본인들의 경우를 생각해 볼 때, 그들의 애국심은 극단적인 집단이기주의의 한 형태였다는 것이 드러난다. 또한 자국 내에 살고 있는 쿠르드족에 대한 터키의 차별과 억압도 민족주의로 포장된 집단이기주의에 다름 없을 것이다.

인에게 사회적 요구나 의무에 따라 살도록 강요할 때 사람들의 심정이 왜곡되어 자신의 진정한 욕망을 곡해하게 되며, 이로 인하여 자신도 속이고 남도 속이는 일종의 도착(倒錯)이 나타나는 것이다. 요컨대, 사회적 요구나 의무를 과도하게 강조하는 교육은 아이들에게 극심한 압박과 고통을 주어 그들의 인격을 왜곡시키거나 파괴할 수 있으며, 이것이 또한 오늘날 학교폭력과 비행, 부적응의 주요 원인이 아닐까 생각된다.

여기에서 다시 루소로 돌아가서 자연인의 교육에 대해서 논의해 보겠다. 루소에 따르면 사회 상태 속에서는 자연인의 교육을 할 수 없다고 잘라 말한다. 왜냐하면 사회 상태 속에서는 사회적 원리(사회제도, 관행, 규범, 법 등)가 인간의 삶을 지배하므로 개개인의 타고난 자연적 성향을 보존하려는 시도 자체가 불가능하기 때문이라는 것이다. 개인은 사회 속에서 사회질서를 따르지 않을 수 없는 반면, 자신의 자연적 성향은 이러한 방향과 모순, 상충을 일으킨다. "그런 사람은 언제나 자기 자신과 모순되어, 자신의 소망과 의무 사이를 방황하면서 결코 한 인간도 시민도 되지 못한다. 그리하여 그는 자신에게나 타인에게나 아무런 도움이 되지 못하는 사람이 되고 만다."(Rousseau, 2008: 40f.) 실제로『에밀』에서도 에밀이 태어나자마자 교사인 장자크가 부모의 손에서 빼앗아 인적이 드문 전원으로 데리고 가서 15세까지 단둘이 생활하면서 교육을 시키는 것으로 설정되어 있다. 자연인으로 키우기 위해서 '부자연스러운' 교육을 해야 한다는 역설이 생겨난 셈이다. 이렇게 되면 자연인의 교육은 커다란 난관에 부딪히는 것 같다. 수많은 아이를 갑자기 산속이나 오지로 보내서 교육을 시킬 수도 없고, 또 보낸다고 하더라도 여러 명이 한데 모이면 또 하나의 사회가 생겨나는 것이니 자연인의 교육이 불가능하게 될 터이니까. 그렇다면 사회 속에서는 정말 자연인의 교육이 전혀 불가능한 것일까? 만일 정말 그렇다면 루소의 교육론은—대안학교와 같은 예외적인 경우를 제외하고는—쓸모가 없는 것이 될 것이다.

필자는 조금 달리 생각한다.『에밀』은 이상적인 조건에서 완벽한 교육자에 의하여 이루어지는 교육을 그린 일종의 실험소설이다. 다시 말하면, 루소라는 천재의 상상력 속에서 행해진 이상적인 교육에 관한 시뮬레이션인 셈이다. 이것은 공기저항이 없는 진공 상태 속에서 행해진 자유낙하 실험에 비유해 볼 수 있을 것 같다. 이러한 실험을 하는 이유는 공기저항이 제거된 순수한 자유낙하 운동을 확인하려는 것이다. 마찬가지로 『에밀』은 완전한 교육의 원형을 확인하기 위한 가상실험이었다.[4] 그러나 현실교육은 교사가 일일이 통제하기 어려운 수많은 상황적 요인이 복합적으로 작용하는 가운데 이루어지므로 이상적인 교육 모델과는 거리가 있을 수밖에 없다. 이렇게 볼 때, 『에밀』을 현실교육에서 실행할 수 있는 교육 모델로 보기보다는, 현실교육을 개선하기 위해 참조로 삼을 수 있는 이상적 지향점으로 보는 것이 적절하지 않을까 생각된다.

　어쨌든 우리 대부분의 교육자는 현재 주어져 있는 현실적인 조건들을 떠나 교육을 실천하기는 어렵다. 그렇다면 남은 길은 아이들의 삶의 세계(가정, 학교, 사회)를 자연 상태에 가깝게 만드는 것뿐이다. 아이들을 원시림 속으로 데리고 들어가야만 하는 것이 아니라, 아이들의 삶 속에서 비교와 경쟁이 최소화되고 사회적 요구가 아이들을 옥죄지 않는 상태를 만들어 주면 될 것이다. 그래서 아이들의 타고난 성향을 인정해 주고, 포용하여 잘 보존되고 발달될 수 있도록 도와줄 수 있다면 '도시에 사는 자연인'이 되게 하는 것이 전혀 불가능할 것 같지는 않다. 『에밀』을 이렇게 해석하는 것이 불가능하지 않다는 것은 루소가 타고난 자연적 성향을 고수하는 것만을 지상의 가치로 여기지 않았다는 사실에서도

---

4) 『에밀』에서 루소는 다음과 같이 말하고 있다. "나는 한 명의 가공의 학생을 설정하기로 했다. 그리하여 그 학생을 교육하는 데에 알맞은 연령, 건강 상태, 지식, 그리고 모든 재능을 내가 갖추고 있는 것으로 생각하고, 그 학생이 태어난 때부터 한 사람의 성인이 되어 자기 자신 이외의 지도자를 필요로 하지 않게 될 때까지 교육하기로 했다. 이 방법은 자신의 능력을 의심하는 저자[=루소]가 환상에 빠져 갈팡질팡하는 것을 막는 데 유효하리라고 생각된다."(Rousseau, 2008: 43)

확인할 수 있다. 사실 인간이 이미 사회 상태에 살고 있음에도 불구하고 자연적 성향만을 고수하려 한다면 자기보존, 즉 생존이 어려워진다. 그래서 루소는 다음과 같이 말한다. "타인의 의지[=사회의 요구]에 거역하여 자연 상태에 머물러 있을 수 있는 사람은 아무도 없다. 그리고 더 이상은 불가능한데도 그곳에 머물러 있으려 하는 것은 그 자체가 사실상 자연 상태에서 벗어나는 것이다. 자연의 제1법칙은 자기보존에 유의하는 것이기 때문이다."(Rousseau, 2008: 319) 그렇다면 우리는 아이들을 사회 속에서 '자기보존'을 할 수 있는 사람으로 키워야 한다.

> 자연 상태 속에 살고 있는 자연인과 사회 속에서 살고 있는 자연인은 크게 다르다. 에밀은 사람이 살지 않는 곳으로 쫓겨날 미개인이 아니다. 도시에 살도록 정해진 미개인이다. 그는 도시에서 살아가고 도시의 사람들과 어울리고, 그들처럼은 아니라 하더라도 그들 속에서 살아가는 방법을 배우지 않으면 안 된다(Rousseau, 2008: 342f.).

그러면 여기에서 사회 속에서의 자기보존에 대해서 좀 더 논의해 보겠다. 루소가 말하는 자기보존은 자신의 고유한 내적 자아를 보존하고, 이러한 자아가 외적인 생활과 조화를 이루는 상태를 말한다고 할 수 있다. 루소가 이를 '욕망'과 '능력'의 조화 상태라고 말하는 것을 앞서 본 바 있다. 그런데 욕망과 능력 중에서 고유한 자아의 핵심 축은 '욕망'이다. 내가 무엇인가를 원하기 때문에 그것을 얻기 위해서 나의 능력(신체적·정신적 능력)을 사용하는 것이니까. 따라서 자기보존의 제1조건은 자신의 욕망을 따르는 것이다. 그런데 사회생활을 통하여 생성된 너무나도 많은 인위적인 욕망이 우리의 마음속에 채워진 결과, 욕망의 충족은 갈수록 어려워지고, 욕망의 좌절은 고통과 불행을 초래하니, 결과적으로 자기보존이 위태로워지는 모순적인 상황에 부딪히게 되는 것이다. 그러므로 루소는 자신의 욕망이 자연의 욕망인가 또는 사회 속에서 인위적으로 만들어진(조작된) 욕망인가를 구별하여, 전자는 따르고 후자는 내려놓으라고 말한다. 원시 상태의 자연인의 욕망은 생리적 욕구가 전부일 것이다. 반면에, 사회 속에 살고 있는 자연인은 자신이 속해 있는 사회 속에서 자신의 존재를 보존하는 데에 필요한 바를 성취하고자 한다. 그런데 그는 동시에 이러한 욕망을 자신의 능력의 범위 안으로 한정하는 능력을 갖추고 있어야 한다. 다시 말해서, 사회 속에서 자연인으로 살기 위해서는 내가 무엇인가를 원할 때, 그것이 내가 진정으로 원하는 것인지(필요로 하는 것인지) 아닌지, 그리고 자신의 현재 능력으로 얻을 수 있는지 아닌지를 판단할 줄 알고, 성취할 수 없는 욕망은 내려놓을 수 있는 자기보존의 지혜가 필요한 것이다. 그런데 루소가 "진정으로 자유스러운 인간은 자신이 할 수 있는 일만을 원하며 자신의 마음에 드는 일만을 한다. 이것이 나의 근본적인 격률이다."(Rousseau, 2008: 115)라고 말하는 것을 보면, 루소가 개인의 고유한 존재에서 나오는 욕망은 그 자신이 지니고 있는 능력 또는 잠재적인 능력과 연관되어 있다고 본 것이 아닌가 생각된다. 이처럼 개인의 고유한 욕망과 타고난 능력 사이에 본래적인 상관관계가 있다고 본다면, '내가 행할 수 있는 것만 원한다.'는 것과 '내가 원하는 것만 행한다.'는 것은 거의 같은 의미가 될 것이다.

반면에, 사회적 통념이나 개인의 허영심에 의해서 생겨난 욕망(예컨대, 자신의 적성과 흥미와는 관계없이 많은 사람이 선망한다는 이유 때문에 어떤 직업을 얻고자 하는 욕망)은 자신의 고유한 존재에서 나온 욕망이 아닌, 피상적이며 가식적인 '복제된' 욕망이다. 다른 사람들의 평가를 의식하고, 다른 사람들의 눈에 근사하게 보이려는 동기에서 생겨난 욕망은 가식적이고 허구적인 것이므로 당사자가 본래적으로 지니고 있는 능력과 상관관계를 갖고 있지도 않다. 이러한 복제된 욕망들이 우리의 마음에 채워져 있으므로, 내가 진정으로 원하는 것이 무엇인지를, 어떤 욕망이 나의 고유한 존재 바탕에서 나온 욕망인지를 알아내기가 어려운 것이다. 이러한 자신의 본성적 욕망을 발견하는 것은 곧 자신의 진정한 자아를 발견하는 일과 다르지 않다. 왜냐하면 가식 없는 솔직하고 순수한 자아(마음)로 돌아가야만 자신의 본래적 욕망이 무엇인지를 알 수 있기 때문이다.

사회 속에서 자기보존을 할 수 있기 위해서는 사회 속에서 자신이 원하는 삶을 살 수 있는 사회적 역량(力量) 또한 갖추어져야 한다. 우리는 우리의 아이들을 에밀처럼 "조용한 외딴곳에 있는 작은 농지"(Rousseau, 2008: 832)를 개간하면서 "조그만 오두막집의 주인"(Rousseau, 860)으로 사는 은둔적인 현자(賢者)로 키우기보다는, 오히려 아이들이 현대문명의 한복판에서 성공적으로 자기를 보존하면서 행복하게 살 수 있기를 바란다. 그러기 위해서는 문명의 기술, 즉 학문과 기예(技藝)를 잘 익혀서 능숙해져야 한다. 그러나 우리는 아이들이 학문과 기예를 배우는 과정이 아이들 자신의 욕망에서 나오는 흥미를 발전시키는 과정이 되지 않으면 자기소외에 빠진다는 루소의 경고를 마음 깊이 새겨야 한다고 필자는 생각한다. 아이들의 개별적인 흥미들을 낱낱이 고려하면서 교육을 이끌어 간다는 것은 매우 공이 많이 들고, 따라서 비용도 많이 든다. 그러나 교육이 아이들 각자로 하여금 진정한 자기 자신이 되도록 도와주는 과정이 되기 위해서는 교사중심의 획일적인 수업의 모습은 이제 사라져야 하며, 교육은 아이들 하나하나를 누구보다 소중한 존재로 대우하고 돌보는 본래적 교육으로 돌아가야 할 것이다.

4)『에밀』에 있어서 양심과 선악의 문제

이상에서 우리는 루소적 의미의 인성교육을 주로 자연 상태와 사회 상태, 자애심과 자만심, 자애심과 연민, 욕망과 능력의 조화를 통한 자기보존 등의 개념들을 가지고 해석해 왔다. 루소의 교육목표는, 요컨대 자기보존의 능력을 길러 주는 것이라고 볼 수 있다.『에밀』전편을 통해서 루소는 중층적(重層的)인 자기보존의 구조를 보여 주고 있는데, '신체적 ·

감각적 자기보존'은 생명이 있는 유기체로서의 인간에게 가장 기본적인 것이다. 그러나 신체가 건강하고 신체활동에 능숙하더라도 '심리적·지적(知的)인 자기보존' 능력이 결여되어 있다면 온전한 인간이라고 하기 어려울 것이다. 다시 말해서, 인간은 자신의 심리 상태(욕구 충동을 포함하여)를 잘 조절할 수 있어야 하며, 삶에 필요한 지식을 충분히 소유하되 허구적인 지식이 아닌, 근거가 분명한 견실한 지식을 갖추어야 한다는 것이다. 첫 번째와 두 번째의 자기보존이 주로 개인에 관련된 것이라고 한다면 세 번째로 필요한 것은 '문화적·사회적 자기보존'이다. 자신의 천성(고유한 개성)을 잘 유지하면서도 문화적·사회적으로 잘 적응하고 있는 사람이 되기 위해서는 직업능력과 사회성, 문화적 소양의 양성이 잘 이루어져야 한다. 루소는 마지막으로 인간이 '도덕적·종교적 자기보존'의 능력을 갖출 때 참으로 성숙한 인간이 된다고 본다. 도덕이란 개인 삶의 정당성 확보와 관련된 문제이며, 종교는 삶에 대한 궁극적인 의미 부여의 문제일 것이다. 루소에게 있어서 도덕 및 종교와 대응하는 인성 요소는 '양심'이며, 따라서 양심은 인성의 최상층부에 자리를 잡고 있다.

    그렇다면 루소에게 있어서 양심이란 무엇을 의미할까? "인간의 정신 밑바닥에는 정의와 미덕의 천성적인 원리가 존재하며 …… 우리는 이 원리에 입각하여 자신의 행동과 타인의 행동을 좋다든가 나쁘다고 판단한다. 이 원리를 나는 양심이라고 부른다."(Rousseau, 2008: 505) 요컨대, 양심이란 정의와 불의, 미덕과 악덕을 판단하는 원리이다. 그런데 양심 자체는 판단이 아니라고 루소는 말한다. 왜냐하면 양심이란 어떤 상황에 처했을 때 직감적·무조건적으로 일어나는 '느낌', 즉 정서적인 마음의 움직임이기 때문이다.[5] 그런데 달리 생각해 보면 양심도 이성과 함

---

5) "선에의 사랑과 악에의 증오는 우리에게 있어서 우리 자신에 대한 사랑과 마찬가지로 자연적인 것이다. 양심의 섭리는 판단이 아닌 감정이다."(Rousseau, 2008: 399)

께 또 다른 유형의 판단능력이라고 말할 수도 있을 것 같다. 이성은 어떤 사태에 처했을 때, 그 사태를 관조하고 사태를 구성하는 요소들을—이전에 경험한 사태들에 견주어—비교·분석하며, 이를 종합하여 주어진 사태를 인식하고 판단한다. 반면에, 감성은 어떤 사태에 직면하면서 무언가를 직감적으로 '느끼며', 이 느낌 자체가 해당 사태에 대한 판단으로 기능하는 경우도 있으므로 이를 '감성적 판단'이라고 부르기로 하겠다. 그런데 이러한 감성적 판단능력의 한 유형인 양심이 이성보다 더 높은 차원의 판단원리라고 루소는 주장한다. 다음 인용문은 루소의 이른바 '양심송(良心頌)'이라고 할 수 있다.[6]

> 양심이여! 양심이여! 신성한 본능이여! 사멸하는 일이 없는 천상의 소리여! 무지 무능하지만 지성을 가진 자유로운 존재의 확실한 안내자여! 선악을 잘못 심판하는 일이 없는 심판자, 인간을 신과 같은 존재로 만들어 주는 이여, 그대[=양심]야말로 인간의 본성을 뛰어난 것으로 하고, 그 행동에 도덕성을 부여하고 있는 것이다. 그대가 없으면 나는 규칙 없는 지성, 원칙

---

6) 칸트의 실천이성비판에 있는 의무예찬을 후세 사람들이 '의무송(義務頌)'이라고 일컬어 왔는데, 이에 비견되는 루소의 양심예찬을 '양심송'이라고 이름 붙여 본 것이다. 칸트의 의무송은 다음과 같다. "의무, 너 위대하고 숭고한 이름이여! 너는 환심을 얻고 사랑받을 만한 점을 하나도 지니고 있지 않으면서도 오히려 복종을 요구한다. 너는 아무런 위협도 하지 않으면서 …… 법칙만을 제시한다. 이 법칙은 저 스스로 마음 안에 들어가 의지에 반하면서도 존경을 얻는다. …… 이 법칙 앞에서 모든 감성적 경향성은—은밀히는 반발할지라도—침묵하고 만다. 너의 그 위엄 있는 근원은 무엇이며, 감성적 경향성과의 관계를 도도하게 끊어 버리는 너의 고귀한 혈통의 뿌리를 우리는 어디에서 찾을 것이며, 인간만이 자신에게 부여할 수 있는 값진 조건은 어떠한 뿌리에서 유래하는 것인가?"(KpV, A 154).

을 가지지 않은 이성에 의해 오류에서 헤매는 슬픈 특권 외에
는 나의 안에서 짐승보다 나은 것을 아무것도 느끼지 못할 것
이다(Rousseau, 2008: 509).

　양심은 인간을 신성(神性)에 근접시키는 최고의 원리로 예찬되며, 양
심의 인도를 받지 않는 이성은 쉽게 오류에 빠지므로 이성만으로는 올
바른 삶을 살기 어렵다고 루소는 주장한다.[7] 그런데 루소는 이러한 양심
이 우리의 타고난 원시적 정념, 특히 자애심과 연민에서 싹터서 자라난
것이라고 본다. 자애심은 기본적으로 자신의 행복을 추구하는 마음이지
만, 다른 존재의 고통을 보면 나도 고통을 느끼므로 이러한 자신의 고통
을 벗어나기 위해 다른 존재들을 도와주고자 하는 마음, 즉 연민이 일어
난다는 것이다. 이러한 마음의 작용은 원시인이나 아직 이성이 깨어나
지 않은 어린아이에게도 존재한다. 이러한 상태의 인간은 자신의 행복
을 방해하는 사람에 대하여 증오심을 일으키듯이, 자신이 불쌍하게 여
기는 사람에게 고통을 주는 사람에 대해서도 증오의 마음을 일으킨다.
그런데 아이가 성장하면서(원시인이 문명화되면서!) 자신의 주변에서 보
고 듣는 사실들을 객관적으로 관찰하고 개념적·논리적으로 인식하고
판단하는 능력인 이성이 발달하게 되면, 자기 내면의 심적 활동에 대해
서도 관찰하게 되고 이로부터 선과 악, 옳고 그름[正邪]의 원리를 도출해
내게 된다는 것이다.[8]

---

7) 이성은 우리를 속이는 일이 너무나도 많다. 우리가 이성을 의심하는 것은 지극
　히 당연한 권리이다. 그러나 양심은 결코 우리를 속이는 일이 없다. 양심이야말
　로 인간의 참된 안내자이다(Rousseau, 2008: 500).
8) 나는 마음의 최초의 움직임으로부터 양심의 최초의 소리가 들려온다는 것, 사랑과
　미움의 감정으로부터 선악의 최초의 관념이 생겨난다는 것을 증명해 보이고 싶
　다. 정의와 선은 단순히 추상적인 언어나 오성에 의해 만들어지는 도덕적 개념이
　아니라, 이성의 빛을 통하여 밝혀진 구체적인 심적 운동이라는 것, 따라서 우리의

이해를 돕기 위해 이상의 논의과정을 좀 더 단순화시켜 보겠다. 아기(원시인!)에게 있어서는 자신의 행복(특히 감각적인 쾌감)에 도움이 되는 것이 선(善, 호감의 대상)이며, 이에 방해가 되는 것이 악(惡, 증오의 대상)이다. 아이가 다른 사람의 불행과 고통을 보면서 연민을 일으킬 수 있게 되면, 다른 사람들을 배려(사랑!)할 수 있게 되고, 이것이 더욱 넓혀지면(자애심이 인간애로 확장되어) 뭇 인간의 행복에 부합되는 것은 옳은 것으로 느끼고, 배치되는 것은 옳지 않은 것으로 느끼게 된다는 것이다. 따라서 선악과 정사(正邪)의 실질적 뿌리는 정서활동 속에 있으며, 이러한 정서활동이 이성을 통하여 조명(照明)되어 개념적 원리로 정리된 것이 다름 아닌 도덕원리라는 것이다. 도덕의 핵심은 요컨대 다른 사람들에 대한 사랑이며, 이러한 "다른 사람에 대한 사랑은 자신에 대한 사랑으로부터 파생된 것"(Rousseau, 2008: 399 각주)이다. 이렇게 보면 모든 도덕원리는 자애심이 질서 있게 발달한 것에 지나지 않는다(Rousseau, 2008: 399).

이러한 루소의 입장에서 볼 때, 도덕적인 사람이 되기 위해서는 먼저 자신을 사랑하는 사람이 되어야 한다. 자신을 진정으로 사랑할 줄 모르는 사람은 다른 사람도 올바로 사랑할 수 없기 때문이다. 그런데 루소의 말처럼 아이는 선천적으로 자애심을 지니고 태어나지만, 주위 사람의 태도와 환경에 따라서 여러 가지 부정적인 감정(분노, 반항심, 좌절감, 열등감, 우울……)이 파생적으로 생겨 외부로 향하거나 자신에게로 향한다. 외부로 향한 부정적인 감정도 결국은 되돌아와서 자신에게로 입력된다. 이를 통하여 부정적 자아관념이 자리를 잡게 되면 자신에 대한 사랑과 존중은

원시적인 경향성(감성적 충동)이 질서 있게 발달한 것에 지나지 않는다는 것, 그리고 양심과 무관하게 이성 혼자서는 어떠한 자연법도 확립할 수 없다는 것, 모든 자연권은 만일 그것이 인간 심정의 자연스러운 욕구에 기초하지 않는다면 모두 환영에 지나지 않는다는 것, 이러한 것들을 나는 증명하고 싶다(Rousseau, 2008: 398f.).

점점 더 줄어들게 된다. 따라서 아이가 자신을 사랑하고 존중할 수 있기 위해서는 어려서부터 주위 사람들로부터 충분한 사랑과 존중을 받아야 하며, 이러한 자신에 대한 사랑과 존중은 연민의 감정을 통하여 타인들에게로 확장되게 해야 한다. 그리고 이성이 발달하는 연령기가 되어 이러한 타인에 대한 사랑과 존중을 개념적 원칙으로 정립할 수 있도록 이끌어 주면 청소년은 비로소 도덕적 삶의 궤도에 오르게 되는 것이다.

그런데 독자들은 이러한 이야기를 들으면서 루소의 생각에 대해 의구심을 가질 수도 있을 것 같다. '루소는 사태를 너무 낙관적으로 본 것이 아닌가? 이런 식으로 교육을 하기도 어렵지만 이러한 교육이 성공한다고 하더라도 이러한 교육을 받은 사람이 과연 충분히 도덕적인 삶을 살 수 있겠는가?'

이러한 문제제기에는 필자도 부분적으로 동감한다. 필자가 보기에 루소의 인간교육 모형에서 가장 큰 문제점은 정념과 양심 사이에 충돌이 일어나며, 이에 대한 확실한 해결방안이 제시되지 못하고 있다는 점에 있다. 루소의 교육관의 기본 아이디어는 주지하다시피 개인의 타고난 성향(자연성)을 왜곡시키지 말고 잘 보존·발달시켜야 한다는 것이다. 선천적인 정념인 자애심을 질서 있게 발달시키면 양심에 따라 도덕적 삶을 살 수 있는 사람이 될 수 있다는 것인데, 문제는 양심이 삶의 최고 원리로 등장하자마자 정념(관능)과의 극복하기 어려운 갈등관계가 형성된다는 점이다. 루소는 『에밀』 4부 후반부에서 "양심은 영혼의 소리이고 정념은 육체의 소리"(Rousseau, 2008: 500)라고 말하면서 영혼과 육체의 이원론을 제시하는데, 이러한 이분법은 아이가 16세가 되기까지의 교육을 논의하는 에밀 4부 전반부까지는 거의 나타나지 않는다. 그리고 실제 삶에서 있어서 이러한 이분법을 극복하기가 매우 어렵다는 것은 루소 자신의 삶을 통해서도 확인되는 사실이다.[9] 관능적 정념은 강력하고

---

9) 루소는 그의 나이 57세에 발표한 자서전 『고백(Les Confessions)』(1769)에서 초

집요하며, 양심은 감정의 일종인지라 일관성이 없고 기복이 심하다. 이러한 상황에서 정념이 쉽게 승리(죄를 범함)하리라는 것은 자명하다. 정념에 굴복하고 나면 자괴감과 양심의 가책을 받아 괴로움에 빠지고, 그래서 후회하고 회개를 하지만 또다시 정념에 굴복하게 되고…… 이러한 악순환에서 벗어나기가 어려운 것이 루소적 인간이 아닌가 생각한다.

우리가 루소 다음으로 접하게 될 교육사상가들은 이러한 이원론적인 갈등에 대해 나름대로의 해결책을 제시하고 있다. 칸트와 헤르바르트는 성장세대를 인간사회가 발전시켜 온 문화 이상, 특히 도덕에 적합하게 형성시키는 인간교육을 기획하였다. 니체와 프로이트는 반대로 개인의 타고난 성향을 변화시키기보다는 과거로부터 전승(傳承)된 윤리도덕의 문제점을 파헤치면서 현대적 삶의 상황에 더 이상 적합하지 않은 전승의 도덕-윤리를 해체하거나 수정함으로써 문제를 해결하고자 한다. 다음 절에서는 먼저 칸트의 인간교육론을 살펴보겠다.

2 칸트: 이성적 자율성의 계발로서의 인성교육

1) 들어가기

칸트(Immanuel Kant, 1724~1804)의 철학에 관심을 가졌던 많은 사람이 그의 추상적이고 딱딱한 언어 앞에서 멈춰서 버리는 것 같다.[10] 그러나

___
로의 나이에 이르기까지 애욕과 질투, 증오심 등에 시달리고 있는 자신의 모습을 고백하고 있다.

10) 칸트의 언어가 어려운 이유는 다음과 같다. 칸트 시대에 철학에 대한 관심자는 주로 대학 강단에 서 있는 강단철학자들이었으며, 이들은 대부분 라이프니츠

칸트가 가졌던 문제의식만큼은 우리가 가지고 있는 것과 별반 다르지 않다. 칸트는 자신의 철학이 다음의 네 가지 질문에 답하려는 노력이라고 말한다. "① 나는 무엇을 알 수 있는가? ② 나는 무엇을 행해야 하는가? ③ 나는 무엇을 바랄 수 있는가? ④ 인간이란 무엇인가?"(LOGIK, A 25). 그리고 앞의 첫 번째, 두 번째, 세 번째 질문은 네 번째 질문인 '인간이란 무엇인가?'에 귀속된다고 말한

Immanuel Kant
(1724~1804)

다. 즉, 칸트의 모든 철학적 작업은 '인간에 대한 탐구'에 초점이 있었다는 말이다.

칸트의 인간관이 루소로부터 많은 영향을 받은 것은 분명하다. 칸트는 매일 정해 놓은 시간을 정확히 지켜 산책을 했는데, 그런 그가 『에밀』에 매료된 나머지 며칠 동안 산책을 그만두었다는 것은 잘 알려진 일화이다. 『에밀』을 읽은 후인 40세 때 칸트는 다음과 같이 술회하고 있다.

> 나는 인식에 대한 끊임없는 갈망을 느꼈으며 인식의 진보를 열망하며 초조해 했다. 그러면서 한편으로는 나의 모든 인식의 진보에 대해서 만족을 느꼈다. 나는 이 모든 것이 인간에게 존엄성을 부여할 수 있다고 믿었고, 그래서 나는 무식한 천민을 경멸했다. 그런데 루소가 나를 바로잡아 주었다. 루소를 통해 나의 맹목적 오만은 사라졌고, 나는 인간을 존경하는 것을 배웠다. 인간 권리의 근거라고 믿어지는 다른 모든 것은[11]

(Gottfried Wilhelm Leibniz)와 볼프(Christian Wolff)의 매우 추상적인 사변철학의 경향을 따르고 있었으므로, 칸트가 이들에게 자신의 철학을 이해시키기 위해서는 추상적·사변적 개념논리를 전개하지 않을 수 없었다.

11) 여기에서 칸트는 인간 권리의 근거로서 지식, 교양, 예술, 문화, 사회제도, 재산,

오직 인간에 대한 존경심을 가질 때에만 가치를 갖게 된다는
것을 내가 믿지 않는다면, 나는 평범한 노동자보다도 훨씬 쓸
모없는 인간일 것이다(Kant, 1942: 44).

루소를 접하기 전에 칸트는 인간이 학식과 교양에 의해서만 인간다운
인간이 된다고 생각했던 것 같다. 그런데 루소가 그려 낸, 천성을 순수
하게 지니고 있는 자연스러운 인간의 모습, 즉 "가면을 쓰지 않고 살아가
도록 교육된 인간의 모습"이 아름다울 수 있다는 것을 보고 칸트는 적지
않은 충격을 받았을 것이다(Geier, 2004: 332). 칸트가 루소로부터 받은
이러한 가르침을 평생 존중했다는 것은 그가 자신의 거실에 어떤 다른
치장도 하지 않고, 오직 루소의 초상화만 걸어 두었다는 사실에서도 확
인할 수 있다. 그럼에도 불구하고 루소는 물론이고 칸트도 한 시대를 대
표하는 독창적인 사상가였던 만큼, 그의 인간관과 교육관은 루소의 그
것과 적지 않은 차이를 보여 준다. 그러면 칸트는 어떠한 인간관과 교육
관을 가졌는지 살펴보기로 하겠다.

2) 칸트의 인간관

우리가 앞에서 보았다시피 루소는 낭만적인, 매우 이상화된 자연관
을 가지고 있었다. 이러한 루소의 자연관은 알프스산맥의 남서쪽 기슭
에 자리잡고 있는 자신의 아름다운 고향 제네바에서의 어린 시절의 삶
과 관련이 있었을 것 같다.[12] 어린 시절 아름다운 자연 속에서의 삶이 성
인기에 주로 활동의 근거지로 삼았던 파리의 각박하고 비참한 하층민들

권력, 명예 등을 생각하고 있지 않았을까 생각된다.

12) 루소는 스위스 제네바에서 태어나 16세까지 그곳에서 살다가, 그 이후 고향을
떠나 프랑스로 이주했다.

의 삶과 대비되어 더욱 이상화된 것 같기도 하다. 그러나 사실상 자연은 아름답고 목가적이지만은 않다. 많은 사람의 생명과 재산을 앗아가는 홍수와 태풍, 화산폭발과 쓰나미도 자연현상의 일부이다. 루소는 자신의 낭만적인 자연관에 따라서, 교육과 문화가 가해지기 이전의 인간의 최초 상태(자연 상태)를 순수하고 아름다운, 신적(神的)인 상태로 상정하였다. 마치 에덴동산에서 추방되기 이전의 아담과 이브의 삶처럼 말이다. 그렇다면 문명사회의 인간은 낙원에서 추방된 타락한 인간인 셈이다.

그러나 칸트는 이러한 낙원추방을 이성(理性)이 깨어나는 사건으로 보며, 인간이 이성적 자유를 획득하기 위한 필연적인 과정으로 본다. 칸트에 따르면 이성이 인간 속에 아직 잠자고 있었던 자연 상태에 있을 때 인간은 오직 본능에 따라 살고 있었으나, 이성이 인간 속에서 한번 눈을 뜨자 인간은 세계 속에서 주위를 둘러보면서 모든 것을 서로 비교하고 구별하고 판단하기 시작하였다(김영래, 2003: 71). "그는 자신의 삶의 방식을 스스로 선택함으로써 더 이상 여타 동물과 같이 획일적인 삶의 방식에 묶여 있지 않도록 하는 능력이 자신 속에 있음을 발견하였다."(ANFANG, A 7) 이러한 이성의 자기자각은 결과적으로 "자연의 모태로부터의 인간의 퇴출"을 초래하였고(Kant, 1983a: 91), 그 결과 인간은 이제 "본능에 의해 이끌어지거나 타고난 지식을 통해 보호나 지도를 받을 수 없으며, 모든 것을 자신으로부터 산출"해야만 하게 되었다(IDEE, A 388). 인간은 또한 자신의 행위와 행위동기들에 대해서 '의식'하기 시작하였으며, 이를 통하여 자신의 행위에 대해 원칙을 정하기 시작하였다. 왜냐하면 이성은 '원칙의 능력', 즉 사유와 행위의 원칙들을 스스로 산출하는 능력이기 때문이다(KrV, B 356). 인간이 정해 놓은 원칙에 따라 행위하기 시작하면서 인간의 내면에는 이성과 정념(情念) 사이의 대립, 갈등 상태가 또한 시작되었다. 사람들은 이러한 괴로운 대립 상태에서 벗어나기 위하여 잃어버린 원초적 자기일치(自己一致) 상태로의 회귀(回歸)를 원하기도 하지만, 이러한 회귀는 더 이상 가능하지 않다. 왜냐하면 이를 위해서는 이성이 다시 잠이 들어야 하는데, 한번 깨어난 이성이 다시 눈을 감을 수는 없는 것이기 때문이다. 이성과 감성의 대립이라는 형벌은 문명인의 숙명인 셈이다.

그런데 칸트에 따르면 인간은 여기에서 한 걸음 더 나아가야 한다. 인간에게서 이성이 깨어난 것은 궁극적으로 이성적 본성을 실현하기 위한 것이며, 이것이 '자연'의 목적이라는 것이다(Kant, 1983b: 34). 이제 이성은 인간의 삶을 이끄는 원리가 되고 자연성(특히 자연의 감정)은 이성을 따라야 한다. 루소는 인간의 자연성(=각자의 타고난 천성)이 바꿀 수 없는 존재의 원천이라고 생각했지만 칸트에 따르면 자연성은 이성에 부합하도록 바뀌어져야 한다. 여기에서 등장하는 것이 '문화(Kultur)'의 개념이다. 가장 넓은 의미에서 볼 때, 문화란 '자연에 인위적인 조치를 가하여 생성된 유형, 무형의 모든 것'을 의미한다. 따라서 문화란 이성의 산물인 것이다.[13] 칸트는 인간의 자연성도 이성에 의하여 바뀔 수 있다고 보았으며, 이것을 '문화화(Kultivierung)'라고 불렀다(PÄD, A 22). 칸트가 제시한 교육 카테고리 중의 하나인 문화화는, 요컨대 인간의 타고난 자연성을 이성에 적응시켜 가는 과정이다.[14] 이러한 의미의 교육이란 자연성을 이성에 부합하도록 변환시키는 이성적(합리적)인 기술(Kunst)인 셈이다(PÄD, A 16). 칸트는 문화를 자연과 이성의 매개항(媒介項)으로 이해하였다. 인간의 이성은 문화를 산출하며, 이 문화를 통해서 자연성이 이성에 적응하게 되고, 그 결과 이성과 자연성의 화해, 조화가 일어난다는 것이다. 교육도 인간의 자연성과 이성을 중재(仲裁)하는 문화적 기술

---

13) 칸트에게 있어서 문화란 "임의적인 목적들 전반을 위한 이성적 존재의―따라서 그의 자유 안에서―유용성(Tauglichkeit)을 산출함"(KU, B 391)을 의미한다.

14) 칸트는 『교육학강의(Über Pädagogik)』에서 4대 교육 카테고리로서 훈육화(Disziplinierung), 문화화(Kultivierung), 시민화(Zivilisierung), 도덕화(Moralisierung)를 제시하였다(PÄD, A 22f.).

이며, 이 기술이 완전하게 될수록 보다 완벽하게 인간의 자연성과 이성이 조화를 이루게 할 수 있을 것이라고 칸트는 희망하였다. 이러한 자연성과 이성의 조화가 그대로 도덕화의 길이다(김영래, 2003: 77). 요컨대, 루소가 인간다움의 본질을 이상화된 자연성에서 찾은 것과는 달리, 칸트는 그것을 문화와 교육을 통해 도덕화된 인간상 속에서 찾았다.

그러면 칸트의 인간관에 대해서 좀 더 알아보겠다. 칸트는 인간을 감성적 존재(homo phaenomenon)이면서 동시에 예지적 존재(homo noumenon)라고 본다(MST, A 65). 감성(Sinnlichkeit)이란 감각적 자극(sense data)을 수용하고 반응하는 능력이며, 이에 따라 인간이 감성적 존재라 함은 감각을 통해 인식하며, 감성적 충동(욕구)에 따라 행위하는 존재임을 의미한다. 그런데 감성은 자연의 인과법칙에 지배되고 있으며, 따라서 인간이 감성적 충동에 따라 행위하는 한 인간은 자연(인과법칙)의 지배를 받고 있다고 본다.

루소와는 달리, 칸트에게 있어서 자연은 부자유의 영역이며, 따라서 자연법칙에 지배되고 있는 감성적 존재로서의 인간에게는 진정한 자유가 없다고 보았다. 『순수이성비판(Kritik der reinen Vernunft)』의 후반부에 있는 「이율배반론」에서 칸트는 자유의 일반적인 가능성에 대하여 숙고하면서 먼저 경험세계로 시선을 던진다. 그 결과, 자유는 경험적 현상으로 주어지지 않는다고 결론지었다. 왜냐하면 그는 자신이 신봉하던 뉴턴의 자연관에 따라 경험세계는 인과법칙에 일관되게 지배되고 있다고 보았기 때문이다. 그러나 칸트는 경험적 과정 또한 경험을 넘어선 원인을 전제하지 않으면 성립되지 않는다고 주장한다. 이것은 무슨 의미일까? 칸트는 다음과 같이 추론한다. 현상세계 안에서 무엇이 일어나게 하는 원인들은 그 자신이 또한 이전의 원인에 의하여 발생된 무엇이며(KrV, B 472), 따라서 그 자신이 하나의 앞선 원인에 대한 결과로 간주되어야 한다. 앞선 원인은 또한 그 이전 원인이 있어야 하고…… 이렇게 하여 무한 소급이 가능하므로, 우리는 현상의 계열 가운데에서 최초의 시작을 발견할 수가 없다. 그러나 항상 상대적으로 먼저 일어난 사실만 존재하고 최초의 시작은 존재하지 않는다는 것은 모순이다. 왜냐하면 이렇게 되면 무엇이 시작되지도 않았는데 결과만이 지속되고 있다는 말이 되어 버리니까. 따라서 경험적 과정은 인과법칙만으로 완전히 설명될 수 없으며, 이를 위해서는 경험적 과정을 벗어난 다른 원인을 인정하지 않으면 안 된다는 것이다. 이러한 원인은 어떠한 앞선 원인에 의해서 유발되지 않는, 그 자체로 절대적이며 완전히 자유로운 원인이어야 한다.[15] 이러한 원인, 즉 '자유'의 원인에 의하여 어떤 자연현상이 새롭게 시작된다면 이 자연현상은 다시 인과의 계열에 들어서서 진행될 것이다. 요컨대, 이러한 자유가 전제되어야만 최초의 시작도 없이 현상들의 인과적 연속이 이루어지고 있다는 모순이 제거된다.

그런데 칸트는 인간에게도 이러한 '자유의 원인'이 있으며, 그것은 다름 아닌 '이성'이라고 주장한다. 앞에서 감성은 인과법칙의 지배를 받으므로 자유가 없다고 보는 칸트의 입장을 언급한 바 있다. 이 말을 다시 설명하면 다음과 같다. 내가 나의 감정에 따라서 어떤 행동을 했다고 할 때, '내 마음대로' 한 것이니 '자유'가 아니냐고 생각할 수도 있지만, 나의 현재 감정은 반드시 그것을 유발한 이전의 원인을 가지고 있으며, 이러한 원인에 의하여 지배되고 있는 것이므로 자유로운 것이 아니라는 것이 칸트의 주장이다. 그런데 이성, 특히 감성적 동기가 완전히 배제된 '순수이성'은 감성적·경험적 영역에서 벗어나 있으며, 따라서 감성적·

---

15) 이것은 구약성서의 창세기의 내용을 상기해 보면 쉽게 이해할 수 있다. "하나님이 빛이 있으라 하시니 빛이 있었고……"라는 구절을 우리가 일단 액면 그대로 받아들인다면 다음과 같은 해석이 가능할 것이다. 절대자가 '빛이 있으라'고 하는 것은 그의 절대적인 자유의지의 표현이며, 이 의지는 그 어떤 다른 조건의 구속을 받는 것이 아니다. 그리하여 이전에는 전혀 없던 자연현상인 '빛'이 새로 생겨나는 것이다. 그러나 일단 생겨난 빛은 절대자의 자유의지가 아닌 자연법칙에 따라 작용을 하게 된다고 고찰하는 것이다.

경험적 영역을 지배하는 인과법칙의 메커니즘으로부터 벗어나 있다고
보았다. 그렇기 때문에 이성은 감성적 동기에서 벗어난 행위원칙을 세
울 수 있고, 이러한 행위원칙을 가지고 감성적·경험적 영역에서 행위
를 일으킬 수 있는 능력도 가지고 있다고 칸트는 주장한다. 요컨대, 이
러한 의미에서 이성은 자유의 능력이며, 이러한 자유의 능력을 지닌 존
재로서의 인간을 '예지적(叡智的) 존재(homo noumenon)'라고 부른다. 요
컨대, 인간은 감성적 존재 성격을 지니면서도 다른 한편에 있어서는 감
성적 동기를 넘어선 순수이성의 판단에 따라 행위를 일으킬 수 있는 자
유의 능력을 지닌 존재, 즉 예지적 존재라는 것이다.

　그렇다면 우리는 자유가 실재한다는 것을 무엇을 통해 확인할 수 있을
까? 칸트는 우리의 의식 속에 '당위(當爲)'의 의식이 들어 있다는 사실에
서 자유의 근거를 찾을 수 있다고 말한다. 우리는 어떠한 자연현상이 '이
러이러하게 일어난다'고 말할 수는 있지만 '이러이러하게 일어나야만 한
다'고 말할 수는 없다. 그런데 우리의 의식 속에는 우리가 그것을 부정하
든 말든 간에 '이러이러하게 행동해야 한다'는 의식이 존재한다. 이러한
당위의식은 이성적 판단에 따라 행위해야 한다는 의식이며, 이것이 칸
트에게는 곧 도덕의식이다. 이러한 당위의식, 즉 도덕의식이 우리의 내
면에 존재한다는 것은 우리가 단순히 자연의 인과법칙을 따르는 '필연적
존재'가 아니라 자연법칙을 초월하여 행위할 수 있는 '자유의 존재'라는
것을 의미한다고 칸트는 본다.

　요컨대, 칸트에게 있어서 자유란 외적인 자연인과(自然因果)와 내적인
감성적 욕구충동에서 벗어난 이성의 자발적인 활동을 의미하므로, 칸트
가 말하는 자유는 결국 '이성의 자유', 즉 이성이 하고자 하는 바를 장애
없이 행하는 능력이다. 우리가 자신의 본질이 자유로운 이성임을 의식
하게 되면 우리는 이성의 명령에 따라 살아가야 한다는 내적인 의무감
을 갖게 된다. 이 의무는 어떤 다른 목적을 위한 것이 아니고, 자신의 본
질에 맞게 살아가야 한다는 것이기 때문에 무조건적이고 절대적인 의무

이다. 이러한 굳은 의무감을 지니고 삶을 살아갈 때 우리는 비로소 도덕의 세계로 들어갈 수 있는 것이다. 칸트의 윤리론을 의무론적 윤리론이라고 부르는 이유가 여기에 있다. 저 유명한 칸트의 '의무송(義務頌)'을 들어보자.

> 의무(Pflicht)여, 너 숭고하고 위대한 이름이여! 너는 환심을 살 만큼의 사랑스러움은 전혀 지니고 있지 않으면서도 우리에게 복종만을 요구하며, 우리의 의지를 움직이려고 우리를 위협하여 거부감을 일으키거나 겁에 질리게 하지도 않으면서도 오직 [도덕]법칙만을 제시한다. 이 법칙은 스스로 우리 마음속에 들어와―그것이 우리 의지를 거스르는 경우에도―존경심을 일으킨다(우리가 언제나 그 법칙을 따르는 것은 아니지만). 이 법칙 앞에서 우리의 모든 욕망은, 은밀히 그에 반발할지라도, 침묵하고 만다. 너의 그 위엄 있는 근원은 무엇이며, 욕망과의 혈연을 도도하게 떨쳐 버리는 너의 고귀한 혈통의 뿌리를 우리는 어디에서 찾을 것이며, 인간만이 자기 스스로에게 줄 수 있는 그런 가치[=도덕법칙]의―버리려 해도 버릴 수 없는―조건은 어떤 뿌리에서 유래할 수 있는 것인가!(KpV, A 154)

그런데 이성이 옳다고 판단하는 것을 행위를 통해 실현하는 것은 '의지'이며, 이러한 의지는 이성과 결합된 의지이다. 이를 칸트는 선한 의지, 즉 '선의지(guter Wille)'라고 부른다. "이 세상에서건 세상 밖에서건 그 자체로 아무 제한 없이 선이라고 불릴 수 있는 것은 오직 선의지뿐이다."라고 칸트는 그의 저서 『도덕형이상학원론(Grundlegung Zur Metaphysik der Sitten)』 첫머리에서 말한다(GMS, B 1). 의지 자체가 자발적으로 이성적 원리에 따를 때만이 인간의 도덕성이 나타난다. 따라서 예컨대 강요를 당해서 진실을 말하는 것은 도덕적 행위가 아니며, 도덕적 행위처럼 보이나 그저 틀에 박힌 행위도 도덕적이 아니다. 또한 천당에 대한 희망이나 지옥에 대한 두려움 때문에 어떠한 행위를 한다고 하더라도 역시 이는 도덕적인 행위가 아니다. 스스로 이성적이고 도덕적인 원칙(도덕법칙)에 따르려는 신조(Gesinnung)에 따라 행위할 때, 즉 행위의 동기가 진실할 때만이 그 행위는 도덕적이라고 할 수 있다.

도덕법칙은 자신의 본질인 자유의 가능성을 실현하는 법칙이므로 무조건적이다. 이를 법식(法式)으로 나타낸 것이 이른바 '정언명법'이다. "네 의지의 격률[=행위의 주관적 원칙]이 언제나 동시에 보편적 법칙부여의 원칙이 될 수 있도록 행위하라."(KpV, A 54) 이것을 다른 말로 표현하면 다음과 같다. '네가 어떤 행위를 하려고 할 때에 그 행위의 의도가 보편적 원칙이 될 수 있는 것인지를 검토해 보고 행위하라.' 행위의 의도가 보편타당성의 기준을 충족시켜야 한다는 칸트의 원칙은 보기에 따라서는 개개인의 개성을 무시하는 입장으로 오해되기도 하였다. 그런데 칸트의 본래 의도는 감각과 욕망, 물질과 성적(性的) 대상으로부터 초연한(=자유로운) 삶, 즉 도덕적인 삶을 실현하는 데에 있었으며, 이러한 삶은 (감성에서 벗어난) 순수이성이 우리의 삶을 이끌 수 있을 때에만 가능하다고 보았다. 순수한 이성은 자기중심적인 사리사욕을 벗어나 있으므로 누구에게도 치우치지 않고 누가 보아도 그르다고 할 수 없는 가장 타당한 판단을 내릴 수 있는 반면, 감성적 동기(욕망)는 당사자의 욕망 충족이 주된 관심사이므로 절대로 보편타당할 수 없다.

자신의 본질이 이성과 자유임을 의식하고 이러한 이성의 자유를 행위 속에서 실현시키기 위해 의욕하고 노력하는 존재로서의 인간 특성을 칸트는 '인격'이라고 부른다. 인격이란 '자유로이 행위하는 자', 즉 자유를 행위 면에서 실현하려는 의지적 주체이다. 이러한 이성적 · 의지적 자기의식이 내적인 중심이 되어 인간 존재의 다른 측면들, 즉 육체적 · 감각적 · 감정적 · 미적 · 의지적 측면들이 구조적인 통일성을 이룬 사람이 인격자인 것이다.

요컨대, 칸트에 의하면 인간이 도덕법칙에 따른 행위를 반복해 감에 따라 한편으로는 감성적 충동이 극복되어 가고, 다른 한편으로는 선의지(善意志)가 강화되어 간다. 이를 통해 인간은 "감성적 경향성들의 거친 준동"으로부터 벗어나며 내적인 평온과 자유를 느끼게 된다(KpV, A 287). 지속적인 도덕적 행위의 실천을 통하여 선의지가 확고해지면, 인간은 감성적 충동의 지배에서 벗어나 이성적 통찰에 따른 행위(=자유로운 행위)의 능력을 갖추게 된다는 것이다.

3) 칸트의 교육관

앞서 살펴본 바와 같이, 칸트가 말하는 도덕성은 이성의 자유, 즉 '자율(自律, Autonomie)'과 동의어라고 할 수 있으며, 교육의 최고 목적도 이러한 자율성을 지닌 인간을 길러 내는 것이다. 칸트의 교육관은 그가 1776년부터 네 학기에 걸쳐 행한 교육학에 대한 강의의 기록인『교육학강의(Über Pädagogik)』(1803)에 나타나 있다. 그러나 그 내용이 칸트의 다른 철학적 저술들에 비해 너무 단편적이고 비체계적이어서 지난 20세기 중반에 이르기까지 학계의 주목을 거의 받지 못했다. 그러나 20세기 후반 이후 독일 교육학계에 이 강의록에 대한 재평가 작업이 일어나면서 그 교육학적인 가치가 새롭게 조명되고 있다. 여기에서는『교육학강의』에 나타난 5개의 교육 카테고리를 중심으로 칸트의 교육관을 살펴보도록 하겠다.

(1) 양육

칸트는 부모나 유모에 의하여 이루어지는 유아에 대한 최초의 보살핌을 '양육'이라고 부른다. "양육이란 어린아이가 자신의 힘을 스스로에게 해를 미치는 방향으로 사용하지 못하도록 하는 부모의 사전 배려"(PÄD,

A 2)를 뜻한다. 따라서 최초의 교육인 양육은 "단지 소극적이어야 한다는 것, 즉 자연의 사전 배려에 새로운 무엇을 첨가해야 하는 것이 아니라 자연이 방해받지 않아야 한다는 것을 무엇보다도 유념해야 한다. 교육에 있어서 허용될 수 있는 기술은 단지 단련의 기술뿐이다"(PÄD, A 44f.).[16]

이러한 말을 들으면 초기의 교육인 양육에 있어서는 칸트도 루소와 비슷한 입장을 가지고 있는 것처럼 보인다. 그러나 칸트가 보기에 인간은 세상에 처음 나왔을 때부터 이성적 존재로 다루어져야 한다. 왜냐하면 생애의 첫 시기부터 이성이 싹트기 시작하기 때문이다. 이성은 자유와 주체성(비의존성)을 포함하므로 이성적 존재에 대한 양육은 자유와 주체성을 존중하는 방식으로 이루어져야 한다. 따라서 양육에 있어서는 무엇보다도 유아의 자발적 활동의 촉진이 중요하다. 이에 따라서 칸트는 팔다리의 자유로운 사용을 방해한다는 이유로 유아를 강보에 싸는 것에 반대하였다(PÄD, A 44). 그는 또한 아이의 자발적 활동을 제약하기 때문에 보행기의 사용도 지양되어야 한다고 주장한다. 이러한 관점에서 왜 칸트가 아동교육에 있어서 '습성'의 형성을 강하게 반대하는지도 이해할 수 있게 된다. "한 인간이 지닌 습성이 증가하면 할수록 그만큼 더 그는 부자유스러워지고 의존적이 된다."(PÄD, A 56) 그럼에도 불구하고 많은 부모들은 자녀들에게 필요하다고 판단되는 모든 것을 습관화시키려 하기 때문에 그들의 자녀들은 자주적·주체적인 자아를 이루지 못하고 평생토록 타인의 가르침(전문가의 의견!)에 의존하거나, 제도나 법률의 규제를 '당하는' 입장에 머무르게 된다는 것이다(PÄD, A 56).[17]

---

16) 초기의 교육인 양육이 자연을 따라 이루어져야 한다는 주장에서는 루소의 영향이 느껴진다. 루소도 또한 '단련'의 중요성을 주장한 바 있다(Rousseau, 2008: 44).

17) 비슷한 이유에서 칸트는 습관의 도덕을 비판한다. "습관(assuetudo)이란 지금까지 해 온 방법으로 계속해서 행동해야 하는 생리적인 내적 강제 상태를 말한다. 습관은 선한 행위들에서 그 도덕적 가치를 빼앗는다. 왜냐하면 습관은 마음의 자유를 장해하며, 동일한 행위를 무반성적으로 반복하게 하는 우스꽝스러운 특

결론적으로, 초기단계의 자연적 교육으로서의 양육은 후속적인 이성 능력의 발달단계들과 관련하여 수행되어야 하며, 특히 유아의 자발성과 자주성(비의존성)을 길러 주는 데에 초점을 맞추어야 한다.

(2) 훈육

칸트의 역사철학에 의하면 이성이 인류에게서 눈을 뜬 이래로 자연과 문화 사이에 항쟁이 있어 왔으며, 그에 상응하여 인간의 안에서는 동물성과 인간성 사이의 항쟁이 일어났다. 바로 이 때문에, 즉 "동물성이—개인에게 있어서나 인간사회에 있어서—인간성을 해치지 않도록"(PÄD, A 22) 하기 위하여 훈육(Disziplinierung)이 필요하다는 것이다. "훈육은 인간이 동물적인 충동에 의하여 그의 본분인 '인간성'으로부터 벗어나지 않도록 지켜 준다."(PÄD, A 3) 그리하여 칸트는 훈육을 "야만성의 제어"라고 말한다(PÄD, A 22).

그러나 인간의 동물성은 동물들의 동물성과 단순히 동일시되어서는 안 될 것이다. 왜냐하면 인간의 동물성은 어떠한 방식으로든 '인간성'과 결합되어 있다고 볼 수 있기 때문이다. 나아가 동물성은 인간성(인격성)을 위하여 없어서는 안 되는 생명의 토대이기도 하다. 인간성은 동물성의 매체 속에서만 실현될 수 있으며, 따라서 인간의 동물성은 그 자체로 선하고 합목적적인 것이다. 다만 동물성이 "인간성의 법칙들"에(PÄD, A 3) 따르지 않고 자신의 우위를 주장할 때에만 악하게 된다.

그런데 칸트는 만년에 발표한 종교논문에서 인간에게 처음부터 '자연적인 악의 성향', 즉 '근본악'이 깃들어 있다고 주장하여 계몽주의의 세례를 받은 그 당시 지식층들의 반발을 불러일으켰다(REL, B 35). 왜냐하

성이기 때문이다."(ANTH, B 38f.) 이러한 칸트의 주장은 아리스토텔레스의 도덕관을 계승한 매킨타이어(Alasdair MacIntyre) 등의 덕윤리설에 대한 비판적 관점으로 읽힐 수 있다.

면 계몽주의자들은 기독교의 원죄설이 인간의 주체적 자율성을 장해한
다고 보아 원죄설을 부정하는 경향을 보였는데, 칸트가 근본악을 들고
나와서 원죄설을 다시 옹호하는 것처럼 보였기 때문이다. 그러나 칸트
의 주장은 단순히 원죄설의 옹호라고 보기 어렵다.

　칸트는 인간이 나면서부터 지니고 있는 자유에의 성향이 있으며 이
를 위해 모든 것을 희생한다고 말하고 있다(PÄD, A 4). 그러나 이러한 자
유에의 성향은 이성적 자유에의 경향성이 아니라 감성적 자의성(恣意
性)의 발로이며, 따라서 이것은 다름 아닌 야만성, 즉 동물성이다(PÄD,
A 3).[18] 이 감성적 자의성(=동물성)에의 성향은 이미 유아기 때부터 싹
이 터서 성장하면서 점점 더 강화되어 간다. 동물성을 인간성에 종속시
키려면 인간은 종국적으로 도덕화를 필요로 하지만, 도덕화는 이성능력
이 교육의 도움으로 충분히 발달된 후에야 제대로 수행될 수 있는 것이
므로 아동에게는 우선적으로 훈육이 부과되어야 한다고 칸트는 말한다.
아동의 감성적 자의성은 아직 근본적으로 바꿀 수는 없지만 더 이상 강
화되지 않고 점차로 약화되어 갈 수 있도록 억제되어야 한다는 것이다.
따라서 훈육은 이른 아동기부터 적용되어야 한다. "왜냐하면 이것이 이
루어지지 않으면 인간을 나중에 바꾼다는 것은 매우 어렵기 때문"이다
(PÄD, A 4).

　훈육은 아동을 이성적인 것으로 인정된 규정들(인간성의 법칙들)에 복
종시키고 "그에게 법칙의 강제를 느끼도록 하는 것"이다(PÄD, A 3). 칸
트는 우리가 위에서 보았듯이 모든 (감성적) 습성을 단호하게 거절하고
있음에도 불구하고, 이성적인 규칙들에 순종하는 것이 습관으로 굳어져
야 한다고 주장한다. 왜냐하면 칸트는 인간의 삶을 지배하고 있는 맹목
적인 습성들의 엄청난 힘을 알고 있었기 때문이다. 이 (감성적인) 습성

---

18) 여기에서 인간의 동물성은 짐승의 동물성과는 다르다는 앞서의 주장이 틀리지
　　않음을 알 수 있다.

들에 굴복하지 않으려면 이에 대한 방책이 강구되지 않으면 안 되며, 그래서 교육자는 어린이가 이성적 규칙을 따르는 습관을 형성하도록 해야 하는 것이다. 이것이 다름 아닌 훈육의 과제이다.

훈육의 실패는 초기의 아동의 마음 상태, 즉 주로 감성적 욕구에 따라 움직이는 자의적 태도를 고착화시키는 결과로 나타난다. 이로 인해 성장하는 인간의 이성을 단계적으로 발달시키고자 하는 모든 후속적인 교육적 노력은 성공하기가 어렵게 된다. 왜냐하면 이성을 양성한다는 것은 이성을 감성으로부터 점차적으로 해방시키면서, 동시에 감성과 욕망에 대한 이성의 지배력을 증진시켜 가는 과정이기 때문이다.

교육자가 훈육을 시행함에 있어서 훈육은 노예적이어서는 안 되며, 아동이 자신의 자유를 느끼도록 해야 한다는 것, 그러나 아동이 다른 사람의 자유를 장애하지 않도록 지도되어야 한다는 것 등을 유의해야 한다(PÄD, A 58). 여기에서 우리는 어려운 교육적인 문제에 봉착하게 된다. 즉, "어떻게 법칙적인 강제에 대한 복종과 자신의 자유를 사용하는 능력을 결합시킬 수 있겠느냐" 하는 문제인데(PÄD, A 32), 이 문제는 다음과 같은 유명한 칸트의 질문에 요약되어 있다. "어떻게 하면 강제를 가하면서 자유를 길러 낼 수 있을까?"(PÄD, A 32) 아동의 야만성(=감성적 자의성)은 초기에는 교육자, 즉 이성적인 자질을 갖춘 성인에 의하여 제어되어야 한다. 칸트는 어린이의 의지를 "꺾어서는 안 되며 자연적인 장애에 굴복하는 방법으로 이끌어져야 한다."라고 주장한다(PÄD, A 94). 그러나 교사가 실제적인 교육 상황에서 자연스러운 방책을 동원하는 것이 어려울 때가 많다. 이럴 경우에도 아동의 맹목적인 자의에 대하여 교육자는 자신의 이성적인 의지로 맞서야 하는데, 이 경우에 강제는 충분히 정당화되어야 한다. 교육자는 아동에게 "아동 자신이 스스로의 자유를 사용할 수 있도록 하기 위하여 강제를 부과하고 있다는 것과 아동이 언젠가는 자유로울 수 있도록 그를 키우고 있다는 것을 증명할 수 있어야 한다."(PÄD, A 33) 이것은 참으로 쉽지 않은 교육적 요구이지만, 이 요구를 충족시키지 못하면 훈육은 정당성을 주장할 수가 없으며, 정당한 훈육 없이는 교육이 결국 그의 본래적인 목표에 도달할 수가 없다는 것이 칸트의 주장이다.

(3) 문화화

칸트는 『교육학강의』에서 교육범주로서의 '문화화(Kultivierung)'를 '양성(Kultur)'과 비슷한 의미로 사용하고 있다. 양성은 우선 '숙련성을 형성시키기 위한 가르침'이며, 숙련성이란 '모든 임의적인 목적을 충족시킬 수 있는 능력의 소유'를 말한다. "목적의 종류가 많기 때문에 숙련성도 어느 정도 무한하다."(PÄD, A 22f.) 그렇기 때문에 양성은 거의 모든 교육의 영역에 관계된다. 신체적 · 감각적 양성, 지성능력들과 정서적 · 의지적 능력들의 양성이 여기에 포함된다.

칸트는 "어떤 정신적 능력도 혼자만 양성되어서는 안 되며, 저마다 다른 정신적 능력들과 관련하여 양성되어야 한다."라고 주장한다(PÄD, A 78). 그리하여 다양한 정신적 능력들이 상호 연관된 전체를 이루어서 이성의 지휘에 따라 일사분란하게 움직일 수 있도록 양성되어야 한다는 것이다. 마치 잘 훈련된 심포니 오케스트라가 지휘자의 지휘에 맞추어 장엄한 하모니를 연출하듯이 말이다.

이러한 문화화의 과정을 통하여 자아정체성이 형성되기 시작한다. 그러나 이렇게 형성된 자아정체성은 다만 개인과 문화의 지속적인 상호작용을 통하여 발달되는 개인적인 정체성(personale Identität)이므로 아직 이성적 존재의 최고 특성인 도덕성을 갖추지 못한 상태이다. "문화화는 [단지] 인간에게 개인(Individuum)이라는 가치를 부여한다."(PÄD, A 36) 그러므로 성장세대가 문화화의 단계에서 형성시킨 개인적 자아정체성을 보다 높은 단계들인 사회적 정체성, 도덕적 정체성으로 발전할 수 있도록 이끌어 주는 후속적인 교육이 필요하게 된다.

(4) 시민화

문화화의 교육단계에서 자신의 개별성(individuality)을 형성시킨 성장세대는 이제 시민화되어야 한다. 즉, 성장세대의 '문화적 개별성'은 사회적 연관성 안으로 통합되어야 하며, 이를 통해 '사회적 개별성'이 형성된다. 시민화(Zivilisierung)는 "인간이 또한 영리해지는 것과 인간사회에 적응하는 것, 그가 다른 사람에게 호감을 주며 영향력을 미치는 것" 등을 의도한다(PÄD, A 23). 그래서 칸트는 시민화를 "세간지(世間智, Weltklugheit)의 양성"이라고 특징짓는다(PÄD, A 112f.). 시민화를 통하여 "인간은 시민으로 양성되며, 이때 그는 공적인 가치를 획득한다. 그는 시민사회를 자신의 의도에 따라 이끌기도 하며, 또한 자신을 시민사회에 적응시키기도 한다"(PÄD, A 36).

문화적·사회적 공동세계로서의 시민사회는 규범지평(=사회질서)을 지니고 있다. 그러므로 한 사회 안에서의 인간들의 친교적인 공동의 삶은 오직 사회의 구성원들이 함께 동일한 규범지평 아래 놓여 있을 때에만 가능하다. 그리고 사회의 규범화를 통하여 인간은 예의범절을 획득하게 된다. 시민화는 이러한 의미에서 사회적 규범지평에 따른 확장된 개별성의 형성과정을 의미한다고 볼 수 있다. 그러나 시민화는 훈육, 문화화와 함께 인간의 최고의 존재 가능성인 도덕화로 이행하는 중간단계들로 설정되기 때문에 단순한 사회적 적응과는 구별되어야 한다. 한 사회 안에 현존하는 규범들은 그 가치가 교육학적 기준들을 통하여 검증된 경우에만 교육적으로 의미가 있는 것이다.[19] 그에 따라 교육은 현존하는 사회적 규범들을 비판적으로 수정 또는 개선하는 기능을 지니며, 이를 통해 교육은 사회의 개선에 기여한다. 다시 말해서, 교육을 통하여 인간성의 이념에 끊임없이 접근해 가는 인류의 새로운 세대가 출현하며,

---

19) 칸트에게 있어 최고의 교육학적 기준은 '(완전한) 인간성의 이념(Idee der Menschheit)'이다.

또한 이로부터 당연히 하나의 새로운, 개선된 사회가 나타날 것이다.

　여기에서 칸트의 교육 카테고리인 시민화는 사회화(socialization)와 개념적으로 구별되어야 한다는 점을 유의할 필요가 있다. 칸트는 인간 이성의 무제약성(無制約性)을 믿었으며, 이러한 무제약적 이성이 인간 존재의 절대적 존엄성의 근거이다. 이러한 입장에 따르면 개인은 사회에 속하지만 사회에 매몰되어 있는 존재가 아니다. 사회는 개인의 근본 바탕까지 속속들이 영향을 미치고 지배할 수 없다. 왜냐하면 인간 존재의 최종 근거인 무제약적 이성은 사회보다 상위의 원리이기 때문이다. 이러한 관점에서 볼 때, 개인은 사회에 속해 있으면서도 동시에 사회에서 벗어나 있는 존재이다.

　시민화의 교육단계에서는 사교적인 교제를 통하여 예의범절을 형성하는 것이 중요한 과제이다. 이를 위해 성장세대에게 매 경우의 사회적 문맥 가운데에서 유덕한 것으로 간주되는 교제방식들이 추천되어야 한다. 타인과의 유덕한 교제가 개인의 행복을 증대시킨다고 아이들이 믿는다면 유덕한 교제는 저절로 촉진될 것이다. 유덕한 교제방식들을 '미적(美的)으로 나타내 보여 주는 것'이 유덕한 교제에의 경향성을 불러일으키는 데에 도움이 된다는 것은 명백하다.

　시민화의 핵심은 덕과 행복을 사교적인 교제 안에서 하나로 합치는 것이며, 이를 통해 사회적인 개별성, 즉 '인본성(humanity)'이 형성된다. "교제에 있어서 복된 삶과 덕을 합일하려는 사고방식이 인본성이다."(ANTH, B 243) 그러나 칸트에게 있어서 인본성은 아직 도덕성의 이념에 완벽하게 부합되지 못하는 제약된 개별성의 형태이다. 그럼에도 불구하고 인본성의 개념에는 도덕성의 이념이 이미 관여되기 시작하고 있으며, 이러한 관점에서 시민화는 도덕화의 예비단계를 이루고 있다고 할 수 있다.

(5) 도덕화

인간은 시민화를 통하여 예절 바른 사람이 되지만 아직 도덕적인 사람이 된 것은 아니다. 왜냐하면 그는 도덕법칙을 유일하고 충분한 격률의 근거로 받아들일 능력이 아직 없기 때문이다. 그의 격률은 여전히 압도적으로 '자애심'의—이 자애심이 예의범절에 의하여 세련되어 있음에도 불구하고—지배를 받고 있다. 이 자애심은 도덕적 기준에 따라서 자신을 합리화시킬 줄 안다는 점에서, 즉 덕스러운 겉모습을 보일 줄 안다는 점에서 세련되어 있는 것이다. 이러한 인간은 경험적 성격에 따르면 어느 정도 선하다고 할 수 있지만, 예지적 성격에 따르면 여전히 악하며, 따라서 그는 엄밀한 의미에서 볼 때 아직 도덕적인 존재가 아니다. 왜냐하면 그는 행위의 내면적 동기에 있어서 여전히 이기심과 감성적 경향성에 의존하고 있기 때문이다. 이를 통하여 왜 칸트적 의미의 도덕화(Moralisierung)가 예의범절의 점진적인 개선만으로 이루어질 수 없는지가 분명해진다(REL, B 54f.).

인간은 그의 격률에 있어서 도덕법칙이 자애심의 원칙에 대하여 확고한 우위를 점할 때에 비로소 도덕적으로 선한 존재가 된다. 그럼에도 자애심은 인간의 심정 깊숙이 뿌리를 박고 있으며, 그 영향력은 끈질기고도 은밀하다. 그 때문에 자애심을 결정적으로 도덕법칙에 복종시킨다는 것은 참으로 어려운 일이다.

> 도덕화는 인간이 그의 격률의 최고근거—이를 통하여 그가 악한 인간이었던—를 한 번의 일회적인 요지부동의 결의를 통하여 뒤집는 것[을 통해 일어난다](이로써 새로운 인간을 이끌어 낸다). 이렇게 되면 그는, 원칙과 사고방식에 의거해 볼 때, 선(善)에 대한 감수성을 지닌 주체가 된다. 그러나 연속적인 노력과 형성을 통해서만 그는 비로소 선한 인간이 될 수 있다(REL, B 54f.).

　그러므로 도덕화는 '사고방식에 있어서의 혁명', 하나의 '개심(改心)' 또는 일종의 '재탄생'이며 이기적 존재로서의 옛사람의 '죽음'을 전제로 하는 새로운 창조이다(REL, B 54; B 98)! 그러나 어떻게 하여 사고방식의 혁명이 일어날 수 있을까? 이 혁명을 수행하기 위해서 인간은 실천능력으로서의 자유가 있어야 한다. 그런데 이 실천적 자유는 의지가 도덕법칙에 '자발적으로' 복종함을 통하여 비로소 모습을 드러낸다. 따라서 본래적인 의미의 도덕화는 타인에 의한 모든 직접적인 영향으로부터 벗어나 있다. 왜냐하면 (예지적 행위로서의) 덕으로의 자유로운 결단이 타인의 영향에 의하여 수동적으로 일어날 수는 없기 때문이다. 이에 따라 도덕화를 위한 직접적인 교육적인 조치도 있을 수가 없으므로, 도덕화는 단지 가장 내면적이고 실존적인 사건으로 상정(想定)될 수 있을 뿐이다. 여기에서 칸트적 의미의 도덕교육은 난문(難問, Aporie)에 빠져드는 것처럼 보인다.

　그럼에도 불구하고 칸트는 인간에게는 어떠한 다른 의도와도 무관하게 선을 그자체로 원하는 선의지의 개념이 이미 "자연적인 건강한 이성"에 깃들어 있다고 주장한다(GMS, B 8). 따라서 선의지의 개념은 "배움이 필요치 않으며, 단지 계발만을 필요로 할 뿐이다"(GMS, B 8). 모든 인간은 그가 인간인 한, 그의 심정 속에 "이성의 소리"로서의 도덕적 당위의식을 지니고 있다는 것이다(KpV, A 62). 단지 많은 경우에 강력한 감성적인 자의성에 덮여서 잘 들리지 않을 뿐이다.

　따라서 교육의 주요 과제는 아동 · 청소년들이 자신의 내면에 있는 이성의 소리를 잘 들을 수 있도록 도와주는 것이다. 교육자는 성장세대의 내면에 배아(胚芽) 상태로 존재하는 선의지를 통찰하고 성장세대의 도덕적 신조에 대한 내적 · 외적 반작용들을 막고자 노력하면서 이를 주도면밀하게 촉진해야 한다.

　도덕교육에 있어서는 우선 "하나의 성격을 기초하는 것"이 중요한데, 성격이란 "무엇인가를 행하고자 하는 확고한 의도와 이 의도를 실제로 수행"할 수 있는 능력이다(PÄD, A 116). 성격이란 요컨대 자신이 옳다고 판단하는 원칙, 즉 격률(格率)에 따라 행동할 수 있는 정신적 태도와 힘이다. 이러한 의미의 성격을 형성시키는 것을 목표로 하는 교육을 칸트는 실천적 교육이라 부른다. 숙련성을 형성시키는 문화화, 영리성을 길러 주는 시민화, 도덕성을 형성시키는 도덕화는 이들 각 단계가 저마다 격률에 따라 행위하는 능력을 형성시킨다는 점에서 실천적 교육에 속한다. 숙련성을 위한 교육(=문화화)에서 심정의 철저성이 생기고, 영리성을 위한 교육(=시민화)에서—의지력과 감정의 절제를 포함하는—꿋꿋함(Wackerheit)이 생긴다(PÄD, A 112ff.). 따라서 숙련성과 영리성의 형성을 전제하지 않고는 성격의 형성은 생각하기 어렵다. 왜냐하면 칸트가 도덕성의 요체로 간주한 선의지(善意志, guter Wille)가 경험세계 속에서 스스로를 실현하기 위해서는 신체적 · 심리적 행위능력과 문화적 · 사회적 행위능력을 필요로 하기 때문이다. 이러한 관점에서 볼 때, 도덕성의 형성을 위해서는 도덕화뿐만 아니라 교육의 모든 단계, 즉 양육, 훈육, 문화화, 시민화가 모두 불가결한 것이다. 여기에서 우리는 칸트의 명제, 즉 '인간은 그의 자연소질들을 균형 있고 합목적적으로 발달시킴으로써 자연구속성에서 벗어나 본분(=자유로이 행위하는 존재)에 도달할 수 있다.'는 명제의 의미를 분명히 이해할 수 있게 된다.

성격 형성에 있어서 결정적인 것은 격률의 순수성이다. 인간은 성격 형성을 통하여 "오직 순전히 선한 목적들을 선택하는" 신조에 도달해야 한다(PÄD, A 23). 인간은 좋은 목적들을, 이 목적들이 다른 이기적인 목적들에 기여하기 때문이 아니라 그 자체로 선하기 때문에 선택할 수 있어야 한다. "왜냐하면 행위의 모든 도덕적 가치는 선의 격률 안에 존재하기 때문이다."(PÄD, A 86)

이를 통해 도덕적 성격 형성은 선에 대한 통찰, 즉 도덕적 통찰을 전제로 한다는 것이 분명해진다. 지금까지 자애심의 원리, 즉 행복의 원리에 의하여 그의 삶의 대부분을 이끌어 온 성장세대가 이 원리에서 벗어나기 위해서는 성장세대에게 지금까지의 존재방식보다 질적으로 더 높은 존재 가능성에 대한 통찰이 생겨나지 않으면 안 된다.

　필자는 문화화의 교육단계의 서술에서 문화화의 최고 목적 중의 하나가 성장세대로 하여금 자신의 예지적 성격(초월적 자유)을 통찰하도록 하는 것이라고 서술한 바 있다. 칸트가 실천적 판단, 즉 행위 상황에 대한 판단에 있어서 보통의 인간지성(상식)이 이론적인 사변보다 뛰어나다고 말하고 있음에도 불구하고(GMS, B 21), 도덕적 통찰은 이론적 양성을 필요로 한다고 말한다. 왜냐하면 보통 인간지성은 '자연적 변증법(natürliche Dialektik)'으로부터 자신을 지킬 능력이 없기 때문이다. 자연적 변증법은 "의무의 엄격한 법칙에 반하여 궤변을 꾸며대면서, 이 법칙의 타당성을, 적어도 그 순수성과 엄밀성을 회의에 빠트리고, 이 법칙을 가능한 한 우리의 소망과 경향성들에 적합하게 만들고자 하는" 자애심의 성향에서 생겨난다(GMS, B 23). 이러한 자연변증법에서 자신을 지켜내려면 인간의 본분이 이성적 자유의 실현에 있다는 것을 통찰하고 이를 확고하게 견지할 수 있어야 한다. 이를 위해서는 높은 수준의 성찰능력과 결연한 의지가 필요하다. 사태를 어렵게 하는 것은, 인간의 도덕적 자질로서의 이성적 본성이 감성을 초월해 있기 때문에 감성을 통한 경험적 인식을 통해서는 파악되지 않는다는 것이다. 다시 말해서, 우리 인간이 이성과 자유의 존재라는 것이 일상적 경험을 통해 확인되기는 어렵다. 그런데 우리가 이기적이고 사적(私的)인 동기를 벗어난 이성적·보편적 판단에 따른 행위(=도덕적 행위)를 할 수 있다는 사실을 통하여 자유의 실재성이 증명된다고 칸트는 주장한다. 다시 말해서, 우리가 행위에 대한 이성적인 원칙으로 판단한 것을 우리 의지에 직접 부과하여 단호하게 행동으로 옮김으로써, 우리는 감성적(感性的) 동기의 영향에서 벗어날 수 있으며, 이러한 사실을 통해 우리는 자유의 실재성을 확인하게 되며, 나아가 인간의 초감성적 본분(이성과 자유)에 대한 믿음을 굳힐 수 있게 된다.

인간의 본분에 대한 통찰이 명료하면 할수록 우리 마음속에서 자신의 예지적(초감성적)인 본분에 맞게 행위하라는 피할 수 없는 요구로서의 '의무'의 소리가 더욱더 뚜렷하게 울린다. 의무에 따라 행위를 함으로써만이 그는 자신을 '자유로이 행위하는 존재'로 볼 수 있게 되는 것이므로 도덕교육도 의무개념을 통찰하고 이를 바탕으로 의무에 따라 행위하도록 성장세대를 이끌어 주는 것이라고 말할 수 있다. 칸트는 두 가지 종류의 의무, 즉 자기 자신에 대한 의무와 타인에 대한 의무에 대해서 말한다.

자기 자신에 대한 의무는 인간의 내면에 그를 모든 다른 생명체들보다 고귀하게 만드는 하나의 존엄성을 지닌다는 데에 있는 것이며, 그의 의무는 이러한 "그의 인격에 깃들어 있는 인간성의 존엄을 부인하지 않는 것"이다(PÄD, A 119). 반면에, 타인에 대한 의무는 "인간의 권리에 대한 경외와 존경"에 있다고 말한다(PÄD, A 120). 모든 인간은 나와 남을 포함하여 저마다 인간의 절대적 존엄성의 근거가 되는 예지적 성격이 깃들어 있기 때문에 존경의 대상이 되어야 한다. 그리하여 칸트는 아동이 자신과 타인들에 대하여 인간으로서의 존엄성을 느낄 수 있도록 하며, 아동에게 이러한 인간의 존엄성에 대한 존경을 의무로 느끼게 하는 것을 교육의 중요한 과제로 설정한다. 이러한 칸트의 입장을 따른다면, 아동을 그의 외관이나 사회-경제적인 출신 배경, 종교 등에 관계없이 존중하는 것이 교육자의 근본격률이 되어야 할 것이다. 왜냐하면 아동은— 잠재적 인격성으로서—예지적(초감성적) 성격이 깃들어 있는 존재이기 때문이다. 그러므로 교육자는 그의 학생을 책망하거나 벌할 때에도 인간의 절대적 존엄성에 대한 존경을 잃으면 안 된다. 성장세대에 내재되어 있는 목적 자체로서의 인격성을 존경하는 것은 교육자의 정언명법이 되어야 한다. "네가 행위함에 있어서 너와 모든 다른 사람의 인격 안에 깃들어 있는 보편적 인간성을 언제나 동시에 목적으로 대하며, 결코 단순한 수단으로서 대하지 않도록 하라."(GMS, B 66f.)

　끝으로 이상의 논의들을 근거로 하여 칸트의 교육학의 성격에 대하여 숙고해 보고자 한다. 칸트의 교육학은 요컨대 '개별성 발달의 이론'으로 해석될 수 있다. 우리가 앞에서 고찰한 바와 같이, 칸트의 교육 프로그램의 근본적인 목표는 문화화를 통해 형성되는 문화적 개별성을 시민화를 통하여 사회적 개별성으로 발전시키며, 종국적으로 도덕화를 통하여 도덕적 개별성으로 승화시키는 것이다. 이로부터 칸트적 의미의 도덕성이란 다층적인 개별성의 구조로부터 파악되어야 한다는 것이 분명해진다.

　인간은 분명히 생리적 · 심리적 존재이며, 또한 문화적 · 사회적 존재이기도 하다. 그러나 그의 존재 핵심에 있어서는 이러한 생리적 · 심리적 · 문화적 · 사회적 문맥을 초월해 있다는 것이 칸트의 인간관의 핵심이다. 이것을 다른 말로 부연하면 다음과 같다. 인간은 그가 처해 있는 생리적 · 심리적, 문화적 · 사회적 조건들의 제약을 받는다. 이러한 조건들은 개인의 삶의 토대가 될 뿐만 아니라 그의 삶에 대한 규범질서로 기능하기도 한다. 그러나 개인이 이러한 조건들에 일방적으로 지배되기만 하는 것이 아니라 자신의 '자발성'을 가지고 이러한 조건들과 상호작용을 하고 있다. 이렇게 자발성을 행사하는 한에 있어서 인간은 그러한 조건들의 제약에서 벗어나 있는 것이며, 여기에서 칸트는 인간의 존엄성을 보고 있다.

　이 자발성이 계발되어 보다 의식적으로 행사될 때에 '자율'이 이루어진다. 칸트는 개인의 자발성의 근거를 이성에서 보았으며, 따라서 이성능력을 발달시키는 것은 동시에 개인의 자발성을 증진시켜 자율에 도달하는 길인 것이다. 이처럼 칸트적 의미의 개별성의 핵심은 자발성이라고도 볼 수 있으며, 칸트 교육론의 요체도 이러한 개인의 다층적인 자발성을 발달시키는 데에 있다고 할 수 있을 것이다. 문화화를 통하여 문화적 자발성이, 시민화를 통하여 사회적 자발성이, 그리고 도덕화를 통하여 도덕적 자발성이 형성된다. 이 세 단계의 자발성을 확립함으로써 개인의 자율이 이루어진다. 칸트는 이러한 '자율적인 개인'을 근대 시민사회의 이상적인 구성원의 모델로 제시하였다.

4) 칸트에 있어서 인성교육과 강제성의 문제

이상에서 간략하게 기술한 칸트의 교육관을 그의 인성교육론이라고
보아도 크게 어긋나지는 않을 것 같다. 칸트가 이성을 인간다움의 핵심
으로 본 것은 분명하다. 따라서 인성교육이란 성장세대를 이성적 인간,
즉 타당한 근거에 따라 사고하고 판단하며, 이러한 판단에 따라 행위할
수 있는 도덕적 성격의 소유자가 될 수 있도록 이끌어 주는 과정이어야
한다. 이성이 행위의 주인이 되기 위해서는 이성의 판단에 따라 행위를
일으키는 마음의 힘이 있어야 하며, 이러한 이성적 의지를 칸트는 이성
적 행위를 일으킬 수 있는 의지라는 의미에서 '실천이성'이라고 부른다.
이렇게 볼 때, 칸트적 관점의 인성교육의 핵심은 이성적 의지, 즉 실천이
성을 길러 내는 것이라고 할 수 있다.

그런데 이 실천이성을 모든 아동·청소년이 큰 어려움이 없이 갖추기
를 기대하기가 어렵다는 데에 칸트적 인성교육의 난점이 있다. 아동들
이 처음부터 이성적 의지에 따라 행위한다는 것은 어렵기 때문에 교육
자의 이성적 판단에 따른 강제(强制)의 필요성을 칸트는 주장한다. 이것
이 칸트가 말하는 '훈육'이다. 아이가 어느 정도 자라고 나서는 그의 성
벽(性癖)을 바꾼다는 것이 어렵기 때문에, 이성적으로 인정된 규칙들에
아이들을 복종시키는 훈육은 아주 어렸을 때부터 이루어져야 하며, 이
러한 훈육이 제대로 이루어지지 못하면 도덕화도 성공할 가능성이 희박
하다고 칸트는 말한다. 왜냐하면 훈육이란 학생들에게 '이성적인 원칙
에 따라 행위하는 습관을 길러 주어 종국에는 성격으로 굳어지도록 이
끌어 주는 활동'인데, 이러한 성격을 갖추지 못한 사람이 '스스로 이성적
이라고 판단하는 원칙(=도덕법칙)을 자신에게 강제하는 것'을 뜻하는 도
덕화에 도달하는 것을 기대하기는 어렵기 때문이다. 훈육은 교육자에
의한 강제를 통하여, 도덕화는 당사자에 의한 자기강제를 통하여 이루
어지는 것으로, 강제의 요소를 지닌다는 점은 공통적이다.

요컨대, 칸트적 관점에서 볼 때 인성교육은 어느 정도의 강제성을 띠지 않으면 성공하기 어렵다는 결론에 도달하게 된다. 앞 장에서 살펴보았듯이 칸트에 있어서 인간은 이성적 존재인 동시에 감성적·감각적 존재이다. 이성적 존재로서의 인간은 예지계(초감성계)에 속하고 감성적·감각적 존재로서의 인간은 현상계(감성계)에 속한다. 인간은 '두 세계의 시민'이다! 그런데 칸트는 이성이 인간을 참으로 인간답게 하는 요소라고 보았기에 이성이 감성보다 확고한 우위에 서 있어야 진정한 인간다움을 실현할 수 있다고 보았다. 이러한 칸트의 입장에 대해 많은 사람이 항의했다. 특히 막스 셸러(Max Scheler)는 칸트가 인간의 감정을 동물적인 감정과 거의 동일시했으며 정신적 사랑과 같은 이성적 판단보다 더욱 차원이 높은 감정들도 존재한다는 것은 몰랐다고 비판한 바 있다(Scheler, 1998: 299). 그런데 칸트가 이러한 말들을 직접 들었다면 무엇이라고 대답했을까? 필자가 추측하는 칸트의 대답은 다음과 같다. "물론 나도 고상한 감정들이 있다는 것을 압니다. 그런데 고상하든 아니든 감정은 변덕을 부립니다. 그래서 어떤 사람이 감정만 따르게 되면 그 사람의 행동은 이랬다 저랬다 종잡기가 어려워지지요. 그러니 이성적 원칙을 세워 놓고 이 원칙에 따라서 일관성 있게 행동을 할 수 있어야 인격적으로 신뢰를 할 수 있는 사람이 되지 않을까요?" 막스 셸러는 이성과 감성을 아우르는 윤리학, 이른바 가치윤리학을 제창한 바 있다. 이에 대해 칸트는 다음과 같이 비판할 것으로 필자는 추측한다. "이성과 감성을 같은 반열에 올려놓는다고요? 그럴 경우 어느 쪽이 당사자의 행동을 지배하게 될까요? 결국 감성이 아닐까요? 그래서 내가 '이성의 우위'를 그토록 강하게 주장했다고요!"

칸트적 관점에서 참다운 인성은 도덕성인데 도덕성이란 이성이 의지와 결합하여(강제력을 가지고!) 감성, 감각, 욕망을 잘 통제하고 조절하고 있는 상태이다. 이성의 강제가 없으면 인간은 게으름과 동물적인 욕망에 지배되어 버린다고 칸트는 생각하였다. 그러므로 아직 이성적 판단에 따라 행위할 능력이 형성되지 않은 어린아이들은 부모와 교육자의 강제를 통하여 이성적인 원칙에 따라 행위하는 훈련(즉, 훈육!)을 쌓아야 하고, 이성적 사고력과 행위능력이 어느 정도 성숙하면 혼자의 힘으로 이성적 원칙을 자신에게 부과(=자기강제)할 수 있도록 이끌어져야 한다는 것이다.

이러한 칸트의 인성교육관은 현대적 관점에서 볼 때, 적지 않은 항의에 부딪힐 것 같다. 우선적으로 떠오르는 의문은 '이성의 강제'가 현대인들에게, 특히 오늘날의 아동·청소년들에게 얼마나 수용될 수 있을까 하는 것이다. 그런데 보다 근본적인 문제는 이른바 포스트모던시대라고 부르는 현대사회에 와서 이성의 개념 자체가 크게 변화되어, 칸트가 믿었던 이성의 보편성은 유효성을 상실해 가고 있다는 점에 있을 것이다. 이러한 문제점들은 이 책의 후반부에서 니체, 프로이트, 라캉 등의 인성교육관을 고찰하면서 함께 숙고하게 될 것이다. 다음 절에서는 여러 가지 점에서 루소와 칸트의 인성교육관을 결합·조화시켰다고 볼 수 있는 헤르바르트의 인성교육관을 살펴보도록 하겠다.

3 헤르바르트: 통합적 인성교육의 기획

1) 들어가기

헤르바르트(Johann Friedrich Herbart, 1776~1841)는 미국독립선언의 해인 1776년에 독일 북부 브레멘 근처의 작은 항구도시인 올덴브르크에서 태어나, 만 30세에 서구 최초의 근대적 학문의 모습을 갖춘 교육학 저술로 평가되는 『일반교육학(Allgemeine Pädagogik aus dem Zweck der Erziehung abgeleitet)』을 펴냄으로써 교육학의 독립을 선언한 사람이다.

그래서 그를 학문적 교육학(또는 과학적 교육학)의 아버지라고 부른다. 『일반교육학』에서 헤르바르트는 지적(知的) 교육과 감성교육, 미적(美的) 교육, 도덕교육 등을 수업이라는 틀 속에서 통합적으로 수행하는 '교육하는 수업'의 이론을 선보였다. 교육하는 수업이란 달리 표현하면 교과수업을 통한 인성교육이라는 이야기가 된다. 이러한 헤르바르트의 교육학 구상은 오늘날 많이 논의되고 있

Johan Friedrich Herbart
(1776~1841)

는 교과교육과 인성교육의 통합모형을 200여 년 전에 미리 선보인 것이라는 점에서 특히 흥미를 끈다. 19세기 중반 이후 헤르바르트의 제자들(Herbartian)은 헤르바르트의 교육이론을 교수이론으로 만들어서 학교수업에 널리 보급하였으며, 이를 통하여 그의 이론은 독일의 국경을 넘어서 미국과 일본까지 전파되었다. 그러나 헤르바르트가 본래 의도한 '교육하는 수업'은 제대로 구현되지 않았다. 그 원인이 무엇일까? 여러 가지 원인이 있겠지만 무엇보다도 19세기 중반 이후 서구사회에서 크게 발달한 자연과학과 사회과학이 교육학을 지배하게 되었고, 그 결과 교육학도 사회과학으로 범주화되었으며, 교육 연구에 있어서도 현상적 측면에 대한 실증적 연구가 대세를 이루게 되었다는 점이 주요 원인으로 보여진다. 실증주의(Positivism)는 관찰, 측정, 실험, 검증, 재현 등의 방법을 통하여 엄밀한 객관적 지식을 추구하는 자연과학적 학문관, 세계관이라고 할 수 있다. 따라서 실증주의가 지배하는 현대교육은 교육의 과정이나 방법에 있어서 경험적·객관적 사실로 확인할 수 있는 내용과 방법적 처리를 선호하며, 교육의 결과에 대한 평가에 있어서도 양적(量的)인 측정(점수!)에 절대적으로 의지한다. 이를 통해서 인간 삶과 세계의 비계량적(非計量的)·비가시적(非可視的)인 차원, 즉 인간의 주관적 내면성 및 인간과 세계 사이의 눈에 보이지 않는 의미관계(意味關係) 등은 등한시된

다. 이러한 상황 속에서 인간교육, 인성교육의 등한시는 당연한 결과이며, 이로 인하여 아이들의 인성이 황폐화되어 가고, 아동·청소년의 안전하고 즐거운 생활 공간이 되어야 할 학교가 폭력으로 얼룩지게 된 오늘날의 상황은 필연적인 결과가 아닐 수 없다.

그렇다면 헤르바르트가 현대교육을 구원할 수 있을까? 구원까지는 아니더라도 현저하게 개선할 수는 있을 것으로 필자는 생각한다. 특히 두 가지 점에서 그렇다. 첫째는 위에서 말했듯이 교과수업과 인성교육의 통합이라는 헤르바르트의 아이디어를 현대교육에 맞추어 업데이트한다면 인성교육의 복원에 적지 않게 기여할 것이다. 둘째, 헤르바르트의 교육하는 수업이론은 '인문학을 통한 인성교육'의 모델을 보여 주고 있다. 인성교육 문제의 근본 원인이 현대사회의 전반적인 실증주의적 추세가 수반하는 인간의 정신적 본성에 대한 등한시에 있다는 필자의 판단이 옳다면, 인문학교육의 강화가 인성교육의 복원을 위한 올바른 길이 될 것이다. 왜냐하면 인간의 정신적 본성에 대한 심원한 이해를 축적해 온 인문학만이 정신적 삶을 담보할 수 있는 교육의 토대를 제공할 수 있다고 보기 때문이다. 헤르바르트가 선보이는 이른바 '사고권(思考圈, Gedankenkreis, circle of thought)' 형성을 위한 수업은 인문학 중심의 수업을 통해서만 가능하다.

헤르바르트는 그의 『일반교육학』에서 교육의 카테고리를 크게 관리, 수업, 훈육으로 나누고 있으므로, 우선 이러한 카테고리에 따라 그의 교육관을 먼저 고찰해 보고 이러한 그의 교육관을 인성교육의 관점에서 해석해 보기로 한다.

2) 관리: 감시-위협-권위-사랑

관리(Regierung)란 교육을 받을 수 있는 기본적 태도와 습관을 길러 주는 예비적 교육이다. 그런데 관리가 성공하지 못하면 본래적 교육, 즉 교수와 훈육도 성공하기 어렵다고 헤르바르트는 말한다. 물론 관리를 능사로 생각하면 "아동의 마음을 억압하는 결과를 초래하게 되지만, 반면에 아동의 무질서를 방치하는 교육은 아동 자체를 이해하지 못하는 것이다. 게다가 관리의 고삐를 확고한, 그러면서도 부드러운 손으로 쥐지 않고는 단 한 시간의 수업도 불가능한 것이다"(Herbart, 2006: 44).

또한 관리는 아동이 장래에 인간사회에 적응할 수 있도록 하기 위한 기초훈련이기도 하다. 그러므로 교육의 장면에서 관리가 실패하면 아동이 장차 사회에 적응하는 데에 어려움을 겪게 될 뿐만 아니라, 사회는 이러한 사회적응에 실패한 이들과 싸우거나 통제, 관리하기 위한 소모적인 노력을 기울이게 된다.

일반적으로 널리 사용되어 온 관리의 방책은 위협(Drohung)과 감시(Aufsicht)이다. 그러나 교육자가 제시하는 지침에 따르지 않을 경우 벌이나 불이익을 주겠다고 하는 '위협'이나, 아동이 이행해야 하는 것을 이행하는지, 금해야 하는 것을 행하지 않는지에 대한 지속적인 '감시'는 부작용이 따르는 방책이므로 가급적 적게 사용하는 것이 좋다.

위협과 감시보다 나은 방책은 권위(Autorität)와 사랑(Liebe)이다. 권위는 교육자의 정신적 우월성에서 생겨난다. 정신적 우월성이란 상대방을 마음에서부터 굴복시킬 수 있는 정신적 힘을 말하는데, 이것은 단순히 연륜이나 지식과 경험의 양적 우위만으로는 획득되기 어렵다. 교육자의 권위를 구성하는 것은 교육자 자신의 전 삶의 과정을 통해 획득된 다양한 능력과 능숙성, 즉 해박한 지식과 명쾌한 화술, 판단의 명석성, 결연한 의지적 태도, 문화적 · 예술적 소양, 더 나아가 신체적 힘과 민첩성 등까지도 포함하는 것이다.[20]

---

20) "권위는 아무나 자의적으로 만들어 낼 수 있는 것이 아니다. 이를 위해서는 정신, 지식, 신체, 그리고 외적인 상태 등에 있어서의 우월성이 가시적으로 나타나야만 한다."(Herbart, 2003: 25)

관리의 방책으로서의 사랑은 단지 아동의 호감이나 애착의 감정을 불러일으키는 것만 가지고는 부족하다. 교육자는 자신의 감정을 아이들의 감정과 연결시키면서 부드럽고 조화로운 정서적인 유대를 형성할 수 있어야 하며, 이러한 정서적 유대를 바탕으로 아이들을 따르게 할 수 있어야 관리의 목적이 달성될 수 있다. 헤르바르트는 사랑이 본래적 교육(교수, 훈육)을 위해서도 매우 중요하다고 강조한다. 왜냐하면 "사랑은 아동에게 교육자의 정신적 방향을 전달"해 주는 데에 매우 효과적이기 때문이다(Herbart, 2006: 51).

헤르바르트가 관리의 방책으로서 위협과 감시보다는 권위와 사랑을 추천하고 있지만, 그렇다고 위협과 감시를 배제해야 한다고 주장하지는 않는다. 왜냐하면 현실적으로 교육자의 역량이나 아동들의 상태, 주어진 여건 등에 따라서 권위와 사랑만으로는 관리가 되지 않는 경우가 자주 발생하며, 이 경우에는 위협과 감시가 불가피하기 때문이다. 따라서 관리의 방책들은 그때그때의 교육상황에 적합하게 조합되어야 할 것이며, 이러한 적합성에 대한 판단과 그 결과에 대한 실행 능력으로서의 교육자의 '교육적 감각(Pädagogischer Takt)'이 필요하다고 말한다.

그런데 관리를 수행하고 성공시킬 수 있는 더 근본적인 조건은 아동이 관리를 용인(容認)할 수 있어야 한다는 것이다. 왜냐하면 관리는 불가피하게 '강제'의 요소를 포함하고 있기 때문이다. 이를 위해서는 첫째로, 교육자와 학생, 부모 사이에 계약이 명확하게 이루어져야 한다. "즉, 우리의 관계는 오직 이러이러한 조건들 위에서만 존재하고 유지된다고 하는 계약"(Herbart, 2006: 57)을 명확하게 규정하고 이를 때때로 상기시켜야 한다. 둘째로, 교육자는 학생과 학부모에게 자신의 관리 지침이 교육적 가치를 충분히 고려한 것임을 설득시킬 수 있어야 한다. 셋째로, 교육자는 교육자로서의 열정과 헌신을 보여 줌으로써 관리를 단지 지배의 수단으로 삼는 것이 아니라는 것을 학생들이 느낄 수 있게 해 주어야 한다.

3) 교수(수업)

(1) 수업의 목표: 사고권의 형성/다면적 흥미의 양성

헤르바르트에 따르면 수업(Unterricht)의 목표는 명료하고 폭넓은 사고권의 형성인데, 이것은 '다면적 흥미'의 양성을 통해서만이 가능하다. 따라서 다면적 흥미가 수업의 목표라고 할 수도 있다. 사고권(思考圈, Gedankenkreis, circle of thought)이란 한 개인이 지니고 있는 관념들이 서로 연관되어 있음을 나타내는 용어이다. 그런데 이 말은 단지 개인이 지니고 있는 지식의 체계만을 의미하는 것이 아니라, 모든 종류의 표상들(Vorstellung)[21]이 상호 연관적이라는 것을 뜻한다. 즉, 지적 · 미적 · 정서적 · 감각적 · 의지적 관념들이 모두 서로 연관되어 있다는 것이다. 따라서 사고권이란 개인의 정신생활 전반을 포괄하는 개념이 된다. 우리가 세계를 바라볼 때에도 있는 그대로의 세계를 보는 것이 아니라 우리 자신이 지니고 있는 사고권을 통해서 보고 있다. 즉, 우리 사고권이 지니고 있는 관념적 틀, 또는 '도식(圖式, Schemata)'에 따라 세계를 인지하며, 이에 따라 어떤 측면에 대해서는 주목을 하지만 다른 측면은 지나쳐 버리게 된다. 또한 우리가 주의하는 측면에 대해서도 우리의 사고권의 도식에 따라 의미가 부여된다. 나아가 헤르바르트는 사고권이 인식에만 관여하는 것이 아니라, 또한 행위의 조건도 된다고 본다. 간단히 말하면 우리는 아는 범위 안에서 행동을 한다는 말이다. 헤르바르트의 말을 직접 들어보자.

> 우리가 알지 못하는 것은 우리의 욕구의 대상이 되지 않는다. 사고권은 흥미의 단계를 통하여 욕구로 진행되고, 그다음에 행위를 통하여 의욕으로 상승할 수 있는 표상들을 저장하고 있다. 사고권은 또한 영리성의 도구들을 저장하고 있다. 이

---

21) 인간이 지니는 상념들의 기본 단위를 의미한다.

도구들에는 지식과 통찰(Umsicht)이 속해 있으며, 이러한 수
단을 통하여 사람들은 자신의 목적을 추구할 수 있게 된다. 모
든 내적 활동은 사고권 안에 자신의 자리를 가지고 있다. 여
기에 원천적인 삶이 있으며, 최초의 에너지가 있다(Herbart,
2006: 203f.).

이상과 같은 고찰을 통해서 왜 헤르바르트가 사고권을 명료하고 풍부
하며 폭넓게 형성시키는 것을 그토록 중요시했는지가 분명해진다.

그런데 이러한 사고권을 형성시키려면 흥미를 다면화시켜야 한다. 헤
르바르트는 흥미를 개인이 타고난 개별성(Individualität)과 관련시킨다.
"개별성은 정해져 있고 제약되어 있다."(Herbart, 2006: 72) 이러한 개별성
에 따라서 흥미도 제약되어 있다. 물론 어떤 사람은 선천적으로 보다 다
양한 흥미를 지니고 태어나는가 하면, 어떤 사람은 매우 편협한 흥미만
을 지니고 태어나는 것처럼 보이기도 한다. 흥미가 다양한 사람은 다양
한 방면으로 관심을 갖고 추구를 하므로 정신적인 시야가 넓게 개방되
어 있어서 누구와도 자유롭게 의사소통할 수 있는 반면, 흥미의 범위가
협소한 사람은 정신적 활동의 범위도 제약되어 있어서 자신의 관심 범
위 밖의 삶과 세계의 영역에 대해서는 무관심하고 무지한 상태로 머무
른다. 여기에 타고난 개별성을 다면성으로 발전시키는 것을 수업의 주
요 과제로 삼아야 할 이유가 있다. 이것은 사실적으로 주어져 있는 "울
퉁불퉁"한 개별성을 다면성의 이념에 따라 "평평하고 반들반들하며 둥
글둥글"하게 펴내는 일이다(Herbart, 2006: 71). 그러나 이것이 개인의 개
별성(개성)을 지양(止揚)시키는 것을 의미하는 것은 아니다. 헤르바르트
는 다음과 같이 말하고 있다.

이것은 불규칙하고 모가 나 있는 하나의 물체에 있어서 어떤
중심점으로부터 점차로 구체가 형성되지만, 가장 크게 돌출

되어 있는 부분은 결코 덮이지 않는 경우에 비유해 볼 수 있
다. 개별성의 강한 부분인 돌출부들은 이들이 성격을 타락시
키지 않는 한 그대로 머무르게 될 것이며, 이들을 통하여 전체
의 윤곽이 여러 가지 형태를 갖게 될 것이다. …… 동형적(同
型的)으로 모든 면으로 확장된 흥미의 견실한 내용은 직접적
인 정신적 삶을 위한 보고가 되며, 이러한 삶은 하나의 계열
에만 매달려 있지 않으므로 하나의 운명을 통하여 함정에 빠
지지 않으며, 다만 상황에 따라 전환되기만 하면 되는 것이다
(Herbart, 2006: 79).

이와 같은 입장에 따라서 헤르바르트는 "모든 사람이 모든 분야에 대
한 애호가여야 하며, 누구나 하나의 분야에서 전문가여야 한다."라고 선
언한다(Herbart, 2006, 66). 이상적으로 표현해서, 치우침 없이 모든 대상
영역을 자유롭게 유동하는 다면성을 양성해야 한다는 것이다. 그런데
대상 영역으로 뻗어 나가는 다양한 흥미는 내적으로 통일이 되어 있어
야 한다. 그렇지 않으면 정신은 엇갈린 흥미들의 활동과 다양한 흥미가
지속적으로 모아들이는 표상들에 의해 산만하고 혼란스러우며, 소모적
이고 불안정한 상태가 되기 때문이다. 이러한 상태를 헤르바르트는 잡
다한 관심(Vielgeschäftigkeit) 또는 경박성(Flattersinn)으로 표현한다.

그런데 다양한 흥미의 방향들이 그들 대상의 다양함과 같이
다양한 방향으로 향하기는 하지만, 이러한 다양한 흥미는 모
두 하나의 점에서 퍼져 나가야 한다. 또는 육체의 여러 면과
같이 흥미의 여러 측면은 동일한 인격의 여러 측면을 나타내
는 것이어야 한다. 인격 안에서 모든 흥미는 하나의 의식에 속
해야 하며, 이러한 통일성을 우리는 어떤 경우에도 상실해서
는 안 된다(Herbart, 2006: 86).

사고권 안에서 모든 요소가―이상적으로 말해서―명료하고 질서정연한 연관성을 이루고 있어야 하듯이, 사고권 형성활동의 에너지라고 말할 수 있는 흥미들도 나름대로의 질서가 잡혀 있어야 하며, 그러기 위해서는 다양한 흥미가 내적인 인격(人格)을 중심축으로 하여 통일되어 있어야 한다.

여기에서 다시 한 번 강조할 점은 헤르바르트의 흥미개념이 사고권 개념과 밀접하게 연관되어 있다는 점이다. 흥미는 정신활동의 에너지이며, 따라서 사고권 형성활동의 에너지이다. 사고권은 흥미활동의 결과로 형성된 내적 관념체계이며, 흥미는 이 사고권을 바탕으로 활동한다. 따라서 흥미가 다면화되어야 사고권이 풍부하고 폭넓게 형성되며, 풍부하고 폭넓은 사고권이 형성되어야 정신적 시야가 넓어지고 삶의 가능성이 확장되는 것이다.

(2) 수업: 경험과 교제의 보완

이제 흥미의 다면화와 이를 통한 사고권의 형성, 확장이 수업을 통해서 일어나야 한다. 헤르바르트는 수업을 인간 삶의 두 가지 주요 활동인 '경험(Erfahrung)'과 '교제(＝인간관계, Umgang)'를 보완하는 활동이라고 말한다. "인간은 누구나 자신의 경험과 교제로부터 자신에게 적합한 것을 산출하며, 그 자신이 지녀왔던 개념들과 감정들을 여기[＝경험과 교제]에서 완성한다"(Herbart, 2006: 109). 경험은 인식(Erkenntnis)을 낳고 교제는 공감(共感, Teilnahme)을 낳는다. 그런데 왜 보완이 필요할까? (직접) 경험은 거대한 (가능적 경험의) 전체 중에서 극히 작은 단편적인 인식들만을 제공하며, 교제를 통하여 생겨나는 공감은 매우 민감하고 주관적이어서 치우침과 일방성에 빠지는 경우가 매우 많기 때문이다.

인식은 다시 관찰(＝좁은 의미의 경험), 사변, 취미(＝미적 취향)로 나누어진다. 관찰은 감각을 통한 직접경험을 말하며, 사변(思辨, Spekulation)은 요컨대 삶과 세계의 근원적인 조건이나 근거, 법칙성에 대한 인식을 말하고, 취미(趣味, Geschmack, taste)는 미적(美的) 관계를 인식하는 것인데, 헤르바르트에 따르면 관찰보다는 사변이, 사변보다는 취미가 더 상위의 인식 형태이다. 공감은 인간에 대한 공감, 사회에 대한 공감, 이 양자(＝인간, 사회)와 최고 존재와의 관계에 대한 공감(＝종교적 공감)으로 나누어진다. 헤르바르트에 따르면 모든 수업의 장면에 있어서 이 여섯 가지의 요소가―수업의 종류에 따라 각 요소 간의 비중은 달라질 수 있지만―언제나 함께 고려되어야 한다.

헤르바르트는 수업의 일반적인 형태로서 묘사하는 수업, 분석적 수업, 종합적 수업을 제시하고 있다. 이 세 가지 형태는 수업의 단계들로 이해될 수 있다.[22] 묘사하는 수업은 수업내용을 학습자에게 최대한 생생하게 묘사해 주는 것이며, 분석적 수업은 수업내용을 특수자들로 분석하면서 개개의 특수자들을 일관하는 보편자를 찾는 것에 주안점이 있다. 예를 들면, 고래와 인간은 서로 다른 존재들이니 각각 특수자들이다. 그런데 고래와 인간은 척추동물이라는 공통점이 있다. 이것을 보편자라고 하는 것이다. 종합적 수업은 분석적 수업을 통해 얻어진 보편자를 다시 특수자들에게 적용시키면서 특수자들을 연결시키고 포괄하는 활동이

---

22) 헤르바르트가 제시한 명료, 연합, 체계, 방법의 네 가지 단계는 수업이 진행되는 단계라기보다는 인식 획득을 위한 심리적 작용의 진행과정을 나타낸 것이다. 그러나 이 네 가지 단계는 헤르바르트를 계승하고자 한 헤르바르트주의자들에 의하여 수업의 단계로 이해되었다. 그러나 헤르바르트 자신이 예컨대, 50분간의 수업이 명료 20분, 연합 10분, 체계 10분, 방법(응용) 10분 등과 같이 진행될 수 있다고 주장한 일은 없다. 헤르바르트주의자 자신들도 이 4단계가 실제 수업에 그대로 적용하는 것이 불가능함을 느끼고, 5단계 교수설을 주장하게 되었다. 대표적인 것이 칠러(Ziller)의 분석, 종합, 연합, 계통, 방법과 라인(Rein)의 예비, 제시, 연합, 종합, 응용이다. 필자의 견해로는 헤르바르트 자신이 제시한 수업의 단계는 묘사하는 수업, 분석하는 수업, 종합하는 수업의 3단계로 보는 것이 타당하다. 최근에 발행된 독일 논문도 필자의 판단을 지지해 주고 있다(Ebert, 2006: 154f.).

다. 예컨대, 분석적 수업에서 고래와 인간의 공통점(보편자)이 척추동물이라는 것을 알고 나서, 척추를 가지 동물을 모두 찾아내어 척추동물이라는 범주에 소속시키는 것이 종합적 수업이다. 이러한 과정을 통하여 종합적 인식과 종합적 공감에 도달하는 것이 종합적 수업의 목표이다. 그 결과, 사고권이 형성되고 확장되는 것이다. 이러한 관계들을 도식으로 표현해 보면 [그림 2-3]과 같다.

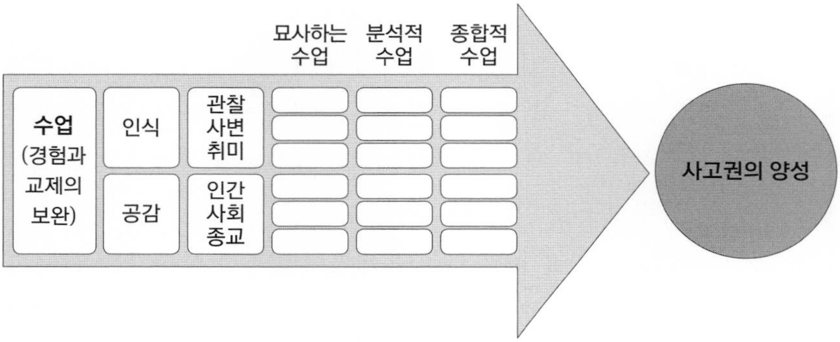

[그림 2-3] 헤르바르트의 수업구조도

여기에서 잠시 헤르바르트의 수업관을 인성교육의 관점에서 고찰해 보겠다. 앞서 보았다시피, 헤르바르트는 개인의 다양한 정신활동이 모두 서로 연결되어 있다는 기본적인 전제에서 출발하며, 이렇게 연결되어 있는 정신활동 전체를 사고권이라고 부른다. 수업은 이러한 개개인의 사고권을 참되고 가치 있는 내용들로 질서 있게 채우면서 확장시키는 작업이다. 헤르바르트의 용어인 사고권은 '내면세계(內面世界)'와 비슷한 의미를 갖고 있다. 수업을 사고권 형성과정이라고 보는 것은 수업을 통해 습득된 내용들을 질서 있게 내면화시키는 것을 말하며, 이를 통해 내면세계가 확장되어 간다.

헤르바르트는 사고권을 형성시키는 내용적 요소가 '인식'과 '공감'이라고 말한다. 그런데 인식은 인지적(認知的) 지식을 말하는 것이니 쉽게 수

긍이 되겠지만, 사고권을 구성하는 정서적 내용을 왜 공감이라고 했는지는 납득이 잘 안 될 수도 있을 것이다. 어떤 사람의 감정이 자기중심적이고 자의적인(제멋대로인!) 상태에 머물러 있다면, 다른 사람들의 이해와 수용을 기대하기가 쉽지 않을 것이며, 또한 다른 사람의 감정도 이해하고 수용하기가 쉽지 않을 것이다. 이렇게 되면 그의 정서생활은 편협하고 고립적인 것이 되어 버린다. 이렇게 볼 때, 헤르바르트가 왜 공감능력의 계발을 수업의 주요 목표로 설정했는지 이해될 수 있을 것이다. 진정으로 마음이 넓은 사람이 되기 위해서는 다른 사람들의 감정을 함께 느끼고 소통할 수 있어야 한다. 더 나아가 개인을 넘어선 사회적·문화적 정서(예컨대, 애국심)도 함께 느끼고 공유할 수 있어야 하며, 종국적으로 세계의 근원 질서에 대한 공감(예컨대, 우주운행 질서나 생명의 신비에 대한 경외감)에 이를 수 있어야 한다고 헤르바르트는 주장한다. 우리의 젊은 세대들에게 이러한 공감능력만 계발되었어도 윤일병 사건[23]과 같은 참혹한 일이 일어나지 않았을 것이라는 점을 생각해 볼 때, 수업의 절반은 인식의 양성에, 나머지 절반은 공감의 양성에 바쳐져야 한다는 헤르바르트의 주장을 우리는 진지하게 받아들여야 할 것이다. 정리를 해 보겠다: 교육의 절반은 정서교육에 바쳐져야 한다. 정서교육을 통해 다양한 인간적인 감정들이 풍부하게 발달되도록 해야 하며, 이러한 감정들이 공감능력으로 수렴될 수 있어야 한다.

　그런데 여기에서 유념해야 할 것은 헤르바르트가 인식과 공감을 상호 연관적인 것으로 보고 있다는 점이다. 인식은 경험, 사변, 취미로 전개되며, 공감은 개인에 대한, 사회에 대한 삶과 세계의 궁극적 근거(＝신성, 神性)에 대한 공감으로 확장된다는 것이 헤르바르트의 견해임은 앞

---

23) 2014년도에 육군 28사단에서 윤승주 일병이 선임병들에게 한 달여간 폭행 및 가혹행위를 당해 사망한 사건임. https://terms.naver.com/entry.nhn?docId=2843504&cid=43667&categoryId=43667

에서 본 바와 같다. 그런데 이러한 요소들은 우리의 사고권 안에서 서로 연관되어 있으며 서로 영향을 주고받으면서 우리의 사고권을, 즉 우리의 내면세계를 직조(織造)하고 있다. 헤르바르트의 말을 들어 보겠다.

> 인식과 공감의 양자는 …… 전자는 경험에, 후자는 동정에 몰두한다. 그러나 양자는 사물의 자연적 과정을 통하여 진보하고 촉진된다. 세계에 대한 의문은 경험에서 사변으로 나아가도록 하며, 엇갈린 인간의 요구들은 동정에서 사교적인 질서의 정신으로 나아가게 한다. 질서의 정신은 법칙을 부여하며, 사변은 이 법칙을 인식한다. 그러는 가운데에 마음은 현상의 무한한 다양성에서 벗어나서 더 이상 개별 대상들에 몰두하지 않게 되며, 이제는 관계들에 끌린다. 미적(美的) 관계들에 대한 고요한 관찰이 이루어지며, 공감은 인간의 소망과 [소망을 이루기 위해 필요한] 능력과의 관계에 대한 공감으로부터 이들[=소망과 능력]이 사물 진행[=질서, 섭리]에 순종하는 공감으로 이행(移行)한다. 이렇게 하여 인식은 취미로, 공감은 종교로 승화한다(Herbart, 2006: 102-103).

여기에서 경험은 감각을 통한 직접경험을 말하며, 그래서 '관찰'이라고 표현하기도 한다. 그런데 우리는 삶과 세계에 대한 보다 근본적인 의문을 가질 때가 있으며, 이러한 의문은 경험적 사실이나 과학적 설명만 가지고는 해소되지 않는 경우가 있다. 예를 들어, 삶이 갑자기 허무하고 자신의 존재가 무의미하게 느껴질 때에는 경험적 사실이나 과학적 설명은 별로 도움이 되지 않는다. 이럴 때에는 오히려 사실과 과학을 떠나 자신의 내면에 깊이 침잠하여 스스로에게 질문을 던지면서 고민에 빠져보는 것이 도움이 될 것이다. 이처럼 밖으로 향해 있던 마음의 시선(視線)을 거두어 내면에 침잠하여 깊이 숙고해 보는 것이 바로 사변(思辨,

speculation)이다. 사변은 요컨대 경험적으로 주어진 사실 이상의 것을 생각하고 통찰하며 판단하는 사고 작용이다. 그다음에, '엇갈린 인간의 요구들은 동정에서 사교적 질서의 정신으로 나아가게 한다.'는 말을 해석해 보면 다음과 같다. 공감의 첫 번째 단계는 다른 사람이 어떤 감정을 가지고 있는지 느껴 아는 단계이다(동정, 즉 개인적 공감). 그런데 그러다 보니 사람들마다 다양한 느낌과 욕망을 가지고 있는 것을 알게 되고, 이들 감정과 욕망이 상충(相衝)하는 불화 상태를 보면서, 이들이 가급적 조정이 되어 사이좋게 어울릴 수 있기를 바라는 마음이 생긴다는 것이다(사교적 질서의 정신, 즉 사회적 공감).

그런데 "질서의 정신은 법칙을 부여하며, 사변은 이 법칙들을 인식한다."라고 헤르바르트는 말한다. 사회 안의 여러 사람이 사이좋게 공존할 수 있기 위해서는 어떤 기준이나 법칙이 필요하게 되고, 이로부터—필요는 발명의 어머니라는 말처럼—공존, 공생을 담보할 수 있는 기준이나 원칙이 도출된다. 헤르바르트는 질서의 정신이 법칙을 제공하며, 사변이 이 법칙을 인식한다고 말하고 있지만, 필자가 보기에는 사회적 공감인 질서의 정신이 사변과 협력하면서 법칙을 만들어 내는 것으로 보는 것이 더 합당하지 않을까 생각한다.

법칙을 도출해 낸 정신은 이제 법칙을 가지고 삶과 세계를 바라볼 수 있게 되므로, 현상들의 다양한(그리고 혼란스러운!) 모습에 대해 약간 거리를 두고 바라볼 수 있게 되며, 이를 통해 개개의 현상들 자체보다는 현상들 사이의 관계들을 볼 수 있게 된다. 이를 통해 사물이 가지고 있는 미적인 관계들을 음미할 수 있게 된다는 것이다. 다른 한편으로 공감도 인간의 소망과 이 소망을 이루기 위해 필요한 능력 사이의 관계에 대해 이해하고 느끼는 상태(개인적 · 사회적 공감)로부터 삶과 세계의 근본적인 질서나 섭리를 공감하며 이에 순종하는 최고도의 공감(종교적 공감)의 단계에 도달하게 된다. 이러한 공감의 단계적인 발달도 인식의 요소들(관찰, 사변, 취미)과 상호작용하면서 이루어진다는 것은 의심의 여지가 없다.

그런데 헤르바르트는 일반교육학 수업론의 말미에서 자신이 제안하는 수업이 성공적으로 이루어진다면 관찰과 공감, 그리고 사변과 취미가 조화를 이룬 상태에 도달하게 될 것이라고 말하고 있다. 관찰과 공감은 삶을 지속적으로 확장하고 풍요롭게 하는 삶의 활동이다. 반면에 사변과 취미는 신조(信條)와 취향(趣向)을 형성시키고, 이러한 신조와 취향은 당사자의 인격의 원칙들이 된다.

관찰과 공감에만 몰두할 때, 인간은 삶의 방향감각을 상실할 수 있다. 사변(思辨)은 관찰과 공감을 넘어서서 삶과 세계의 근원적 조건이나 근거, 법칙 등에 대해 숙고하고 통찰하고자 하는 사유이므로, 이러한 사변의 활동을 통해 관찰과 공감을 절제 있고 냉정하게 유지시킬 수 있다(Herbart, 2006: 176). 취미(Geschmack)는 헤르바르트에 있어서 '미적(美的) 감각', 또는 '심미적(審美的) 인식'만을 의미하는 것이 아니다. 취미는 '적절함'에 대한 직관적인 감각이며(Herbart, 2006: 151), "품위 있는 것, 아름다운 것, 도덕적인 것, 정의로운 것, 한마디로 말해서 전형들과 이념들"을 직관하는 능력이다(Herbart, 2006: 176). 취미는 또한 감성, 감각, 이성이 결합된 고차적 판단능력이라고 할 수 있으며, 한번 결정된 취미는 당사자의 삶에 강한 영향력을 지닌다. 우리가 조금만 우리 자신을 살펴본다면 우리가 가지고 있는 다양한 취향들이 얼마나 강하게 우리 삶에 영향을 미치는지를 확인할 수 있을 것이다.

요컨대, 관찰과 공감은 삶을 지속적으로 확장하고 풍요롭게 하는 활동이며, 사변과 취미는 외적인 활동과 변화를 벗어나서 고요하게 내면에 침잠하여 관조(觀照, 사변)하고 음미(吟味, 취미)하는 정신활동인데, 헤르바르트는 이 두 축(관찰·공감의 축과 사변·취미의 축)의 어느 한쪽으로만 치우치는 것보다는 "하나로부터 다른 하나로 이리저리 움직이는 것"(Herbart, 2006: 179)이 인간 삶의 건강과 조화를 위해서 바람직하다고 본다.

4) 훈육

헤르바르트에 따르면 훈육(訓育)의 과제는 '강한 도덕적 성격의 도야'
이다. 성격(性格, character)이란 사고방식, 감정 및 의지가 어느 정도 이
상 일정한 방향으로 결정되어 있는 상태를 말하며, 따라서 인성(人性)
과 유사한 개념이다. 실제로, 우리나라의 인성교육에 해당되는 것을 영
어권에서는 '성격교육(character education)'으로 부르고 있다. 그런데 헤
르바르트에 따르면 다면적 수업이 제대로 이루어지면 이미 진실한 성격
(Charakter)이 형성된다. 이러한 성격이 도덕적 가치와 결합하여 도덕적
성격으로 확립되도록 이끌어 주는 것이 훈육의 과제가 되는 것이다.

　도덕적 성격이 확립되기 위해서는 먼저 도덕적 판단이 이루어져야 하
는데, 도덕적 판단은 헤르바르트에 따르면 논리적 판단일 경우보다는
미적 판단(美的 判斷)일 때 의지와 더 잘 결합한다. 미적 판단으로서의
도덕적 판단은 특히 과거와 현재의 사람들이 보여 주는 의지관계, 행위
관계를 미적으로, 즉 아름답고 숭고한 것으로 지각(知覺)하는 것을 말하
며, 이러한 미적 지각이 이루어지면 감성, 의지와 바로 연결되므로 도덕
적 열정(Wärme)을 마음에 품게 되고, 이것은 용이하게 도덕적 결의로
연결된다. 이러한 도덕적 결의를 행위 면에서 지속적으로 관철하기 위
해서는 자기강제가 필요하다. 이것이 헤르바르트가 제시하는 도덕화의
단계이다(도덕적 판단-열정-결의-자기강제). 이러한 도덕적 성격이 자
라나는 토양은 다름 아닌 사고권이다. 왜냐하면 도덕적 에너지가 될 수
있는 요소들은 삶의 모든 영역, 경험과 교제, 모든 수업으로부터 고갈됨
이 없이 주어져 사고권에 저장되어 있기 때문이다.[24] 예컨대, 우리는 과

---

24) "인간의 가치는 물론 지식보다는 의욕/의지에 있다. 그러나 의욕은 독립적으로
　　존재하는 것이 아니라 사고권에 뿌리내리고 있다. 다시 말해서, 어떤 사람이 아
　　는 것들이 그대로 그의 의욕과 연결되는 것은 아니지만 그가 획득한 표상들과

거나 현재의 훌륭한 또는 의로운 행위나 의지적 결단을 보고 감동을 받
거나 도덕적 결의를 굳히게 되는 경우가 있다. 그러나 모든 사람이 동일
한 감동을 받는 것도 아니고 더구나 동일한 도덕적 결의를 하는 것도 아
니다. 이러한 차이는 결국 당사자의 사고권이 어떻게 형성되어 있느냐
에 달려 있다. 그런데 이러한 도덕적인 감동과 결의는 심미적인 안목과
결합될 때에 수월하게 도덕적 성격으로 확립될 수 있다는 것이 헤르바
르트 도덕관의 요체이다.[25] "오직 도덕적으로 조망할 수 있는 심미적 힘
으로부터만이 순수하고 욕구에서 벗어난, 용기 있고 분별 있는 선(善)에
대한 열정이 솟아나며, 참된 도덕성은 이를 통해서만 성격으로 강화된
다."(Herbart, 2006: 196) 이상과 같이 모든 도덕적 요소를 집약적으로 발
달시켜 확고한 성격으로 길러 내는 것이 훈육이다.

헤르바르트가 제안하는 훈육은 단순한 '길들이기'가 아니라, 아동 자신
이 스스로 정한 신조에 따라 행위하는 습관을 갖도록 도와주는 과정이
다. 헤르바르트의 도덕교육은 당사자의 "통찰과 이 통찰에 따르려는 의
욕"(헤르바르트, 2006: 67)을 길러 주는 데에 초점이 있다. 물론 아동이 스
스로 세운 신조는 교육자가 볼 때 적절치 않은 것이 있을 수 있으며, 이
런 경우에는 대화를 통하여 신조의 불합리성을 인식하여 수정을 하도록
이끌어 줄 수 있다. 그리고 일단 정한 신조는 격려, 상기, 호소, 책망 등
을 통하여 일관되게 지키도록 지속적으로 이끌어 주는 과정이 훈육이며,
이를 헤르바르트는 '연속적 만남'이라고 표현한다(Herbart, 2006: 232).

이러한 헤르바르트의 훈육(도덕교육)은 아동·청소년이 스스로 옳다
고 생각하는 바에 따라 행동할 수 있도록 이끌어 주는 것을 목표로 하므

결합되어 있고 그 전체적 작용에 뿌리를 내리고 있다."(Herbart, 2003: 27)

25) 헤르바르트는 『교육학강의개요』에서 아동이 내린 도덕적-심미적 판단도 그가
지니고 있는 경향성과 습관과 연결될 수 있을 때에만이 행위로 나타나는 것을
기대할 수 있다고 말하고 있다(Herbart, 2003: 13).

로, 요컨대 '주관적 도덕성'의 양성에 주안점이 있다고 말할 수 있다. 물론 이러한 주관적 도덕성은—당사자의 사고권이 확장되어 가면서 보다 보편적 사고를 할 수 있게 되면—보편적 도덕성으로 이행(移行)될 수 있으며, 또한 그렇게 되도록 하는 것이 훈육의 과제이다. 헤르바르트가 보편적 도덕성의 준거로 제시한 것이 5개 실천이념인 내면적 자유, 완전성, 호의, 정의, 보상 또는 공정성의 이념이다.

5) 인성덕목으로서의 5개 실천이념

최근 우리나라의 교육계에서 인성교육의 보편적 실시에 대한 합의가 이루어지면서, 우리 사회가 보편적으로 동의할 수 있는 인성덕목(人性德目)을 제시하려는 연구들이 이루어지고 있다. 그런데 인성덕목은 인간이 지녀야 할 인간다움을 담보할 수 있는 가장 핵심적인 요소 또는 준거(準據)를 의미하는 것이므로 간단히 정해질 수 있는 것은 아니다. 한 인간의 인간됨은 그 사람의 선천적으로 타고난 측면과 그가 그 속에서 살아가는 사회문화적 측면이 상호작용한 결과라고 볼 수 있으므로 인간의 본성에 대한 철학적·심리학적 연구와 사회와 문화가 요구하는 인간상에 대한 사회학적·문화학적 연구가 필요하다. 이러한 심도 있는 이론적 연구들을 바탕으로 경험적 연구를 수행하여 사회적 다수가 동의하는 인성덕목을 선정하고 이를 공론화하여 사회적인 합의를 도출할 수 있어야 교육현장에 적용할 수 있는 신뢰성 있는 인성덕목들이 확보될 수 있을 것이다. 이러한 관점에서 볼 때, 헤르바르트가 도덕성의 준거로 제시한 5개 실천이념을 인성덕목으로 해석해 보는 것은 의미가 있는 일이라고 필자는 생각한다.

헤르바르트가 제시한 5개 실천이념인 내면적 자유, 완전성, 호의, 정의, 공정성은 기본적으로 도덕성의 요소로서 제시한 것이기는 하지만, 서구적 인성덕목이라고 볼 수도 있다. 왜냐하면 헤르바르트의 실천이념들은 서구의 전통적·문화적 가치를 반영하고 있기 때문이다. 헤르바르트 연구자들은 5개의 실천이념이 서구 전통문화의 세 가지 뿌리인 그리스, 로마, 기독교의 핵심 코드를 요약한 것이라는 데에 대체적으로 동의하고 있다. 내면적 자유와 완전성은 그리스 전통에서, 호의는 기독교 전통에서, 정의 그리고 보상 또는 공정성의 이념은 로마 전통에서 유래한다는 것이다. 이렇게 볼 때, 헤르바르트적인 도덕성은 유럽적 문화 이상 (cultural ideal)에 의지하고 있음을 알 수 있다. 이러한 헤르바르트의 선례에 따라 우리나라의 인성교육을 위한 덕목들을 선정하고자 한다면, 우리는 21세기 한국문화의 핵심 코드를 찾아내야 하는 과제를 먼저 해결해야 할 것이다.

그러면 헤르바르트가 제시한 다섯 가지 실천이념을 살펴보겠다.

① 내면적 자유: 자신의 주관적 통찰(insight)과 판단에 따라 자주적으로 행동할 수 있는 능력을 말한다.
② 완전성: 매사에 완전무결함을 추구하는 태도를 말하므로 성실성과 비슷하다.
③ 호의: 다른 사람들에게 어떤 경우에도(비록 나에게 호의를 보이지 않는 경우에도) 따뜻하고, (고통과 불행에 빠져 있는 사람들에게는) 연민의 마음으로 대하는 자비로운 태도를 말한다.
④ 정의: 인간이 누려야 하는 권리에 대한 의식이 강하여 자신의 권리를 고수하며, 타인의 권리도 존중하는 태도를 말한다.
⑤ 공정성: 공정성의 이념은 정의의 이념에 대한 보조적 이념이라고 할 수 있다. 왜냐하면 "가장 정의로운 것이 가장 불공정하다!"고 할 수 있는 경우가 분명히 있기 때문이다. 따라서 공정성의 이념은 상황적 요소들을 고려하는 미세조정(微細調整)의 원리라고 말할 수 있다.

헤르바르트는 '내면적 자유'와 호의는 상충될 수 있는 이념들이라고 말하고 있다. 내면적 자유를 강하게 추구하는 사람은 자신의 주관적인 통찰과 판단에 따라 행동하려는 경향이 강하기 때문에 종종 비타협적이고 냉정한 모습으로 보일 수 있다. 자신의 통찰과 판단에 따라 확고하게 행동하는 사람들은 그렇지 못한 사람들을 나약하고 비굴한 사람들로 차갑게 비난하기 쉽다. 그래서 '호의'의 양성이 특히 중요하다고 헤르바르트는 말한다. 또한 정신적으로 성숙한 사람일수록 자신의 권리의 주장보다 타인의 권리옹호를 '정의' 이념의 핵심으로 간주한다고 말하는 것을 볼 때, 정의의 이념도 또한 '호의'(또는 사랑!) 이념과 연관관계에 있다는 것을 알게 된다. '완전성'의 원칙을 강하게 추구하는 사람도 그에게서 호의가 배제된다면 인간다운 모습을 보이기 어려울 것이다. 다른 사람들에 대한 경멸, 우월의식 등을 동반하게 될 터이니까. 따라서 헤르바르트에게 있어서도 남들이 잘되는 것을 순수한 마음으로 기뻐하며, 불행과 고통을 당하고 있는 사람들을 보면 마음 아파하면서 그들에게 연민의 마음을 베푸는 '호의'를 어떻게 길러 낼 것인지가 매우 중요한 인성교육의 과제로 떠오른다.

　그 밖에도, 현대적 관점에서 볼 때 추가적인 인성요소들이라고 볼 수 있는 것으로 인내, 근면성, 소유정신, 자기통제, 명예심 등의 양성에 대해서도 헤르바르트는 언급하고 있다. 그러나 이러한 특성들이 인간다운 삶에 도움이 되는 요소들이기는 하지만 그 자체로 독립적인 인성덕목이라고 볼 수는 없다. 왜냐하면 악한 자들도 인내심과 근면성, 명예심, 소유정신, 자기통제력 등을 지닐 수 있기 때문이다. 그러므로 이들 요소는 다만 앞서 언급한 5대 실천이념에 대한 수단적 · 보조적 덕목으로서 간주되고 있다.

6) 인문학적 인성교육의 모형으로서 교육하는 수업이론

　이상에서 살펴본 세 가지의 교육 카테고리 가운데에서 헤르바르트가 가장 큰 비중을 두고 있는 부분은 수업이다. 이것은 사고권의 형성에 결정적 중요성을 부여하는 그의 입장과 일치한다. 앞서 보았듯이 사고권은 건조한 지식의 체계가 아니라, 의미로 충만한 개인의 내면세계이다. 내가 의미를 느끼지 못하는 지식이나 사상, 관념, 감정, 이미지 등이 나의 내면세계를 구성하기는 어려울 것이다. 내가 흥미를 느끼고 이해하며 공감할 수 있는, 그래서 의미 있게 느끼는 지식, 관념, 감정, 이미지라야 내 정신세계에 흡수·동화될 수 있으며, 이를 통해 나의 정신세계가 확장되는 것이다. 한 사람에게 있어서 그의 내면세계가 어떻게 형성되어 있느냐에 따라 그 사람의 삶이 크게 달라질 수 있다는 것은 의심할 여지가 없다. 특히 삶의 질적인 측면을 생각해 볼 때, 내면세계 형성의 중요성은 아무리 강조해도 지나치지 않을 것이다.

그렇다면 우리 아동·청소년들에게 이러한 사고권이, 내면세계가 잘 형성되도록 이끌어 줄 수 있을까? 사고권을 구성하고 있는 내용요소들은 요컨대 인간과 세계에 대한 지식, 관념, 감정, 이미지들이다. 즉, 인간과 세계에 대한 관념들이다. 사람들은 일상 중에 종종 '관념'을 공허하고 현실과 거리가 있는 것으로 폄하하는 경향이 있지만, 우리는 사실상 관념들(상념들)의 무리 속에서 살고 있다. 우리는 자신이 모아들인 무수히 많은 관념 속에서 느끼고 생각하고 의욕하며, 외부세계를 볼 때에도 이러한 관념들을 가지고 바라본다. 그래서 사람들마다 보는 시야(視野)가 다른 것이다. 사고권이 빈약하거나 허술하게 형성되어 있는 사람은 조야(粗野)한 욕망의 지배를 받는 삶을 살 수밖에 없을 것이며, 지나치게 사실적이고 냉정한 사고권을 지니고 있는 사람은 냉정하고 건조한 삶을 살 것이고, 부정적이고 비관적인 사고권을 지니고 있는 사람은 실제 삶도 그렇게 살아갈 것이다. 그래서 헤르바르트는 아동·청소년들에게 인간과 세계를 사실적 사태보다 좀 더 아름답고 완전하게 그려 보여 주라고 교육자들에게 당부하고 있다.[26] 그래야 아동·청소년들이 인간과 세계를 호의적이고 긍정적인 시선으로 바라보면서 희망과 포부를 갖고 진취적인 삶을 살아갈 수 있을 것이기 때문이다. 그래서 헤르바르트는 교육자가 그려 주는 "인간의 모습은 마치 아름다운 거울에 비친 모습과 같이 보통의 삶에서 나타나는 것보다 더욱 명료하고, 보다 더 완전해야 하며, …… 시적(詩的)인 승화에 가깝게 접근되어야 한다."라고 말한다. 그러나 "사실과 너무 거리가 멀어서 공감을 일으키기 어려울 정도가 되지는 않도록" 하라는 당부도 잊지 않는다(Herbart, 2006: 153).

아름답고 긍정적인, 의미가 충만한 사고권을 형성시키기 위해 가장 적합한 수업은 인문학 중심의 수업이 될 수밖에 없을 것이다. 왜냐하면 인문학이란 '사실의 학문'이라고 할 수 있는 사회과학, 자연과학과는 달리 '의미의 학문'이기 때문이다. 그래서 일반교육학의 서문에서 헤르바르트도 인문학 텍스트, 특히 호머의 『오디세이(Odysseia)』를 가지고 수업을 했던 자신의 경험을 다음과 같이 소개하고 있다.

> 오디세이를 학생과 교사 사이의 공동의 연결점으로 생각해
> 보자. 이 공유 영역은 학생을 자신의 영역으로 끌어올리며, 교
> 사를 낮추지도 않는다. 그러한 공유 영역[안에서의 상호작용]
> 은 학생을 점점 더 먼 고전적인 세계로 안내하며, 교사는 학생
> 의 모방적인 발전을 보면서 인류의 위대한 진보에 대한 흥미
> 진진한 그림을 그려 볼 수 있게 된다(Herbart, 2006: 37).

헤르바르트는 『일반교육학』의 곳곳에서 호머 외에도 플라톤의 대화편, 타키투스의 역사서 등을 통한 대화식 수업의 사례들을 언급하고 있다. 물론 지리, 물리, 수학, 광물학 등 다양한 학문의 사례도 들고 있다. 그러나 이들 학문이 우리의 내면세계로 '의미 있게' 편입되기 위해서는

---

26) 이러한 헤르바르트의 입장은 그가 1804년에 발표한 「교육의 주요과제로서의 세계의 미적 묘사(Die ästhetische Darstellung der Welt als das Hauptgeschäft der Erziehung)」라는 논문에 잘 나타나 있다.

인문학적 모티브들과 연결이 되어야 한다. 헤르바르트가 그리는 수업의 모형은 요컨대 스토리텔링(storytelling)을 기반으로 한 인문학 중심 수업이라고 할 수 있다. 그리고 이러한 수업모형 안에 교과교육과 인성교육이 자연스럽게 통합되어 있다.

최근 우리 사회에서 인성교육에 대한 관심이 커지면서 자연스럽게 인문학교육의 강화 움직임이 일어나고 있다. 서구 사회에서 인성교육은 본래 인문학교육이었다. 동양의 전통사회에서도 인성교육은 주로 동양적 인문학이라고 할 수 있는 유교, 불교, 도교 등을 중심으로 이루어져 왔다고 할 수 있다. 오늘날에도 본래적인 인성교육은 인문학교육을 통해 이루어질 수밖에 없다고 필자는 생각한다. 왜냐하면 인간의 정신적 본성에 대한 심원한 이해를 축적해 온 인문학만이 정신적 삶을 담보할 수 있는 인성교육의 토대를 제공할 수 있기 때문이다. 이렇게 볼 때, 오늘날 인성교육에 문제가 발생한 것은 19세기 후반 이후 크게 발달한 자연과학과 사회과학이 교육을 지배하면서 인문학적 토대를 상실하게 된 데에 근본적인 원인이 있다고 볼 수 있다. 그러므로 인성교육의 문제를 근본적으로 해결하기 위해서는 교육의 인문학적 토대를 복원해야 한다. 그런데 인문학을 통해서 인성이 올바로 형성될 수 있기 위해서는 인문학을 좋아하고 향유(享有)할 수 있어야 하며, 이를 통해서 삶과 세계에 대한 인문학적 성찰이 일어날 수 있게 되어야 할 것이다. 이러한 관점에서 볼 때, 최근 우리 사회에 관심을 일으키고 있는 스토리텔링은 많은 시사점을 던져 준다.

스토리텔링이 기본적으로 '이야기하기'를 의미한다는 점에서 보면, 태고 이래 인류가 살아온 과정 속에 언제나 존재하던 담화 및 소통의 방식이라고 할 수 있다. 그런데 '이야기하기'가 지난 1990년대 중반 이후 우리 사회에서 새롭게 부각되고 있는 이유는 무엇보다도 20세기 후반 이후 비약적으로 발전해 온 컴퓨터, 인터넷, 모바일을 포함한 디지털기술이 이전과는 완전히 새로운 양상의 '다감각적(多感覺的, multi-sensual)·상호소통적(interactive) 이야기하기'를 가능하게 하고 있으며, 이렇게 디지털

화한 이야기하기가 매우 효과적으로 사람들의 흥미와 공감, 감동을 일으킬 수 있다는 것이 확인되고 있기 때문이다. 현대인들은 다양한 디지털 매체를 통해 매일같이 쏟아지는 정보의 홍수 속에 살고 있기 때문에, 감성을 매혹하는 흥미나 감동이 없으면 어떤 콘텐츠건 도무지 관심을 갖지 않는다. 이러한 상황에서 콘텐츠에 흥미와 감동을 불어넣는 장치로서 디지털 스토리텔링(digital storytelling)이 새롭게 등장하여 문화산업 및 문화담론 전반에 걸쳐서 메가트렌드를 이루고 있다. 이제 스토리텔링은 소설, 영화, 드라마, 애니메이션, 게임뿐만 아니라, 교육, 경영, 마케팅, 관광, 축제, 테마파크 등 사실상 문화 및 산업 분야 전반에 걸쳐 그 근간을 이루는 담화장치 내지 소통장치가 되었다(류은영, 2012: 207). 이러한 상황에 비추어 볼 때, 현장교육에서 재래식 아날로그 텍스트를 위주로 하는 인문학교육이 왜 난관에 부딪혀 있는지를 이해할 수 있게 된다. 현대사회의 아동·청소년들은 디지털문명의 세례를 받고 자란 세대라는 점에서 앞선 세대와는 근본적으로 다른 "디지털 원주민(digital native)"들이므로(Tapscott, 2009: 82), 이들에게 인문학교육을 하기 위해서는 디지털 텍스트의 형태로 접근해 가야 한다는 것이 거의 필연적이라고 하겠으며, 이러한 관점에서 디지털 스토리텔링은 매우 희망적인 메시지를 보내고 있다. 특히 헤르바르트가 제안한 인문학 중심 수업에 디지털 스토리텔링을 결합시킨다면 인성교육의 증진에 커다란 도움이 될 것으로 기대된다.

4 듀이: 전인적 성장으로서의 인성교육

1) 들어가기

듀이(John Dewey, 1859~1952)는 이른바 프래그머티즘(pragmatism) 교

John Dewey
(1859~1952)

육철학자로 널리 알려진 사람이다. 또한 그의 제자들이 주축이 된 진보주의 교육운동의 정신적 지주 역할을 하였다. 듀이는 시카고 대학교 교수를 역임하면서, 자신의 지식에 대한 경험주의적 신념과 학교제도에 대한 실용주의적 주장에 입각하여 1896년 시카고 대학 부속 초등학교를 세웠는데, 듀이 스쿨이나 실험학교로 더 잘 알려진 이 학교에서 듀이는 자신의 이른바 '문제해결학습' 이론에 따라 아이들을 직접 가르치기도 하였다. 그는 『학교와 사회(School and Society)』(1899), 『민주주의와 교육(Democracy and Education)』(1916), 『경험과 교육(Experience and Education)』(1938) 등의 저술을 통하여 교육은 특정의 지식이나 기술만을 가르치는 곳이 아니라 삶을 배우는 곳이어야 하며, 아동·청소년들의 활기찬 삶의 터전이야 함을 천명하였다. 이러한 아동·청소년의 삶의 터전으로서의 학교는 사회생활 능력을 길러 주고, 민주주의적 삶의 양식을 가르치는 기관이어야 한다고 하였으며, 또한 서구 전통사회에서 학교가 사회로부터 다소 거리를 두고 있던 상황을 비판하면서 학교와 지역사회는 긴밀하게 협력해야 함을 주장하였다. 이러한 듀이의 교육관에서 우리는 보다 현대사회적 상황에 근접한 인성교육관을 읽어 낼 수 있다. 특히 '행동을 통한 배움(learning by doing), 세계와의 상호작용을 통한 '경험의 지속적 재구성', 사회적 상호작용을 통한 '민주시민 자질의 육성' 등 듀이 교육론의 핵심들은 오늘날의 인성교육에 대해 시사하는 바가 크다.

2) 듀이의 기본적 교육관

먼저 듀이의 교육관의 기본적인 관점들을 살펴보면 다음과 같다.

첫째, 듀이에게 있어서 교육이란 자연 상태로 태어난 인간을 사회 상태로 옮겨가도록 이끌어 주는 과정이다. 이를 위해서는 인간의 본성(자연 상태)과 발달과정에 대한 심리학적 연구가 중요하며, 또한 인간 삶의 사회적 조건과 사회적 상호작용의 메커니즘에 대한 연구가 중요하다고 보았다. 이에 따라 심리학과 사회학(사회과학)이 교육학의 토대학문이라고 생각하였다. 듀이가 루소의 영향을 많이 받은 것은 분명하다. 루소는 이상적인 '자연 상태'를 상정하면서 '도시에 사는 (행복한) 자연인'을 길러 내는 것을 교육의 목적으로 제시하였다. 그러나 듀이가 보기에 인간은 처음부터 사회 속에 태어나며 사회 속에서 살아가야 하므로 루소가 제안했던 '자연인 교육'과 '시민교육'의 분리는 불가능하며, 두 가지 관점은 혼합되어 있다고 보았다. 듀이는 오히려 시민교육에 무게중심을 두었다고 할 수 있다.

둘째, 듀이는 교육은 생활 자체이며 미래의 생활을 위한 준비가 아니라고 주장한다. "생활이 곧 교육이다!" 그러므로 "교육은 아동의 현재 삶을 표현해야 한다!" 이러한 그의 주장들이 교육이 일상적 삶과는 거리를 두고 있었던 그 당시의 사회 상황에서 얼마나 신선하게 들렸을지는 쉽게 짐작할 수 있다. 요컨대, 듀이에게 있어서 삶은 성장이며, 따라서 교육의 과정도 계속적인 성장의 과정이다. 따라서 교육은 성장 이외에 다른 목적을 가지고 있지 않다. 이러한 듀이의 입장은 고정불변의 교육목적을 전제하는 전통적 교육관을 반대하는 것이다. 앞에서 본 바와 같이, 칸트나 헤르바르트는 교육의 궁극적 목적이 도덕적 인간을 길러 내는 것이라는 견해를 공유하고 있다. 그러나 듀이에 따르면 교육의 역사를 살펴보더라도 교육에 대한 요구는 시대에 따라 달라지는 것이며, 이러한 시대적 요구에 따라 그때그때의 교육의 목적이 정해지는 것이기 때문에 불변하는 교육의 목적을 규정하는 것은 불가능하다고 본다. 따라서 듀이는 보편적인 관점에서 교육의 목적으로 볼 수 있는 것은 '성장'밖에는 없다고 주장한다. 그리고 이때의 성장도 특정의 방향성을 전제하지 않는 신체적·감각적 성장, 정서적·심리적 성장, 지적·기술적 성장, 도덕적 성장 등을 포괄하는 개념이다.

셋째, 학교는 삶의 장면과 유리된, 단순히 교과를 공부하고 정보를 제공하는 곳이 아니라 사회생활의 한 형태이며, 사회생활을 단순화한 축소된 사회(miniature society), 온실사회라고 본다. 앞서 언급했다시피, 듀이는 루소의 영향을 많이 받았지만 인간은 기본적으로 사회적 존재라고 본다. 그러나 아동·청소년을 성인들의 거친 사회에 노출시켜서는 안 되므로 아이들에게 적합한 사회를 만들어 주어야 하며, 이것이 학교라는 것이다. 이 학교에서 학생들은 즐겁게 생활하면서 사회성을 함양하고(socialization), 민주적인 생활양식을 배워야 한다고 듀이는 주장한다. 그가 주로 활동했던 20세기 전반 미국 사회는 민주주의가 정치적 원리를 넘어서서 생활양식으로까지 발전하고 있었다. 듀이는 이것이 교육을 통해 촉진되어야 한다고 보았고, 이를 통해 인간사회가 진보하기를 희망하였다. 요컨대, 듀이에게 민주주의는 "공동생활의 형식이며 경험을 전달하고 공유하는 방식"(Dewey, 1996: 137)이며, 이러한 민주주의를 학습할 수 있는 가장 좋은 학습장은 학교이다. 이러한 학교교육을 통해 사회의 민주화가 증진되어야 한다는 것이다. 이처럼 듀이에게 있어서 교육은 사회의 진보와 개혁의 근본수단이며, 따라서 교육은 지역사회가 짊어져야 할 최고의 도덕적 의무이다.

넷째, 듀이의 교육관을 이해하는 데에 또 하나의 중요한 포인트는 그의 이른바 도구주의적 지식관이다. 전통 철학자들은 진리가 선험적으로 존재한다는 선험주의와 진리가 인간 경험과 독립적으로 존재한다는 실재론 등에 의존하고 있었으나(절대적 진리관), 듀이는 진리란 인간의 경험으로부터 나오는 시험적·가설적·상대적인 것이라고 보았다. 고대 그리스의 소피스트들이 주장하던 상대적 진리관(프로타고라스: "인간은 만물의 척도")이 소크라테스, 플라톤 등의 절대적·보편적 진리관에 패배한 이후 수천년 만에 다시 부활하게 된 것이다. 듀이가 보편적 진리,

지식을 부정한 것은 아니다. 그러나 인간의 지성능력으로 그것을 알 수 있다고 단언할 수 없다는 것이다. 칸트의 진리가 절대적으로 옳고 헤겔의 진리가 절대적으로 틀렸다고 누가 단언할 수 있겠느냐는 말이다. 요컨대, 듀이는 절대적·보편적 진리에 대해 유보적·회의주의적 입장을 취했다. 듀이가 보기에 지식이 인간에게 주는 의미는 그것이 갖는 유용성에 근거한다. 사람들이 생활의 과정에서 지속적으로 부딪히는 문제들을 해결하는 데에 도움이 되는 문제해결의 도구라는 관점에서 지식을 보아야 한다고 듀이는 단호하게 주장한다(김동식, 2002: 158). 이러한 관점에서 듀이는 교육의 핵심은 아동·청소년들에게 문제해결력을 길러주는 것이라고 보며, 이를 위해 반성적 사고(reflective thinking)의 함양을 제안하였다. 반성적 사고란 문제해결을 위해서 결과를 예견하고 가설을 세우며 행동으로 검증해 보는 사고의 과정을 말한다. 이를 통하여 닥치는 대로 마구잡이 시도를 하면서 낭비적인 시행착오를 되풀이하는 것을 피할 수 있게 된다. 듀이는 반성적 사고의 단계를 ① 문제의 인식, ② 상황의 관찰, ③ 잠정적 결론(가설)의 형성, ④ 논리적 정련(추론), ⑤ 능동적 실험에 의한 가설의 검증(Dewey, 1996: 227-240)의 다섯 단계로 말한다. 따라서 반성적 사고는 다른 말로 하면 '문제해결 사고'인 셈이다. 이러한 반성적 사고의 과정을 통해서 문제들이 해결되어 가며, 동시에 경험이 지속적으로 재구성되어 간다. 이 '문제해결(problem solving)'이라는 용어는 듀이 교육사상의 키워드이다. 인간 삶은 문제의 연속이며, 이러한 문제를 해결해 가는 과정이 삶의 과정이니 '삶은 문제해결의 과정이다.'라고 할 수 있으며, 듀이에게 있어서 삶은 교육과 동의어이니 '교육은 문제해결의 과정이다.'라고 말할 수도 있다.

다섯째, 듀이의 교육관을 인성교육의 관점에서 비추어 볼 때 특히 관심을 끄는 것은 흥미의 도야를 통한 전인적 성장과 민주시민 양성이다. 먼저, 듀이에게 있어서 흥미는 어떤 대상이나 예견된 결과에 대한 관심 있는 태도를 말한다. 흥미는 사태의 진전 속에서 자아와 세계가 서로 맞물려 있다는 것을 나타내며, 거리가 있는 두 사물(사태)을 관련짓는다. 또한 흥미는 끈질기게 일을 추진하기 위한 필수조건이다. 왜냐하면 예상되는 결과에 대한 흥미는 원하는 결과를 얻으려는 노력을 자아내기 때문이다. 이러한 노력에 의해 원하는 결과에 근접해 간다는 사실을 통해 흥미도 증대된다. 따라서 흥미(interest)와 노력(discipline)은 서로 배치되는 것이 아니고 상호 보완적이라고 듀이는 말한다. 이러한 흥미의 도야는 교육의 주체인 학습자의 자발적 동기와 학습역량을 발달시키는 것이므로 듀이적 관점의 인성교육을 논의하는 데 있어서도 매우 의미가 크다. 다른 한편으로, 듀이는 인간을 생애 초반부터 사회와 상호작용하는 사회적 존재로 보며, 따라서—듀이가 보기에 가장 이상적 삶의 방식인 민주주의적 삶의 양식에 적합한—민주시민으로 길러 내는 것을 교육의 중요한 목표로 본다. 듀이는 민주주의 사회를 사회 구성원 개개인들의 관심사를 상호인정하고 존중하며, 구성원들 간의 자유로운 상호작용을 통해 이해관계를 조정해 나가면서 함께 어울려 살아가는 사회로 본다(Dewey, 1996, 136). 이러한 사회를 실현하려고 하면 다른 어떤 형태의 사회보다도 의도적이고 체계적인 교육에 더 관심을 둘 수밖에 없다고 말한다. 이상과 같은 고찰에 따라 필자는 듀이적 관점의 인성교육은 '흥미도야'와 '민주시민 육성'으로 수렴될 수 있다고 본다. 따라서 다음에서는 이 두 가지 측면에 초점을 맞추어 기술해 보겠다.

3) 듀이의 인성교육관

(1) 흥미의 도야
① 흥미의 개념

듀이에게 있어서 흥미란 어떤 대상이나 결과에 자아가 몰입되어 있는 상태이다(Dewey, 1996: 198).

> 흥미란 어떤 사람이 목하의 사물이나 사태에 들어 있는 가능
> 성에 매여 있다는 것, 그리하여 그 사물이나 사태가 자기에
> 게 어떤 영향을 끼치게 될 것인가에 대하여 조심하고 있다는
> 것 …… 예견된 결과가 개인의 장차 운명에 대하여 가지는 의
> 미, 그리고 그 예견된 결과를 얻기 위하여 행동할 열의를 강
> 조해서 표현하며, 여기에는 목적하는 바의 변화가 이미 전제
> 되어 있다. …… 어떤 대상, 즉 예견된 결과에 대한 태도이다
> (Dewey, 1996: 196).

듀이에 따르면 우리가 다른 사람이나 사물, 사태에 흥미를 갖는 것은
그러한 대상들이 자아의 활동과 무관하지 않기 때문이다. 개인의 활동
과 복지를 위해서 다른 사람들과 사물들의 존재와 활동이 불가결하기
때문에 흥미를 갖는 것이다.[27] 이처럼 듀이에게 있어서 흥미는 목적지
향성, 즉 욕구, 의욕과 불가분의 관련을 가진 것으로 파악된다. 흥미는
이러한 목적지향성에 의해서 자아와 세계가 맞물려 작용하도록 하며,
거리가 있는 사물들과 사태들을 연결시키는 동력으로 나타난다(Dewey,
1996: 197).

② 흥미와 훈육/도야

흥미는 요컨대 개인의 자발적인 목적지향성이다. 따라서, 목적의 실
현과정은 물론이고 목적달성의 수단이 되는 것도 흥미의 대상이 된다.
그 외에도 목적을 달성하기 위해서는 개인의 능력을 최적화하여 일관성
있게 투입해야 하며, 목적의 달성에 장애가 되는 요소들은 억제해야 할
필요가 있다. 이처럼 목적달성을 위해 개인을 최적화시키는 활동을 듀

---

27) "흥미는 유목적적인 경험 안에서 사물이 우리의 마음을 움직이는 힘 …… 이
   다."(Dewey, 1996: 205)

이는 훈육이라고 부른다. "도야[discipline, 훈육]는 힘을 구사하는 것─작정한 행동을 수행하는 데에 동원될 수 있는 자원을 자유자재로 통제하는 것을 의미한다."(Dewey, 1996: 203). 듀이가 말하는 훈육은 타인에 의해서 이루어지는 타율적인 것만을 의미하지 않으며, 자기 자신에 대한 억제와 단련도 포함한다.[28] 따라서 듀이는 흥미와 훈육이 반대되는 것이 아니라 서로 관련되어 있다는 점을 부각시킨다.

> 흥미와 도야가 반대되는 것이 아니라 서로 관련되어 있다는 것은 특별히 애써 설명할 필요가 없을 것이다. (가) 훈련된 힘의 순전히 지적인 측면 …… 조차도 흥미가 없이는 불가능하다. …… (나) 흥미가 끈질기게 일을 추진하는 데에 필수적인 조건이 된다는 것은 더욱 명백하다. …… 흥미는 예견된 결과의 실현을 위하여 나아갈 때에 그것이 얼마나 그 사람을 강하게 사로잡는가의 정도를 재는 기준이요, 오히려 그 정도 자체라고 말해도 좋다(Dewey, 1996: 204f.).

목적에 대한 흥미는 그 자체로도 목적달성을 위한 노력, 주의, 인내를 유발할 수 있다. 그러나 경우에 따라서는(특히 아동들에게 있어서) 당사자의 노력만으로는 목적달성에 충분한 훈육/단련에 이르기가 어려우며, 이러한 경우 교육자의 도움이 필요하다. 물론 이러한 타율적인 훈육이 아동의 흥미를 해칠 정도로까지 과도하게 이루어져서는 안 된다. 교육

---

28) "취향을 억누르는 것, 복종을 강요하는 것, 육체적인 욕망을 억압하는 것, 아랫사람에게 싫은 일을 시키는 것─이런 것들은 그 사람으로 하여금 자기가 하려고 하는 것이 무엇인지를 알도록, 또 끈질기게 그 일을 이룩하도록 그 능력을 신장시키는 쪽으로 작용하는가 아닌가에 따라 도야가 되기도 하고 되지 않기도 한다."(Dewey, 1996: 203).

자의 도움을 받아 아동이 필요한 만큼의 훈육에 도달한다면 목적의 달
성이 용이해질 것이므로 흥미의 실현 가능성이 커지게 되고 따라서 흥
미도 더 커질 수 있는 것이다.

③ 흥미와 인성교육

듀이가 교육을 삶의 활동 속에서 이루어지는 경험의 지속적 재구성으
로 본다는 것은 잘 알려진 사실이다. 그런데 듀이에게 있어서 삶은 목적
지향적 활동이다. 따라서 목적지향성으로서의 흥미는 삶을 이끌어 가
는 핵심동력이며, 동시에 교육의 핵심동력이어야 한다. 그러나 인간은
자신의 흥미대로만 살 수는 없는 사회적 조건 속에서 살고 있다. 이러한
개인과 사회의 괴리를 가장 날카롭게 부각시킨 사람이 루소일 것이다.
그러나 듀이는 루소식의 사회에서 격리된 자연인의 교육을 거부한다.
왜냐하면 그가 보기에 인간은 본성적으로 사회적 존재이기 때문이다.
"한 사람이 어떤 존재인가 하는 것은 그가 자유로운 상호작용 속에서 다
른 사람과 어떤 협동적 관계를 맺고 있는가에 달려 있다."(Dewey, 1996:
192). 즉, 인간은 사회적 관계 속에서만 진정으로 인간일 수 있다는 것이
다. 루소가 말하는 자연적 발달도 저절로 일어나는 것이 아니라 개인이
처한 환경 속에서 목적을 추구하는 활동을 하면서 가장 잘 이루어진다
고 듀이는 본다.[29]

인간은 어차피 사회적 존재이므로 듀이에게 있어서 사회적 환경은 교
육의 중요한 조건이 된다. 인간은 자연적 환경에서뿐만 아니라 사회적
환경 속에서 자신의 목적을 추구하는 존재이다. 이를 위해서 사회적 효

---

[29] "생득적인 활동은 아무렇게나 되는 대로 벌어지는 것이 아니라 발달하며, 이 발
달은 그 활동이 어딘가에 사용됨으로써 이루어진다. …… 그러나 그러한 활동
이 자발적으로 정상적인 발달을 이룩한다는 생각은 순전한 신화이다."(Dewey,
1996: 179)

율성을 발달시키는 교육이 필요하며, 개인이 타고난 흥미와 능력을 적극적으로 활용함을 통하여 사회적 효율성이 얻어질 때 이러한 교육은 특히 합목적적이 된다(Dewey, 1996: 186).

그러나 사회적 효율성이 구체적이고 외적인 산물에 의해 규정되는 산업적 능력으로 좁게 이해될 때, 이에 대한 반대로 교양(culture)으로서의 교육관이 대두된다. 교양이란 "적어도 무엇인가 세련된 것, 원숙한 것을 의미하며"(Dewey, 1996: 190), 교양교육은 특히 문화적 가치의 내면화를 통하여 인격을 형성 · 발달시키는 교육이다.

그런데 듀이가 보기에 이상의 세 가지 교육(개인의 흥미와 소질을 발달시키는 교육, 이를 바탕으로 사회적 유용성을 양성하는 교육, 그리고 문화적 가치를 내면화하는 교양교육)의 목적이 나름대로 의미를 지니고 있지만 사람들은 보통 이 세 가지를 서로 괴리된 것으로 이해하고 있으며,[30] 이에 따라 여러 가지의 치우친 교육의 형태가 나타나고 있다고 지적한다. 따라서 앞서의 교육목적들은 통일적으로 이해되어야 하며, 이러한 교육목적들이 경험이라는 틀 속에서 통일될 수 있다고 듀이는 생각한다. 개인이 자연적 · 사회적 · 문화적 환경 속에서 목적 지향적인 활동을 해 나갈 때, 경험이 지속적으로 확장되며 재구성 · 재조직된다. 물론 개인이 마주치게 되는 자연적 · 사회적 · 문화적 환경 속에는 개인의 목적 지향적 활동과 모순, 상충을 일으키는 요소들이 존재한다. 그러나 인간이 생명활동을 한다는 것은 환경과 상호작용한다는 것을 의미하므로, 주어진 환경 속에서 최선의 목적지향 활동을 하는 것이 최선의 삶이라고 보는

---

30) "'자연'이 조잡한 것과 동일하다면, 교양은 이른바 '자연적 발달'이라는 것에 반대된다. 교양은 또한 '개인적'인 것이다. 그것은 학문과 예술, 넓은 인간적 관심에 대한 세련된 태도를 나타내는 것이다. 만약 '사회적 효율성'이 '활동'의 의미나 정신과는 무관하게, 좁은 범위의 '행위'와 동일하다면, 교양은 또한 '사회적 효율성'에 반대된다."(Dewey, 1996: 190)

것이 듀이의 입장인 것 같다. 따라서 목적달성을 위해 개인의 경험만 재구성・재조직되는 것이 아니라 자연적・사회적・문화적 환경(이것도 듀이에게는 경험의 한 요소이다)도 다소간에 재구성・재조직될 수 있다는 것이다.

　결론적으로 보아 인간은 자신이 처한 자연적・사회적・문화적 환경 속에서 느끼게 되는 흥미를 실현하기 위하여 환경과 상호작용하면서 경험을 지속적으로 확장시키고, 재구성・재조직하는 존재이며, 이러한 과정을 최적화시키고 촉진시키는 활동이 교육이라고 하겠다. 이러한 흥미의 도야과정 자체가 듀이 관점의 인성교육의 한 축이며, 요컨대 개인의 정체성을 발달시키는 교육이라고 할 수 있다.

(2) 민주시민적 자질의 육성

　듀이가 민주주의 사회를 이상적 사회 모델로 본 것은 분명하다. 따라서 앞서 살펴본 개인의 정체성을 발달시키는 세 가지 교육, 즉 개인의 흥미와 소질을 발달시키는 교육, 이를 바탕으로 사회적 유용성을 양성하는 교육, 그리고 문화적 가치를 내면화하는 교양교육이 모두 민주주의라는 틀 안에서 이루어져야 한다. 따라서 개인적 정체성을 형성하는 교육 자체가 민주시민 자질을 육성하기 위한 기본 바탕이라고 할 수 있다.

　듀이가 민주주의 교육을 학습장면에서 어떻게 시행해야 하는지에 대한 세부적인 내용까지 제시하고 있지는 않다. 다만 그의 원론적・철학적 입장을 보면 교육이 어떻게 바뀌어야 하는지를 대략 가늠할 수 있다. 듀이의 언급을 직접 들어보겠다.

　　　　한 집단의 성원이 다수의 가치를 공유하려고 하면, 모든 성원이 서로 주고받는 기회를 균등하게 가지고 있어야 한다. 그 성원들이 아주 다양한 활동과 경험에 공동으로 참여해야 하는 것이다. 그렇지 않으면 어떤 사람들을 주인으로 만드는 교육이 또 어떤 다른 사람들은 노예로 만드는 결과가 된다. 다양한 생활경험의 자유로운 교환이 정지될 때에는 각 개인의 경험 또한 그 의미를 상실한다. 특권층과 신민(臣民) 사이의 계층의 분리는 사회적 삼투작용(滲透作用)을 방해한다(Dewey, 1996: 132f.).

민주적인 사회는 외적 권위에 복종해야 한다는 것을 인정하지 않기 때문에, 자발적인 성향이나 관심으로 외적 권위를 대신하지 않으면 안 되며, 이 자발적인 성향이나 관심은 오직 교육을 통해서만 길러질 수 있다(Dewey, 1996: 137).

민주주의는 단순히 정치의 형태만이 아니라, 보다 근본적으로는 공동생활의 형식이요, 경험을 전달하고 공유하는 방식이라는 것이다(Dewey, 1996: 137).

그렇다면 이러한 민주주의적 교육이념을 실제 교육의 장면에서 어떻게 실현해야 할까? 듀이는 우선 학교교육의 개념 자체가 바뀌어야 한다고 주장한다.

학교시설은 문호가 충분히 넓게 개방되어 있고 또 효율성 있게 운영되어서, 단순히 명목상으로만이 아니라 실질적으로 경제적 불평등에서 오는 효과를 감소시켜야 하며, 국민 전체가 장차의 삶을 위한 동등한 준비를 갖출 수 있도록 보장하여야 한다. 이 목적을 달성하는 데에는 비단 학교시설에 대한 적절한 행정지원과 젊은이들로 하여금 그 기회를 활용할 수 있게 해 주는 가정의 뒷받침이 필요할 뿐만 아니라, 모든 젊은이가 자신의 경제적 · 사회적 삶을 사는 데 충분한 준비를 갖추기

까지 교육적 영향하에 남아 있도록 전통적인 가치관, 전통적
인 교과, 전통적인 교수법과 훈육의 방법 등을 수정하는 일이
필요하다(Dewey, 1996: 153).

삶의 양식(樣式)으로서의 민주주의란 한 공동체 구성원들이 동등하게
참여하여 공동체 내의 사안에 대하여 자유롭게 의사소통하고 협의하여
결정하며, 상호 협력하여 공동선을 실현해 가는 공동체적 삶의 양식이
다. 따라서 민주시민이란 각자의 자유와 권리를 누리면서 사회적 의무
를 다하고, 공공의 의사결정 과정에 참여하여 책임 있게 활동하는 사람
이라고 할 수 있다(강선보 외, 2008: 287). 이러한 민주시민의 자질을 기르
는 것이 21세기 인성교육에 있어서도 중요한 한 축임에는 이론의 여지
가 없을 것이다. 그런데 우리가 살아가고 있는 21세기는 세계화가 지속
적으로 진행되는 시대이므로 시민의 개념도 지역과 국가에 국한되는 것
이 아닌 세계시민(cosmopolitan)의 개념으로 확장되고 있다. 세계시민성
을 길러 주기 위해서는 성별, 인종, 국가, 문화권, 사회경제적 지위 등 모
든 조건에 대한 차별이 없이 인간을 존중하는 태도와 의무 수행과 준법
정신, 공동체 의식의 함양 등이 추구되어야 하며, 교육의 장에서 합리적
의사결정, 대화와 토론, 양보와 타협, 소수 의견 존중, 다문화인 포용, 공
동체적 사안에의 적극적인 참여 등이 추구되어야 할 것이다.

4) 듀이의 교육관에 대한 논의

듀이의 교육관이 미국과 미국 국경을 넘어서 널리 호응을 받은 것은
교육이 일상생활과 밀접한 관련을 맺을 수 있고, 특히 문제해결력을 높
여 주어 삶을 윤택하게 해 줄 수 있다는 기대 때문이었다고 볼 수 있다.
반면에, 듀이는 경험의 일방적인 강조, 지식에 대한 도구주의적 입장으
로 교육의 시야를 협소하게 만들었다는 비판을 받기도 하였다. 듀이는

교육이 경험의 지속적 재구성의 과정이며, 또한 문제해결의 과정이라고 본다. 그런데 듀이에게 있어서 교육은 생활과 동의어이므로 생활, 즉 인간 삶도 경험의 지속적 재구성의 과정이며, 또한 문제해결의 과정이라는 말이 된다. 그러나 우리는 듀이에게 '경험의 재구성이나 문제해결이 삶의 전부는 아니지 않은가?' 하고 반문해 볼 수도 있다. 관조적 · 명상적 삶을 추구하는 사람의 입장에서 보면 듀이적 인간은 현상적 변화에만 치우친 인간으로 비칠 수 있다. 관조적 · 명상적 삶을 사는 대표적인 인간 유형으로 종교인이나 철학자들을 들 수 있다. 이들은 대체적으로 볼 때, 현상적 변화에 매몰되어 그 속에서 욕망을 충족하기 위해 전전긍긍하는 것은 진정한 행복과 인간적 품위의 실현에 도움이 되지 않는다고 가르친다. 요컨대, 듀이의 지식에 대한 도구주의적 입장은 지식을 인간의 필요나 욕구를 충족시키는 관점에서 주로 본다는 것인데, 이러한 지식관 뒤에는 결국 욕구충족을 추구하는 존재로서의 인간관이 전제되어 있는바, 과연 욕구충족이 인간 삶의 전부인지에 대한 의문을 제기할 수 있는 것이다.

물론 '이것이 듀이의 전부가 아니다.'라고 항의할 수도 있을 것이다. 특히 앞에서 듀이가 '교양(culture)으로서의 교육'을 말하고 있는 것을 볼 때, 듀이의 교육관을 한쪽으로 몰아가는 것은 적절치 않다고 말할 수도 있을 것이다. 그러나 전반적으로 볼 때, 삶의 '문제해결'이 반복적으로 강조되고 있고 '교양'은 상대적으로 매우 적게 언급되고 있기 때문에 듀이의 교육관을 '문제해결 능력 육성으로서의 교육'으로 특징짓는 데에는 큰 무리가 없어 보인다.

이상과 같은 비판의 소지에도 불구하고, 듀이의 교육관이 현대 인성교육에 주는 시사점이 크다는 것은 누구도 부인할 수 없을 것이다. 듀이는 인간사회 안에서 상대적으로 소수인 지적 엘리트들을 위한 교육관보다는 전체 구성원에게 다가갈 수 있는 '민주주의적' 교육관을 제시하고자 하였다. 사실 '교양'이라는 것도 생존의 문제가 어느 정도 해결되지 않으면 생각하기 어려운 목표가 아닐 수 없다. 듀이는 인간사회가 특권층 위주의 권위주의 사회를 벗어나서 완전한 민주주의 사회가 실현되기를 열망했다. 온전한 민주주의 사회가 실현되기 위해서는 사회 구성원 모두가 자신의 고유한 흥미, 소질을 계발하여 각자의 삶의 주체가 되며, 이러한 자유로운 개인들이 주체적으로 참여하여 이끌어 가는 사회가 되어야 한다. 이러한 듀이의 꿈은 오늘날에도 충분히 실현되고 있다고 볼 수 없으며, 이의 온전한 실현을 위해 지속적으로 노력해야 하는 과제가 우리 시대의 사람들에게 남겨져 있다고 하겠다.

5 모던적 인성교육 기획의 현재화 가능성 탐색

이상에서 우리는 루소를 필두로 근대 이후의 교육사상가들의 인성교육관을 고찰해 보았다. 여기에서는 이러한 근대 교육사상가들의 인성교육관의 핵심을 요약해 보면서 그들의 인성교육관이 현대사회의 인성교육에 주는 의미를 숙고해 보고자 한다.

우리는 루소의 인성교육의 핵심원리가 '자애심(自愛心, amour de soi)'을 근거로 한 '자기보존'임을 확인하였다. 인간은 기본적으로 자애심의 존재이며, 이러한 자애심을 '연민'과 '양심'의 원리에 따라 인간적인 자기보존의 원리로 발전시키는 것이 루소적 인성교육관의 요체이다.

계몽주의의 완성자인 칸트는 철저히 이성주의자의 입장에 서서 루소의 자기보존의 개념이 지나치게 정서로 물들어 있다고 비판한다. 칸트는 인간 이성의 보편적 판단능력을 믿었으며, 이러한 이성적 판단에 따라 우리가 보다 품위 있는 삶(도덕적인 삶)을 살 수 있다고 믿었다. 칸트가 감정(정서)을 무시한다는 비판이 종종 제기되었으며, 감정 가운데에는 이성보다도 더 정신적이고 숭고한 사랑이 존재한다는 항의를 받기도 하였다. 그러나 아무리 숭고한 감정이라고 하더라도 그것을 이성적 원칙으로 정해 놓고 고수하지 않는다면 우리는 감정의 변덕에서 벗어나기 어렵고 따라서 확고한 도덕성의 소유자, 인격자가 될 수 없다는 것이 칸트적 인성교육의 기본 입장이다.

헤르바르트는 루소와 칸트를 종합하고자 노력한 교육사상가라고 할 수 있다. 헤르바르트는 교과교육과 인성교육이 통합적으로 이루어지는 '교육하는 수업이론'을 선보였으며, 성장세대가 폭넓은 인문학적·예술적 소양을 쌓아서 광대하고 풍부한 사고권(circle of thought)을 형성할 때 도덕적 교양인이 될 수 있다고 보았다. 헤르바르트에 따르면 지적(知的)인 부분과 정의적(情意的)·미적(美的) 요소는 본래 인간의 정신 속에서 분리될 수 없으며, 따라서 교육의 과정에서도 분리되어서는 안 된다. 헤르바르트의 인성교육관에 있어서 특히 사변(思辨)과 취미(미적 취향, taste)가 중시되며, 사변과 취미의 상호작용을 통해 형성되는 신조(信條)와 미적 판단(美的 判斷)이 인격의 닻이라고 보는 점은 현대적 상황에 비추어 볼 때 특히 흥미를 끈다.

듀이는 위에서 다룬 세 사상가보다는 비교적 현대에 가까이 있는 교육사상가이다. 특히 전통적 교육사상가들이 공유하고 있는 보편적 진리(특히 형이상학적 진리)에 대해 유보적 입장을 취한다는 점에서도 근대를 벗어난 현대적 사상가에 가깝다고 볼 수 있다. 그럼에도 불구하고 듀이는 그가 주로 활동했던 19세기 후반과 20세기 전반에 크게 발달했던—자연과학적 방법론에 크게 의지하는—실증학문을 널리 받아들였으며, 이러한 실증학문이 전제하는 보편적 객관성에 대한 신뢰를 지니고 있었다는 점에서 포스트모던 이전, 즉 모던적 교육사상가에 속한다고 할 수 있다. 듀이는 특히 루소의 사상을 크게 받아들여 아동중심 교육관을 제창하였다. 반면에, 루소보다는 아동 교육에 있어서 사회의 중요성을 크게 강조하여 사회화(socialization)가 교육의 중요한 부분이라는 견해를 널리 전파하였다. 특히 듀이는 학교가 민주주의 교육의 학습장이 된다고 주장하여 오늘날 우리 사회에서 강조되고 있는 민주시민교육의 선구자가 되었다.

　그렇다면 현대사회의 인성교육을 위하여 위의 네 사상가로부터 얻을 수 있는 시사점은 무엇일까? 루소가 보내 주는 핵심적 메시지는 성장세대를 무엇보다도 먼저 자기를 사랑할 수 있는 사람으로 길러야 하며, 연민과 양심을 통하여 이러한 자기사랑(자애심)이 다른 이들에게 넓혀지도록 해야 한다는 것이다. 요컨대 '자기사랑'과 '타인사랑'을 함께 할 수 있는 사람이 루소적 인간상이다. 칸트는 이를 '자신에 대한 (이성적) 의무'와 '타인에 대한 (이성적) 의무'로 바꾸었다. 헤르바르트는 루소와 칸트를 조화시켰으며, 이러한 헤르바르트의 입장은 '자기존중'과 '타인존중'으로 요약할 수 있을 것 같다.

　듀이의 인성교육적 입장도 위의 세 사상가와 크게 다른 것 같지 않다. 다만 듀이는 칸트나 헤르바르트처럼 내면적 완전성을 추구하는 인간상보다는 개인의 욕구와 흥미에 따라 살아가는 평범한(민주적인!) 인간상을 상정하였으며, 이들이 사회 속에서 조화를 이루며 살아가기를 바란 것 같다. 따라서 듀이에게 있어서는 민주시민교육이 개인의 내면적 발전을 추구하는 교육보다 훨씬 중요시된다는 것이 위의 세 사상가와 뚜렷이 구별되는 점이다.

　이상에서 간단히 일별해 본 네 사상가의 인성교육에 대한 입장이 현대사회에 대해서도 시사하는 바가 적지 않다고 독자들은 생각할 것이다. 인성교육이 개인과 사회의 조화로운 관계를 추구한다는 것은 오늘날에도 변함이 없다. 다만 우리가 살고 있는 21세기적 상황에서 바라볼 때, 위의 네 사상가의 사유가 근거하고 있는 전제들이 오늘날에도 여전히 유효한가에 대한 검토가 필요하며, 이러한 검토의 결과에 따라 현시대에 적합하게 현재화될 필요가 있을 것이다. 이를 위하여 다음 장에서는 포스트모던적 인성교육관들을 살펴보고자 한다.

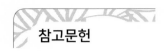

참고문헌

1. 루소: 자기보존의 인성교육

강영선 외 104인 편(1989). 세계철학대사전. 교육출판공사.

김영래(2008). 교육원리로서의 자기보존 −루소 교육관의 현대적 재음미−. 교육의 이론과 실천, Vol. 13, No. 1, 1−23.

서울대학교 교육연구소 편(1995). 교육학용어사전. 서울: 도서출판 하우.

Lickona, T. (1991). *Educating for character.* New York: Bantam Books.

Rousseau, J. J. (2006). 인간 불평등 기원론 [*Discours sur l'origine et les fondements de l'imégalité parmi les hommes*] (주경복 · 고봉만 옮김). 서울: 책세상. (원저는 1755년에 출판).

Rousseau, J. J. (2007). 학문과 예술에 대하여 외(김중현 옮김). 경기: 한길사. (원저는 1750년에 출판).

Rousseau, J. J. (2008). 에밀 [*Emile oder Über die Erziehung*. 13. Aufl] (민희식 옮김). 경기: 육문사. (원저는 1998년에 출판).

Wokler, R. (2001). 루소 [*Rousseau*] (이종인 옮김). 서울: 시공사. (원저는 1995년에 출판).

2. 칸트: 이성적 자율성의 계발로서의 인성교육

강선보, 박의수, 김귀성, 송순재, 정윤경, 김영래, 고미숙(2008). 인성교육. 경기: 양서원.

김영래(2002). 막스 셸러의 본보기 이론의 교육학적 의미: 칸트의 본보기 이론과의 관련성을 중심으로. 안암교육학연구, 제8권, 제1호, 37−70.

김영래(2003). 칸트의 교육이론. 서울: 학지사.

한자경(1992). 칸트와 초월철학: 인간이란 무엇인가? 서울: 서광사.

Geier, M. (2004). 칸트평전 [*Kants Welt*] (김광명 옮김). 서울: 미디어북스. (원 저는 2003년에 출판).

Kant, I. (1942). *Gesammelte Schriften* Bd. 20. hg. von der Deutschen Akademie der Wissenschaften zu Berlin. Berlin: Walter de Gruyter & Co.

Kant, I. (1983). *Werke in sechs Bänden*. hg. von Wilhelm Weischedel. Darmstadt. (바이셰델판 칸트전집)

Kant, I. (1992). 칸트의 역사철학(이한구 편역). 서울: 서광사.

Kaulbach, F. (1992), 칸트 비판철학의 형성과정과 체계(백종현 옮김), 서울: 서광사.

Scheler, M. (1998). 윤리학에 있어서 형식주의와 실질적 가치 윤리학 [*Der Formalismus in der Ethik und die materiale Wertethik*] (이을상, 금교영 옮김). 서울: 서광사. (원저는 1980년에 출판).

– 칸트문헌의 약어(칸트문헌의 인용에 있어서는 원본의 1판은 A, 2판은 B로 표시함)

ANFANG: Mutmaßlicher Anfang der Menschengeschichte. in: Bd. 6 (Weischedel-Ausgabe), pp. 83−102.

ANTH: Anthropologie in pragmatischer Hinsicht. in: Bd. 6 (Weischedel-Ausgabe), pp. 395−690.

ENDE: Das Ende aller Dinge. in: Bd. 6 (Weischedel-Ausgabe), S. 173−190.

GMS: Grundlegung zur Metaphysik der Sitten. in: Bd. 4 (Weischedel-Ausgabe), pp. 7−102.

IDEE: Idee zu einer allgemeinen Geschichte in weltbürgerlicher Absicht. in: Bd. 6 (Weischedel-Ausgabe), pp. 31−50.

LOGIK: Logik. in: Bd. 3 (Weischedel-Ausgabe), pp. 418−582.

KpV: Kritik der praktischen Vernunft. in: Bd. 4 (Weischedel-Ausgabe), pp. 103−302.

KrV: Kritik der reinen Vernunft. in: Bd. 2 (Weischedel-Ausgabe), pp. 1−724.

KU: Kritik der Urteilskraft. in: Bd. 5 Weischedel-Ausgabe), pp. 233−620.

MST: Metaphysik der Sitten, Tugendlehre. in: Bd. 4 Weischedel-Ausgabe), pp. 501–634.

PÄD: Über Pädagogik. in: Bd. 6 (Weischedel-Ausgabe), pp. 691–761.

REL: Die Religion innerhalb der Grenzen der bloßen Vernunft. in: Bd. 4 (Weischedel-Ausgabe), pp. 645–879.

3. 헤르바르트: 통합적 인성교육의 기획

김영래(2002). 헤르바르트의 교육적 수업이론에 대한 고찰: 지적 교수와 정의적 · 도덕적 교육의 통합가능성을 중심으로. 한국교육학연구, Vol. 8, No. 2, 61–83.

김영래, 강선보(2011). 인성교육 담론으로서의 헤르바르트의 교육하는 수업이론. 교육사상연구, Vol. 25, No. 3, 1–20.

김창환(2002). 헤르바르트: 실천으로서의 교육학. 서울: 문음사.

류은영(2009). 내러티브와 스토리텔링: 문학에서 문화콘텐츠로. 인문콘텐츠, 제14호, 229–262.

류은영(2012). 서평: 스토리텔링, 그 매혹의 과학: 이야기의 본질과 21세기적 활용에 관한 과학적 담론. 인문콘텐츠, 제24호, 207–209.

이환기(1998). 헤르바르트의 교수이론. 서울: 교육과학사.

최혜실(2009). 문학, 문화산업, 문학교육의 연결고리로서의 스토리텔링. 문학교육학, 제29호, 53–76.

Ebert, B. (2009). Die Unterrichtslehre Herbarts-Schematismus oder schöpferischer Impuls? in: Anhalt, Elmar(Hg. 2009). *In welche Zukunft schaut die Pädagogik? Herbarts Systemgedanke heute.* Jena, pp. 151–159.

Herbart, J. F. (2006). 헤르바르트의 일반교육학 [*Allgemeine PÄdagogik aus dem Zweck der Erziehung abgeleitet. hg. von Hermann Holstein. 6. durchgesehene und verbesserte Aufl*] (김영래 옮김). 서울: 학지사. (원저는 1983년에 출판).

Felkin, H. M. & Emmie(tr.) (1897). *The Science of Education: Its General Principles deduced from its Aim and The Aesthetic Revelation of the World*. Boston/New York/Chicago: D. C. Heath & Co., Publishers.

Herbart, J. F. (1964). *Pädagogische Schriften. Bd. 1*. hg. von Walter Asmus. Stuttgart.

Herbart, J. F. (1982a). *Pädagogische Schriften. Bd. 2*. hg. von Walter Asmus. Stuttgart.

Herbart, J. F. (1982b). *Pädagogische Schriften, Bd. 3*, hg. von Walter Asmus, Stuttgart.

Herbart, J. F. (2003). *Umriß pädagogischer Vorlesungen*. Hg. von Mattes, Eva/Heinze, Carsten. Darmstadt.

Schotte, Alexandra (Hg. 2010). *Herbarts Ästhetik. Studien zu Herbarts Charakterbildung*. Jena.

Tapscott, D. (2009). 디지털 네이티브 [*Grown Up Digital: How the Net Generation Is Changing Your World*] (이진원 옮김). 서울: 비지니스 북스. (원저는 2008년에 출판).

4. 듀이: 전인적 성장으로서의 인성교육

고려대학교 교육문제연구소(2007). 알기 쉬운 교육학용어사전. 서울: 원미사.

김동식(2002). 프래그머티즘. 서울: 아카넷.

김홍수(2015). 학교 인성교육에 대한 존 듀이 교육사상의 함의: 민주주의·교육·도덕의 상관관계를 중심으로. 도덕윤리과교육, Vol. 49, 165-184.

이준수(2008). 듀이의 자유주의 개조와 도덕교육. 교육사상연구. Vol. 22, No. 3, 151-177.

정창호, 강선보(2014). 한국의 다문화교육을 위한 철학적 모색: 존 듀이의 철학을 중심으로. 철학연구, Vol. 29, 67-103.

Dewey, J. (1996). 민주주의와 교육 [*Democracy and Education*] (이홍우 옮김). 서울: 교육과학사. (원저는 1916년에 출판).

Dewey, J. (2002). 아동과 교육과정 경험과 교육 [*Child and the Curriculum/ Experience and Education*] (박철홍 옮김). 서울: 문음사. (원저는 1938년 에 출판).

제3장

포스트모던적 인성교육의
가능성: 사유와 욕망의 결합

1 니체 '자유정신'의 인성교육론적 의미

1) 들어가기

인성교육에 대해 논의하는 이 책에서 니체 (Friedrich Nietzsche, 1844~1900)는 다소 생소하게 느껴질지도 모른다. 니체는 서구의 전통적인 이성중심주의에 반기를 듦으로써, 서구사회가 이른바 포스트모던 사회로 이행(移行)하는 데에 프로이트와 더불어 가장 큰 영향을 미친 사람으로 간주되고 있다. 이러한 정신적·사회문화적 변화는 당연히 인간관에도 적지 않은 변화를 초래하였으므로 우리

Friedrich Nietzsche
(1844~1900)

시대에 적합한 인성교육의 담론을 발전시키는 과정에서 니체와 프로이트는 비중 있게 참작되어야 한다고 필자는 생각한다.

포스트모더니즘의 선구자로 자리매김한 니체의 도발적인 사고과정을 따라가다 보면, 우리가 앞 장에서 살펴본 루소, 칸트, 헤르바르트, 듀이의 인간관과 교육관이 여러 가지 점에서 비판에 노출될 수 있음을 느끼게 된다. 그렇다고 해서 이들의 사상이 약한 지진에도 쉽게 무너지는 허

약한 건물은 아니다. 대가들의 작품들은 시대를 초월하는 귀중한 통찰들을 담고 있기에 고전으로 일컬어지는 것이다. 그럼에도 불구하고 니체와 프로이트의 사고과정을 따라가다 보면 루소, 칸트, 헤르바르트, 듀이의 인간관, 교육관이 어떤 면에서 시대에 뒤떨어졌는지, 그리고 어떤 다른 면에서 여전히 타당성을 지니고 있는지를 알 수 있을 것이다. 이러한 과정을 통해서 우리는 보다 우리 시대에 적합한 인성교육의 담론을 확보해 갈 수 있을 것이다.

니체는 자신이 살아간 19세기 후반 유럽의 정신적 · 사회문화적 분위기가 인간의 삶을 억압하고 왜소화시킨다고 생각했다. 그래서 그는 자신의 시대를 지배하고 있던 주류담론들을 분석하면서 그 근거와 진실성을 물어 가는 작업을 수행하였고, 그 결과 니체는 서구의 오랜 역사를 통하여 누적되어 온 그릇된 지식들과 도덕들의 지배로부터 인간사회를 해방시켜야 한다고 선언했다.

인류는 아득한 옛날부터 인식문화와 도덕문화를 이룩해 왔으며, 수많은 세대를 이어 가면서 이러한 인식과 도덕의 문화를 답습하고 발전시켜 왔다. 그러나 이러한 인식과 도덕의 문화 속에는 인간의 지적 · 정서적 미성숙에서 기인한 많은 오류가 섞여 있으며, 한번 생겨난 오류들은 전통이 되어 답습되므로 극복하기가 어렵다. 오늘날의 인류는 수백, 수천 년 전에 살았던 자신들의 조상과 비교해 볼 때, 인식에 있어서 나름대로 많은 진보를 이루었다고 할 수 있겠지만, 다른 한편으로는 조상들이 만들어 낸 수많은 미심쩍은 견해들과 느낌들을 자명한 것으로 간주하고 복제하면서 그 지배를 받고 있다는 사실을 간과해서는 안 된다.

이제 인류는 인식에 있어서의 진정한 진보를 위한 큰 걸음을 내딛어야 하며, 이를 통해 현재의 인간 삶을 지배하고 있는 과거의 그림자들을 그 원천으로 소급해 규명함으로써 갖가지의 오류와 미신으로부터 벗어나 보다 드높은 자유를 쟁취해야 한다고 니체는 선언한다.

니체에 따르면 진정한 인간이 되기 위해서는 전승의 가치덕목에 맹종하지 않는 자주적인 인간이 되어야 한다. 자주적인 인간이란 자기입법(自己立法, Selbstgesetzgebung), 즉 자신의 삶의 질서를 스스로 제정하고 실천할 수 있는 역량을 갖춘 인간을 말한다. 개인이 자기입법을 할 수 있기 위해서는 스스로 믿고 의지할 수 있는 관찰력과 판단력을 발달시켜야 하며, 이러한 관찰과 판단에 따라 자신의 삶의 방향을 정하고 이를 실행할 수 있는 능력이 또한 있어야 한다. 이러한 니체의 입장을 인간학적으로 보면 역량(力量, competency)중심의 인간관이라고 해석해 볼 수 있다. 이에 따라서 니체의 철학으로부터 '역량중심' 인성교육 담론의 단초를 얻을 수 있을 것으로 생각되며, 이러한 역량중심 인성교육 담론이 가치덕목에 초점을 맞추어 온 기존의 '가치덕목중심' 인성교육의 패러다임을 대체 또는 보완할 수 있다고 필자는 생각한다.

2) 니체의 인식과 도덕에 대한 비판

(1) 인식비판

니체에 따르면 유럽의 인식문화는 다음과 같은 잘못된 신념들, 즉 "지속적인 사물이 존재한다는 것, 동일한 사물들이 존재한다는 것, …… 사물이 현상으로 나타나는 그대로 존재한다는 것, 우리의 의지가 자유롭다는 것, 내게 좋은(선한) 것은 그 자체로서 좋다(선하다)는 것" 등의 믿음에 근거하고 있다(FW, 469[110]). 그런데 이와 같은 신념들은 현대적 학문과 사유의 지평에 비추어 볼 때 명백한 오류이다. 이러한 니체의 언급은 니체 사상을 올바로 이해하는 데에 매우 중요하므로, 좀 더 상세히 논의해 보고자 한다.

① 지속적인 사물이 존재한다는 것: 완전히 동일하게 계속 존재하는 사물이 실제로 있는가? 지금 내가 거주하고 있는 아파트의 콘크리트 구조물은 내일도 오늘과 동일하게 있을 것이고, 1년 뒤에도 그대

로 있을 것이라고 나는 습관적으로 생각한다. 그리고 그렇게 믿어야 마음 놓고 거주할 수 있다. 그런데 그 구조물이 완전히 동일하게 그대로 있을까? 1만년 쯤 뒤에는 어떻게 될까? 그 사이에 인위적으로 철거되지 않는다고 하더라도 지속적으로 풍화되고 침식되어 지금의 상태와는 매우 다른 모습으로 서 있거나 아니면 이미 무너져 있을 것이다. 이렇게 장구한 시간을 가정해 보면 우리는 '모든 것은 변화하며, 모든 것은 흐른다.'는 헤라클레이토스의 명제를 쉽게 받아들일 수 있다. 그런데 긴 시간 동안 모든 것이 변한다면 짧은 시간 동안에도 변화는 진행되고 있는 것이다. 지금 이 순간에도 내가 거주하고 있는 아파트 건물은 변화하고 있으며 흐르고 있다! 다만 우리의 미약한 지각능력으로는 짧은 시간 안에 이루어지는 미세한 변화를 알아채지 못할 뿐이다. 우리의 감각은 물질의 변화를 실시간으로 감지할 수 있는 능력이 전혀 없다! 그런데 현대물리학은 모든 물질이 끊임없이 움직이고 있다는 것을 우리에게 알려 준다. 물질 구성의 최소 단위는 분자인데 분자는 원자들이 결합된 구조물이고, 원자는 또다시 원자핵과 그 주위를 빠른 속도로 회전하고 있는 전자로 구성되어 있으며, 원자핵은 여러 종류의 소립자들로 구성되어 있는데 이들 소립자들은 느슨한 연결 상태 속에서 지속적으로 진동하고 있고 …… 이 모든 것이 우리의 감각으로는 알 수 없는 일들이지만 현대물리학의 정설에 속하는 것들이다.

② 동일한 사물들이 존재한다는 것: 이 세상에 완전히 똑같은 두 개 이상의 사물이 존재할까? 자동차 조립라인에서 완성된 두 대의 차를 생각해 보자. 두 대의 차가 사양도 동일하고 도색도 동일하며, 가격도 동일하다고 치자. 그렇다면 이 두 차는 완전히 동일한 차인가? 아닐 것이다. 차체를 이루고 있는 금속의 내부 구조도 완전히 동일하지 않을 것이며, 다른 모든 부품이나 도색도 미세한 부분으로 들어가면 차이가 있을 것이다. 현실세계에는 완전히 동일한 두 개 이상

의 사물이 존재하지 않는다!

③ 사물이 현상으로 나타나는 그대로 존재한다는 것: 현상(現象)이란 우리의 감각에 나타나는 것이다. 위에서 우리가 지닌 감각능력의 제약성은 이미 언급된 바 있다. 한 가지만 덧붙이면, 감각의 대표인 시각(視覺)도 매우 제한되어 있다는 점이다. 눈은 색과 형체를 보고 사물을 식별한다. 그런데 우리 눈이 색을 식별하기 때문에 형체도 볼 수 있는 것이므로 눈은 기본적으로 색을 보는 것이다. 그런데 현대 과학은 색 자체가 실재하는 것이 아니라 단지 광선들이 가지고 있는 파장(波長)에 차이가 있으며, 이러한 서로 다른 파장의 광선들을 우리 눈의 시신경(視神經)이 서로 다른 색으로 지각하는 데에 불과하다고 말한다. 그런데 우리의 시각(視覺)은 모든 광선을 다 지각하지 못하며, 이른바 가시광선(可視光線: 빨주노초파남보)에 해당하는 파장의 광선만 본다. 이러한 과학적 지식에 근거해서 한번 생각해 보자. 한 젊은 여성이 빨간색의 블라우스를 입고 자태를 뽐낸다고 가정해 보자. 하지만 과학적 지식에 따라 정확히 표현하면, 이 여성은 빨간색으로 보일 수 있는 파장의 빛만 반사하고 다른 파장의 빛은 흡수하는 성질을 지닌 블라우스를 입고 있는 것이다. 우리 눈은 반사된 파장의 빛을 보고 이를 빨간색으로 지각하고 있는 것뿐이다. 빨간색으로 보이는 광선은 가시광선 중에서 파장이 가장 길며, 보라색은 가장 파장이 짧다. 그러나 우리 눈에 보이지 않는다고 해서 적외선, 자외선이 없다고 할 수 없음은 물론이고, 그 밖의 파장을 지닌 많은 광선들도 존재하지만 우리의 눈은 전혀 보지 못한다. 만일 누군가가 가시광선들보다 파장이 더 길거나 더 짧은 광선을 색으로 지각할 수 있다면, 세상은 완전히 다르게 보일지도 모른다.

④ 우리의 의지가 자유롭다는 것: 조금만 깊이 생각해 보아도 우리의 의지는 안팎의 간섭을 받고 있음을 알 수 있다. 밖으로 보면, 우리의

의지는 많은 경우에 타인의 시선으로부터 자유롭지 못하며, 사회적 관행과 법, 규범, 도덕 등에 구속되어 있다. 안으로 보아도 사정은 비슷하다. 우리의 의지는 우리 자신의 습관적 사고 패턴, 감정과 욕구, 욕망의 제약과 지배를 받으며 신체적 조건으로부터도 자유롭지 못하다.

⑤ 내게 좋은(선한) 것은 그 자체로서 좋다(선하다)는 것: 내가 좋고 나쁨을 판단하는 기준은 나의 욕구, 욕망과 관련되어 있을 뿐만 아니라, 지금까지 살아온 개인적 경험이나 집안과 부모, 친구들로부터 영향을 받고 있다고 볼 수 있다. 요컨대, 나의 자아의식은 지극히 개인적 · 주관적이며 우연적인 요소로 착색되어 있으므로 내가 좋다고 느끼는 것이 절대로 보편적인 판단 기준이 될 수 없다.

그럼에도 불구하고 대다수의 사람은 이러한 인식의 근거들을 포기하려고 하지 않는다. 왜냐하면 이러한 신념들이 우리에게 체화(體化)된 지 오래되었기 때문이다.

니체는 이러한 그릇된 신념들이 생겨난 계보를 밝히기 위해 고대와 원시시대로까지 거슬러 올라가 추론을 한다. 최초의 인간들(원시인들)은 자신들을 둘러싸고 있는 세계가 낯설고 혼란스러웠을 것이며, 따라서 세계는 인간들에게 불안과 두려움의 대상이었을 것이다. 인류가 언어를 발명하게 되자, 언어는 이윽고 세계에 '인위적'으로 질서를 부여할 수 있게 해 주는 '수단'이 되었다. 그 결과, 인간은 언어를 통하여 세계를 '인식'할 수 있다고 믿게 되었다. 나아가 사람들은 세계를 이해하고 지배하기 위한 수단들인 개념, 이념, 정의, 논리, 공식, 이론 등을 고안해 사용하면서 이에 스스로 매료되어 결국 이것들을 '진리'로 신봉하게 되었다. 이를 통하여 본래 '현상'을 표현하고 지배하기 위해 '인위적'으로 만들어진 수단들을 '현상' 자체보다 훨씬 더 높은 의미의 진리라고 여기는 전도(顚倒)가 일어났다. 결과적으로, 인류는 언어적 · 수학적 진리를 신봉하게 되면서 사물의 실상(참다운 진리)으로부터는 오히려 멀어지는 역설에 빠지게 된 것이다.

니체는 특히 논리학과 수학, 자연과학을 다음과 같이 비판한다. 논리학은 고대 이래로 진리 획득의 규칙이라고 간주되어 왔으나, 실제로는 현실세계에는 존재하지 않는 사태인 '사물들 사이의 일치' '상이한 시점(時點)에 놓인 동일 사물의 동일성' 등을 가정함으로써 성립된 것이다.[1] 이러한 동일성의 개념은 전통형이상학의 실체(實體, Substanz) 개념에 근거하고 있는데, 실체란 대상에 내재해 있다고 믿어지는, 변화 속에서도 변하지 않는 근거 내지는 본질을 의미한다. 그러나 실제로는 그 자체로 동일한 것은 존재하지 않으며, 변치 않는 실체라는 것도 없다. 따라서 논리학이란 비논리, 즉 관념적 허구 위에 세워진 자기모순적인 학문인 셈이다.

이와 같은 사정은 수학에서도 비슷하게 나타난다. "수(數)의 법칙의 발견은 몇 가지 동일한 사물이 있다는 …… 오류를 기반으로 삼고 있다."(MA, 40[19]) 그러나 "만일 애초에 자연에는 정확한 직선이라든가 진정한 원, 절대적인 크기의 척도 따위가 없다는 것이 알려졌다면 수학은 성립조차 될 수 없었을 것이다."(MA, 31[11])

수학적 이념을 기반으로 하고 있는 과학도 엄밀한 객관성의 외관을 지니고 있음에도 불구하고 사실은 '너무나 인간적인' 한계와 오류를 안고 있다고 니체는 말한다. 니체는 특히 인간 실존을 형편없이 격하시키는 과학의 참월(僭越)함을 다음과 같이 비판하고 있다.

> 오늘날 수많은 자연과학자가 만족하는 믿음, 즉 인간의 사유와 가치 개념 안에 이 세계의 등가물과 척도가 들어 있다는 믿음, 인간이 네모난 자그만 이성으로 '진리의 세계'에 다가갈

1) 139쪽 나열항목 참조.

수 있다고 하는 믿음의 경우도 마찬가지이다. ― 뭐라고? 우리가 정말로 우리의 실존을 그런 방식으로 계산연습에 매달리는 하인과 골방에 처박혀 있는 수학자의 삶으로 타락시키려 한단 말인가? 인간은 자신의 실존이 지니는 모호한 성격을 벗겨내려 해서는 안 된다. 그대들 과학자들이여, …… 그대들이 이해하고 있는 '과학적인' 세계해석은 …… 모든 가능한 세계해석들 중에서 가장 의미가 빈곤한 세계해석이 아닐까? …… 본질적으로 역학적(力學的)인 세계란 무의미의 세계이다! 음악의 가치를 그것이 얼마나 숫자와 계산, 공식으로 환원될 수 있는가에 따라 평가한다면 ― 음악에 대한 이러한 '과학적' 평가는 얼마나 터무니없는 것이겠는가!(FW, 625f.[373])

'네모난 이성'이란 비유적인 표현이다. 우리가 네모난 틀을 가지고 세상을 바라본다면 세상은 온통 네모진 것으로 보일 것이다. 마찬가지로, 개념, 논리, 수학, 역학 등의 학문적 그물을 가지고 세계를 올바로 인식했다고 생각하는 것은, 자신의 어망(漁網)에 걸린 물고기와 해조류를 보고 물속의 모든 것을 포획했다고 생각하는 어부와 같이 어리석은 일이다.

니체는 과학적 사고에서 특히 중요한 인과법칙의 허구성에 대해서도 간과하지 않는다. 오늘날 우리는 과거의 사람들이 보았던 원인과 결과 사이에서 수많은 연속적 과정이 존재함을 발견했고, 이에 따라 생성의 과정은 단지 원인과 결과가 연쇄적으로 돌아가는 기계적인 과정이 아니라는 것을 알게 되었다.

모든 화학적 생성과정 자체는 예나 지금이나 일종의 기적으로 나타난다. 운동의 경우도 마찬가지이다. 그 누구도 힘의 충격을 설명하지 못하고 있다. 그것을 어떻게 설명할 수 있겠는가! 우리는 단지 존재하지도 않는 순수한 사물, 즉 선, 면,

물체, 원자, 분할 가능한 시간, 분할 가능한 공간 등을 가지고
작업을 하고 있을 뿐이다(FW, 472f.[112]).

이러한 니체의 말도 깊이 음미해 볼 필요가 있다. 우리는 학교에서 물의 화학식은 H_2O라고 배운다. 즉, 수소원자 2개와 산소원자 1개가 결합하면 물이 된다는 것이다. 그런데 이러한 지식을 배웠다고 해서 우리가 수소원자와 산소원자가 어떻게 결합하여 물이 만들어지는지를 실제로 알고 있는가? 화학자들은 알고 있을까? 아닐 것이다. 실제로 물이 생성되는 과정 자체는 신비 속에 숨어 있는 것이다. 운동의 경우도 마찬가지이다. 추신수 선수가 홈런을 칠 때 관중은 카타르시스를 느끼며 환호한다. 그런데 어떻게 배트가 공에 힘의 충격을 가하고, 그 결과 공이 펜스밖에까지 날아가는가? 우리는 이러한 사건의 실제적인 진행과정을 알고 있는가? 운동역학 전문가는 알고 있을까? 아닐 것이다. 전문가라고 하더라도 학문적 수단들(인위적으로 만들어진 논리, 수학적, 역학적 도구들)을 가지고 있을 법한 설명을 제시하는 것일 뿐이며, 그 실제 진행과정 자체를 있는 그대로 알지 못한다. 운동의 전달과정 자체는 신비에 싸여 있다.

이러한 고찰에 따라서 니체는 원인과 결과라는 이원성이 그 자체로 존재하는 것이 아니라고 결론짓는다. 실제로 우리 앞에는 '연속'이 있을 뿐인데, 우리는 이로부터 몇 가지 것을 임의적으로 분리시켜서 이것이 원인이고 저것이 그 원인에 대한 결과라고 추론하고 있을 뿐이다.

(2) 도덕비판

서구의 전통적 도덕에 대한 니체의 비판은 그의 모든 저작에 걸쳐서 지속적으로 이루어지고 있으며, 『선악의 피안(Jenseits von Gut und Böse)』 『도덕의 계보(Genealogie der Moral)』 등에서 특히 집중적으로 이루어지고 있음을 볼 때, 도덕비판은 니체철학의 전반을 관통하는 핵심적 요소인 것으로 보인다. 그가 이처럼 도덕비판에 매달린 이유가 무엇일까?

도덕이란 요컨대 행위에 대한 가치평가로부터 생긴다. 자신이나 남이 내린 가치평가를 받아들여서 행위의 기준이 되고 삶의 양식을 규정하게 되는 것이 도덕이다. 한번 생긴 도덕은 여러 세대에 걸쳐서 전승되며, 이러한 과정을 통하여 이상화·절대화되는 경향을 지니게 된다. 그런데 니체에 따르면, 도덕이 형성되는 과정을 그 시원(始原)으로 거슬러 올라가 볼 때―사람들이 흔히 망상하듯이―도덕이란 진리에 근거한 것이라기보다는, 대개 실용적·상황적인 필요에서 시작되었거나 우연과 자의(恣意)의 결과인 경우가 많았다. 나아가 욕망, 증오, 질투, 악의(惡意) 등까지도 도덕의 형성에 참여해 왔다고 니체는 주장한다.[2] 이렇게 시작된 도덕은 전통이 되어 인간 삶의 최고 기준으로 자리잡게 되었다. 오늘날 인류는 도덕들이 생성되었던 오랜 과거의 상황들과는 매우 다른 상황들 속에서 살고 있지만 전승의 도덕은 여전히 사람들의 삶을 강력하게 지배하고 있다. 이로 인하여 도덕은 인간의 삶을 고양시키기보다는 오히려 인간 삶에 부자연스러운 억제를 가함으로써 삶의 기형화, 평균화, 왜소화를 초래하고 있다고 니체는 단언한다.

도덕의 근원은 서구에서 중세시대까지는 주로 풍속과 종교였다. 원시, 고대시대에 아직 개인적 도덕률이 출현하기 전에, 도덕이란 풍습에

---

2) 타인의 이타적인 행위로부터 이득을 얻고자 하는 욕망이 사람들에게 있기 때문에 이타적인 행위가 선행으로 칭송되는 측면이 있다면, 욕망이 도덕의 한 구성요소가 된다고 볼 수 있다(FW, 393[21]). 또한 강자에 대하여 약자를 옹호하고 정당화하기 위하여 강자의 특성들(공격, 제압, 정복, 지배, 강요)을 도덕적으로 악한 가치로 평가했다면, 강자에 대한 증오 또는 '르상티망(Ressentiment)'이 도덕을 구성하는 요소로 작용했다고 할 수 있다. '르상티망'이란 니체의 윤리사상에서 특히 중요한 개념으로서, 약한 자가 강한 자로부터 피해를 당하고 이를 보복할 힘이 없을 뿐만 아니라, 분노의 감정을 겉으로 표현하는 것만으로도 다시금 위해를 당할 가능성이 있기 때문에 겉으로 표출하지 못하고 억제되어 은밀히 끓고 있는 분노를 말한다(GM, 377f.[13]).

대한 복종과 동일한 것이었다. 풍습에 대한 불복종은 자신이 속한 공동체로부터의 추방, 파문을 의미하는 것이므로 풍습은―일종의 미신과 결합되어―두려움을 느끼게 하는 권위를 지니고 있었다. 그러므로 "풍습을 넘어서고자 하는 사람은 입법자 혹은 마술로 병을 고쳐 주는 사람, 그리고 일종의 반신(半神)이 되어야 했다. 이것은 목숨을 걸어야 하는 가공할 만한 일이었다."(MR, 22[9]) 따라서 풍습의 윤리가 지배하는 상황에서는 어떠한 독창적인 정신도 양심의 가책을 느낄 수밖에 없었다(MR, 24[9]).

오늘날 우리는 다양한 문화권에 속해 있는 다양한 풍속이 있음을 알게 되면서, 그리고 많은 학문적 연구 성과들을 통하여, 다양한 풍속에 들어 있는 가치평가들 가운데에는 절대적이지도 않고 보편적이지도 않은 것들이 많이 있음을 알게 되었다. 그래서 누구도 풍속에 절대적으로 복종해야 한다고 생각하지는 않지만, 그럼에도 불구하고 풍속의 그림자는―일상적인 삶 속에 체화(體化)된 상태로―현대인들의 윤리의식에 여전히 적지 않은 영향을 미치고 있다.

종교적인 요소는 원시, 고대의 풍속에 있어서도 중요한 구성요소였다. 그러나 기독교가 성립하면서 종교는 도덕의 가장 지배적인 요소가 되었다. 니체에 따르면 기독교는 서구인의 영혼에 대해 헤아릴 수 없이 많은 고문을 가해 왔는데, 이러한 사태의 이면에는 '죄에 물들지 않은 순수영혼에 대한 교설'이 서 있다. 순수한 영혼을 위하여 육체는 폄하되고 단죄의 대상이 되었다(MR, 74[77]). 그러나 기독교적 윤리교설에서는 윤리적으로 되려는 노력이 커다란 중요성을 지니고 있지도 않다. 왜냐하면 절대자에 대한 영혼의 완전한 귀의, 이른바 '은총의 기적'이 일어나지 않으면 윤리적인 노력만으로는 그 목표인 구원에 도달하지 못하기 때문이다. 그래서 "이러한 노력은 항상 헛되이 끝나고 불쾌하고 우울한 노력에 그치고 만다."(MR, 81f.[87]) 오히려 "가장 깊고 가장 철저하게 죄인이 되는 것에서 그것의 반대로 도약하는 것 그 자체가 더 용이하며, 또한 기적에 대한 분명한 증거로서 좀 더 바람직한 것으로 보인다."(MR, 81f. [87]) 그러므로 이러한 윤리교설은 인간 삶의 실질적인 고양(高揚)에 도움이 되기보다는 오히려 장애가 된다는 것이 니체의 결론이다.

계몽주의 이후, 특히 칸트의 영향에 힘입어서 이성적 판단을 도덕의 근거로 삼는 윤리학이 주류를 이루었으나, 칸트도 도덕판단의 최종 근거를 사실세계 너머의 초감성계(超感性界)에 둠으로써 결국 새로운 버전의 감추어진 기독교적 도덕을 만들어 내는 데에 불과하였다고 니체는 주장한다. 근대 이후에 시도된 여타의 모든 합리주의적 윤리학도 니체가 앞에서 제시한 인식과정의 오류에서 자유로울 수 없기 때문에, 마찬가지로 보편적 타당성을 주장하기 어렵게 된다.

이상에서 간단히 검토한 니체의 서구의 인식문화와 도덕문화에 대한 비판을 따라가다 보면―특히 니체 특유의 독설에 가까운 과격한 표현들 때문에―니체가 서구의 인식문화와 도덕문화 전체를 싸잡아 비판하고 부정하는 것처럼 들릴 수도 있다. 만일 실제가 그렇다면 니체 자신이 자기모순에 빠져 있는 것이 아닐 수 없다. 왜냐하면 니체의 사고와 글쓰기 자체도 서구 전승의 인식문화와 도덕문화를 벗어나서 존재할 수는 없는 것이기 때문이다. 그런데 여기에서 우리가 잊지 말아야 할 것은 독일어에서 말하는 비판(Kritik)은 공격이나 부정(否定)과 동의어가 아니며, 오히려 '냉정한 검토'의 의미에 가깝다는 사실이다. 칸트는 『순수이성비판(Kritik der reinen Vernunft)』을 통하여 종래에 믿어져 왔던 이성능력들의 목록을 엄밀한 검토과정에 투입하고, 그 결과 여전히 타당하고 유효한 항목들이 얼마나 되는지를 확인하는 일종의 재고조사(在庫調査)를 시도하였다. 니체도 칸트의 선례를 따라서 전승의 인식문화와 도덕문화의 구성요소들을 면밀히 검토하면서, 발견된 오류들은 극복하고, 비판의 시선을 견디어 내는 구성요소들은 잠정적인 진리로 수용하는 방식으로 또 한 차례의 재고조사를 시도한 것이라고 볼 수 있다. 이러한 의미에서 니체는 자신의 작업을 또 하나의 '계몽'운동이라고 생각했다.

3) 니체적 의미의 계몽과 자유정신

앞서 본 바와 같이, 니체적 계몽(Aufklärung)의 의미는 전승의 인식문화와 도덕문화 속에 들어 있는 오류들을 찾아내어 극복함으로써 이러한 오류들로부터 해방되는 것이다. 그리고 이렇게 해방된 정신이 자유정신(Freigeist)이다. 전통 속에 들어 있는 오류를 통찰하고 보다 진실에 가까운 인식을 추구하기 위해서 니체가 권장하는 방법이 계보학(Genealogie)과 관점주의(=원근법주의, Perspektivismus)이다. 계보학은 어떤 지식이나 도덕이 생성·변화해 온 과정을 거꾸로 소급해 올라가서 그 본래적 의미나 동기, 원인 등을 밝히고, 이러한 최초의 원인의 입장에서 지식이나 도덕이 형성되는 과정을 이해하고자 하는 입장을 말한다. 그리고 관점주의란 보편타당하고 절대불변의 인식이 있다는 입장을 유보하고, 보는 관점과 입장에 따라서, 인식자의 개인적·주관적 상태(인지구조, 관심, 욕구 등)에 따라서 인식이 달라진다는 입장을 말한다. 그러나 니체의 관점주의는 단순한 상대주의가 아니다. 왜냐하면 다양한 관점에서 사태를 바라볼 때 해당 사태에 대한 보다 포괄적이고 덜 치우친 인식을 얻을 수 있다는 것이 관점주의가 겨냥하는 바이기 때문이다. 그리고 이러한 관점주의를 통하여 '역사적 감각'이 길러진다.

> 그대는 역사에, 그리고 '이쪽-저쪽으로'라는 식의 신중한 저울놀이에 정통해야만 한다. 과거라는 황야를 지나는 고뇌스럽고 거대한 길에 인류가 남긴 발자취를 되밟아 거닐도록 하라. 그러면 그대는 이후의 모든 인류가 되돌아갈 수도 또 그렇게 하도록 허용되지도 않을 어떤 것을 가장 확실하게 배우리라(MA I, 236[292]).

역사적 감각이 길러질수록 현재를 과거의 관점에서 볼 수 있게 되고,

현재 속에 들어 있는 과거의 오류들을 통찰할 수 있게 된다. 이렇게 하여 과거는 현재 속에 살아 있는 역사가 되며, 궁극적으로는 "인류의 역사 전체를 자신의 역사로" 보고 그렇게 느낄 수 있게 된다(FW, 565[337]). 이렇게 되면 아직 오지 않은 인류의 미래에 대해서도 예견, 예감을 할 수 있게 된다. 이러한 정신이야말로 어떤 특정한 역사적 시점에 제약되어 있지 않은 광대(廣大)하고 '자유로운 정신'이다. 자유정신은 "태생과 환경, 신분과 직위에서 볼 때 혹은 시대의 지배적인 견해로 볼 때 예상되는 것과는 달리" 생각하고 행동하며, 이러한 예상을 벗어나지 못하는 일반적인 정신은 '속박된 정신(gebundener Geist)'이다(MA I, 189[225]). 자유정신은 인습에서 자신을 해방시킬 뿐만 아니라, 경우에 따라서는 자신의 기존 의견으로부터도 벗어난다. 따라서 자유정신에 있어서 자신의 의견을 바꾸는 것은 전혀 경멸할 일이 아니다! 요컨대, 자유정신은 사회문화적 인습과 고정관념의 지배로부터 벗어나고자 하는, 자신의 자주적 삶에 대한 결연한 권리선언이다.

> 사나이가 되어라! 그리하여 나를 따르지 말고 너 자신을 따르라! 너 자신을! 우리의 삶도 우리 스스로에 대해 권리를 지녀야 마땅하다. 우리도 또한 자유롭고 두려움 없이, 순진무구한 자기애 안에서 자기 자신으로부터 성장하고 꽃피워야 한다. …… 결국 자유롭게 되고자 하는 모든 인간은 자기 자신을 통해 그렇게 되어야만 한다. 자유는 그 누구에게도 기적의 선물처럼 하늘에서 떨어지지 않는다(FW, 457[99]).

자유정신이 되기 위해서는 무엇보다도 자신의 삶의 질서를 스스로 세울 수 있는 능력, 자기입법(自己立法, Selbstgesetzgebung)의 능력을 길러야 한다.[3] 그러나 니체가 말하는 자기입법은 칸트가 말하는 자기입법과는 다르다. 왜냐하면 이성의 보편성을 믿었던 칸트에 있어서 자기입법은 동시에 보편타당성을 요구하기 때문이다.[4] 그러나 관점주의의 입장을 취하는 니체에게 "현존재는 본질적으로 해석하는 현존재"일 뿐이다 (FW, 626[374]). 왜냐하면 인간의 지성은 인간과 세계를 해석함에 있어서 "자신의 관점의 형식들하에서, 오로지 그 안에서만" 바라볼 수밖에 없기 때문이다(FW, 626[374]). 그럼에도 불구하고 우리는 자신의 삶의 질서를 스스로 창조하기 위해 지속적으로 노력해야 한다. 그렇지 않으면 자신도 모르게 사회적 인습에 지배를 받게 되기 때문이다. 그리고 자신이 창조한 삶의 질서가 모든 종류의 오류와 제약에서 최대한 벗어난 것이 되도록 해야 한다. "그러기 위해서는 세계의 모든 법칙과 필연성을 배우고 발견하는 일에 최고의 역량을 쏟아야 한다."(FW, 563[329]) 그래야만 자신의 삶의 질서에 대한 정당성을 주장할 수 있고, 경우에 따라서는 타인들의 동의, 공감을 불러일으킬 수도 있을 것이기 때문이다.

　끝으로 니체의 자유정신을 이해함에 있어서 간과하지 말아야 할 것은, 니체가 말하는 정신은 종래의 이원론적인 의미의 정신과는 구별되어야 한다는 것이다. 플라톤에 의해서 본격화된 관념론은 "감각적인 직관을 멀리하고 추상적인 것을 향해 자신을 고양시키는"(MR, 50f.[43]) 경향이며, 그 목표는 순수이성, 정신, 초월성, 초월적 신성 등이었다. 이를 통하여 육체와 감각을 폄하하고 억압하며, 적대시하는 경향이 생겨났을 뿐만 아니라―사실상 육체와 떼려야 뗄 수 없는 관계에 있는―정신 또는 영혼마저도 양심의 가책이라는 이름으로 고통을 받아야 하는 처지가 되었다. 그러나 니체에 따르면 '순수한' 사고는 본래 존재하지 않으

---

3) "우리는 현재 우리 자신이 되고자 한다! 새롭고, 일회적이고, 비교 불가능하고, 자기 스스로가 입법자이고, 자기 스스로를 창조하는 인간이 되고자 한다!"(FW, 563[335])

4) 여기에서 저 유명한 칸트의 정언명법을 상기해 볼 필요가 있을 것이다. "네 의지의 격률이 언제나 동시에 보편적인 입법의 원리로 타당할 수 있도록 그렇게 행위하라!"(KpV, A 54)

며, 사고란 언제나 육체, 감각, 욕망, 감정, 의지 등과 함께 활동하고 있다. 따라서 정신이란 이 모든 것이 함께 움직이는 유기적인 전체라는 관점에서 파악되어야 한다. 이러한 모든 요소는 각각 힘(역량)들로 파악되며, 이러한 역량들은 서로 주도권을 쥐기 위해 종종 각축을 벌이기도 한다. 그러다가 점차로 강한 역량을 중심으로 위계와 질서가 잡히게 된다. 이처럼 다양한 역량이 통일적 질서를 이루고 있는 것이 다름 아닌 신체(身體, Leib)이다. 니체는 이러한 질서 지어진 역량들의 전체를 이성이라고 말한다. 여기에서 니체가 말하는 이성의 의미는 순수한 사유능력으로서의 좁은 의미의 이성이 아닌 역량 전체로서의 신체이성(身體理性, Leibvernunft)이다.[5]

4) 니체적 관점의 인성교육

니체적 관점에서 보면 인성교육의 핵심과제는 성장세대들이 자유정신의 소유자가 되도록 이끌어 주는 것이다. 그러나 기존의 교육은 오히려 '제약된 정신'을 길러 내기 위해 전력을 다하는 것처럼 보인다. 기존의 교육은 대부분 아동들의 눈앞에 언제나 소수의 가능성을 설정하여 그 가운데에 일부를 선택하게 만든다. 이로써 아동들은 본래 새로운 존재였으나 이제 기지(既知)의 존재, 이미 존재해 온 다른 존재들과 비슷한 존재로 만들어지게 된다. 이러한 교육이 성과를 거두었을 때 사람들은 그렇게 교육받은 젊은이를 좋은 성격의 소유자, 유능한 인물이라고 부른다(MA I, 192[228]). 그러나 니체는 이러한 기존 사회의 지배적인 관행

---

5) "신체는 커다란 이성이며, 하나의 의미를 지닌 다양성이고, 전쟁이자 평화, 가축 떼이자 목자이다. …… 형제여, 너의 사상과 생각과 느낌의 배후에는 더욱 강력한 명령자, 알려지지 않은 현자가 있다. 이름하여 그것이 바로 자기이다. 이 자기는 너의 신체 속에 살고 있다. 너의 신체가 바로 자기이기도 하다."(Za, 39)

이나 풍습에 무차별적으로 적응시키는 평준화는 성장세대의 고유한 존재 가능성을 말살하는 반교육(反敎育)이라고 단언한다.

니체 시대에도 지식에 편중된 교육이 이루어진 점은 오늘날과 크게 다르지 않았던 것 같다. 그런데 당시의 교육은 주로 고전적 교양과 학식을 갖추게 하는 데에 초점이 있었다. 그렇지만 삶의 역량을 길러 주는 진정한 교육은 이루어지지 않고 있다고 니체는 항의한다.

> 과연 우리는 바로 그 고대인이 자신들의 청년들에게 가르친 것 중에서 어떤 것이라도 배웠는가? 우리는 고대인들처럼 말하고 쓰는 것을 배웠는가? 우리는 대화의 검술, 즉 변증법을 끊임없이 실습했는가? 우리는 그들처럼 아름답고 당당하게 행동하고 그들처럼 격투하고 던지고 권투하는 것을 배웠는가? 우리는 모든 그리스 철학자들의 금욕주의적인 삶에 대해 어떤 것이라도 배웠는가? 우리는 단 하나의 고대의 덕이라도 고대인이 그것을 익혔던 방식으로 과연 익혔는가? …… 몇 년 동안의 뼈를 깎는 노력의 성과인 진정한 능력, 새로운 능력은 그 어디에도 존재하지 않는다! 있는 것은 이전에 인간이 익혔고 할 수 있었던 것에 대한 지식뿐이다! 그리고 이러한 지식은 어떠한 종류의 지식인지!(MR, 169[195])

그럼에도 불구하고 이러한 알맹이가 다 빠져 버린 형해화(形骸化)된 지식, 무미건조한 지식만을 주입하는 행태가 교육의 이름으로 반복적으로 등장하는 이유는 무엇일까? 니체는 무엇보다도 학교제도 안에서 직업화된 교사집단에서 주요한 원인을 찾고 있다. 이 말은 우리 교육자들 입장에서는 불쾌하고 억울하게 들릴 수도 있겠지만 한번쯤은 뼈아프게 새겨들을 필요가 있다. 대다수의 교사는 '살아 있는 지식'을 전달할 수 있는 능력과 의욕을 갖추지 못한 사람들이라고 니체는 보는 것 같다. 살아 있는 지식을 전달하기 위해서는 지식의 본래 의미가 해당 지식을 산출한 생산자의 정신으로부터 다시 퍼올려져야 하며, 또한 이를 아이들의 삶의 요구, 흥미와 접목시킬 수 있어야 한다. 좀 더 시각적으로 표현하면, 먼저 지식이 교사의 정신 속에서 생생한 의미로 불타올라야 이 불꽃이 아이들의 정신을 점화시켜 타오르게 할 수 있는 것이다. 그러나 대다수의 교사는 자유롭고 자발적으로 불타오르는 정신의 소유자가 되지 못하고, (생계수단의 획득과 같은) 조건화된 동기에 의해서 타율적·기계적으로 지식을 전수받은 제약되고 수동적인 정신의 소유자에 불과하며, 그렇기 때문에 자신들이 중개하는 자양분을 모르는 사이에 변질시켜 버린다는 것이다. 우리의 정신적 궁핍 상태의 주된 원인 중의 하나는 우리가 그러한 교사들에 의해 교육을 받았기 때문이라고 니체는 한탄한다 (MA II, 676f.[282]).

자유정신을 길러 내기 위해서 무엇보다도 중요한 것은 교육자 자신이 자유정신의 소유자가 되어야 한다는 것이다. 제약된 정신의 소유자는 절대로 자유정신의 소유자를 길러 낼 수 없기 때문이다. 그렇다면 자유정신의 소유자는 어떻게 해서 생겨날까? 앞에서 우리는 니체가 자유정신의 소유자가 되기 위해 1차적으로 갖추어야 할 능력은 전승의 인식문화와 도덕문화에 대한 비판, 즉 엄밀한 검토의 능력이라고 말하는 것을 들은 바 있다. 그런데 중요한 것은 다른 사람의 판단에 의지하지 말고, 자신의 판단에 의지해야 한다는 것이다. 마찬가지의 논리로, 누군가가 니체의 주장들을 그대로 수용한다면 그 또한 제약된 정신이지 자유정신이 아니다. 자유정신의 소유자는 자신의 판단을 신뢰하고 이 판단에 따라 자신의 삶의 질서를 설계할 수 있는 자, 즉 자기입법의 능력이 있는 자이다. 이러한 자유정신을 실현시키기 위해서 개인이 여러 면에서 탁월한 역량을 지녀야 한다는 것은 자명하다. 따라서 니체 입장에서의 교육은 역량의 계발이 주요 과제가 된다.

교육은 다음의 세 가지 사항에 주의해야 한다. 첫째, [개인이]
얼마나 많은 에너지를 타고났는가? 둘째, 무엇으로 더욱 새로
운 에너지가 점화(點火)될 수 있을까? 셋째, 어떻게 하면 개인
은—문화가 개인을 불안하게 하고, 그의 고유성을 산산조각
냄이 없이—문화의 그 다양하기 짝이 없는 요구에 자신을 적
응시킬 수 있을까? 간단히 말해서, 어떻게 개인이 사적인 문
화와 공적인 문화의 대위법 속으로 편입될 수 있을까? 어떻
게 개인이 곡조를 지휘하는 동시에 연주도 할 수 있을 것인
가?(MA I, 202f.[242])

　자주적이고 자유로운 삶을 살기 위한 역량을 기르기 위해서는 먼저 개
인이 타고난—맹아 상태의—역량과 에너지가 잘 파악되어야 한다. 어
떠한 종류의 역량들을 가지고 있는지, 각각의 역량들은 어느 정도의 강
도를 지니고 있는지가 파악되어야 이러한 맹아 상태의 역량들을 바탕으
로 어떤 삶의 역량들을 길러 낼 수 있는지가 가늠될 수 있을 것이다. 어
린아이가 자신의 역량을 파악하기란 불가능하므로, 교육자는 아이의 역
량을 알아볼 수 있는 감식안(鑑識眼)을 지녀야 한다. 또는 아동의 다양한
역량을 평가하기 위한 평가도구 같은 것이 개발되어 활동될 수도 있을
것이다. 그러나 동시에 이러한 도구들이 가지고 있는 한계와 문제점들
이 간과되어서는 안 된다.

　니체가 두 번째 과제로 제시한 '새로운 에너지의 점화'는 어떻게 가능
할까? 우선적으로 다음과 같은 점들을 생각해 볼 수 있다. 첫째, 니체가
주장하는 인식비판을 통해 기존 인식문화의 오류들로부터 해방되는 것
자체가 새로운 숨통을 터줄 수 있을 것이다. 더 나아가서 우리가 우리
자신의 의식 깊이 체화되어 인식활동의 근본 틀, 칸트적 의미의 카테고
리(Kategorien)로 작동하고 있는 인식 오류들을 통찰하고 그로부터 벗어
날 수 있게 된다면 우리에게는 새로운 봄의 방식, 새로운 사고방식이 열

릴 수도 있게 될 것이다. 둘째, 도덕문화의 비판을 통해서 전승의 도덕 속의 허구적 요소들을 통찰하여 그로부터 벗어난다면 그러한 도덕에 의해 억압되어 있던 에너지들이 풀려나게 될 것이다. 물론 이러한 에너지들은 '인간적인 방식'으로 발휘될 수 있도록 승화시키는 과정이 필요할 것이며, 이것이 또한 교육의 과제가 되어야 할 것이다.

세 번째 과제는 개인이 어떻게 자신의 역량을 바탕으로 문화(그리고 사회)의 역동성 속에서 자기를 보존하면서 자주적이고 자유로운 삶을 살 수 있겠는가 하는 것이다. 자주적인 인간은 요컨대 자신의 판단에 의지하여 자신의 삶을 이끌어 갈 수 있는 인간이다. 개인이 자신의 판단을 신뢰할 수 있기 위해서는—자연, 문화, 사회를 포함한—외부 환경세계에 대하여 자기판단의 적합성, 유효성을 주장할 수 있어야 한다. 그러기에 "세계의 모든 법칙과 필연성을 배우고 발견하는 일에 최고의 역량을 쏟아야 한다."(FW, 563[329]) 외부세계의 다양한 현상에 대한 판단능력에 못지않게 중요한 것은 자기 자신에 대한 판단이다. 자신에 대한 습관화된 관념들, 또는 문화가 만들어 놓은 보편적 인간상을 그대로 추종하지 말고, 있는 그대로의 자신을 깊이 관찰하여 허구적 자아상에서 벗어나야 한다(MR, 92f.[105]). 여기에서는 자신의 진정한 역량을 냉정하게 평가하는 것이 핵심과제 중의 하나일 것이다. 올바른 판단능력이 있다고 하더라도 이 판단에 근거하여 자신의 삶의 질서를 설계하고 이에 따라 자신의 삶을 이끌어 갈 수 있기 위해서는 자신의 판단에 공감하고 의욕하는 능력,[6] 그리고 이 능력에 의하여 자신이 지니고 있는 여러 가지 역량을 통일적으로 조직할 수 있는 능력이 필요하다. 더 나아가서 인간의 삶은 외부 환경세계에 주어진 여건 속에서 이루어지며, 또한 많은 경우에

---

6) 우리는 일상 중에서 '그렇게 하는 것이 좋은 줄은 알지만, 어쩐지 그렇게 하고 싶지가 않다. 또는 할 마음이 나지 않는다.'는 딜레마를 종종 느낀다는 사실을 여기에서 상기할 필요가 있다.

다른 사람들과의 상호작용 속에서 일어난다는 것을 감안할 때, 외부세계에 그때그때 주어진 여건에 적응하여 유리한 전략을 선택할 수 있는 기술적・방법적인 역량도 필요하며, 다른 사람들과 소통하고, 설득하고, 협력하며, 때로는 대결하고, 극복할 수 있는 사회적 역량도 필요하다.

　이상과 같이 개인이 다양한 삶의 역량을 키움으로써 환경세계와의 변증법 속에서 자주적인 자기보존(self-preservation)을 성공적으로 해 나가는 것을 니체는 사적 문화와 공적 문화의 대위법이라고 말했을 것이다.[7]

　그런데 문제는 이상과 같은 역량의 계발과 그에 기초한 자유정신의 실현이 그리 낙관적인 과업이 아니라는 데에 있다. 누구나 최상의 역량의 소유자가 되기를 원하겠지만, 실제로는 교육활동을 통하여 아동의 역량을 계발하는 일 자체가 쉬운 일이 아닐뿐더러 역량의 계발에 있어서 나타나는 현격한 개인차를 극복하기도 어렵다. 결국 타고난 역량의 차이를 인정할 수밖에 없고, 교육도 개인들이 타고난 상이한 역량들을 얼마간 발달시켜 주는 역할 이상을 할 수 없다면, 성장세대가 자기입법, 즉 자신의 삶의 질서를 스스로 창조할 수 있도록 하기 위해 교육이 할 수 있는 일은 무엇일까?

---

7)　이상에서 언급된 역량들은 대체적으로 볼 때, 지적 역량, 인성 역량, 방법적 역량, 사회적 역량으로 범주화할 수 있을 것이다. 그런데 독일의 메클렌부르크-포어포머른 주정부(州政府) 교육서버에 올라있는 레만(Lehmann)과 니케(Nieke)의 보고서에 이와 동일한 역량 범주를 제시하고 있어서 흥미롭다. 유럽통합 이후, EU에 속하는 나라들 사이에 교육에 대한 어느 정도 합의된 표준(Bildungsstandard)이 정해져야 한다는 논의와 2000년대 초반 이후 이루어지고 있는 PISA의 영향으로, 교육을 통해 계발되어야 할 역량들의 모델을 정립하고, 이러한 역량모델에 따라 학교교육을 수행하고자 하는 추세가 확대되고 있다. 이러한 역량 중심의 교육과 니체의 철학과의 비교연구는 후속적인 연구과제로 남겨 두고자 한다 (http://www.bildungsserver-mv.de/download/material/text-lehmann-nieke. pdf).

우리가 앞에서 고찰한 바와 같이 니체에 따르면 개인은 여러 가지 힘
(역량)을 지니고 있으며, 이러한 힘들은 주도권을 쥐기 위해 협력하고 연
대하거나 경쟁하고 투쟁한다. 그러다가 점차로 강한 힘을 중심으로 위계
와 질서가 형성된다. 이러한 내적인 힘의 질서가 정당화될 때, 즉 스스
로 타당성과 가치를 부여할 수 있을 때 자기입법이 성취되는 것이다.[8]

반면에, 어떤 사람이 자신의 삶에서 실질적으로 주도권을 행사하고 있
는 힘에 대해서 스스로 비판하고 부정하며 억압을 하고 있다면, 그에게
있어서 자기입법은 성취되지 못한 것이다. 그렇다면 자기입법을 위해
가장 필요한 것은 자신이 참으로 원하는 삶의 방향을 발견하고, 이를 추
진하기 위한 에너지를 발굴하며, 이러한 에너지가 그의 삶을 지배하는
주도적인 역량이 되도록 발전시켜 가는 일일 것이다. 그런데 이렇게 형
성되어 가는 개인의 삶의 질서가 외적으로도 어느 정도 이상 정당화될
수 있어야 함은 자명하다. 우리는 개인이 이룩한 삶의 질서가 외적인 정
당화에 실패할 때, 즉 자신이 처해 있는 환경세계로부터 이해받지 못하
고 거부를 당할 때 개인이 겪게 될 커다란 어려움을 쉽게 상상할 수 있다.

그러므로 교육이 아이들의 고유한 삶의 질서의 형성에 올바로 기여하
기 위해서는 개방적이고 관용적인 교육환경이 요구되며, 무엇보다도 교
육자의 열린 시각과 포용력이 불가결하다.[9] 그러나 우리가 니체의 논조

---

8) 자신의 힘의 질서가 올바르다고, 즉 진리에 부합한다고 느낄 때 개인 삶의 질서
가 확고해진다. 마찬가지로, 진리도 힘을 필요로 한다고 니체는 말한다. "진리
그 자체는 힘이 아니다. …… 진리는 오히려 힘을 자기편으로 끌어들이거나 힘
의 편이 되지 않으면 안 된다. 그렇지 않으면 그것은 항상 다시 몰락하게 될 것
이다."(MR, 306[535])

9) 이를 위해서는 특히 도덕적인 개방성이 중요할 것이다. 니체는 말한다. "악인도,
불행한 자도, 예외적인 인간도 모두 자신의 철학, 정당한 권리, 햇빛을 가져야만
한다. 필요한 것은 그들에 대한 동정이 아니다. …… 도덕의 지구 역시 둥글다.
도덕의 지구 역시 양 극점이 있다. 양 극점 사람들 역시 생존할 권리가 있는 것

를 따라가다 보면, 최상의 교육이 베풀어지더라도 자기입법의 능력을 성취하지 못하는 젊은이가 적지 않으리라는 우려에 빠지게 된다. 타인과 외부세계와의 관계 속에서 자신의 자주적인 삶의 질서를 지켜낸다는 것은 대다수의 사람에게는 도달하기 어려운 과제이며, 따라서 자유정신의 소유자는 어차피 예외적인 존재일 수밖에 없다는 것이다(MA I, 189[225]). 자기입법의 능력을 갖지 못하게 되면 타인과 사회규범, 법, 도덕의 지배를 받아야 한다. 개인에게 있어서 개인 내부의 여러 힘 가운데에서 가장 강한 힘을 중심으로 위계질서가 형성되듯이, 사회 속에서도 뛰어난 역량을 가진 사람을 중심으로 질서가 형성되는 것은 필연적인 현상이다. 개인이 이러한 역량의 질서를 긍정하고, 이에 적극적으로 참여할 때에, 그는 자신의 삶은 물론이고 인류의 진화에 기여할 수 있게 된다. 그러므로 니체는 인간사회를 진화시키는 뛰어난 역량을 지닌 사람들을 존경하고 그의 리더십에 자발적으로 '복종'하라고 우리에게 권장한다. 그런데 이러한 니체의 주장은 현대사회의―평등이념과 기묘하게 결합되어 있는―민주주의 이념을 신봉하는 사람들의 귀에는 거슬릴 수도 있는, 일종의 엘리트주의 내지는 영웅주의에 대한 설교로 들리기도 한다.[10] 실제로 니체는 현대사회에 만연해 있는 평등 이데올로기가 인간 삶의 퇴락(頹落), 즉 데카당스의 주요 원인 중의 하나라고 본다. 니체에 따르면 인간은 사실상 평등하지 않다. 그리고 평등하지 않아야 한다(!)고까지 말한다. 인간들 사이에 역량과 정신적 수준의 차이는 현격하다. 그렇다면 '권리상의 평등'이라는 것도 허구적 이념에 불과한 것이다(FW, 629[377]). 그리고 사실상의

이다!"(FW, 529f.[289])

10) 니체가 호머가 그려 낸 그리스적 영웅 오디세우스와 나폴레옹을 찬미하는 것은 그들이야말로 자신의 탁월한 역량을 바탕으로 자신과 외부세계에 질서를 부여할 수 있었던 인간형이라고 생각하기 때문이다(MR, 224[306], 203[245]). 그러나 그들이 니체가 생각하는 자유정신, 그리고 더 나아가 위버멘쉬(Üermensch)의 이상에 정확하게 부합하는 인간형인지는 좀 더 심도 있는 논구를 필요로 한다.

불평등을 인정해야만 뛰어난 자들을 본받고 그들처럼 되기 위해서 노력하게 된다. 반대로 우리가 뛰어난 자, 강한 자들에 대한 반감, 공포, 시기, 질투, 요컨대 강자에 대한 '르상티망(Ressentiment)'에 사로잡혀서 평등 이데올로기를 신봉한다면 우리는 인간의 모든 비범함, 고매함, 탁월함을 등지고, 격하시키며, 훼손하는 종말인(終末人)이 되고 만다. 니체는 평등 이데올로기가 개인과 인류의 진화에 필요한 에너지를 소진시키는 가장 큰 위험이라고 보았다.

이러한 니체의 경고는 오늘날 학교교육의 수많은 병폐 위에 울려 퍼지는 경종이기도 한 것은 아닐까? 우리는 '평준화'된 학교에 대해서 '창의적 인재'를 길러 내라는 요구가 제기되는 역설을 어떻게 이해해야 할까? 다수의 학생을 '평등하게' 사랑해야 한다는 이념의 포로가 되어 이를 실천하지 못하는 자신을 자책하다가 에너지가 소진되어 버리고 마는 교사들도 어떤 면에서 보면 허구적 이념에 의한 희생자들이 아닐까? 그러므로 학교교육을 지배하는 기존의 가치목록들은 인간과 사물의 본성에 비추어서 지속적으로 재평가되어야 하며, 무엇보다 고정되고 절대화된 것이 아닌, 가변적이고 상대적인 것으로 간주되어야 한다. 그래야만 아이들이 저마다 자신의 고유한 삶의 질서를 만들어 갈 수 있는 자유 공간이 확보될 수 있을 것이다.

더 나아가서 기존 학교제도가 과연 아이들 개개인을 자신의 고유질서를 소유한 소우주(Microkosmos)로 대우할 수 있는 제도인지에 대한 근본적인 검토가 또한 필요하다. 니체의 사상에 대한 교육적 적용을 모색함에 있어서 또 하나 고려해야 할 점은 자기입법에 어느 정도 이상 성공한 소수의 사람들에게 있어서도 삶은 커다란 도전으로 나타난다는 점이다. 니체적 자유정신은 익숙하고 편안한 관습과 전통에 대해 의심의 눈초리를 보내면서 모든 오류와 편견에서 벗어나기 위해 지속적으로 노력하며, 새로운 인식과 통찰을 구하면서 자신의 삶의 질서에 대한 지속적인 변용(變容)을 추구한다. 그러므로 자유정신에게는 인식에 대한 객관적인 표준이 없어지고, 또한 도덕과 종교가 행위의 보편적인 기준을 제시하지도 못한다. 이에 따라 자유정신의 소유자는 자칫 '제약된 정신'의 소유자들인 대다수의—자신들에게 익숙한 기존의 문화와 도덕, 관행과 관습에 안주하고 있는—동시대인들과는 괴리된 고독한 삶, 따라서 어떤 면에서는 불편하고 고달픈 삶을 살 수도 있다. 그런데 오히려 니체는 인간을 왜소하고 연약하게 만드는 무리 근성에서 벗어나기 위해 고독을 견디는 것을 배워야 한다고 역설한다(MR, 270[443]).

　자유정신은 또한 방랑하는 정신이다. 자유정신은 어떠한 사물에도 집착하지 않으며, 어떠한 지식이나 도덕에 대해서도 그것을 최종적이고 절대적인 것이라고 보지 않으므로 이에 뿌리를 박고 속박되기를 거부한다. 그러므로 자유정신은 어떤 것에도 안주하지 않는 정신적 방랑자일 수밖에 없다(MA I, 362f.[638]; MA II, 469[211]). "인생은 인식하는 자에게 있어서 하나의 실험"이기 때문이다(FW, 552[324]). 요컨대, 자유정신은 인식의 모험을 즐기고, 이를 통해 열리는 새로운 삶의 지평에 주저함이 없이 뛰어드는 강한 정신이다. 니체가 그리는 이러한 자유정신은 마치 한 척의 배를 타고 망망대해를 헤쳐 나가는 사람을 연상시킨다. 그는 분명한 목적지도 알지 못하고 해도(海圖)도 없으며, 빈번하게 거친 파도와 자욱한 안개, 어둠을 만나 길을 잃기도 한다. 마음 놓고 한동안 정박해서 쉬었다 갈 수 있는 육지나 섬도 없다. 종종 원주민이나 해적의 치명적인 공격을 받기도 한다. 그가 과연 절망하지 않고 항해를 끝까지 계속할 수 있을까? 만일 자유정신이 가야 할 길이 이와 같다면 누가 감히 그 길을 가겠다고 나설까? 그러나 니체는 외친다. "용감하라, 대인배가 되어라, 결연히 너 자신의 길을 가라!"고. 그런데 자유정신의 길을 걷는 자에게도 보상은 있다. 그것은 지적(知的) 오류들과 구태의연한 인습(因襲)으로부터의 해방에서 오는 드높은 긍지와 거침없는 자유가 가져오는 환희이다.

　자유정신이 가는 곳은 또한 모든 형이상학적인 가상(假像)이 사라진

세계이다. 형이상학에 깊이 중독되어 있던 사람으로서는 금단현상으로 괴로워할 수도 있다. 그러나 시간이 지나면서 금단현상이 사라지면 형이상학적 가상도 함께 사라지며, 그때엔 지금 여기에 살아서 움직이고 있는 현존재가 전부가 된다. 자신이 무엇과도 바꿀 수 없는 귀중한 실존이 된다. 지상의 삶을 이렇게 온전히 긍정하게 되면 "자기가 만나는 모든 것이 언제나 최선이 되며", 모든 것이 자신에게 "깊은 의미와 이익으로 가득한 것들"이 된다(FW, 522[277]).

이러한 니체의 격려에도 불구하고 자유정신이 나아가야 할 길은 여전히 험난하게 보인다. 니체는 이와 같은 자유정신의 행로에 예술이 커다란 위안을 제공할 수 있다고 말한다. 예술은 자유정신의 고달픔을 잠시나마 잊게 하고 쉴 수 있게 하며, 현존재를 미적 현상으로 보이게 함으로써 견딜 만한 것으로 만들어 준다(FW, 464f.[107]).

이상과 같은 논의과정을 돌이켜 볼 때, 과연 자유정신을 위한 교육이 가능한가 하는 근본적인 물음이 제기될 수 있을 것 같다. 나아가 오늘날의 대중교육시대에 엘리트주의적·영웅주의적 아이디어가 설 땅은 없다고 혹자는 단언할지도 모른다. 그러나 우리가 전통과 인습의 오류들에서 벗어나서, 형이상학적 가상세계가 아닌 진실의 땅에서 참된 자기 자신으로 살기를 원한다면 자유정신의 왕국으로 향하는 발걸음을 포기할 수는 없지 않을까? 그리고 니체의 자유정신에 공명하는 사람들이 늘어나서 광범위한 계몽운동이 일어난다면, 그리하여 기존의 인식문화와 도덕문화가 지속적으로 '비판'되고 업그레이드되어 간다면 자유정신으로의 교육은 점점 더 가능성의 폭이 넓어져 갈 수 있지 않을까? 그리고 개인 삶의 시간적인 한계를 넘어서서 인류의 삶이 이어진다는 점을 고려할 때, 인류의 역사를 통하여 점점 더 많이 자유정신이 실현되어 갈 수 있다면, 그리고 우리가 아직도 역사의 진보에 대한 희망을 갖고 있다면 자유정신의 실현을 교육의 보다 원대한 목표로 삼을 이유는 충분히 있다고 필자는 생각한다(MA II, 635f.[189]).

5) 인성교육 패러다임의 전환: 가치덕목중심에서 역량중심의 인성교육으로

니체의 입장에서 볼 때, 기존의 우리 사회에서 주로 논의되고 시도되어 온 인성교육은 대체로 '가치덕목중심' 인성교육이라고 볼 수 있다.[11] 다시 말해서, 먼저 본질적이고 보편적인 인성(인간다움)의 원리나 덕목들을 상정하고, 이러한 덕목들을 가르치거나 실천을 통하여 습관화시키고자 하는 시도가 인성교육의 주류를 이루어 왔다는 말이다. 이러한 인성교육관은 대체로 특정의 문화적 · 종교적 전통에 근거하며, 따라서 규범적, 도덕—윤리적, 종교적 함의를 강하게 지니고 있다. 또한 이러한 문화적 · 종교적 전통의 계승자들은 1차적으로 기성세대이므로, 기성세대가 성장세대에 대하여 권위적 교수자의 입장을 취하게 되고, 성장세대는 수동적인 피교육자의 입장에 처하게 된다.

그런데 문제는 우리가 이러한 인성교육 패러다임이 더 이상 먹히기 힘든 시대적 상황 속에 처해 있다는 점이다. 우리는 전 지구적인 정치적 · 문화적 변동과 교통 및 정보통신 기술의 혁명 등이 가져온 정보화 사회, 개방사회, 다문화사회, 다원주의 사회 속에 살고 있고, 이러한 추세는 점점 더 강화되고 있다. 특히 나면서부터 디지털문명의 세례를 받고 태어난 새로운 세대들은 자신들의 욕구와 필요에 따라 자신의 삶의 스타일을 선택하고자 하는 경향이 강하다. 비유해 보면, 신세대들은 어느 곳으로든 자신이 가고 싶은 대로 옮겨 다닐 수 있는 유목민과 같은 존재

---

11) 보다 구체적으로는 그동안의 인성교육의 논의와 실천에서 주류를 이루었던 '도덕—윤리교육적 접근'과 '인격교육적 접근', 그리고 '종교교육(기독교, 불교, 원불교 등)적 접근' 등이 모두 인성의 핵심가치들을 상정하고 이를 인성교육의 주된 요소로 삼고 있다고 볼 수 있으므로, 본 논문에서는 이들 접근을 가치덕목중심의 인성교육이라고 부르기로 한다(강선보, 김영래, 2012: 42).

들이다. 그런데 가치덕목중심 인성교육은 자신들이 태어난 땅에 운명적으로 정착하여 살아가야만 하는 농경민이나, 닫혀 있는 문화적·정치적 질서 속에 사는 사람들에게나 적합한 모델이 아닐 수 없다. 이렇게 볼 때, 전통에 근거한 인성교육 패러다임에 따라 디지털세대를 교육하고자 하는 것은 태생적인 유목민을—반강제적으로!—한 곳에 정주시켜 농경민으로 만들고자 하는 시도와 다름이 없으므로 성공하기 어려운 것이다. 요컨대, 특정의 문화적·종교적 전통에서 도출된 인성교육관은 오늘날의 다문화사회, 다원화사회 속에서 보편성을 주장하기가 어렵고, 따라서 폭넓은 호응을 얻기도 어렵다고 필자는 생각한다.

21세기의 인간사회를 둘러볼 때, 사람들은 점점 더 자신들의 욕망을 자유롭게 분출하면서 욕망의 충족을 추구하고 있다. 21세기는 가히 욕망의 시대라고 할 수 있지 않을까 싶다. 따라서 인성교육도 욕망과 연결되지 않으면 탄력을 받기가 어렵다. 그러므로 인성교육의 성패도 인간의 욕망을 인간다움의 실현을 위한 에너지로 공급할 수 있는 전략을 얼마나 강구할 수 있느냐의 여부에 달려 있다고 볼 수 있을 것이다.

이상과 같은 관점에서 볼 때, 필자는 현대사회에서 인성교육이 성공하기 위해서는 고정된 가치덕목에 구속된 인성교육보다는 차라리 '역량중심적' 접근으로 전환해야 한다고 생각한다. 왜냐하면 역량의 증진은 성공적인 삶을 위해서도 누구나 '욕망'하는 바이기 때문이다. 이렇게 볼 때, 니체가 주장하는 자유정신의 실현을 위한 역량의 계발은 시사하는 바가 크다. 현대사회의 젊은이들이 보여 주는 '유목민'적 특성이 니체의 '방랑자'적인 자유정신과 유사성을 보이는 점에서 특히 그렇다.

그런데 여기에서 필자의 주장은 다음과 같은 반론들에 부딪힐 수 있을 것이다. 역량중심 인성교육이라는 것이 과연 참다운 인성교육이 될 수 있겠는가? 역량(competency)이라는 것은 경쟁력(competitive power)과 무엇이 다른가? 이 두 개념이 별로 다르지 않다면 역량중심 교육이라는 것이 개인의 능력을 길러서 자본화하겠다는 신자유주의적 발상과 무엇이

다른가? 이와 같은 이의들에 대하여 우선적으로 말해야 할 것은, 성장세대들이 그들이 살아갈 환경세계 속에서 자기보존을 할 수 있는 역량을 길러 주는 것은 교육에 맡겨진 가장 중요한 사명이라는 것이다. 물론 개인의 역량은 사회적 요구와 맞물려 있으며, 이에 따라 교육을 통한 역량의 개발이—사회적 · 직업적 성공을 열망한 나머지—사회적 요구에 지나치게 치우쳐서 개인의 인간적이고 주체적인 삶이 도외시될 위험은 분명히 존재하며, 이러한 교육은 오히려 건전한 인성의 발달에 해를 끼칠 가능성이 크다. 그러나 선진사회에서는 이러한 교육이 결과적으로 개인의 행복은 물론, 사회의 발전에도 해가 된다는 것을 그들의 역사적 경험을 통해서 학습했으며, 이에 따라서 지적 · 전문적 역량이나 방법적 역량 못지않게 인성역량과 사회적 역량이 중시되고 있음을 볼 수 있다. 우리 사회에서도 점점 더 개인 삶의 질을 중시하는 흐름이 강해지고, 직업세계에서도 인성과 사회성이 지적 · 전문적 역량 못지않게 직업적 성공을 위해 중요한 역량이라는 인식이 퍼지고 있는 것으로 보인다. 이러한 시대적 분위기가 역량중심 인성교육의 시행을 위해서 유리한 환경을 제공하고 있다고 생각된다. 그러나 필자는 니체의 철학에서 바로 역량중심 인성교육 담론이 도출되기는 어려우며, 교육학적 변용을 위한 후속적인 연구가 필요하다고 본다.

그 이유는 무엇보다도, 니체의 자유정신은 극단적인 자기중심적 · 자기도취적인 입장으로 흐를 수 있으며, 경우에 따라서는 관습, 도덕, 법 등으로 구성된 공동체의 질서를 부정하고 파괴하는 태도로 나타날 수 있기 때문이다. 실제로 "자유정신은 모든 의견이 무구하다는 설을 모든 행위가 무구하다는 설과 마찬가지로 타당한 것으로 간주한다."라고 니체는 말하고 있다. 또한 자유정신의 가치평가는 "자기 자신에게 얼마나 쾌감 또는 불쾌감을 주는가 하는 관점"에서 행해진다고 말하기도 한다 (MR, 92[104]). 이와 같은 자유정신은 기존의 문화적 가치와 공동체적 질서를 옹호하는 입장에서 보면 매우 위험한 모습으로 비칠 수 있다. 물

론 니체가 말하는 자유정신은 다른 사람들의 삶을 악의적으로 파괴하려
는 의도와는 관계가 없으며, 오직 자기 삶의 자유로운 고양(高揚)을 추
구하는 정신일 뿐이다. 그리고 이를 위해 기존의 인간문화 속에 들어 있
는 오류를 드러내고 이 오류들이 행사하는 부당한 월권을 무력화시키고
자 하는 것이다. 그럼에도 불구하고 이러한 오류들이 체화되어 버린 개
인과 사회의 입장에서 볼 때, 자유정신은 이들의 존립을 위협하는 위험
한 태도로 비칠 수도 있다. 이러한 면을 감안할 때, 전문철학의 영역 안
에서의 이론적 논의가 아닌, 성장세대의 삶에 영향을 주고자 하는 교육
의 영역에서 니체를 주제화시키기 위해서는 좀 더 신중한 검토와 확인
의 과정이 필요하다고 하겠다.

　　요컨대, 니체 철학으로부터 현실교육에 적용할 수 있는 인성교육 담론
이 도출되기 위해서는 많은 후속 연구가 이루어져야 할 것이며, 다른 한
편으로는 인류의 미래세대에게 자유정신의 증진을 위한 토대를 마련해
주기 위해 전승의 인식문화와 도덕문화에 대한—칸트와 니체의 뒤를 이
은—새로운 계몽운동을 지속적으로 펼쳐 나가야 할 것이다. 왜냐하면
자유정신의 증진이야말로 인류역사의 참된 의미일 것이기 때문이다.

2 하이데거의 '존재사유'와 인성교육

1) 들어가기

　　하이데거(Martin Heidegger, 1889~1976)는 독일이 낳은 20세기 최고의
철학자 중의 한 사람으로 프라이부르크 대학교에서 신학, 철학을 공부
하였고, 마르부르크, 프라이부르크 대학교의 교수를 지냈다. 그는 키르
케고르의 실존철학과 후설(Edmund Husserl)의 현상학의 영향을 크게 받

아 기초존재론(Fundamentalontologie)을 제창
하였으며, 인간은 자신의 존재의미를 묻는
유일한 존재자, 즉 현존재(現存在, Dasein)이
며, 특히 세계와 관련하여 자기를 이해하는
'세계 내 존재(In-der-Welt-sein)'라고 설파하
였다. 이 절에서 하이데거에 특히 주목하는
부분은 그의 철학함의 후반기에 천착해 나갔
던 '존재사유'이다. 그가 존재사유를 바탕으
로 제시한 인간관이 현대의 인성개념 및 인

Martin Heidegger
(1889~1976)

성교육관에 깊은 통찰을 던져 주고 있다고 보기 때문이다. 이 장에서는
특히 그의 '전회(轉回, Kehre)' 이후의 인간관을 잘 보여 주고 있는 작품인
'휴머니즘에 관한 편지(Brief über den Humanismus)'(1946)를 주된 텍스트
로 삼고자 한다. 이 작품에서 하이데거는 서구의 전통적인 휴머니즘을
비판하면서 새로운 인간이해를 제시하고 있다. 서구에서 휴머니즘은 인
성교육에 사상적 토대를 제공해 왔다고 볼 수 있으므로 하이데거의 전
통적인 휴머니즘에 대한 극복의 시도는 새로운 인성교육 패러다임의 가
능성을 시사하는 것이라고 해석할 수 있다. 따라서 이 절에서는 '휴머니
즘에 관한 편지'에 나타나 있는 하이데거의 인간이해를 검토해 보고, 이
러한 인간이해에 따를 때 어떠한 방식의 인성교육이 가능한지를 탐색해
보기로 하겠다.

2) '휴머니즘에 관한 편지'에 나타난 존재사유와 인간이해

(1) 휴머니즘 비판

하이데거의 '휴머니즘에 관한 편지'는 프랑스의 철학자 보프레(Jean
Beaufret)의 "우리는 휴머니즘이라는 낱말의 의미를 어떻게 회복할 수 있
는가?"라는 취지의 질문에 대한 회답으로 쓰인 글이다. 보프레가 이러한

질문을 하게 된 배경에는 사르트르가 마르크스주의적 휴머니즘을 비판하면서 실존주의야말로 진정한 휴머니즘이라고 주장한 데에 자극을 받은 것이라고 볼 수 있다(Wiemel, 1997: 184). 보프레의 질문에는 휴머니즘을 옹호하면서 이를 회복하고자 하는 그의 의도가 들어 있다. 그러나 하이데거는 답신에서 휴머니즘은 인간에 대한 올바른 이해가 아니라고 주장함으로써 휴머니즘의 옹호를 바라는 보프레의 기대에 찬물을 끼얹었다. 그렇다면 하이데거는 비인간적인 것을 옹호하는 사람인가? 아니다! 하이데거가 휴머니즘을 비판하는 이유는 그것이 인간에 관한 진리를 오히려 은폐하고 있다고 보기 때문이다. 이러한 하이데거의 생각을 정확히 이해하기 위해서는 먼저 휴머니즘에 대한 그의 견해를 살펴볼 필요가 있다.

하이데거가 보기에 인류의 역사 속에 휴머니즘이 처음 출현한 것은 르네상스 시대가 아니라 로마 공화정 시대이다(Heidegger, 2005b: 131). 이 시대에 와서 사람들은 처음으로 야만적 인간에 대립되는 인간다운 인간이란 무엇인가에 대하여 숙고하기 시작했으며, 또한 그렇게 하여 파악된 인간다움, 즉 '후마니타스(*humanitas*)'를 실현하고자 노력하게 되었다. 이러한 사람들은 물론 소수의 그룹으로 출발했을 것이다. 이들은 요컨대 그리스인들로부터 물려받은 '파이데이아(*paideia*)', 즉 '교양(Bildung)'[12]을 체득함으로써 로마인의 덕을 고양하고 순화시켰으며, 그

---

12) 국내 교육학계에서 독일어 Bildung은 일반적으로 '도야(陶冶)'로 번역되어 왔다. 그러나 독일 정신사에 있어서 Bildung은 인간이 다양한 문화현상과 상호작용을 하면서 내적·외적으로 형성되어 감을 의미하는 개념으로서, 교육 영역에만 한정된 개념이 아니며, 문학, 철학, 신학계뿐만 아니라 예술계 등에서 폭넓게 쓰여 왔다. 이러한 관점에서 보면 Bildung을 도야보다는 의미상 좀 더 넓은 외연을 지니고 있는 '교양'이 더 적합한 번역어라고 판단되어 본 논문에서는 교양으로 번역하고자 한다. 국내의 철학계에서도 Bildung을 교양으로 번역하는

결과 많은 로마인에게 인간의 인간다움에 대한 본보기가 되었다. 이렇게 하여 인류의 역사에서 처음으로 휴머니즘이 출현한 것이다. "따라서 본질적으로 보면 최초의 휴머니즘은 후기 그리스문명이 추구한 '교양'과 로마문명이 만남으로 인해 발원한 로마적 특수현상이다."(Heidegger, 2005b: 131) 하이데거에 따르면 이탈리아에서 14, 15세기에 일어난 르네상스 휴머니즘도 본질적인 면에서 볼 때 로마 휴머니즘의 부활이다. 물론 이 시기에 휴머니즘과 대립되는 야만성은 중세의 고딕적 스콜라주의였다.

　그렇다면 하이데거는 휴머니즘에서 어떤 문제점을 보고 있는 것일까? 역사적으로 볼 때, 르네상스 휴머니즘뿐만이 아니라, 기독교적 휴머니즘, 마르크스주의적 휴머니즘, 실존주의적 휴머니즘 등 여러 형태의 휴머니즘이 출현했는데, "이 모든 종류의 휴머니즘은 인간의 인간다움이 자연, 역사, 세계, 세계근거에 대한, 다시 말해 전체 안에서의 존재자에 대한 기존의 해석을 고려하여 규정된다는 점에서는 일치한다."(Heidegger, 2005b: 132-133) 그런데 이러한 전체 안에서의 '존재자(Seiendes)'에 대한 기존의 해석은 그 자체로 형이상학에 물들어 있다. 다시 말해서, 모든 휴머니즘에는 나름대로의 형이상학적 전제가 깔려 있으며, 이 전제는 자명한 것으로 간주되고 따라서 더 이상 의문시되지 않는다는 것이다. 그리하여 휴머니즘은 인간의 본질을 묻되 근원적으로 묻지 않으며, 단지 형이상학적 전제들이 설정하는 틀 안에서만 묻는다. 그러므로 인간의 진정한 본래적 본질을 묻기 위해서는 형이상학적 전제들을 지양(止揚)하면서 보다 근원적으로 물어가지 않으면 안 된다. 형이상학적 차원에 머무는 휴머니즘은 무엇보다도 인간의 본질과 '존재의 진리'와의 관련에 대해서 묻지 않는다고 하이데거는 비판한다. 전통 형이상학을 비판하면서 존재이해의 새로운 길을 개척했던 하이데거는 인간

　것이 일반적이다.

의 본질도 자신의 존재사유의 관점에서 이해하고자 한다.[13] 존재사유는 그의 인간이해의 핵심을 이루고 있으므로, 우리는 먼저 존재사유에 대해 논의를 시작해야 한다.

(2) 형이상학 비판과 존재사유

하이데거에 따르면 서양 고대 이래로 형이상학적으로 규정된 인간의 본질은 요컨대 '이성적 동물(*animal rationale*)'인데, 이것은 인간의 본질을 이성이라는 특성을 지닌 동물적 유기체로 보는 것이다(Heidegger, 2005b: 133). 그러나 이러한 인간해석은 하이데거에 의하면 서양의 전통적인 형이상학에 근거한 그릇된 해석이다.

서구 전통 형이상학은 요컨대 빛을 받아 시야에 드러나는 현상들로부터 유추된 형이상학, 즉 이른바 '빛의 형이상학(Lichtmetaphysik)'이다. 빛은 우리의 시각에 사물들을 드러나게 한다. 우리는 감각, 그중에서도 특히 시각으로 받아들인 사물들에 대한 감각인상(sense data)을 개념화 하면서 경험적 인식에 도달한다. 그런데 경험세계는 단편적이고 우연적으로 우리에게 포착된다. 우리의 감각기관도 불완전하고 제약되어 있음은 물론이다. 따라서 사람들은 한편으로는 감각경험의 불완전함을 극복하고자 하였으며, 다른 한편으로는 감각경험으로 포착되지 않는 존재의 측면을 알고자 노력하였다. 이러한 노력은 결국 사변적 형이상학으

---

13) 하이데거의 철학은 일반적으로 『존재와 시간(Sein und Zeit)』(1928)으로 대표되는 전기철학과, 「형이상학이란 무엇인가(Was ist Metaphysik)」(1929) 이후의 후기철학으로 구별된다. 전기철학은 후설 현상학의 영향을 강하게 받았던 시기로서, 현존재(Dasein, 인간 존재)의 현상학적 분석을 통하여 근원적인 존재이해에 도달하고자 하는 기초존재론(Fundamentalontologie)으로 특징지어지며, 후기철학은 근원적인 존재(Sein)에 대한 직관적 사유가 주요한 특징을 이루고 있다. 본 논문에서 중심적으로 논의하고자 하는 「휴머니즘에 관한 편지(Brief über den Humanismus)」는 1946년에 쓰인 글이므로 후기철학에 속한다.

로 전개되었다. 그 결과 얻어진 것이 무엇일까? 시각으로 파악된 대상 세계로부터 추상된 관념체계로서의 형이상학적인 체계가 얻어졌다고 할 수 있다. 왜냐하면 사변적 형이상학은 결국 감각경험을 딛고 감각경험 이상의 것을 파악하고자 시도하지 않을 수 없었기 때문이다.[14] 전통의 형이상학은 사물의 제1원인, 근거, 이념 등을 산출하였고, 이러한 관념들이 서로 연관되면서 형성된 관념체계는 사물의 궁극적 원리, 원리적 틀로서 고정되고 절대화되었다. 그리고 이러한 형이상학적인 관념적 형성물이 인류의 역사를 통하여 의식적 · 무의식적으로 전승되었다. 이러한 과정을 통해 형이상학적 관념들은 사람들의 의식 속에 깊이 스며들어, 그 자체로 자명한 것이 되고 급기야는 사람들의 봄(seeing)의 방식과 앎(knowing)의 방식을 지배하게 되었다. 칸트적 의미의 선험적 카테고리가 된 것이다. 우리가 선대로부터 물려받은 언어와 관념의 그물망을 자명한 것으로 받아들여서 더 이상 그 진리성 여부에 대한 의문을 제기하지 않는 한, 우리는 이러한 형이상학적 관념의 틀을 통해서만 대상 세계를 보고 인식하게 된다. 하이데거의 표현을 빌리면, 형이상학은 요컨대 "표상하는 정립(vorstellende Setzung)"을 수행한다(Heidegger, 2005b: 140).[15] 달리 표현하면, 형이상학은 사물(대상세계)에 대한 고정관념을

---

14) 하이데거는 기존의 철학 자체가 이러한 형이상학적 전제를 넘어서지 못하고 있다고 비판한다. "(종래의) 철학은─데카르트와 칸트의 경우처럼─비판적이 되는 경우에도 언제나 형이상학적 표상함을 따르고 있다. 철학은 (형이상학적 표상함을 통해) 존재자로부터 벗어나서 존재자를 사고해 나가는데, 여기에서 존재에 대한 전망을 통과하게 된다."(Heidegger, 1996: 331)

15) 독일어 표상(Vorstellung)이란 표상하다(vorstellen), 즉 앞에(vor-) 세우다(stellen)에서 온 용어로 우리의 의식 앞에 무엇인가를 세우는 것, 그리고 그 결과로서 세워진 무엇이다. 우리는 외부의 사물을 보면서 본 바의 것(sense data)을 근거로 우리의 의식 내부에 이에 해당되는 이미지나 관념을 생산하여 의식 '앞에 세운다'. 이러한 이미지나 관념이 표상이다. 그런데 이러한 이미지나 관념은 우리의 의식주관

형성시키며, 이러한 고정관념이 사물을 바라보는 기본 틀, 필터로 작동하게 된다는 것이다. 이러한 형이상학적 고정관념을 통해 파악되는 사물들을 하이데거는 '존재자(Seiendes)'라고 부른다.

존재자는 빛의 매개를 통해 시각적으로 파악된 '눈앞의 존재(Vorhandensein)'이다. 그러나 사물을 눈앞의 존재로 보는 것이 그 자체로 자명하고 유일한 존재파악의 방식은 아니다.[16] 눈앞의 존재는 무엇보다도 빛이 비추어지지 않은 것, 눈에 보이지 않는 것을 배제한다. 또한 거리를 두고 바라봄의 결과이므로, 존재가 그 자체로 드러난 것이 아니라, 인간의 대상적 · 일방적 파악의 방식에 포착된 또는 추량(推量)된 그 무엇일 뿐이다. 더 나아가서 실제로 사물은 계속적으로 변화하고 움직이지만 인간적인 봄과 앎은 사물의 실시간적인 변화와 움직임을 따라

이 외부의 사물에 대응하여 만들어 낸 것이지 외부의 사물과 동일한 것이 아니다. 더구나 외부의 사물은 계속해서 변화하고 움직이지만 우리의 의식 내부에서 생산된 이미지나 관념들은 한번 생겨나면 쉽게 변화하지 않는다. 이렇게 사물(대상세계)에 대해 어떤 이미지나 관념이 형성되어 고정되는 것을 정립(定立, Setzung)이라고 말한다. 그리고 이렇게 고정된 이미지나 관념은 이후의 봄과 앎에 있어서 기본적인 틀, 도식(schema) 또는 필터로 작용한다. 이와 같은 관점에서 볼 때, '표상하는 정립'이란 '사물에 대한 고정관념의 생성'을 의미한다고 볼 수 있다.

16) '눈앞의 존재'와 다른 존재파악의 방식 중의 하나로서 하이데거는 그의 전기철학 주저 『존재와 시간』에서 '손안의 존재(Zuhandensein)'를 제시한다. 손안의 존재는 특히 사물의 사용연관을 통해서 주어지는 존재파악을 말한다. 망치를 일상적으로 사용하는 사람이 지니고 있는 망치에 대한 이해는 망치를 거의 사용해 본 일이 없는 사람이 망치를 단지 눈앞의 존재로 파악하는 경우의 존재이해와는 차원이 다르다고 볼 수 있다. 또한 망치는 예컨대 벽에 못을 박기 '위해서' 손에 쥐어지며, 그것은 아마도 벽에 액자를 걸기 '위해서'였을 것이다. 도구들은 이와 같이 무엇을 '위해서' 때문에 서로 연관이 지어진다. 이와 같이 사용연관에 따라 파악된 사물들의 존재양상을 하이데거는 손안의 존재라고 한다(Heidegger, 1963: 69-71).

가지 못하고 다만 특정 시점에 포착된 사물의 모습에 고정되는 경향이 강하다. 요컨대, 우리의 사물에 대한 봄과 앎은 형이상학적 고정관념에 의하여 왜곡되고 있는 것이다.

따라서 하이데거는 '눈앞의 존재'인 '존재자'로부터 구별되는 본연의 '존재(Sein)'를 상정한다. 그런데 그는 존재를 단지 이론적 가능성으로 상정하는 것이 아니라 이미 언제나 '존재'하고 있으면서 존재자가 존재자로 나타나게 하는 토대이며 능력이라고 말함으로써 독자들을 당혹감에 빠뜨린다. 눈앞의 존재, 대상적으로 파악된 존재가 아닌 존재 자체란 도대체 무엇일까? 존재는 눈앞의 존재처럼 드러낼 수 있는 무엇이 아니다. 단지 눈앞의 존재로서의 존재자를 지각하고 인식하는 방식(＝존재자의 형이상학에 따른 봄과 인식의 방식)을 지양(止揚)시켜 감으로써만 소극적으로 감지할 수 있는 무엇이다. 왜냐하면 존재자 형이상학의 봄과 인식의 방식을 지양시키면 존재자 자체도 지양되고 무화(無化)되어 버리기 때문이다. 하이데거에 따르면 존재에는 무(無)가 근본 속성으로 속해 있으면서 무화(無化)를 수행한다. 그러나 이때의 무(無)가 완전히 아무것도 없는 허무(虛無)를 의미하는 것이 아님은 물론이다. 하이데거의 '형이상학이란 무엇인가(Was ist Metaphysik?)'에 따르면 무를 드러나게 하는 것은 '불안(Angst)'이다.

> 불안이 무를 드러낸다. …… 불안이 존재자 전체를 쑥 빠져나가게 하기 때문에 우리를 표류하게 한다. 바로 거기에는 우리 자신도 존재자의 한가운데에서 [존재자 전체와] 함께 쑥 빠져나간다는 사실이 있다. 아무것도 붙잡을 것이 있을 수 없는 이런 붕 떠 있음이 모든 것을 완전히 뒤흔들어 놓는 가운데 오직 순수한 거기 있음(Da-Sein)만이 아직 거기에 있을 뿐이다(Heidegger, 2005a: 160).

> 불안 속에서는 존재자 전체가 무상해진다. …… 불안이 바

로 존재자 전체에 대해 완전히 무력한 상태에 처하게 되는데,
…… 오히려 무는 쑥 빠져나가는 존재자 전체와 함께, 그리
고 그런 존재자에게서 스스로를 참답게 알려온다(Heidegger,
2005a: 162).

이상의 인용문들을 음미해 볼 때, 여기에서 논의되는 존재자란 자연
과학적인 존재개념과는 완전히 다른 의미로 사용되고 있음이 분명하다.
여기에서 말하는 존재자는 우리가 일상 중에 주위의 사람이나 사물에
대해서 습관적으로 가지고 있는 고정된 존재의 관념을 말한다고 해석할
수 있다.[17] 그런데 이러한 습관화된 존재자의 안정적 질서가 무너질 때
무로서의 존재가 드러난다. 하이데거에 따르면 존재를 드러내는 계기
중의 하나가 불안이다. 왜냐하면 불안은 존재자의 안정적 질서를 뒤흔
들어 무화(無化)시키기 때문이다.[18] 이렇게 불안이 존재자를 무화함에도

---

17) 우리는 사물들을 바라보면서 자신도 모르게 사물들의 상을 자신의 의식의 저
장고에 저장한다는 사실을 생각해 보자. 차후에 유사한 사물들을 볼 때, 우리
는 자신도 모르게 이미 저장해 두었던 표상들을 떠올리면서 이 표상들을 통해
서 현재의 사물들을 바라본다. 그런데 종종 이러한 안정적인 존재질서에 대한
관념이 무너지기도 한다. 예를 들어 보자. 내가 사는 집 옆으로 길이 나 있고 이
길을 따라 조금 가면 사거리가 있다. 사거리 오른쪽에는 지은 지 오래된 5층 건
물이 있는데, 이 건물 1층에는 작지만 예쁘게 꾸며진 카페가 있다. 이 건물을 끼
고 오른쪽으로 돌아가서 조금 걸으면 지하철역이 나온다. 나는 매일 아침 지하
철을 타러 가면서, 그리고 저녁에 지하철에서 내려 집으로 돌아오면서 이 5층
건물 옆을 무심히 지나친다. 가끔은 카페 안에 앉아 있는 사람들을 흘끗 바라보
기도 한다. 그런데 어느 날 저녁 지하철에서 내려서 사거리 쪽으로 오는데 5층
건물이 철거되었음을 보게 된다. 바로 오늘 아침까지도 저 자리에 있었는데! 그
러고 보니 카페가 며칠 전에 문을 닫았지. 나는 뭔지 모를 허전함, 내 안의 무엇
인가가 무너진 것 같은 느낌을 안고 집으로 돌아온다.
18) 하이데거가 말하는 무(無)를 드러내는 불안은 어떤 외적인 사건으로 인하여 유

불구하고 완전한 허무로 귀착되는 것이 아니라, 무화됨을 통해 드러난 무가 존재의 속성임이 드러난다. "무화하는 것은 무적(無的)인 것으로서 자신을 밝힌다."(Heidegger, 2005b: 176) 이 무화하는 것이 다름 아닌 존재이다![19)

여기에서 잠깐 생각해 보자. 무적인 것이 존재라니 이것이 무슨 뜻인가? 위에서 언급했다시피, '존재'란 존재자 형이상학에 물들어 있는 우리의 봄과 인식의 방식을 지양(무효화)시킴에 의해서 감지되는 무엇이다. 우리는 우리의 봄과 인식의 방식을 통해 무엇인가가 있다고 판단한다. 그런데 이러한 봄과 인식의 방식이 무효화된다면 이러한 방식에 의지하여 존재하는 것으로 생각되었던 것들도 무효화될 수밖에 없다. 이것이 '존재자의 무화'의 의미이다. 존재자가 무화되면서 드러나는 존재는 우리의 봄과 인식의 방식에는 포착되지 않는 무엇일 것이니 무적인 것이고 그대로가 무이다. 이때의 무라고 하는 것은 완전히 없는 허무(虛無)가 아니라, 뭔가가 없지는 않은데 있는 것으로 파악할 수가 없다는 뜻이다. 이 사태가 매우 난해하므로 비유를 통해서 부연(敷衍)해 보겠다. 어떤 돈키호테 같은 어부가 바다를 '파악'하기 위해서 바다에 어망을 던진다고 가정해 보자. 그가 걷어 올린 어망에 들어 있는 물고기나 해초를 보고 "이것이 바다로군!"이라고 한다면 이게 말이 되겠는가! 차라리 그물을

발되는 불안을 말하는 것이 아니라 우리 마음의 근저에 있는 근본기분이라고 한다. 근본기분으로서의 불안은 우리가 본래적인 존재를 망각하고 존재자에만 빠져 있다는 것을 막연히 감지하면서 유발되는 기분이다. 따라서 이 기분은 동시에 '존재'로의 복귀를 촉구하는 내면의 신호인 셈이다. 무를 드러내는 근본기분으로서의 불안은 어떠한 충격적인 사건에 의해서 현저하게 일깨워질 수도 있다. 예컨대, 믿고 사랑하던 부모님이나 배우자가 갑자기 사망하여 '하늘이 무너지는 것' 같다고 말할 때, 익숙한 주위 사람과 사물의 질서가 안정적으로 지속되고 있다는 습관적인 관념이 무너짐을 표현하고 있는 것이다.

19) "존재가 무화한다, 존재로서."(Heidegger, 2005b: 177)

던져 버리고 해변에 주저앉아 광활한 바다를 하염없이 바라보고 있거나 바닷물에 들어가 몸을 담그고 있는 것이 좀 더 바다를 가깝게 아는 것이 될 것이다. 마찬가지로, 우리의 봄과 인식의 방식은 '본래로 있음(=존재)'을 파악하는 데에 전혀 적합한 도구가 아니므로 이를 미련 없이 내던져 버려야 하며, 다만 '본래로 있음'에 우리 자신을 맡겨서 존재가 스스로 나타나 말을 걸어오기를 기다리는 것이 존재에 더 가까이 가기 위한 길이라고 하이데거는 말하고 있는 것이다.

그런데 정작 중요한 것은 봄과 인식의 방식을 어떻게 내던져 버리는가(무화시키는가) 하는 것이다. 필자가 아는 한, 하이데거는 이러한 무화의 방법을 명시적으로 언급하지 않고 있기 때문에, 이와 관련된 현상학의 관점을 한번 살펴보고자 한다. 왜냐하면 하이데거의 존재사상이 현상학의 영향을 크게 받는 것은 분명하기 때문이다(송재우, 1997: 263ff.). 현대 현상학의 창시자인 후설(Edmund Husserl, 1859~1938)에 따르면, 우리는 일상적으로 우리 감각에 비추어진 그대로 외부세계가 존재할 것이라고 암암리에 믿고 있다. 이러한 우리의 일상적인 마음의 상태를 후설은 '자연적 태도(natürliche Einstellung)'라고 불렀다. 다시 말해서, 우리의 대상세계에 대한 일상적 경험에는 우리의 '대상의 현존에 대한 믿음'이 첨가되어 있다는 것이다. 따라서, 경험의 순수성을 확보하기 위해서는 우리가 어떤 대상을 경험할 때 그 경험에 첨가시키고 있는 '대상의 현존에 대한 믿음'(=외부세계가 우리가 보는 것과 동일하게 실재한다는 생각)을 괄호 쳐야 (제외시켜야) 한다. 후설은 이러한 '괄호 침' 또는 '판단중지(Epoché)'를 통해 사물을 있는 그대로 파악할 수 있는 '현상학적 태도(phänomenologische Einstellung)'가 얻어진다고 주장하였으며, 이러한 자연적 태도로부터 현상학적 태도로의 전환을 '현상학적 환원(Phänomenologische Reduktion)'이라고 불렀다.

그런데 후설의 현상학을 독자적인 방식으로 발전시킨 셸러(Max Scheler, 1874~1928)는 대상의 현존에 대한 믿음뿐만 아니라 대상을 현존하게 하는 근거인 우리의 충동 자체에 대한 차단이 이루어져야만 대상의 본질이 있는 그대로의 모습을 드러낸다고 주장하였다. 왜냐하면 대상이 우리에게 드러나서 머무르는 것(현존)은 우리의 충동이 저항을 받는 저항체험을 하기 때문이라는 것이다. 이러한 저항체험을 통해서 드러나는 대상의 존재성격을 셸러는 '현존재(Dasein)'라고 부른다.[20] 이러한 현존재는 '충동(Trieb)'[21]의 대상으로 부각된 존재이기 때문에 대상의 본질에 속하는 존재성격이 아니다. 예를 들어서, 생선을 좋아하는 사람이 수족관에서 헤엄치고 있는 연어를 보고 "저것은 맛있는 물고기야!"라고 했다고 하자. 그런데 이것은 연어 자체의 속성이 아니고, 연어의 맛을 좋아하는 사람의 주관적인 미각(味覺)일 뿐이다. 생선을 좋아하지

---

20) 셸러에 있어서 현존재(Dasein)의 개념은 하이데거의 그것과는 완전히 다른 의미로 쓰이고 있다. 셸러에 따르면 우리에게는 잠시도 멈추지 않고 일어나는 충동들이 존재한다. 그런데 충동은 무엇인가를 원하는 것이며, 원하는 대상이 충동에 저항하지 않으면(충동에 바로바로 응해 주면) 그 대상은 잘 의식되지 않는다. 그런데 원하는 대상이 충동에 저항하는 경우에(충동이 원하는 대상이 구해지지 않거나 순응하지 않는 경우) 이 대상은 우리의 의식에 뚜렷이 부각된다. 예컨대, 목이 마를 때 옆에 생수병이 있으면 바로 물을 마시고는 갈증이 해소되면서 이내 다른 곳으로 관심을 돌릴 것이다. 그러나 바로 생수를 구할 수 없으면 갈증이 커지면서 생수라는 대상이 우리의 의식에 강하게 부각될 것이다. 인간관계에 있어서도 마찬가지이다. 자신의 마음대로 따라 주는 사람은 별로 의식되지 않는다. 그런데 자신의 마음에 응(應)해 주기를 바라는 사람이 이를 거부할 경우, 그 사람의 존재는 나에게 강하게 부각된다. 이처럼 셸러에게 있어서 현존재란 우리에게 저항체험을 주는 대상들이며, 따라서 현존재는 저항존재라고 말할 수도 있다.

21) 충동생명(Triebleben)이란 셸러의 철학적 인간학의 관점에서 이해되어야 한다. 그는 철학적 인간학에서 지구상의 생명들을 5단계(감성충동, 본능, 연상적 기억, 실천적 지능, 정신)로 분류하고, 다시 이를 뭉뚱그려서 '충동'과 '정신'으로 이원화시키고 있다. 이러한 셸러의 견해에 따르면 충동은 생명의 하부구조이며, 정신은 상부구조인 셈이다(Scheler, 1991: 11ff.).

않는 사람에게 연어는 맛있는 생선일 수 없는 것이다. 그러므로 대상의 본질을 드러내기 위해서는 현존재를 '지양'시켜야 하며, 이를 위해서는 충동 자체의 지양이 요구된다. 따라서 셸러에게 있어서 현상학적 환원은 이중(二重)의 차단, 즉 '대상의 현존에 대한 믿음'과 '충동'의 차단을 의미하며, 이러한 차단을 통하여 비로소 대상의 '스스로 있음(Sosein)' 또는 본질(Wesen)이 순수하고 왜곡됨이 없이 드러난다. 이와 같은 셸러적 의미의 현상학적 환원은 충동의 차단은 물론, 충동과 연결되어 있는 자아(Ego)의 활동 자체에 대한 차단까지도 포함한다.

이상에서 언급한 바와 같은 후설과 셸러의 현상학적 환원은 하이데거가 말하는 존재자의 무화(無化, Nichtung)와 유사하다. 특히 후설이 '자연적 태도의 무효화(außer Aktion setzen)'라는 용어를 사용할 때 하이데거가 말하는 무화와 구조적인 유사성이 분명하게 드러난다(Husserl, 1992: 63). 위에서 고찰한 바와 같이 하이데거는 형이상학의 표상하는 정립(vorstellende Setzung)을 무효화시키고자 하며, 또한 이러한 표상하는 정립의 수행자로서의 주관성(Subjektivität), 즉 주체의 활동을 무효화시키고자 한다(Heidegger, 2005b: 140). 앞서 인용했던 '형이상학이란 무엇인가'에서는 표상하는 정립과 주관성을 함께 무력화시키는 계기 중의 하나가 '불안(Angst)'인 셈이다.

그러면 이러한 이중(二重)의 무화를 통해서 나타나는 것은 무엇일까? 하이데거에 따르면 모든 것이 존재의 밝음(Helle) 또는 밝힘(Lichtung) 속에 있음이 드러난다. 존재는 모든 존재자(사물 또는 인간)를 그것의 본질 안에서 떠맡고 있다. 다시 말해서 존재하도록 하고 있다는 것이다. 존재는 존재자들을 존재 가능하게 하며, 이것은 존재자들을 좋아함이다(Heidegger, 2005b: 127). 이러한 좋아함에 의해서 존재는 사유를 가능하게 한다. "존재는 사유의 원소(Element)[22]로서, 사유를 좋아하면서 가

---

22) 여기에서 존재가 사유의 원소(Element)라 함은 존재가 사유에 대해서 물고기에

능하게 하는 능력, 즉 가능적인 것의 고요한 힘이다."(Heidegger, 2005b: 127). 그런데 존재란 대상적 인식의 대상이 될 수 없으므로, "그것은 그 것 자체"(Heidegger, 2005b: 144)라고 할 수밖에 없다. 다시 말해서, 존재 자체는 범주화시킬 수 없으며, 따라서 대상적인 파악이나 이에 근거한 개념적 설명이 불가능하다.[23] 그렇다면 존재의 의미는 어디에서 드러날 까? 다름 아닌 사유에서이다. 하이데거에 의하면 사유란 본래 존재로부 터 생기(生起)되는 것이며(Heidegger, 2005b: 127), 사유는 존재의 진리를 말하라는 존재의 요청에 자신을 맡긴다(Heidegger, 2005b: 124). 사유를 통하여 인간은 존재와 관련을 맺고 있다. 이에 따라 언어는 특별한 의미 를 얻게 된다. 언어는 (원천적) 사유의 언어가 되며, 따라서 존재의 언어 가 된다. 즉, 언어는 존재의 진리를 말함이다. "사유 안에서 존재가 언어 에로 도래(到來)"하며(Heidegger, 2005b: 123), 언어의 말함을 통하여 존 재가 자신을 알려온다. 그래서 하이데거는 말한다. "언어는 존재의 집이 다."(Heidegger, 2005b: 124)

(3) 존재망각과 사유의 퇴락

　사유는 존재로부터 생기(生起)하는 것이므로 사유의 뿌리는 존재이다. 그런데 사유는 자신의 뿌리인 존재를 망각하고 존재자만을 사유하게 되 었다는 것이다. 이를 하이데거는 존재망각(Seinsvergessenheit)이라고 부

　게 물과 같은 것임과 동시에 생명활동을 가능케 하는 에너지와 같은 것이라는 의미이다.

23) 하이데거로부터 존재에 대한 더 이상의 구체적인 해명을 듣는 것은 어렵다. 존 재자를 존재하게 하는 바탕이며, 원소, 에너지로서의 존재는 불교의 공성(空 性), 노장의 무위자연(無爲自然), 기독교적 신성[또는 영성(靈性)] 등으로 해석 이 될 수 있다고 본다. 실제로 하이데거 자신이 자신의 사유와 동양적 사유 사 이의 유사성을 느끼고 이에 관심을 가지고 있었다는 증거들이 남아 있다(김종 욱, 2001; 윤병렬, 2001; 전동진, 2001: 140f.).

른다. 사유가 존재를 망각하고 존재자만을 사유하는 사유로 퇴락(頹落, Verfallen)해 버린 것이다. 사유의 퇴락에 의하여 인간은 자기 자신도 존재자 중의 한 존재자, (다른 존재자들을 지배할 수 있는) 탁월한 존재자로 생각하게 되었다. 인간은 자신을 (인식과 행위의) 주체라고 생각하게 되었고, 모든 다른 존재자(사람들, 생명체들, 사물들)를 자신의 대상으로 규정하였다. 이를 통하여 사유는 주체(자아)의 '테크네(τέχνη)', 즉 '행동과 제작에 봉사하는 숙고의 절차'가 되었다(Heidegger, 2005b: 125). 이러한 숙고는 '프락시스(πραξις)', 즉 '실천'과 '포이에시스(ποίησις)', 즉 '제작'을 고려하면서 이루어진다. 이러한 사유에 대한 기술적 해석은 플라톤과 아리스토텔레스에까지 거슬러 올라가는데, 이러한 해석을 통하여 사유는 실천과 분리가 되어 버렸다. 사유를 '테오리아(θεωρία)'로 특징짓는 것, 즉 인식활동을 이론적 처치로 규정하는 것은 이미 사유에 대한 기술적 해석의 일환이다(Heidegger, 2005b: 125).

하이데거에 따르면 인간의 이러한 사유의 퇴락은 일상 속에서 '사적 실존(private Existenz)'과 '공공성(Öffentlichkeit)'의 대립 상태로 나타나고 있다. 사적 실존은 개인적 삶을 의미할 것이며, 공공성은 사회의 특성을 의미할 것이다. 그런데 공공성이란 원천적으로 보면 인간의 주관성의 산물이다. 다시 말해서, 주체로 해석된 개인들의 상호작용의 역동성 속에서 형성되고 공유되는 무엇이다. 따라서 공공성은 이미 형이상학적인 주체철학에 물들어 있다. 다시 말해서, 공공성이란 주관성이 '존재자의 개방성(Offenheit des Seienden)'을 점유하고 조정하면서 무제약적으로 대상화시킨 결과 얻어진 관념적 구성물인 것이다(Heidegger, 2005b: 129). 이렇게 형성된 공공성은 사적 실존에 대하여 막강한 지배력을 행사한다. 사적 실존이란 공공적인 것에 의존해 있고, 이에 지배를 받으면서도 다른 한편으로는 공공성을 부정함으로써 이의 지배에서 벗어나고자 애를 쓰면서 존립한다. "사적인 실존은 공공적인 것에 접목된 어린 가지에 불과하며, 공공적인 것으로부터의 단순한 후퇴에 의거해서 연명한다."(Heidegger, 2005b: 128) 이러한 관계 속에서 언어는 소통의 통로를 매개하는 기능을 떠맡으면서, 모든 것을 객관화·대상화시켜서 모든 이에게 동일하게 전달하는 전달기능으로 전락한다. "이렇게 하여 언어는 공공성의 독재하에 놓이게 되었다."(Heidegger, 2005b: 129)

문제는 현대사회의 도처에서 급속도로 증대되고 있는 이러한 언어의 황폐화가 모든 언어 사용에서 미적·도덕적 책임을 와해시키고 있다는 사실에만 그치는 것이 아니다. 언어의 황폐화는 인간의 본질에 대한 위협에서 발원하고 있다. 언어의 퇴락은 "언어가 근대 주관주의적 형이상학의 지배하에서 거의 끊임없이 그것의 원소[=존재]로부터 벗어나고 있다는 사건"의 결과라는 것이다(Heidegger, 2005b: 130). 그 결과, 언어는 더 이상 존재의 진리를 말하지 않게 되었다.

> 그것이 존재 진리의 집인데도 불구하고, 언어는 우리에게 아직도 자신의 본질을 거절하고 있다. 오히려 언어는 존재자를 지배하는 도구로서, 우리의 한갓된 욕구의 경영을 위해 헌신한다. 존재자 자체는 원인과 결과의 그물 속에서 현실적인 것으로 나타난다. 우리는 현실적인 것으로서의 존재자를 계산하고 행위하면서 만나기도 하고, 또한 설명과 근거제시를 수단으로 하여 과학적 또는 철학적으로 만나기도 한다(Heidegger, 2005b: 130).

하이데거가 보기에 현대사회 속에서 존재사유에 대한 또 하나의 중대한 위협은 눈부신 발달을 거듭하면서 인간 삶을 전 방위적으로 지배하고 있는 기술(Technik)이다.[24] 기술은 기술적인 사유를 전제로 하는

---

24) '휴머니즘에 관한 편지'에서는 기술의 문제에 관해 매우 간략하게 언급하고 있으나 하이데거의 후기 철학에서는 매우 중요한 문제 중의 하나이다. 따라서 하

데, 기술적 사유는 요컨대 설명하고 계산하며 조작하는 사유이며, 존재
자의 세계를 장악하여 인간의 지배의지에 철저하게 종속시키는 것을 목
적으로 한다(이기상, 2001: 311f.). 이러한 기술적 사유의 근본적 위협은
인간마저도 지배의 대상으로 만들어 가고 있다는 점과, 이를 통하여 인
간 본질의 담지자인 존재사유를 점점 더 어렵게 하고 있다는 점에 있다.
그런데 이러한 기술적 사유의 바탕에는 서구적 형이상학이 깔려 있다.
"기술은 존재자를 드러냄의 방식인 테크네로부터 발원"하기 때문이다
(Heidegger, 2005b: 155). "기술은 형이상학의 역사에 근거"하며 "존재 진
리의 존재사적인 역사적 운명"이다(Heidegger, 2005b: 155). 따라서 우리
는 기술을 단순히 도피하거나 지양시키려고 해서는 안 되며, 존재의 진
리의 입장에서 기술의 본질에 대하여 사유해 나가면서, 인간적인 방식
으로 관계맺음을 시도해야 한다. 그렇지 않으면 인간은 점점 더 완전한
'공작인(工作人, homo faber)'이 되거나, 아니면 기술세계로부터 도피한
은둔자가 될 수밖에 없을 것이기 때문이다. 이처럼 현대인은 존재사유
와 기술적 사유를 함께 지니면서 이 양자를 적절하게 조화시켜야 하는
어려운 과제를 지니고 있다는 것이다.[25]

이데거의 기술에 대한 사유를 교육학적으로 해석하는 것만으로도 이미 하나의
커다란 주제가 된다. 이 주제에 관해서는 이기상의 논문 「존재 역운으로서의 기
술」(이기상, 2001: 308-355)을 참조.

25) 이기상은 기술적 세계에 대한 하이데거적 관계 맺음을 '들어오게 내버려 둠
(hereinlassen)'과 '밖에 놓아둠(draußenlassen)'으로 표현하고 있다. 기술을 수
용하되, 그러한 기술이 사유의 핵심을 점유하지는 못하게 해야 한다는 의미이
다. "다시 말해 기술적 대상들을 결코 어떤 절대적인 것으로서가 아니라 보다
높은 것에 의존한 채 남아 있는 사물들로서 그 자체에 머물러 있도록(auf sich
beruhen lassen) 놔두는 셈이다. 하이데거는 기술적 세계에 대해 이렇게 '예'와
'아니요'를 동시에 말하는 태도를 '사물들에 내맡겨져 있음(Gelassenheit zu den
Dingen)'이라고 부른다."(이기상, 2001: 347f.)

(4) 귀향 또는 존재사유로의 복귀

하이데거에 따르면 근대적 인간은 존재망각을 통하여 고향을 상실하였다.[26] 고향이란 무엇인가? 인간 존재자가 본래 생겨난 곳이며, 따라서 본래적인 거주지, 편안하고 친숙하게 머무를 수 있는 곳을 말함이다. 하이데거에 따르면 인간 존재자의 궁극적 고향은 '존재(Sein)'이다. 그러나 인간은 존재자의 형이상학에 빠져 버린 지 오래되었으며, 이러한 존재자의 형이상학 안에 안주하고 있다. 이를 통하여 인간에게 존재 자체는 낯선 것이 되어 버렸고, 존재자의 세계만이 그에게 친숙하고 편안한 것이 되어 버렸다.[27] 그러나 존재자의 형이상학은 인간에게 궁극적인 안정과 편안함을 제공하지 못한다. 왜냐하면 인간 존재자의 근본기분으로서의 '불안'이 때때로 찾아와 존재자의 형이상학을 뒤흔들어 놓기 때문이다. 그럼에도 불구하고 사람들은 존재자의 질서를 안정시키고 확고화하려고만 하며, 이러한 질서위에서 안정감을 얻기만을 바란다.

그러나 하이데거는 우리에게 존재자 세계의 익숙함에서 벗어나 과감하게 존재의 진리로 돌아갈 것을 권유한다. 불안의 무화(無化)로부터 도피하지 말고 견디어 내면서 말이다. 왜냐하면 무화 속에서만이 인간 존재자는 자신의 뿌리가 '존재'임을 감지하게 되기 때문이다. 이러한 무화는 인간에게서만 일어나므로 인간은 모든 존재자 가운데에서 존재이해를 할 수 있는 유일한 존재자이다. 이러한 존재자의 특성을 가진 존재자로서의 인간을 하이데거는 거기에(da) 있음(sein), 즉 '현존재(Dasein)'라

[26] "고향 상실은 존재자로부터 존재의 이탈에 기인한다. 존재망각의 결과, 존재의 진리는 여전히 사유되지 않고 있다. 존재망각은, 인간이 항상 단지 존재자만을 고찰하고 다루고 있다는 사실을 통해 간접적으로 고지된다"(Heidegger, 2005b: 153).

[27] "엄밀하게 말해서 고향 상실은 존재가 형이상학의 형태 안에 있게 된 역사적 운명으로부터 초래된 것인데, 이 형이상학을 통해 고착되고 동시에 형이상학으로 인해 고향 상실로 은폐된다."(Heidegger, 1996: 339f.)

고 부른다. 여기에서 거기(da)란 '무적(無的)인 것'으로서의 존재를 의미
한다.

> 거기 있음(현존재)이란 곧 무(無) 속으로 들어가 (머물러) 있
> 음을 뜻한다. 거기 있음은 무 속으로 들어가 스스로 (머물러)
> 있으면서 언제나 이미 존재자 전체를 넘어서 있다. 이와 같이
> 존재자를 넘어서 있는 것을 우리는 초월(Transzendenz)이라
> 고 부른다(Heidegger, 2005b: 164).

인간은 존재자를 넘어선 무에 들어서 있는 존재자이다. 스스로 존재
자이면서 동시에 존재자를 초월하여 무에 들어가 머물고 있는 인간 존
재의 특성을 하이데거는 탈존(脫存, Eksistenz)이라고 부른다. 그런데 앞
서 언급했듯이, 무란 허무가 아니라 존재자가 지양되면서 드러나는 개
방성이다. "[존재의] 진리는 존재자의 탈은폐(Entbergung)이며, 이러한 탈
은폐를 통하여 하나의 개방성이 드러난다."(Heidegger, 1986: 18) 존재자
로 오인되었던 눈앞의 존재가 무의 무화(無化)함을 통해 탈은폐(＝지양)
됨으로써, 인간은 존재의 개방성 안에 들어서게 되는데, 이러한 존재의
개방성은 다양한 존재 가능성을 제공하므로 인간은 다양하게 존재할 수
있는 능력, 즉 자유를 부여받게 된다. 따라서 개방성이란 곧 자유를 의
미하게 된다. 이러한 자유는 이제 존재자를 존재하게 함(Sein-lassen)으
로 드러난다(Heidegger, 1986: 15). 왜냐하면 이 개방성 안에서 존재자가
존재자로 드러나기 때문이다.
    요컨대, 현존재는 존재자이면서 동시에 무에 들어서 있는 존재, 즉 탈
존이다.[28] 그런데 이러한 탈존을 탈존으로 가능하게 하는 것이 언어이다.

---

28) 하이데거는 현존재로서의 인간이 그때마다 이해하고 관여하고 있는 존재 자체
    를 실존(Existenz)이라고 명명한 바 있다(Heidegger, 1963: 12). 따라서 현존재

왜냐하면 우리는 언어에 의해서만 존재에 관여할 수 있기 때문이다. 인간은 말 걸고 말 걸어옴에 응답함을 통해서 존재와 교섭한다. 이렇게 하여 "언어는 존재의 집"이 된다(Heidegger, 2005b: 124). 언어가 존재의 집이라 함은 언어의 본래적 기능이 존재를 담지하고, 존재를 표현하는 것이라는 말이다. 인간은 언어를 통해 존재와 교섭하면서, 존재를 지키면서, 존재에 깨어 있게 된다. "인간은 존재의 목자이다."(Heidegger, 2005b: 144). 이렇게 하여 인간은 '존재의 근처(Nähe des Seins)', 즉 고향으로 돌아와 거주하게 된다.

요컨대, 우리가 시원으로 거슬러 올라가는 사유를 연습해 감에 의하여 존재를 감지할 수 있고 존재의 말 걸어옴을 들을 수 있으며, 또한 존재에 말을 걸어서 응답을 받을 수 있다는 것이다. 하이데거는 이러한 존재의 말 걸어옴, 그리고 이러한 말 걸어옴에 응답할 수 있는 준비 속에 인간을 참으로 인간답게 하는 노력이 들어 있다고 주장한다.[29]

이상과 같은 논의과정을 통해서 왜 하이데거가 종래의 휴머니즘의 인간이해를 반대하는지에 대해 좀 더 명확하게 말할 수 있게 되었다.

> 휴머니즘에 반대하는 까닭은, 휴머니즘이 인간의 인간다움
> 을 충분히 드높게 평가하지 못하기 때문이다. 분명히 말하건
> 대, 인간의 본질적 고귀함은 인간이 존재자의 주체라는 점에,

(인간)가 실존한다는 것은 그가 그때마다 고유한 존재이해(또는 존재 가능성에 대한 이해)를 가지면서 이를 실현하고자 시도하면서 존재한다는 것을 뜻한다.
29) "그런데 이처럼 존재가 인간에게 말 걸어옴 안에는, 또는 이러한 말 걸어옴에 대해 응답하도록 인간을 준비시키는 시도 안에는, 인간을 인간답게 하려는 노력이 있지 않은가? 심려(Sorge)는 인간을 다시 그것의 본질로 복원시키는 방향 말고 달리 어떤 방향으로 나아가겠는가? 이러한 복원은 인간(homo)이 인간답게(humanus) 된다는 것 이외에 다른 무엇을 의미하겠는가?"(Heidegger, 2005b: 130-131)

즉 존재자의 실체라는 점에 기인하지 않는다. 만약 인간이 존 재자의 주체라면 인간은 존재의 전권자로서, 존재자의 존재를 너무도 떠들썩하게 찬양되는 객관성 안에서 소멸되게끔 하는 자에 불과한 것이다(Heidegger, 2005b: 143).

요컨대, 하이데거에 따르면 휴머니즘은 인간을 존재자, 즉 눈앞의 존 재로 보고 눈앞의 존재로서의 인간에게 전권을 부여하는 인간중심적 이 데올로기이다. 이러한 형이상학적 휴머니즘이 지양될 때에야 인간은 다 시 존재의 곁으로 돌아가게 된다. 인간은 이제 다른 모든 존재자와 함께 존재의 빛 속에 있음을 감지한다. 그런데 이러한 존재자들은 인간이 임 의로 처리할 수 있는 대상들이 아니다.

존재자의 나타남의 여부 및 그 방식, 그리고 신과 신들, 역사 와 자연이 존재의 밝음 안으로 들어와서 [우리에게] 가까이 다 가와 있다가 사라져 버림의 여부 및 그 방식은 인간의 결정 사 항이 아니다. 존재자의 도래는 존재의 역사적 운명에 기인한 다(Heidegger, 2005b: 143-144).

이러한 하이데거의 말은 수동적으로 운명에 복종하는 삶을 권장하는 것처럼 들리기도 한다. 그러나 하이데거에 따르면 존재자로서의 인간이 모든 다른 존재자의 지배자이며 역사의 주인이고자 하는 것은 존재의 진리에 대한 배반이다. 인간은 존재를 자신의 원천으로 감지하는 유일 한 존재로서, 존재를 수호하며 존재의 부름에 응답해야 할 소명을 지닌 자로 그려진다. 인간은 이제 더 이상 자기중심적·인간중심적으로 존재 자들을 처리하는 자가 아니며, 존재의 부름에 따르도록 존재자들을 돕 는 자이다. 요컨대, 하이데거의 인간관에서 존재자로서의 인간 자체가 중요한 것이 아니라, 인간이 존재의 진리에 속해 있다는 것이 중요하다.

이에 따라 존재의 진리에 귀를 기울이고, 이에 응답하는 데에 인간의 인간다움이 있다는 것이다.

3) 존재사유에 대한 인성교육론적 논의

이상의 논의과정에서 우리는 하이데거의 '휴머니즘에 관한 편지'에 나타난 존재사유에서 주로 그의 인간관을 이해하려고 노력하였다. 그럼에도 불구하고 하이데거 후기 철학의 핵심이라고 일컬어지고 있는 존재사유를 명확히 이해하기란 여전히 어려운 상태에 있다. 그 주된 이유는 우리가 앞에서 살펴본 바와 마찬가지로, 하이데거의 존재사유가 우리가 이미 익숙하게 젖어 있는 표상방식과 이해방식에 대한 해체(解體)를 시도하고 있기 때문이다.

우리가 앞에서 살펴보았다시피, 하이데거에 따르면 우리는 우리 자신을 포함한 모든 것을 '존재자'로 표상하며 이해하고 있으면서, 이러한 표상함과 이해함의 '근거'인 '존재'를 망각해 버렸다. 이것이 무슨 의미인지 다시 한 번 생각해 보기로 하겠다. 독일어 단어 'sein'은 영어의 'be'와 같이 '~이다' '있다'를 의미하는 동사이다. 그런데 사람들은 sein 동사를 단지 존재자로 표상함과 이해함의 진술형식으로만 간주하면서, '~임' '있음' 자체가 무엇인지, 어떻게 하여 '~임' '있음' 자체가 가능한 것인지에 대해서는 더 이상 생각하지 않는다. 예컨대, 우리가 "길가에 들장미 한 송이가 피어 있다."라고 진술할 때, 들장미의 들장미임, 들장미로 있음 자체는 자명한 것으로 이미 전제하고 있다. 어떤 것이 들장미인가 하는 것은 우리의 관념 속에 이미 정해져 있다. 이것이 말하자면 들장미에 대한 형이상학적 규정이다. 그러나 실제로 들장미의 들장미임, 들장미로 있음 자체가 무엇인가, 그것이 어떻게 가능한가는 자명하지 않으며, 어둠 속에 싸여 있는 것이다.

마찬가지로, 우리가 "인간은 이성적 동물이다." 혹은 "인간은 교육적 동물이다."라고 진술할 때, 인간이 인간임, 인간으로 있음은 이미 자명한 것처럼 전제하고 있다. 그러나 실제로 인간의 인간임, 인간으로 있음 자체가 무엇인지는 어둠 속에 싸여 있는 것이다. 따라서 우리가 인간에 대한 좀 더 적합한, 좀 더 근원적인 이해를 얻기 위해서는 '인간이란 무엇인가?'라고 묻기 이전에 '~임' '있음' 자체, '존재' 자체에 대해서 먼저 물어야 한다는 것이다. 존재물음이 모든 다른 물음에 선행되어야 한다. 따라서 하이데거는 '형이상학이란 무엇인가(Was ist Metaphysik?)'에서 "도대체 왜 있는 것들은 있고, 차라리 없지는 않은가?"라고 묻기 시작해야 한다고 주장한다(Heidegger, 1996: 122). 이것은 '있음'의 자명성에 대해 의문을 제기함이며, '있다는 것이 무엇인가?'에 대한 물음, 즉 이른바 존재물음이다. 이러한 존재물음의 길에서 전통적인 '존재자의 형이상학'은 극복될 수밖에 없다고 하이데거는 주장한다.

이러한 존재물음을 위해서는 우리에게 익숙한 표상방식과 이해방식을 통해 알고 있는 것(존재자에 대한 앎)이 참다운 앎(=진리)이 아니며, 그리고 이러한 참답지 않은 앎을 사회적으로 매개하는 수단이 되어 버린 오늘날의 '언어'는 진리를 사유하기에 더 이상 적합하지 않다는 것을 먼저 깨달아야 한다. 오늘날 우리가 사회 속에서 공유하고 있는 지식과 정보, 기술 그리고 의사소통의 수단으로서의 언어는 단지 생존 수단으로서의 의미만 있을 뿐, 존재의 진리로부터 멀어져 버린 지 오래이며(존재망각), 오히려 진리를 왜곡하고 은폐하는 수단들이 되어 버렸다. 하이데거의 말대로 우리 현대인들이 진리상실자들이라면 이것은 참으로 심각한 교육학적 문제가 아닐 수 없다.

'그렇다면 우리가 진리에 다가가기 위해서는 대체 무엇을 어떻게 해야 한다는 말인가?' 하는 의문이 제기될 수 있을 것이다. 이에 대해 하이데거는 아마도 '아무것도 하려고 들지 말라'고 대답하지 않을까 생각된다. 현재 내가 가지고 있는 표상방식, 이해방식은 존재자 형이상학에 물든 것이니 이것을 작동시켜서 무엇을 보려고 하지도 말고 인식하려고 하지도 말며, 판단하려고 하지도 말라. 이러한 것들을 다 내려놓아라(무화시켜라). 그렇다면 만일 내가 가지고 있던 표상방식과 이해방식을 무효화시켰을 경우, 무엇이 남아 '있는' 것일까? 그것은 '있음 자체', 즉 하이데거가 말하는 존재가 아닐까? 문제는 우리 현대인들이 물려받은 대상화, 도구화된 반성적 사고를 지양(止揚)시켜야 한다는 것이다. 그래야 대상화, 도구화되기 이전의 본래적 사유가 회복되며, 이러한 사유만이 존재의 진리에 상응(相應)할 수 있다는 것이다. 이러한 본래적 사유로 돌아갔을 때 우리는 존재 가까이에, 고향에 와 있는 것이다.

　이러한 사고과정은 아리스토텔레스적 의미의 관조(theoria, contemplatio)를 연상시킨다. 물론 하이데거는 아리스토텔레스적 관조도 이미 사유에 대한 도구적 해석의 일환으로 보고 있다. 그러나 아리스토텔레스가 관조의 전제로서 '스콜레(schole)'를 언급할 때, 하이데거 사유와 고대 그리스적 사유와의 유사성이 드러난다. '한가(閑暇)'를 의미하는 스콜레는 요컨대 마음의 한가함을 의미하며, 마음이 목적지향적 사고활동인 논증적 · 기술적 사고를 벗어나 아무런 목적도 없는 순수한 상태라야 주어진 사태를 치우침 없이 있는 그대로 관조할 수 있다고 아리스토텔레스는 말한다. 이러한 하이데거 존재사유와 아리스토텔레스적 관조의 연관성은 뒷장에 가서 다시 언급하게 될 것이다('제5장 통합적 인성교육의 시론' 참조).

　하이데거에 있어서 '존재'란 특히 칸트와 19세기 독일 관념론자들이 말하는 '선험적 주관성' 혹은 '초월적 자아'를 극복하려는 개념이라고 할 수 있다. 이에 따라 하이데거에 있어서 인간의 본질은 초월적 자아로 파악되지 않고, 탈존(脫存, Eksistenz)으로 파악된다. 인간의 본성을 탈존으로 본다는 것은 고립된 자아의 관념을 벗어나서 근원적 존재 차원으로 귀의하는 인간상을 제시하는 것이라고 볼 수 있다. 이 근원적 존재의 차원(하이데거의 용어로는 '존재')은 모든 존재자가 무화(無化)되면서 돌아가는 곳이다. 무화가 멸절(滅絶)을 의미하는 것은 아니다. 모든 있는 것들은 있게 하는 것, 있는 것으로 드러나게 할 수 있는 가능성(능력)에 의지하고 있으며, 이러한 가능성, 능력은 존재자들의 궁극적인 바탕이다. 따라서 존재에 근거하여 존재자가 있게 되는 것이다. 이를 하이데거는 존재의 밝음, 존재의 밝힘이라고 부른다. 존재자가 무화된다 함은 따라서 존재자를 단지 독립적이고 고립적인 존재자(='눈앞의 존재')로 보던 안목이 지양되면서, 모든 존재자가 근원적인 존재의 빛 속에 있음을 통찰하게 되는 것을 말한다. 모든 존재자가 존재 가능하게 하는 능력(=존재) 위에 존립하고 있으므로 인간과 모든 존재자(=세계)는 동근원적(同根源的, gleichursprünglich)이다. 즉, 하이데거가 '존재'라고 명명한 '한 뿌리'에 속해 있다. 이와 같은 동근원성으로 돌아가는 것이 탈존의 의미이다. 따라서 인간을 탈존으로 보는 것은 세계와의 동근원성, 근원적인 유대의 회복을 의미하며, 이를 통하여 첨예화된 자아의식이 지양될 수 있다. 근대사회 이후에 일어난 자아의식의 첨예화는 세계로부터의 인간의 분리와 고립을 가져왔다. 존재에의 귀의(歸依)는 세계에 대한 신뢰로 이어진다. 왜냐하면 존재란 나와 남, 생명들과 사물들 등 모든 존재자가 존재자로서 나타나게 하는 개방성이며, 비춤이며, "고요한 힘"(Heidegger, 2005b: 127)이기 때문이다. 이러한 존재와 세계에 대한 신뢰의 회복은 현대사회 속에서 상실되어 가고 있는 인간 삶의 한 측면, 즉 세계연관성을 다시 회복시켜 줄 수 있을 것이다. 실제로 자의식을 전혀 가지지 않은, 사심 없는 행위가 일상 중에도 가끔 이루어지고 있다. 내가 쑥 빠진 상태에서 어떤 사물이나 사태를 전체 연관 속에서 바라보고 그에 상응하여 행위를 하는 경우가 있지 않은가? 우리가 어린아이의 천진한 행동을 보고 감동하는 이유가 무엇일까? 자의식으로 무장되고 구속되어 있는 성인들의 행동이 아닌, 보다 근원적인 존재 바탕에서 발현되어 나오는 꾸밈없는 행동임을 느끼기 때문은 아닐까? 물론 유아기로의 퇴행 속에

파라다이스가 있다고 하이데거가 주장하는 것은 결코 아니다. 그가 말하고자 하는 바는, 우리는 존재의 시원(始原)을 지속적으로 되물어 감을 통하여 세계와 존재자 일반과의 신뢰와 유대를 다시 회복할 수 있으며, 이것이 진정한 인간다움으로 복귀하는 일이라는 것이다. 이것이 또한 귀향(歸鄕)의 의미이다. 하이데거가 보기에 현대인은 고향 상실자들이다. 그 원인을 하이데거는 형이상학과 과학기술에 의한 인간 삶의 전 방위적인 지배에서 보고 있다. 이러한 현대인에게 하이데거는 '존재의 시원으로 돌아가라! 그래서 진정한 고향을 회복하라'고 외치고 있는 것이다.

우리가 자신과 타인들, 생명체들과 사물들을 눈앞의 존재로, 즉 존재자로만 파악할 때, 우리는 고립과 격리, 경쟁과 대립의 구도에 갇혀 버린다. 그러나 우리가 존재의 진리에 귀의할 때, '눈앞의 존재'들은 무화되어 버린다. 이를 통하여 눈앞의 존재로서의 자기이해(인간, 주체, 인격, 육체와 의식, 정신과 의지 등)도 지양(止揚)되어 가면서 인간은 자아관념의 좁은 울타리에서 벗어나게 되며, 존재의 진리가 포괄하고 있는 우주적 삶으로 해방된다. 고정된 자아관념, 절대적 주체가 지양되면 주체와 맞물려 있던 대상세계도 지양되어 버린다. 인간은 자신이 더 이상 고정된 자아, 절대적 주체가 아니며, 존재의 진리에 들어서서 존재의 진리를 수행하는 자임을 알게 되며, '대상세계'도 더 이상 주체에 대한 대상세계가 아니라 존재의 밝음 속에서 나타난 사람들, 생명들, 사물들임을 알게 된다. 인간 삶의 본래적 의미는 존재의 진리에의 참여, 즉 모든 사람, 생명, 사물을 포용하고 있는 존재의 진리에 헌신하는 것이다. 이러한 삶의 방식을 20세기 후반 독일의 지도적 교육철학자 중 한 사람이었던 발라우프[30]는 탈자아성(脫自我性, Selbstlosigkeit)이라고 표현하였다.

---

30) 발라우프(Theodor Ballauff, 1911~1995)는 20세기 후반 독일의 지도적인 교육철학자들 중의 한 사람으로서, 하이데거의 철학에 대한 교육학적인 해석을 시도한 사람이다(김영래, 2004, 2009).

내가 관여하는 지식, 내가 하는 경험, 내가 수행하는 직책, 내가 속하는 과제 영역, 이 모든 것이 결국 자아 속에 집중된다. 탈자아성이란 다음과 같은 것이다. 나는 모든 것에 속한다. 그러나 그 모든 것이 나에게 속하지는 않는다. 어떤 원칙(Maßgabe)에 의해서도 내가 모든 것을 임의로 처리하는 일은 없다. …… 모든 경우에 나(Ich)와 자아(Selbst)가 사라지지만 내 안에 정립되어 있는 통찰과, 나에 의하여 성취되어야 하는 작업, 오직 나를 통해서만 일어날 수 있는 행위 등은 존립된다(Ballauff, 1979: 18).

탈자아성이란 단순히 자포자기적인 태도를 말하는 것이 아니라 사심(私心) 없는 삶의 태도를 말하는 것이다. 이러한 탈자아성을 형성시킨 사람은 자아의식으로 무장된 다른 사람들에게 뒤처져 버리고 이용당할 것이 아닌가 하는 의구심은 근거가 없는 것이다. 탈자아적인 사람은 모든 존재자를 있는 그 자체로 보고, 그들이 말 걸어옴을 있는 그대로 들으며, 이러한 요구에 사심 없이 응한다. 또는 들어주려고 노력을 하게 된다. 모든 것을 포용하며, 그들에게 필요한 바를 사심 없이 응해 줄 수 있는 사람은 분명 크고 강한 사람이다. 넓고 큰마음을 갖고 모든 존재자를 포용하고 도와주려고 하기에 각종 능력의 개발에도 매우 적극적일 수밖에 없다.

이상에서 보았다시피 하이데거의 존재사유는 교육에 대해서도 패러다임의 근본적인 전환을 요구하고 있다고 볼 수 있다. 요컨대 하이데거적 관점에서 볼 때, 교육의 목표는 성장세대를 존재사유에 입문시키는 것이며, 이를 통하여 궁극적으로 탈자아적·우주적 인간상을 실현시키는 것이다. 그런데 이와 같은 교육이 이루어지기 위해서는 무엇보다도 먼저 하이데거의 교육적 함의를 지닌 '철학적' 통찰들이─인간 삶의 현

2. 하이데거의 '존재사유'와 인성교육

재적·미래적 상황과 조건들을 충분히 감안하면서—'교육학적'으로 면밀히 재해석되어야 할 필요가 있다.

하이데거적 교육관은 무엇보다도 기술시대, 지식정보화 사회로 특징지어지는 현대사회에 적합한 교육관인지에 대한 의문을 불러일으킬 수 있다. 존재를 감지하고, 존재에 말을 걸며, 존재에 응답하는 '존재사유인' '존재의 목자' '존재지킴이'로서의 삶은 얼핏 은둔적인 명상가의 삶의 모습처럼 느껴진다. 반면에, '존재사유인'의 입장에서 보면 이른바 '자기보존' '자아실현'을 위한 교육, 또는—듀이적인—'유목적적 활동을 통한 경험의 지속적 재구성'으로서의 교육은 존재망각의 결과이며, 사유를 자아추구의 도구로 만드는 전도(顚倒)된 교육관이 되어 버린다. 그러나 다른 한편으로 생각해 보면 현대의 지식정보화 사회에서 살아가기 위해서는 사유의 도구화가 불가피한 것이 아닐까 생각해 보게 되기도 한다. 사유가 계속해서 도구화로부터 자신을 방어하려고 한다면 이를 통해—사유의 도구화를 통해 출현된—기술화되고 산업화된 세계로부터도 멀어지는 것이 아닌가 하는 의문 또한 근거가 없지 않다(김영래, 2004: 16). 이 기술화된 세계는 이미 우리의 생활세계가 된 지 오래이다. 교육은 성장세대로 하여금 그들의 삶의 세계에 성공적으로 적응하도록 하는 과제를 피해 갈 수 없다. 그런데 이것은 불가피하게 사유의 도구화를 초래한다. 여기에서 하이데거적 교육관은 딜레마에 봉착하는 것 같다.

이로부터 우리는 하이데거의 '철학적' 통찰들에 대한 '교육학적' 재해석의 필요성을 느끼게 된다. 왜냐하면 '철학'에 있어서는 궁극적이고 완전한 것(진리)이 주된 관심의 대상이 되겠지만, '교육'에 있어서는 인간 삶의 현재적 조건 속에서 실현 가능한 것(과정)이 무엇인가가 중요하기 때문이다.

필자의 견해로는 성장세대가 사실세계에서 성공적인 삶을 살면서도 탈자아적·우주적 사유로 나아가도록 하기 위해서는 '자기보존(자아실현)'의 원리와 '탈자아성'의 원리를 변증법적으로 종합하는 교육 패러다임의 개발이 필요하다고 생각한다. 현존재로서의 인간은 존재자이면서 동시에 무에 들어서 있는 존재, 즉 탈존(脫存)이라고 하는 하이데거의 언급에 비추어 보더라도 교육은 존재자의 무화를 통한 존재에의 귀의, 즉 탈자아성(脫自我性)만을 배려해서는 안 되며, 존재자, 즉 사실적 인간존재의 유지와 발전을 위한 자기보존, 또는 자아실현의 교육도 불가결한 것이다. 또한 인간은 교육을 통하여 자기만 배려하고 자기중심적인 삶만을 살도록 이끌어져서는 안 되며, '나'가 쑥 빠진 상태에서 삶과 세계를 돌아보고 이로부터 주어지는 부름과 요청에 사심 없이(탈자아적으로) 응답할 수 있는 존재로까지 이끌어져야 할 것이다.[31]

그렇다면 하이데거적 교육관에 따른다면 구체적으로 어떠한 교육이 가능할까? 하이데거가 주장하는 존재에의 귀의는, 요컨대 반성적 사유(또는 존재자 사고)로부터 존재사유로 돌아감을 의미한다. 우리가 자신과 세계 사물들을 존재자(눈앞의 존재)로 관찰하고 처치하고자 하는 한, 우리의 사유는 도구적 · 기술적 사유, 즉 반성적 사유에 떨어져 있는 것이다. 그러나 우리가 반성적 사유를 지양시키면서 사유의 뿌리, 원천으로 거슬러 올라가고자 시도할 때, 우리는 존재에 귀의하고 있는 것이다. 사유의 뿌리, 원천으로 되돌아갈 때 인간은 '존재' 가까이에 가게 되고, 이 존재 안에서 모든 세계 내 존재들이 동근원적임이 드러난다고 하이데거는 말한다. 이러한 통찰에 도달하면 자기중심성, 즉 소아(小我)는 점차로 지양되고 탈자아성, 즉 우주적 대아(大我)로 개방된다.

앞에서 필자는 교육에 있어서 자기보존의 원리와 탈자아성의 원리는 함께 추구되어야 한다고 주장한 바 있다. 물론 이 두 원리가 어떤 경우에도 함께 추구될 수는 없을 것이며, 교육활동의 성격과 내용에 따라서

---

31) 교육원리로서 '자기보존'과 '탈자아성'의 종합의 필요성에 대해서는 졸고 「체계적 교육학의 필요성과 가능성」(김영래, 2006: 59) 참조.

두 원리 중 하나가 선택적으로 추구되어야 할 경우가 많을 것이다. 자기보존의 원리는 주로 세계의 실용적인 지배를 위한 교육활동에 적용이 될 것이다. 탈자아성을 실현하기 위해서는 자기중심적·목적지향적 사고활동을 잠시 멈추고 자신과 타자의 삶의 의미, 존재의 의미가 무엇인가에 관심을 갖고 지속적으로 물어갈 수 있도록 하는 교육, 사람들과 사물들을 폭넓게 관찰하고 폭넓은 공감을 느끼도록 하는 교육, 특히 대자연과 우주 속에 있는 존재자들의 존재양상들을 관찰하면서 이 모든 존재자의 상의상존성(相依相存性)을 배우고 체득하면서 호연지기(浩然之氣)를 기르는 교육활동 등이 적합할 것이다.

　반성적 사유를 지양하면서 사유의 뿌리, 원천으로 되돌아가도록 하는 데에 특히 도움이 되는 교육활동은 관조교육 내지는 명상(瞑想, meditation) 교육일 것이다. 동서를 막론하고 인류의 역사에 있어서 탁월한 인품을 지녔던 사람들은 외부세계나 자신의 내면을 조용히, 지속적으로 지켜보는 수련을 통하여 사유의 뿌리에 가까이 도달할 수 있다는 것, 그리고 이러한 심층적 사유를 통하여 자신과 세계를 새로운 시각에서 바라볼 수 있으며, 이러한 통찰에 따라 지혜롭고 행복한 삶을 살아갈 수 있었다는 것을 보여 주고 있다. 성장세대에 대한 교육에 있어서 이러한 관조교육이나 명상교육이 독서와 글쓰기, 친교적인 대화, 각종의 체험활동 등과 연관될 때, 보다 효과적인 인성교육이 될 것이다. 요컨대, '자기보존'의 교육과 '탈자아성'의 교육을 적절히 연관적으로 시행한다면 인성교육의 문제는 순탄하게 해결되어 가리라고 본다.

3 프로이트 무의식이론의 인성교육론적 해석

1) 들어가기

Sigmund Freud
(1856~1939)

프로이트(Sigmund Freud, 1856~1939)는 마르크스, 니체와 함께 20세기 이후의 인류사회에 가장 크게 영향을 미친 사상가의 한 사람으로 일컬어져 왔다. 프로이트의 기여는 무엇보다도 '무의식의 발견'에 있다고 할 수 있다. 종래에는 인간의 내적 정신활동이 주로 의식의 영역에서 이루어지는 것으로 간주되어 왔던 반면, 프로이트는 의식의 이면에 의식으로 드러나지 않는 광범위한 무의식의 차원이 존재하며, 인간의 삶이 이 무의식의 활동에 크게 지배되고 있음을 설득력 있게 밝혀냈다. 프로이트의 무의식이론은 종래의 인간관을 근본적으로 바꾸어 놓았으므로 인성교육에 대한 이해도 당연히 변화될 수밖에 없다. 프로이트의 무의식이론은 또한 기존의 담론들로서는 설명되기 어려운 인간의 다양한 현상에 대한 설득력 있는 해명을 제공해 주고 있기도 하다. 이러한 관점에서 필자는 프로이트의 무의식이론이 인성교육 담론지평을 확장시키는 데에 적지 않게 기여할 수 있다고 생각한다.

2) 프로이트의 무의식이론을 통한 인성교육담론 확장

(1) 무의식의 발견

프로이트가 무의식을 처음 발견한 사람이라고 말할 수는 없다. 그러나 무의식의 존재와 그 메커니즘을 실증적으로 밝혀낸 첫 번째 사람이었다는 것은 분명하다. 프로이트가 무의식의 존재를 처음 확신한 것은 히스테리 환자들에 대한 최면치료의 경험을 통해서였다. 최면 상태[32]에서 프로이트는 환자들이 일상적 의식의 상태와는 매우 다른 의식 상태를 드러낸다는 것과, 그러나 이러한 최면 중의 의식 상태는 환자가 최면에서 깨어나 일상적 의식을 회복한 후에는 완전히 자취를 감출 뿐만 아니라 환자 자신도 전혀 기억을 하지 못한다는 사실을 확인하였다.[33] 그러나 프로이트는 최면치료의 한계를[34] 느끼고 무의식에 접근할 수 있는 새로운 통로, 즉 꿈을[35] 해석함으로써 무의식을 읽어 내는 이른바 정신분석학을 개척하였다.

---

32) 최면 상태(催眠狀態)란 일종의 반각 상태(半覺狀態)라고 할 수 있는데, 피최면자가 완전히 잠들어 있는 것은 아니지만 의식의 활동이 현저히 약화된 상태에서 최면시술자의 암시(暗示, 언어적 지시)에 집중되어 이를 거의 무조건적으로 따르는 독특한 상태이다(유한평, 1997: 26f.).

33) 최면 상태에서 피술자는 시술자의 암시를 따르는데, 시술자가 히스테리 증상의 원인을 찾기 위해서 피술자의 과거로 거슬러 올라가 그 당시 상황을 떠올리며 이야기를 하도록 암시를 주면, 경우에 따라서는 피술자가 자신의 수십 년 전의 상황을 생생하게 재현해 내기도 하며, 이를 통하여 히스테리의 원인을 밝혀낼 수 있었다. 환자 자신의 입으로 히스테리의 원인을 말하고 나면, 각성 후 히스테리의 증상이 감소하거나 사라지는 것이 확인되었으며(카타르시스 요법), 경우에 따라서는 히스테리의 원인이 되는 고통스러운 기억을 잊도록 암시를 주거나, 관련 당사자들을 용서하도록 암시를 주면 히스테리 증상이 완화되었다(Freud, 2010a).

34) 프로이트가 지적하는 최면치료의 한계는 첫째로, 최면이 잘 안 걸리거나, 걸려도 깊은 최면 상태로 잘 유도되지 않는 사람이 적지 않다는 점과, 둘째로는 피술자에게 시술자에 대한 정서적 의존성이 생긴다는 점이다(Freud, 2010c: 214f., 226).

35) 프로이트에 따르면 꿈은 의식이 현저히 약해진 상태에서 무의식이 활동하는 현상이며, (억압된) 원망의 충족이다(Freud, 2007b: 163f.).

이러한 프로이트의 무의식이론은 수천 년 동안 서구의 정신사를 지배해 온 이성주의에 대한 반란이었으므로 서구사회 안에서 엄청난 저항을 불러 일으켰다. 이성이란 요컨대 논리적 사고력인데, 논리적 사고력은 '의식(意識)'에 기반을 둔 활동이다. 그런데 그러한 '의식'이 프로이트에 의하여 '무의식(無意識)'이라는 조련되지 않은 말의 등에 불안정한 상태로 올라타 있는 기수(騎手)와 같은 신세가 되어 버린 것이다. 이러한 프로이트의 도발은 한편으로는 인간의 존엄성에 대한 거친 격하로 받아들여져 분노를 일으켰지만, 다른 한편으로는 이를 통하여 인간이 왜 이성적 판단과—이 판단을 실행에 옮겨야 하는—의지에 따라 자신의 삶을 이끌어 가기가 그렇게도 어려웠는지에 대한 이해의 실마리를 제공하면서 지지자들이 늘어 갔다.

(2) 프로이트의 성격구조론

주지하다시피, 프로이트에 있어서 성격(character)의 개념은 무의식(das Unbewusste)과 전의식(das Vorbewusste), 의식(das Bewusste) 그리고 이드(id)와 자아(ego), 초자아(superego)의 개념에 의해서 설명될 수 있다.[36] 무의식과 전의식, 의식의 구분은 그의 심리학의 제2기(지형학적 시기)에 주로 사용되었으며, 이드와 자아, 초자아의 구분은 제3기에 나타난 것이다.

'무의식'이란 프로이트에 따르면 우리가 의식할 수는 없지만 우리의

---

36) 프로이트의 심리학이론은 세 단계의 형성과정을 거친다. 제1기(1881~1897)는 마이네르트, 브로이어, 샤르코 등의 지도를 받으며 정신과 의사이자 심리학 연구가로 발전하던 시기이며, 제2기(1897~1923)는 독자적인 심리학이론을 정립한 시기로서 지정학설 시기(topographical frame of reference)라고 불린다. 제3기(1923~1939)는 지정학설로부터 구조론으로 넘어간 시기(structural theory of reference)이다. 본 논문에서는 주로 프로이트의 학문적 완숙기라고 볼 수 있는 제3기의 입장에 따라 인성과 인성교육의 의미를 살펴본다(이무석, 2008: 16ff.).

행동이나 의식활동의 숨은 동기로 간주되는 감추어진 의식이며,[37] 주
로 소원충동(所願衝動, Wunschregung)들로 이루어져 있다고 본다(Freud,
2009a: 189). '전의식(前意識)'도 평소에는 의식되지 않으나, 필요에 따라
서 '의식'에 떠오를 수 있는 의식의 영역이다. 반면에 '무의식'은 절대로
의식될 수 없는데, 의식이 되지 않는 이유는 의식의 표면에 떠오르지 못
하도록 '억압(Verdraengung)'되어 있기 때문이다. 프로이트는 이러한 작
용원리를 우선 '쾌락원칙(Lustprinzip)'과 '현실원칙(Realprinzip)'으로 설명
한다(Freud, 2009a: 11ff.). 무의식은 쾌락원칙에 따라 활동하는 반면, 의
식은 현실원칙에 따라 활동한다. 무의식의 소원충동은 맹목적인데, 이
것이 현실세계의 질서나 가치, 실현 가능성 등에 배치되는 경우, '현실원
칙'에 따른 의식의 '검열(Zensur)'을 통과하지 못하게 되고, 검열에 통과
하지 못한 소원충동은 의식에 의해 '억압'을 당하게 되어 의식의 표면으
로 떠오르지 못하게 된다는 것이다. 억압된 소원충동들은 어떤 식으로
든 소원의 충족을 얻고자 활동을 계속하다가 검열을 피할 수 있는 형태
로 바뀌어서 의식으로 표출되며, 억압이 표출될 기회를 계속 얻지 못하
거나 비정상적 형태로 표출되면 여러 가지의 병리적 현상으로 나타나게
된다.

　의식, 무의식, 전의식은 일종의 지형학적(地形學的)인 개념 구분인 반
면, 이드, 자아, 초자아는 입체적으로 구조화된 개념 구분으로 그대로가
'성격'의 구조를 나타내는 개념이 된다. 이드와 자아, 초자아는 서로 독
립된 것이 아니라 서로 연관되어 있는 심급(審級)으로 파악된다. '자아'

---

37) "우리가 '무의식적'이라고 말할 때, 그 실체에 대해서는 우리가 전혀 모르고 있
　지만 그 작용, 효과로부터 그 존재를 추론해서 가정할 수밖에 없는 심리적 과정
　을 지칭하는 것입니다. …… 즉, 그것이 그 순간 활동하고 있음이 틀림없는데도
　우리가 그에 대해서는 아무것도 아는 것이 없을 때 우리는 그것을 '무의식적'이
　라고 지칭할 수 있다는 것입니다."(Freud, 2004: 96-97)

에는 의식만 속하는 것이 아니라 무의식도 포함되어 있다(Freud, 2009a: 355). '초자아'에도 의식과 무의식이 함께 속해 있다고 프로이트는 보는데, 그 이유는 자아나 초자아 모두가 원초적인 존재바탕인 '이드'의 일부가 변이된 것으로 보기 때문이다. 무의식-전의식-의식의 구도에서 의식이 행사하는 것으로 되어 있던 '검열'을 여기에서는 자아와 초자아가 행사한다.

'이드'에는 지형학적 구분에서 무의식이 차지하던 영역이 대체로 속하며, 본능적 욕구를 충족하려는 충동 에너지가 비등(沸騰)하고 있는 곳이다. 이드 안에서 이루어지는 과정에는 논리적 사고 법칙이나, 가치, 선악, 도덕 등이 전혀 통용되지 않는다(Freud, 2009a: 101f.).

'자아'는 원초적으로 볼 때, 외부세계에 대해서 이드를 대표하고, 이드를 보호하기 위해서 이드로부터 변형된 부분이다. 자아는 지각-의식체계(Wahrnehmung-Bewusstsein System)를 발달시켜서 이드의 소망추구 활동을 도우며, 또한 이드가 위험에 빠지는 것을 방지하기 위해 이드의 소망추구에 대한 현실성 검사(검열)를 행하면서 현실원칙에 맞지 않는 이드의 활동을 억제하고자(억압) 노력한다. 여기에는 초자아가 함께 활동하고 있음이 분명하다(Freud, 2009a: 103f.).[38] 자아는 또한 다른 한편으로 초자아의 통제에 따르면서, 그 비난을 피하고자 노력해야 한다. 자아는 다루기 힘든 세 상대(외부세계, 이드, 초자아)를 가지고 있는 셈이며, 따라서 갈등 상황에 처하는 경우가 많다(Freud, 2009a: 106). 자아가 약하면 한편으로는 이드(본능적 충동)에 지배당하기 쉽고, 다른 편으로는 이에 대한 초자아의 비난과 징벌을 받아 자책감, 열등감, 불안, 우울증 등에 빠지기 쉽다.

---

38) "'자아'는 외부세계의 영향을 자아와 그 경향과 연결시키려 하고, '이드' 속에서 무제한적으로 세력을 떨치고 있는 쾌락원칙을 현실원칙으로 대치시키려고 노력한다."(Freud, 2009a: 364)

'초자아'는 프로이트에 의하면 남자아이의 경우, 오이디푸스 콤플렉스를 극복하면서 아버지와의 동일시가 일어나며, 그 결과 아버지로 대변되는 사회적·윤리적 규범이나 문화적 가치, 종교적 권위 등의 의식이 초자아를 구성한다.[39] 다시 말해서, 초자아는 부모에 의한 외부적 억제가 내면화된 것이며, 그 결과 초자아는 부모들이 이전에 아이에게 그랬던 것과 똑같이 자아를 관찰하고, 억제하고, 위협하며, 징벌하게 된다 (Freud, 2004: 87).

초자아는 인간이 본성적으로 가지고 있는 나르시시즘적 성향에 따라 '자아이상'을 그려 내는데, 자아이상은 유아기 때 지니고 있던 자애심에 대한 대체물로 생겨난다. 유아(乳兒)는 주위 사람들의 사랑을 한 몸에 받으면서 자신에게 최고의 가치가 부여되고, 모든 것이 그를 중심으로 움직인다고 느끼면서 행복한 자기만족의 상태에 있다(나르시시즘). 그러나 "성장하면서 다른 사람들의 훈계나 스스로의 비판적 판단에 의한 각성을 통해 장애에 부딪혀 더 이상 그 완벽함을 유지할 수 없게 되면, 그것을 자아이상 또는 이상적 자아라는 새로운 형태에서 다시 회복하고자 애를 쓰게 된다."(Freud, 2009a: 74) 왜냐하면 자신이 어렸을 적에 누렸던 나르시시즘적 완벽함을 놓치고 싶지 않기 때문이다.[40] 이렇게 하여 형성된 자아이상은 이제 초자아가 이드를 검열하는 기준이 된다. 자기 밖

---

39) 여아의 경우 남근선망에 따른 거세 콤플렉스를 먼저 겪게 되고, 이것이—남아의 오이디푸스 콤플렉스에 해당되는—엘렉트라 콤플렉스로 발전한다고 프로이트는 본다. 정상적인 경우 여아는 엘렉트라 콤플렉스를 극복하는 과정에서 어머니와 동일시를 하면서 초자아를 형성시킨다(이무석, 2008: 148ff.).

40) 프로이트에 따르면 초자아가 오이디푸스 콤플렉스(또는 엘렉트라 콤플렉스)를 '극복'하면서 형성되지만 오이디푸스 콤플렉스가 가지고 있는 성애적(性愛的)인 근원과 단절되는 것은 아니며, 여전히 성애적인 뿌리를—승화된 형태로—가지고 있다. 여기에서 자아뿐만이 아니라 초자아도 이드의 변형이라고 보는 프로이트의 입장이 다시 확인된다(Freud, 2009a: 375ff.).

의 외부대상을 향하던 리비도(Libido)[41]가 자아이상 또는 현실성의 원칙을 충족하지 못하면 거부되고 억압된다. 억압된 리비도가 풀려나 분출되기 위해서는 검열을 피할 수 있는 다른 형태로 변화되어야 한다.

프로이트에 따르면 인간 존재는 근본적으로 나르시시즘 성향, 즉 '자애심'을 지니고 있기 때문에(Freud, 2009a: 46, 50), 자아이상이 확립되고 나면, 리비도를 자아이상 쪽으로 끌어오려는 경향이 나타난다. 여기에 리비도, 즉 충동 에너지의 '승화(昇華, Sublimierung)' 가능성이 존재한다. 즉, 억압되었던 리비도가 탈출구를 찾고 있다가 자아이상에 기여하는 쪽으로 발산되는 것이다. 그러나 자아이상을 가지고 있다고 하여 승화가 저절로 일어나는 것은 아니다. 자아이상이 승화를 요구하기는 하지만 강요할 수는 없다는 것이다. 왜냐하면 자아이상은 다분히 추상적인 관념일 뿐이므로 자체적인 추진력(에너지)을 갖고 있지 못하기 때문이다. 그런데 승화는 쾌락을 추구하는 충동 에너지가 자아이상이나 현실원칙에 어긋나지 않는 방향으로 스스로 변용하는 것을 말하므로 자체적인 추진력을 가지고 있다. 승화를 통하여 이드가 원래 추구하던 쾌락을 포기하기도 한다. 그러나 이 경우에도 이드가 쾌락원칙 자체를 포기하는 것은 아니다. 다만 자아(현실성원칙)나 초자아(양심원칙)가 반대하는 어떤 순간적인 쾌락을 포기하는 대신에, 자아나 초자아가 반대하지 않는 새로운 쾌락을 얻으려고 하는 것일 뿐이다.

프로이트에 따르면 인간사회의 모든 성과는 바로 본능적 충동(리비도)이 승화된 결과이다. 그 대표적인 분야로서 프로이트가 종교, 학문, 예술과 함께 교육을 들고 있는 것이 눈길을 끈다(Freud, 2009a: 19). 교육은 자아발전에 도움을 주는 과정인데, 성장세대가 학업에 리비도를 집중하도록 하기 위해서는 학생이 학업에 노력하면 사랑과 돌봄이 충분히 주

---

41) 리비도는 이드가 가지고 있는 원초적인 생명 에너지라고 볼 수 있는데, 프로이트가 리비도를 주로 성적(性的) 에너지로 간주한 것은 주지의 사실이다.

어지고, 노력을 하지 않으면 사랑과 돌봄에 제한이 가해지는 방식으로 동기화해야 한다. 왜냐하면 아이가 어떤 경우에도 부모의 사랑을 잃지 않으리라고 믿는다면 교육은 매우 어렵게 되기 때문이다(Freud, 2009a). 물론 학업을 통하여 자아발전이 이루어지고 있음을 자각할 수 있는 시기가 되면 스스로 동기부여가 되므로 타인에 의한 동기부여의 필요성은 줄어들게 된다.

3) 프로이트의 문명비판

프로이트는 자신의 무의식이론의 관점에서 인류의 문명을 분석하면서, 당시의 문명 상태가 대다수 인간의 삶에 커다란 불행과 고통을 주고 있다고 진단하였다.[42] 왜냐하면 문명은 본질적으로 인간의 본능적 충동에 대한 억제에 근거하고 있기 때문이다. "문명의 존속은 지속적인 생산활동과 본능의 자제에 달려 있다."(Freud, 2010b: 170) 그런데 이를 위해서는 강제가 불가피하다! 자발적으로 일을 하고자 하는 사람은 극히 드물며, 일을 하기 위해 필요한 본능의 억제도 대부분의 사람은 싫어하기 때문이다. 본능 억제의 희생을 감수하고 생산활동을 수행하도록 대중을 설득할 수 있는 것은 대중에게 모범을 보임으로써 대중에 의해 지도자로 인정받은 소수자들의 영향력뿐이다. 그런데 이러한 소수의 리더 그룹이 다수집단을 설득하여 자발적으로 본능충동을 포기하도록 하는 것은 성공할 가능성이 거의 없으므로, 이로부터 소수집단에 의한 다수집단의 강제적 지배와 권위적 교화가 정당화된다. 그런데 이러한 리더 그룹에 속한 사람들이 모든 것을 올바르게 통찰할 수 있고, 이에 따라 본능충동을 극복할 수 있는 사람들이라면 인류의 문명이 훨씬 건전한 방

---

42) "놀랄 만큼 많은 사람이 문명에 불만을 품고 있고, 문명 속에서 불행을 느끼고 있으며, 문명을 벗어던져야 할 멍에로 여기고 있다."(Freud, 2010b: 206)

향으로 발전했을 것이나, 유감스럽게도 실제로는 그렇지가 못했다고 프로이트는 말한다(Freud, 2010b).

그렇다면 무엇이 문제였을까? 개인이 인간사회 속에서 태어나 자라면서 본능충동에 대한 억압을 겪게 되면, 이에 대하여 감정적으로 반응하면서 다양한 콤플렉스가 생겨난다. 이와 유사하게, 종(種)으로서의 인류도 아직 합리성이 발달하기 이전에는 공동생활의 유지를 위해 불가결한 본능충동에 대한 억제가 주로 비합리적인 감정적 힘을 통해서 이루어졌고, 이러한 비합리적인 감정에 의한 억제가 문명의 핵심요소로서 대물림되었다는 것이다(Freud, 2010b: 214).[43] 문명이 진행되면서 이러한 비합리적 근원을 가진 문명의 요소들은 종교와 도덕으로 포장되어 미화(美化)되고 이상화(理想化) · 절대화되었으며, 그 본래적 근원은 철저히 은폐되고 억압되어 더 이상 의식하기 어렵게 되어 버렸다.[44] 문명이 소수의 리더 그룹에 의해 주도되면서 사회적 차원에서는 대중에 대한 지배의 기제로 이용되기에 이르렀고, 개인적 차원에서는 초자아로 내면화되어 갔다. 이를 통하여 문명에 의한 본능충동의 억압은 더욱 공고화되어 갔지만 그렇다고 하여 본능충동이 제거된 것은 아니었으므로 본능충동이 보다 많이 억압될수록 반작용으로서의 불만과 적개심이 커져 갔고, 그 결과 인간사회는 이러한 적개심과 끝나지 않는 싸움을 벌이게 되었다(Freud, 2010b: 274).

---

43) 프로이트의 작품 「토템과 타부(Totem und Tabu)」에 보면 아득히 먼 원시시대에 아버지의 독점적 권위와 소유에 대항한 아들들이 아버지를 살해하고 나서, 이에 대한 감정적 반응(양심의 가책)으로 아버지를 신격화시키고, 아버지의 뜻을 계명화하게 되었으며, 이것이 종교와 도덕의 기원이라고 해석하고 있다(Freud, 2009b: 213ff.).

44) 프로이트에 따르면 인류 최초의 종교이자 도덕은 토테미즘이었고, 이러한 토테미즘의 뿌리는 살인과 근친상간에 대한 감정적 반응이 만들어 낸 금제(禁制)였다(Freud, 2009b: 189).

　　그렇다면 문제를 해결하는 길은 무엇일까? 프로이트는 개인에게 나타나는 신경증을 치료하기 위해 정신분석을 행함으로써 신경증의 원인이 ―주로 환자의 유년기에 일어났던― 본능충동의 억압에 대한 감정적 반응에 그 뿌리가 있음을 밝혀내고, 이를 환자 자신이 자각하도록 함으로써 신경증을 해소시켰다. 이와 유사하게, 현재 문명의 근원을 그 발생초기까지 거슬러 올라가 분석함으로써 문명의 비합리적인 뿌리를 밝혀낼 수 있으며, 이를 통하여 인류문명은 장구한 세월 동안 대물림해 온―비합리적 망상에 기인한―오류와 착각을 극복하면서 좀 더 건전한 방향으로 발전할 수 있다고 프로이트는 주장한다. 이것은 구체적으로 다음과 같은 것을 의미한다.

　　첫째, 만일 본능충동에 대한 금제(禁制)가 본래 충동적 행위에 대한―우연적이고, 비합리적이며, 망상적이기까지 한―감정적 반응에서 유래했던 것이 문명의 진행과정에서 종교적ㆍ도덕적 명령으로 이상화되고 절대화된 것임을 우리가 통찰할 수 있다면, 이러한 절대화된 문화의 명령을 우리의 손으로 개정할 수 있을 것이고 경우에 따라서는 제거할 수도 있을 것이다(Freud, 2010b: 215). 이것은 비합리적인 근원을 지닌 문명의 명령을 합리적인 근거로 대체하자는 것이며, 이러한 프로이트의 입장은 또 하나의 계몽주의라고 부를 수 있을 것이다. 프로이트적 계몽주의가 요구하는 바는 무엇보다도 쾌락, 특히 성적 쾌락을 추구하는 것이 인간의 주요한 본성임을 인정하고, 이러한 인간 존재가 문명 속에서 자기보존을 하면서 보다 행복한 삶을 살 수 있도록 하기 위해서는 문명이 어떠한 방향으로 나아가야 하는가에 대해 고민을 해야 한다는 것이다. 특히 인간이 지닐 수 있는 행복감의 주요한 원천 중의 하나인 성적 행동(유아의 성적 행동을 포함한)을 가차 없이 억압하고 공격하는 문명의 명령은 개인적으로나 사회적으로 매우 유해하므로 크게 완화되어야 한다고 주장한다.

　　둘째, 그럼에도 불구하고 문명이 유지ㆍ발전되어야 하는 한, 본능충동에 대한 억압은 불가피하다. 왜냐하면 "문명은 자신의 고유한 목적에 사용하는 정신적 에너지를 대부분 성욕에서 전용(轉用)해야 하기 때문이다."(Freud, 2010b: 281) 이를 위해 본능충동에 대한 승화(昇華, Sublimierung)가 필수적이다. 승화는 "문명이 본능에 강요한 변화"(Freud, 2010b: 273)인 셈이다. 이러한 승화가 사람들에게 있어서 큰 무리 없이 일어날 수 있으면 그들은 본능충동에 대한 포기의 대가로 현실세계에의 성공적인 적응이라는 보상을 얻을 수 있기 때문에 큰 문제가 없게 된다. 하지만 문제는 이러한 사람들은 소수에 불과하고 대다수의 사람은 문명이 요구하는 승화를 받아들이기가 어려운 상태이지만 문명은 이러한 사정을 별로 고려하지 않는다는 점이다. 이와 같은 문명이 내리는 명령의 가차 없음은 개인의 초자아의 경우와 다르지 않다.

> 개인적 초자아는 엄격한 명령과 금지만 제시할 뿐, 그 명령과 금지에 복종하는 것을 방해하는 저항─이드의 본성적 강함과 현실의 외부환경이 주는 어려움─은 충분히 고려하지 않는다. 그 결과, 우리는 치료를 위해 자주 초자아와 싸워야 하고, 초자아의 요구수준을 낮추려고 애를 쓰게 된다. 문명적 초자아의 윤리적 요구에 대해서도 똑같은 저항이 일어날 수 있다. 문명적 초자아도 역시 인간의 심리적 소질이 실제로 어떨지에는 별로 신경을 쓰지 않는다. 문명적 초자아는 명령을 내릴 뿐, 사람들이 그 명령에 복종할 수 있는지 어떤지는 문제 삼지 않는다. …… 이것은 잘못이다. 정상인들도 이드를 어느 한도까지만 통제할 수 있을 뿐이다. 인간에게 그 이상의 것을 요구하면, 그는 반항을 일으켜 신경증에 걸리거나 불행해질 것이다(Freud, 2010b: 326).

이와 같이 문명이 강요하는 욕망의 단념이 대다수의 사람을 감내하기 어려운 불만과 고통에 빠뜨린다면 이것은 개인의 삶뿐만 아니라 문명 자체를 위험에 빠뜨릴 수 있다고 프로이트는 경고한다. 그러므로 개인적인 초자아나 문명적 초자아의 요구가 당사자들이 감당할 수 있는 수준을 유지하고 있는지를 면밀히 검토하고 조절하는 일은 문명의 건강성의 유지를 위해 매우 중요한 과제가 된다. 요컨대 프로이트는 보다 건강하고 행복한 인류사회로의 이행을 위한 문명 패러다임의 전환을 요청하고 있는 것이다.

4) 프로이트 무의식이론의 인성교육론적 의미

이상에서 이루어진 프로이트 이론에 대한 부분적이고 간략한 고찰을 바탕으로 프로이트 이론의 인성교육에 대한 의미를 살펴본다고 하는 것은 무리가 없지 않다. 그러나 프로이트 심리학에 대한 인성교육 담론화가 별로 이루어지지 않고 있는 현 시점에서 프로이트 이론의 몇 가지 측면에 대한 논의를 통하여 프로이트의 무의식이론이 인성교육 담론의 확장에 의미 있게 기여할 수 있다는 점을 보여 줄 수 있다면 이 절의 목표는 어느 정도 달성되는 것이 아닌가 생각된다.

프로이트가 20세기 이후의 인류사회에 가져온 가장 큰 변혁은 이성개념의 변화일 것이다. 프로이트 이전의 서구사회는 크게 보아 이성주의적 전통 위에 서 있었다고 해도 과언이 아니다. 고대 그리스시대에 생겨나 로마시대에 발전하였고, 중세 전반기에 약화되었지만 15세기 이후의 르네상스 시대에 다시 부활한 이래, 18세기에 최고도로 발달하여 현대에까지 영향을 미치고 있는 서구의 이성주의 전통에 따르면, 이성은 인간 존재의 최고심급(最高審級)으로서 독립적이고 자율적인 위상을 지니고 있다. 이성은 대체로 사태 자체를 있는 그대로 관찰하는 관조(觀照, contemplation)의 능력과 논리적 사고력 및 판단력을 포함한다고 여겨져 왔으며, 또한 이러한 논리적 판단을 실행에 옮기는 내적인 힘인 의지

(意志)가 이성의 개념에 포함되기도 했다. 이에 따라 인간 존재의 컨트롤 타워로서의 주체개념은 이성을 핵심으로 하는 (초월적) 자아, 인격, 정신 (Geist) 등으로 개념화되었고, 도덕성도 이러한 이성적 주체가 자유롭고 자율적으로 행위할 수 있는 능력(특성)으로 이해되었다.

그러나 프로이트적 구도에서는 이성이 의식의 기능 또는 자아와 초자아의 기능인데, 의식 또는 자아와 초자아는 무의식 또는 이드의 광대한 영역의 일부로서 무의식 또는 이드의 압도적인 영향을 받고 있으므로, 이성에게 자유롭고 자율적인 최고심급의 지위가 주어지지 않는다. 따라서 프로이트는 이성에 의한 인간 존재의 완벽한 통제를 꿈꾸지 않는다. 이러한 그의 입장에서 보면 이성주의적 입장을 지닌 도덕-윤리교육이나 인격교육은 제한적인 의미밖에는 가질 수 없다.[45]

그렇다면 프로이트는 인류문화를 통해 형성되어 온 가치와 이상들을 버리고 욕구충동에 충실한 삶을 살라고 주장하는 것인가? 결코 그렇지 않다. 프로이트가 주장하는 것은 현대사회에 존재하는 가치와 이상들 가운데에는 대다수의 사람이 수용하고 실천할 수 없을 만큼 인간의 본성으로부터 괴리가 되어 있어서 인간을 행복하게 하기보다는 고통과 불행에 빠뜨리는 가치덕목들과 이상들이 많다는 것이다. 문명이 발달될수록 가치와 이상의 덕목이 늘어나고 그 요구수준이 높아지는 경향을 보이고 있지만 현실세계를 살아가는 대다수의 인간이 이를 수용할 능력이 있는지의 여부는 거의 고려되지 않는다. 그 결과, 소수의 사람들만이 지적·문화적·도덕적 엘리트가 되고, 대다수의 사람은 실패자가 되는 것이다. 이들의 실패와 좌절의 상처가 많은 경우에 반지성, 반문화, 반도덕의 경향으로 나타나는 것은 하등 이상한 일이 아니다. 이러한 구도를

---

45) 그의 히스테리 연구들을 보면 종교적·윤리적 금욕이상(禁慾理想, Asketisches Ideal)에 의한 충동의 억압이 심리적 병리현상의 보편적이고 주요한 원인이다 (Freud, 2010a).

피할 수 없는 숙명으로 보고 외면하려 한다면 이는 따뜻한 인간다움, 진정한 휴머니티와는 거리가 멀뿐만 아니라 참다운 인성교육의 문제의식과도 거리가 멀다고 하지 않을 수 없다. 정신과 육체, 이성과 욕망의 이분법에 의하여 인간을 바라보면서 정신과 이성에 인간의 가치를 부여하고 육체와 욕망은 동물적이라고 폄하하고 저주하며 징벌코자 하는 의식이 교육자의 마음속에서 작동하는 한, 모든 아이를 따뜻한 마음으로 포용하여 모두가 행복하고 인간적인 사람이 되도록 이끌어 주는 인성교육은 실천되기 어려울 것이다. 성장세대로 하여금 문명의 가치와 필요성을 통찰하도록 이끌어 주며, 문명에 성공적으로 적응하도록 격려하면서도, 이 과정에서 아이들의 생명에너지 자체인 쾌락추구의 본능이 억압되고 상처를 입는 일이 피할 수 없이 일어나는 엄연한 현실 앞에서 아이들과 함께 아파하고 감싸 주면서 좌절하지 않도록 삶에 대한 희망을 지속적으로 일깨워 주는 것이야 말로 인성교육의 요체가 되어야 할 것이다. 이것이 프로이트의 무의식이론이 인성교육에 주는 주요 시사점 중의 하나이다.

다른 한편으로, 프로이트에 따르면 문명 속에 내재해 있는 가치와 이상들은 오늘날 우리가 종종 생각하듯이 완전무결한 지고(至高)의 것이 아니라 인간문화의 전개과정에서 우연적으로—주로 생존의 필요에 의해서—형성된 부분이 많으며, 따라서 본래로는 그 자체로 지고의 가치나 이상이 아니었던 것이 이드를 억제할 필요성에 의해서 지고의 가치나 이상으로 격상되고 절대화되었다는 것이다. 우리가 이러한 프로이트의 주장을 수용한다면, 오늘날 통용되고 있는 가치와 이상들을 그 근원으로 거슬러 올라가 해명하고 그 본래의 의미에 따라 평가함으로써 가치와 이상이 오히려 인간 삶에 불행과 고통을 일으키는 모순을 점차 해소해 나갈 수도 있을 것이다. 이러한 '문명(가치) 고고학(考古學)'을 통한 기존 가치목록들에 대한 재평가 작업은 인성교육의 적절한 방향설정을 위해서도 그 의미가 적지 않다고 하겠다.

이성주의적인 도덕-윤리교육이나 인격교육 등을 통한 인성교육을 주장하는 사람의 입장에서는 프로이트가 이성과 의지를 격하시킴에 의하여 인성교육을 위한 가장 믿을 만한 장비들을 무력화시켰다고 생각할지도 모른다. 그러나 프로이트의 무의식이론은 다른 측면에서 인성교육을 위한 새로운 수단을 제공한다. 프로이트에 따르면 무의식/이드는 주로 원시적인 충동들이 분출하는 곳일 뿐만 아니라, 후천적으로 입은 심리적 외상(trauma)이나 초자아의 억압과 징벌에 의해 생겨난 죄책감, 분노 등도 또한 무의식/이드에 저장되었다가 기회가 있을 때마다 솟아나와 의식/자아에 지속적인 영향을 미친다.[46] 프로이트는 임상치료가의 입장에서 후천적인 입력(入力)의 부정적인 측면에 주로 관심을 가졌다. 그러나 우리는 여기에서 무의식에 대한 긍정적인, 유익한 입력도 가능한 것이 아닌지 물을 수도 있을 것이다.[47] 만일 우리가 스스로 원하는 메시지를 자신의 무의식에 입력할 수만 있다면, 우리는 우리의 삶을 원하는 방향으로 이끌어 가기 위한 강력한 우군(友軍)을 얻게 될 것이다. 어떤 사람의 무의식에 인위적으로 어떤 메시지를 입력하면 그 사람이 자신도 모르게 그 메시지에 따라 행동한다는 사실은 최면현상에 대한 연구를 통하여 입증되었다. 이것이 이른바 암시(暗示)의 효과인데, 프로이트 시대 이후에 이러한 암시를 타인에 의해서 받는 것이 아니라 자기 스스로

---

46) 여기에서 우리는 한번 무의식에 입력된 것은 그것이 무의식에 머물러 있는 한, 시간의 경과와 무관하게 영속적으로 지속된다는 것이 프로이트의 견해임을 상기할 필요가 있을 것이다(Freud, 2009a: 102).

47) 실제로 프로이트가 정신분석학을 정립하기 이전에 처음으로 정신과 의사로서 히스테리 치료를 시작할 당시에는 최면요법을 통하여 환자가 자신의 무의식에서 히스테리의 원인이 된 사건을 찾아서 발화(發話)함을 통하여 해소시키거나, 히스테리의 원인이 된 사건으로 인하여 생긴 심리적 외상이나 죄책감, 증오심 등을 제거 내지는 완화시키는 암시를 주입하여 히스테리 증상을 개선시켰음을 보고하고 있다(Freud, 2010a).

자신의 무의식에 입력할 수 있는 방법인 자기최면법이 개발되었다.[48]
이러한 자기최면법에 의한 자기암시를 통하여 논리적 판단이나 의지만
으로는 실현시키기 어려운 의식과 태도의 변화를 스스로 일으킬 수 있
는 길이 열리게 된 것이다.

　그러나 우리가 군이 자기최면법에 의하지 않더라도 무의식에의 입력
이 가능하다는 것은 우리의 삶 속에서 얼마든지 증거를 찾을 수 있다.
예를 들어, 인간은 자신이 바라는 바에 대하여 스스로 긍정적인 신념과
결의를 가지고 추구할 때 성공의 가능성이 높다는 것을 누구나 알고 있
다. 그런데 누구나 무엇인가를 실천하고 무엇인가를 이루어 내겠다고
결의를 하지만 이를 끝까지 고수한다는 것은 쉽지 않다(예: 학업). 많은
경우에 좌절을 하게 되며, 경우에 따라서는 수도 없이 좌절을 반복하는
경우도 있다. 그러나 계속 새롭게 결의를 하고, 좌절하고, 또 결의를 하
고, 또 좌절하고…… 이것이 여러 번 반복되다가 종국에는 마음의 저변
에서 "이제는 정말 해내고야 말겠다!"라는 강한 결의가 불끈 솟아오르
며, 이 결의의 힘에 의하여 안팎의 방해요인들을 이겨 내고 결의를 관철
시킬 수 있게 된다.[49] 이러한 마음의 밑바닥에서부터 솟아오르는 무조
건적인 힘은 단순히 논리적인 사고나 의지의 문제로 환원시킬 수 없다.
오히려 이것은 프로이트의 무의식이론에 비추어 보면 처음에는 확고하
지 못하던 자아의 원망(願望)이 반복적으로 무의식에 입력되어 종국에는

---

48) 프로이트가 최면요법의 한계를 느끼고 정신분석 기법을 개발한 이후 최면요법
　　을 그만두었지만, 프로이트 이후에 타인최면의 단점을 개선한 자기최면법을 개
　　발하여 심리치료뿐만 아니라 자아개발 기법으로 발전시킨 사례들이 있다. 대표
　　적인 것 중의 하나가 독일인 의사 슐츠(Schultz, J. H.)가 개발한 자율훈련법(自
　　律訓練法, Autogene Training)이다(유한평, 1997: 108ff.).
49) "지성의 목소리는 낮고 부드럽지만, 주인이 들어줄 때까지 쉬지 않는다. 수없이
　　퇴짜를 맞은 뒤, 마침내 지성은 주인이 자기의 목소리에 귀를 기울이게 하는 데
　　에 성공한다."(Freud, 2010b: 226)

자아의 원망이 마침내 이드의 원망이 된 상태라고 할 수 있다.[50] 이와 같은 프로이트의 입장은—역설적으로 표현하여—새로운 형태의 이성주의(지성주의)라고 할 수도 있을 것이다. 왜냐하면 프로이트는 개인과 문명에 있어서 비합리적 근원을 지닌 무의식적 동기를 밝혀내고, 이러한 무의적 동기를 합리적 동기로 대체해 나가고자 했으며, 이 모든 과정에서 주도적인 역할을 하는 것이 이성이기 때문이다. 그러나 프로이트에게 있어서 이성은 더 이상 독립자존의 자율적 이성이 아니다. 이성은 이제 자신이 올라타 있는 이드에 지배당하는 지위에서 벗어나, 자신의 의사(원망)를 지속적으로 이드에게 일러 주고 설득하여 자신의 강력한 협력자로 만들 수 있으며, 이를 통하여 자신의 역량을 지속적으로 증대시킬 수 있다. 그리고 이러한 지속적인 과정을 통하여—이성의 빛을 받아 개명(開明)되어—이드 자체도 점점 더 이성화되는 것을 기대할 수 있을 것이다. 여기에서 우리는 인성교육의 새로운 가능성을 발견할 수 있다.

인성교육적인 관점에서 중요한 것은 요컨대 이드가 지닌 강력한 에너지(리비도)를 자아의 발달에 활용하는 것이다. 이를 위해서는 생애의 첫 번째 시기에서부터 리비도에 대한 억압과 금지가 가급적 완화되도록 배

---

50) 실제로 많은 자기계발서가 개인이 스스로에게 원하는 메시지를 자신의 무의식에 반복적으로 입력하는 자기암시의 원리를 활용하는 것을 주요 내용으로 하고 있으며, 이러한 방법을 활용하여 긍정적 · 적극적 사고방식의 증진, 성격 및 대인관계 능력의 개선, 직업능력의 증진 등의 효과를 얻어서 사회적 · 직업적으로 성공한 수많은 사람의 사례들을 보고하고 있다(Bristol, 2003; Custer, 2003). 에밀 꾸에(Emile Coue)가 제안하여 현재까지도 가장 많이 권장되고 있는 자기암시는 다음과 같다. "나는 매일매일 모든 면에서 점점 더 좋아져 가고 있다!"(유한평, 1997: 134) 자기암시를 행할 때에는 먼저 이완기법에 따라 몸과 마음을 이완시킨 후에, 자기 자신에게 스스로 자기암시를 들려주거나, 오디오 재생기를 통하여 반복적으로 듣게 한 다음 일상 중에도 틈틈이 반복하게 한다. 이를 통하여 무의식에 메시지가 확고하게 주입되면 마음의 습관이 바뀌게 되며, 이에 따라 성격이 바뀌고, 행동방식까지 바뀌게 된다는 것이다.

려해야 하며, 특히 강한 금지에 의해 심리적 외상(trauma)이 발생되게 해
서는 안 된다. 그다음에는 리비도를 잘 '승화'시켜서 자아발전의 에너지
로 공급해야 한다. 프로이트에 따르면 승화는 이드가 자아의 인도를 따
라 초자아가 만들어 낸 '자아이상'에 리비도를 집중(공급)시키면서 일어
난다. 이러한 승화의 수행은 자아이상과 자아 그리고 이드 사이의 괴리
가 클수록 불리하므로, 자아이상을 너무 높게 잡지 않도록 하라고 프로
이트는 충고한다. 반면에, 자아가 자아이상의 실현을 원하는 원망의 강
도가 강할수록 승화가 잘 일어난다. 왜냐하면 자아는 이드와 연결되어
있기 때문이다. 따라서 아이가 원하는 것을 간절히 소망하게 하여 종국
에 가서 열정(熱情)의 상태에까지 도달한다면 막대한 양의 리비도가 자
아이상의 실현에 투입될 수 있는 것이다. 이것은 아이들로 하여금 자신
의 삶에 대한 꿈을 갖고 이를 키워 나갈 수 있도록 도와주는 것이 얼마
나 중요한 일인지를 이해할 수 있게 한다. 아이들이 꿈을 꿀 수 있고, 이
를 키워 나갈 수 있기 위해서는 무엇보다도 자신의 미래 삶과 미래 세상
에 대하여 긍정적인 희망을 품을 수 있어야 할 것이며, 부모나 교육자,
사회의 강요에 의하지 않은 자신만의 꿈을 꿀 수 있도록 허용되어야 한
다. 이를 위해 가정과 학교, 사회가 지속적으로 배려하는 것이 인성교육
의 중요한 과제 중의 하나일 것이다.

　과도한 교과학습이 인성발달에 해로운 이유는 아이들에게 자아이상
이 명확하게 형성되지도 않은 상태에서 학습이 과도하게 강요되기 때문
이다. 이럴 경우 승화는 일어나기가 어렵게 된다. 즉, 리비도가 학습활
동에 공급되지 않으므로 강제적 수단이 동원될 수밖에 없고, 이러한 학
습은 고통과 혐오감을 일으킬 수밖에 없다. 상위권 성적을 받는 일부 아
이를 제외한 대다수의 아이는 학습에 대해 혐오, 공포를 느끼고, 자신감
을 상실하고 위축되며, (부모에 대한) 죄책감, (낮은 점수로 인한) 열등감과
수치심이 커지며, 우울하고 불안하며 도피적인 심리가 커진다. 이러한
상황이 아이들의 쾌활하고 긍정적인 에너지를 크게 저하시키며, 그들의

직업적 · 사회적 성공을 위해서도 매우 불리할 것임은 자명하다.

초자아가 만들어 내는 자아이상은 좁은 의미의 윤리적 · 규범적 이상뿐만 아니라 문화적 · 심미적 · 사회경제적 이상 등도 포함하고 있다. 자아이상이란 요컨대 자신이 도달하고 싶은 이상적인 인간상의 이미지(본보기)이다. 교육적으로 볼 때, 우선적으로 중요한 것은 자아이상이 너무 천편일률적인 것이 되거나, 사회적 통념이나 유행, 주변 또래들의 시선을 지나치게 의식한 것이 되어서는 안 된다는 것이다. 자신의 개성, 고유성, 견실한 경험 감각, 독립적이고 실천적 지식, 지혜 등을 잘 발달시켜 온 루소적 인간이라면 자신에게 잘 맞는 자아이상을 마음에 품을 것이다(Rousseau, 2008: 182f.). 또한 자아이상이 너무 한쪽으로만 편중되지 않도록 하는 교육적 배려가 있어야 할 것이다. 요컨대, 인간다움의 가치와 사회경제적 가치가 조화된 자아이상을 지닐 수 있도록 대화를 계속해 나가야 하며, 다양한 체험의 기회를 제공하며, 기존의 자아이상을 지속적으로 음미하고 성찰하면서 가꾸어 갈 수 있는 교육과정이 필요하다(예: 독서나 일기지도, 상담이나 명상지도 등). 그동안 교육에서 아이들의 내면적 형성과정을 너무 소홀히 한 것이 인성교육 패착의 주요 원인임을 모든 교육 당사자가 깊이 인식해야 한다고 본다.

5) 나가는 말

프로이트는 정신과 의사로서 기본적으로 정신적 병리현상의 치료에 관심이 있었으므로, 병리현상이라는 이상 상태(異常狀態)에 빠져 있는 사람을 정상 상태(正常狀態)로 복귀시키는 것이 주요 관심사였다. 대체로 볼 때, 교육학적 관심은 평균적 상태에 가깝다고도 할 수 있는 정상 상태로 인간을 이끌고자 하기보다는 오히려―개인의 잠재능력과 인성을 최대한 조화롭게 발달시킨다는 의미의―'최적(最適)의 성장'을 추구하는 데에 있다고 할 수 있지만, 그럼에도 불구하고 정상성의 개념은 교육목표들 중의 하나가 될 수 있다고 본다. 왜냐하면 '비정상적인' 인간이 개인적으로나 사회적으로 고통과 문제를 일으키는 경우가 적지 않으며, 교육이 이에 대해서 무관심할 수 없기 때문이다.

다만 프로이트의 작품들에 나타난 인간의 모습은—병적인 상태의 사람들을 주로 연구 분석했다는 점을 감안하더라도—대체로 어두우며, 특히 원시적(특히 성적) 충동의 지배를 받고 있는 인간의 모습은 우리를 당황스럽게 한다. 더구나 그의 논조에 묻어 있는 강한 결정론적인 색채는 교육을 통하여 드높은 인간 삶의 가능성의 실현을 추구하는 이상주의적·낭만주의적 성향의 교육자들을 의기소침하게 만든다. 또한 그의 무의식이론은 남성주의적 편견을 깔고 있다는 항의를 받기도 한다. 그러므로 프로이트의 이론을 인성교육 담론으로 개발하기 위해서는 이러한 문제들과의 대결이 불가피하다.

그럼에도 불구하고 프로이트가 단지 사변적 이론가가 아니라, 임상경험과 실험을 통한 과학적인 방법으로 인간 존재의 심층을 드러내고자 노력했다는 점이 그의 연구 성과들을 가볍게 무시할 수 없게 한다. 냉정한 리얼리스트로서 프로이트는 우리가 현재 처해 있는 상태—그것이 아무리 인정하기 힘든 것일지라도—를 있는 그대로 파악하고 거기서부터 출발해야 한다는 점을 강조했다. 그럼에도 불구하고 그는 우리에게 희망의 영토를 보여 주었다.

> [정신분석치료의 목표는] 자아를 강화시키고 그 자아를 초자아로부터 독립적으로 만들어 주고 그의 지각 범위를 확장하고 그 조직을 확대하여 이드의 새로운 부분을 자기 것으로 할 수 있도록 하는 것입니다. 이드가 있었던 곳에 자아가 생성되

어야 합니다. 그것은 조이더제(Zuiderzee)[51]를 간척하는 것과
같은 문화적 작업입니다(Freud, 2006: 109).

이것은 정신치료뿐만 아니라, 인성교육을 위한 새로운 영토확장의 가
능성을 보여 주는 것이 아닐까? 인성교육이 무의식에까지 시야를 확장
하고 그 작동원리를 밝혀내어 인성교육에 적용한다면 아이들의 인간됨
을 보다 심층적 · 포괄적으로 이해하면서 보살펴 줄 수 있을 것이다.

4 라캉의 관점에서 본 인성교육

1) 들어가기

Jacques Lacan
(1901~1981)

라캉(Jacques Lacan, 1901~1981)은 프로이
트의 정신분석학을 새롭게 해석한 프랑스
의 정신과 의사이자 정신분석가이다. 실제
로 말년의 프로이트에게 직접 지도를 받기도
하였고, 평생 동안 프로이트의 정신분석학을
연구하고 임상에 적용하면서 새롭게 해석해
나갔다. 라캉의 기여는 특히 프로이트의 이
론에 대한 언어학적 해석에 있었으며, 이를
통하여 정신분석학을 임상적인 측면뿐만이

---

51) 조이더제(Zuiderzee)는 네덜란드 북해연안에 육지로 둘러싸인 바다로서 북해
에 대한 '남해'라는 뜻이다. 조이더제의 일부는 단계적으로 간척되어 22헥타르
의 농공용지가 조성되었다(http://de.wikipedia.org/wiki/Zuiderzee).

아니라 언어학, 인류학, 문학, 철학 등 인문학의 여러 분야에 적용될 수 있음을 보여 줌으로써 20세기 후반에 정신분석학의 르네상스를 가져왔다. 이 책에서 라캉에 대해 서술하는 이유는 프로이트를 계승했다는 것이외에도 상상계-상징계-실제계라는 개념을 통하여 인성발달의 단계를 보여 주었다는 것이 인성교육에 유익한 시사점을 줄 수 있다고 보기때문이다.

2) 인성의 발달단계

(1) 상상계와 주체의 탄생

인간이 처음에 태어나 생후 6개월 정도가 되기 전까지는 운동감각이제대로 발달하지 않아 신체의 각 부분이 아이의 의지대로 통일적으로움직여지지 않는다. 그러므로 이 시기에 유아는 신체기관들이 따로 노는 것 같은 불안정하고 불안한 상태에 있으며 이러한 신체 상태를 라캉은 "파편화된 신체"라고 표현한다(Lacan, 2003: 44). 그런데 그 후(대략 생후 6개월에서 18개월 사이) 아이는 거울에 비친 자신의 모습을 보게 되면서 자기 몸이 하나로 통일되어 있다는 안도감을 느끼게 되며, 이러한 자기의 모습에 매료가 된다. 거울 속의 자기 이미지를 보고 '저게 나구나!'하는 동일시가 일어나는 것이다. 이를 통하여 최초로 주체, 즉 '나'라고하는 의식(=자아의식)이 탄생하게 된다. 거울의 이미지가 자아를 구성하는 핵심적 요소가 되므로 이 시기를 거울단계라고 한다.

그런데 사실 거울에 비친 자기 몸의 이미지는 나와 동일하지 않다. 엄밀하게 말해서, 거울에 비친 나의 모습은 나의 것이기는 하지만 '나'가아니다. 그런데 이러한 거울 속의 이미지를 나라고 인정하게 되면 자기존재의 원초적 차원이 배제되는 결과를 가져온다(마상룡, 신창호, 2011: 34). 원초적 자기 존재의 편에서 보면 자기 신체에 대한 거울 이미지도본래적 자기가 아니니 엄격하게 말해서 타자(他者, others)에 불과하다.

그런데 타자를 자기라고 오인하게 되니 결과적으로 진짜 자기는 배제되고 소외되는 것이다. 아기는 이제 자기 신체의 거울 이미지를 자기라고 인식하면서 자기의 거울 이미지와 닮은 사람을 또한 '나'라고 인식한다. 이러한 아기의 인식은 일종의 상상적 착각이라고 볼 수 있기 때문에 이 시기의 아기는 '상상계' 속에 살고 있다고 라캉은 말한다. 상상계 속에 살고 있는 아기는 '나'와 나를 닮은 자로 상상되는 '너'의 이자적(二者的) 관계에 의존한다. 라캉은 여기에서 '너'에 해당하는 타자를 '소타자(小他者)'라고 부른다. 아기가 자기와 닮은 사람이라고 오인하는 최초의 '너(소타자)'는 아기와 언제나 함께하는 사람인 어머니이다. 아기는 상상적 동일시를 통해 자신과 어머니가 합일체라고 오인한다(강창동, 2016: 340).

아기는 어머니와의 상상적 동일시 속에서 절대만족을 추구한다. 그런데 아기는 이윽고 어머니의 욕망이 완전히 충족되지 않고 있음을 느끼게 되면서 자신이 어머니의 욕망을 채워야 한다고 생각한다. 아기는 어머니의 욕망충족 결핍을 채우는 근원적 열쇠가 자기한테 있다고 생각하는데 이것을 라캉은 팔루스(phallus)[52]라고 부른다. 아기는 팔루스를 자기와 동일시하며, 팔루스를 통한 어머니와 합일 상태 속에서 절대만족을 이룰 수 있다고 상상한다(강창동, 2016: 341).

이때의 어머니는 사실적 존재로서의 어머니가 아니고 아이의 상상 속에 존재하는, 아이에게 절대만족을 준다고 상상되는 대상이다. 이러한 절대만족을 주는 상상적 대상을 라캉은 '대상a'라고 부른다. '대상a'는 결국 실재하지 않는 허구이다. 그럼에도 불구하고 아기는(그리고 모든 인

---

52) 팔루스란 페니스[penis, 남근(男根)]와 유사용어인데, 라캉은 생물학적 기관보다는 페니스의 상상적·상징적 의미를 중시하여 팔루스라는 용어를 주로 사용한다. 요컨대, 팔루스는 생물학적 기관인 페니스가 가지고 있는 상상적·상징적 의미의 측면을 대변하는 용어이다.

간도!) 절대만족을 주는 대상이 어디인가에 있을 것으로 생각하고 이를 추구한다. 그러나 '대상a'는 최초의 어린 시절의 추억 속에 아련히 존재하는, 그러나 실제로는 영원히 상실되어 버린 그 무엇일 뿐이다. 그래서 라캉도 '대상a'라는 애매한 용어를 선택한 것 같다. 그렇다면 '대상a'의 관념이 어떻게 해서 생겨나게 되었을까? 라캉은 이를 다음과 같이 설명한다. 갓난아기가 배고픔을 울음으로 표현하면 어머니가 달려와 젖을 먹인다. 아이는 젖을 먹고 포만감을 느낌과 동시에 입으로 젖을 빨고 어머니 품에 몸을 접촉하면서 쾌감을 느낀다. 그리고 이를 반복하려는 충동(Trieb, drive)을 느낀다. 이 충동은 여러 부분, 즉 구강의 쾌감, 시각이나 후각, 촉각의 쾌감을 얻으려는 충동 등으로 구성되어 있다. 그래서 라캉은 이들을 부분충동(들)이라고 부른다. 부분충동들이 충족되면서 아기는 절대적 만족감과 안정감을 느낀다. 그런데 이 시기가 지나가고 어머니에 대한 독점 상태가 박탈되면 최초의 시기에 느꼈던 절대적 만족감과 안정감도 사라진다. 그러면 아이는 무엇인가가 있던 것이 상실되었음을 느끼는 결핍감을 갖게 된다. 그렇다면 실제로 상실된 것은 무엇일까? 갓난아기는 부분대상(젖가슴, 어머니와 관련된 시각 이미지, 냄새, 촉감 등)에 대한 부분충동(구강의 쾌감, 시각이나 후각, 촉각의 쾌감을 얻으려는 충동 등)을 가지고 있고, 이러한 부분충동들이 충족되면 더 이상 바랄 것이 없는 만족 상태에 있었지만 이제는 더 이상 그럴 수가 없게 된 것이다. 즉, 부분대상과 부분충동 속에 존재했던 절대향락이 사라져 버린 것이다. 이러한 절대적인 원초적 향락을 라캉은 '주이상스(jouissance)'라고 부른다. 아이는 이러한 주이상스의 상실을 아쉬워하면서도 주이상스를 희구하는 욕망은 남아 있기 때문에 막연히 주이상스를 가져다주는 대상이 어디엔가는 있을 것이라고 생각한다. 이제 아이는 언어를 익히고 사회질서 속에 들어서면서 이러한 주이상스의 대상을 언어적으로 표상(表象)하게 된다. 그러나 그 대상은 사실로 존재하지 않으므로 명확한 사실관계로 표현될 수는 없다. 그래서 라캉은 이를 '대상a'

라는 애매한 용어로 표현한 것이다. 그리고 주이상스를 가져다줄 대상a를 희구하는 마음을 '욕망'이라고 부른다.

(2) 상징계와 사회문화적 주체의 형성

라캉은 아기가 성장하면서 상상계를 벗어나 상징계로 진입한다고 말하는데, 이러한 사건은 아버지의 등장을 통해 일어난다. 앞서 본 바와 같이, 아기의 최초 삶에 있어서는 어머니의 영향력이 절대적이며, 아기는 어머니와 자기를 동일시한다. 그런데 아기가 자라면서 아버지의 존재가 점점 더 크게 부각되면서 거의 배타적으로 어머니와의 관계 속에서 형성되던 주체에 근본적인 변화가 일어난다. 라캉은 프로이트의 개념인 오이디푸스 콤플렉스와 거세 콤플렉스를 새롭게 해석하면서 이러한 변화의 과정을 설명한다.

프로이트에게 있어서 오이디푸스 콤플렉스는 남자아이가 어머니를 사랑하면서 아버지를 경쟁자로 느끼게 되는 의식 상태를 말하며, 거세 콤플렉스는 어머니가 본래 가지고 있던 남근을 거세당한 것으로 오인한 아이가 절대강자인 아버지와 어머니를 놓고 경쟁하게 되면 자기도 아버지에 의해 거세될지도 모른다는 불안 심리를 갖는 상태를 말한다.

그런데 라캉은 거세 콤플렉스를 다음과 같이 해석한다. 아기가 자라서 사회에 발을 들여놓기 시작하면서 어머니와의 상상적 합일을 포기하라는 아버지의 강제적 요구에 직면하게 된다. 이것은 아기에게 자신의 팔루스를 포기해야 하는 거세의 위협으로 느껴진다. 상상계의 단계에서 아이는 어머니가 자신만을 사랑하며, 자신은 어머니의 결여를 채워 주는 존재라고 믿는 상태에 있음을 앞서 보았다. 그러나 상상적 의존관계 속에서 아이는 점차로 어머니의 욕망을 채워 주지 못하는 자신의 나약함에 좌절하고, 어머니의 욕망에 전적으로 사로잡혀 휘둘림으로써 존재감의 결핍과 불안감을 느끼게 된다(노상우, 진상덕, 2014: 72). 따라서 아버지의 개입은 이러한 불안감을 해소하는 긍정적인 측면도 가지게 된다.

아버지의 개입은 어머니와의 상상적 결합의 포기와 어머니 욕망에의 종속 상태에서 벗어나 독립적 존재감의 획득이라는 양가적(兩價的) 의미를 지닌다. 결국 어머니와의 상상적 합일은 포기되고 아버지의 요구를 받아들이면서 아버지와의 동일시가 일어난다. 그런데 이때의 아버지는 사실적 아버지를 말하는 것이 아니라, 사실적 아버지로 상징되는 사회문화 질서임을 유의할 필요가 있다. 따라서 아이가 아버지를 동일시한다는 것은 생물학적 존재이던 아이가 사회적·문화적 존재로 변환(transformation)되는 것을 말한다. 라캉에 따르면 사회문화, 즉 '상징계'는 문화, 법, 체계, 언어 등을 포괄하는 '기표들의 총화'이다. 기표의 연쇄 사슬로 구성된 상징계 속에서 의미 작용이 가능하기 위해서는 기표(記標, 시니피앙)와 기의(記意, 시니피에)를 묶어 주는 고정점이 필요하다. 바로 이 지점이 주체가 생성되는 곳이다. 하지만 고정점은 기표가 언제나 하나의 기의와 결합하는 것이 아니기 때문에 절대적 지점이 아니며, 이에 따라 주체 역시 절대적 실체가 될 수 없다. 결국 라캉의 말처럼 주체는 기표와의 관계에서 생겨나는 부차적인 것에 불과하게 된다(노상우, 진상덕, 2014: 75). 상징적 주체는 요컨대 기호질서 속에서 정해진 관념적인 무엇이다. "너는 누구의 아들이며, 어느 학교를 나왔고, 어느 직장에 소속되어 어떤 직책을 지니고 있고, 이에 따라 어떠한 역할을 수행해야 하고……" 이러한 상징적 주체의 관념은 당사자의 모든 존재요소를 있는 그대로 포괄하지 못한다. 따라서 상징계 속에서 주체는 소외와 분열을 겪을 수밖에 없다. 다시 말해서, 상징계의 기호질서가 인정하지 않는 요소는 거부되고 억압되며 배제·망각되어 버린다. 이것이 라캉이 말하는 상징적 거세의 의미이다. 상징계는 요컨대 인간사회이다. 따라서 완전한 의미의 상징계의 자아란 자신의 존재를 사회적 요구에 100퍼센트 맞춘 인간의 모습이므로 여기에서 개인의 고유성(개성)이나 인간미를 찾아보기 힘든, 인간의 냄새가 거의 나지 않는 인간의 모습이 될 것이다. 대부분의 사람은 실제로 이렇게 될 수 없기 때문에 고통과 방황에서 벗어나기가 어려운 것이다. 이렇게 상징계 속에서 소외되고 분열된 주체(자아)는 고통과 불만을 느끼게 되고 상징계 속에서 상실된 자아를 다시 찾으려고 애를 쓰게 된다. 이것은 두 가지 방향으로 나타날 수 있다. 첫째 방향은 일종의 퇴행현상으로 볼 수 있는 상상적 자아로 회귀하고자 하는 것이다. 그런데 어린 시절의 어머니와의 합일 상태로 돌아가려 하나 사실적 어머니를 통해서 그러한 상태를 찾을 수는 없으므로 다른 상대나 다른 조건(예컨대 약물을 통한 환각)을 통해서 주이상스를 얻으려고 전전긍긍한다면 이는 상상적 자아로 돌아가려는 편집증적 퇴행의 모습이라고 할 수 있겠다. 또 하나의 가능성은 상징적 자아를 무화시키고 극복하는 길이다.

상징계, 즉 사회는 사회적 욕망이 지배하는 곳이다. 따라서 상징계의 주체는 사회적 욕망을 받아들여서 자신의 욕망으로 삼게 된다. 즉, 타인들이 욕망하는 것을 나도 욕망하게 되는 것이다. 이러한 타자들의 전체로서의 사회를 라캉은 '대타자(大他者, big other)'라고 부른다. 대타자는 상징적 기호체계이며, 이 기호체계 속에서 자아도 상징적 기호로서 존재한다. 그런데 대타자에 의해 규정되는 상징적 자아는 대타자라고 하는 기호체계에 틈, 구멍(void)이 있음을 인지하게 된다. 이를 통하여 상징적 자아 자체에도 틈, 구멍이 있음을 인지하게 되고, 결과적으로 이것은 상징적 자아의 무화(無化)를 초래하게 된다.

(3) 실재계와 욕망하는 주체

상징적 자아가 무화된다 함은 상징계를 넘어선다는 것을 의미하게 된다. 상징계를 넘어선 곳은 언어체계로 표현될 수 없는 실재계이다. 여기에서 라캉이 말하는 실재계가 무엇인지 고찰해 볼 필요가 있다.

실재계란 우리가 보통 사실세계라고 생각하는 경험세계와 동의어가 아니다. 경험세계란 말 그대로 우리의 경험을 통해 파악되는 세계인데, 우리가 경험한 세계는 우리의 경험방식에 제약되어 있다. 그런데 칸트도 말했다시피, 우리의 인식능력은 매우 제약되어 있으므로 있는 그대로의 세계(칸트의 표현으로는 '물자체')를 완벽하게 파악할 수 있다는 신념을 유보해야 한다. 따라서 라캉이 말하는 실재계는 칸트가 말하는 물자체의 개념과 유사하다고 볼 수 있다. 그러나 라캉은 실재계를 특히 욕망의 개념과 연관시키고 있으므로 칸트의 물자체 개념과 단순히 동일시하기는 어렵다.

실재계란 무엇보다 주체의 의미세계인 현실로부터 상징계가 배제한 부분으로, 상징화(기호화)를 벗어난 모든 영역을 다 실재라고 할 수 있다. 요컨대, 실재란 기표들의 질서에 의해 포획되지 않은 모든 존재 영역을 말한다. 한번 다음과 같이 생각해 보자. 기호(언어, 공식, 도형 등)들을 가지고 존재하는 모든 것을 표현해 낼 수 있는가? 그리고 표현해 낸들 그 자체가 우리에게 온전히 알려지는 것일까? 예를 들어, '사과'라는 단어를 가지고 이 단어가 가리키는 실질적인 사과를 온전히 표현할 수 있는가? 우리가 사과라는 단어를 가지고 사과 자체를 온전히 알 수 있을까? 라캉이 말하는 실재는 특히 일상 속에 나타난 환상, (상징적) 주체의 탄생 시 잃어버린 어떤 것, 언어적 질서로 표현하지 못하는 욕구의 찌꺼기, 하나 됨을 이루지 못하는 불가능한 성관계 등 상징화에 저항하고 기표들의 질서에 동화되지 않는 모든 것이다(김석, 2016: 237f.). 실재계는 우리의 언어적, 즉 상징적 인식능력에는 포착되지 않는다. 실재계를 드러나게 하는 것은 우리의 고유한 욕망이다.

앞서 보았다시피, 상상적 자아는 기호체계라는 타자의 세계로 진입하면서 상징적 거세를 겪게 되고 대신에 기표로서의 의미를 획득하게 된다. 이를 통하여 고유한 자아(=존재)는 기표로 대체되면서 억압되고 소외되는 것이다. 이제 상징적 자아는 기호체계라는 상징질서의 결핍을 느끼게 되는데, 그 이유는 상징계가 채워 주지 못하는 욕망이 있기 때문이다. 상징질서의 결핍은 빈틈(void)으로 지각되며, 이러한 빈틈을 통해 상징계의 지배로부터 벗어날 수 있는 가능성(상징계로부터의 '분리')을 발견하게 된다. 소외의 과정에 나타나는 타자가 기표들의 연쇄체계라면 분리과정에서 드러나는 타자는 언어화가 불가능한 실재계로서의 타자이다(마상룡, 신창호, 2011: 44). 그러나 상징계로부터의 분리는 완벽한 것이 될 수 없다. 그것은 우리가 사회문화를 떠나서 살기 어려운 것과 같다. 우리는 여전히 사회문화 속에서 살면서 상징적 기호체계의 지배를 받지만 이 체계의 결핍(빈틈)을 알기 때문에 더 이상 상징계의 절대적 지배를 받지는 않게 된다. 따라서 상징계의 지배를 벗어난다는 것은 사회적 욕망이 아닌 자신의 고유한 욕망을 추구할 수 있게 된다는 것을 의미한다.

3) 라캉이 인성교육에 주는 시사점

우리는 앞 절에서 프로이트가 초자아로부터 자아를 해방시켜 독립적으로 만들어야 한다고 주장하는 것을 보았다. 라캉은 주체가 상징계로부터 독립적이 되어야 한다고 말하고 있다. 그러나 문명사회 속에서 자아가 초자아를 완전히 떠날 수 없듯이, 우리가 사회생활을 포기하지 않는 한 상징계를 떠날 수는 없다. 다만 상징계 안에 살면서도 상징계에 절대적으로 지배되지 말고 자신의 자유를 추구할 것을 라캉은 주장하는 것이다. 그렇게 되면 사회적 욕망의 지배를 다소라도 벗어나서 자신의 고유한 욕망을 추구하는 삶, 즉 자기의 본래적 삶을 살아갈 수 있는 길이 열린다는 것이다. 그렇다면 무엇이 달라지는 것일까?

우리는 여전히 사회적 존재이므로 사회적 욕망을 추구한다. 라캉은 사회적 욕망의 핵심은 타인으로부터 인정받으려는 욕망, 즉 '인정욕망'이라고 말한다. 그러나 인정욕망의 완전한 충족은 불가능하다. 그렇게 되기 위해서는 세계 안의 모든 사람에게 인정을 받아야 하며, 심지어는 과거의 인물들 내지는 신적인 존재들에게도 인정을 받아야 하니까. 다른 한편으로, 인정욕망에 대한 충족이 지나치게 결핍되는 경우에 그 사람의 마음은 낮은 자존감, 열등감, 우울, 불안, 적개심으로 채워질 가능성이 크며, 따라서 건전한 인성을 지니기 어렵다.

그런데 우리가 상징계를 무화(無化)시킬 수 있게 되면, 다시 말해서 상징계의 허구성을 꿰뚫어 볼 수 있고, 이에 따라 때때로 상징계의 절대적 구속력에서 빠져나올 수 있게 되면 자신의 고유한 욕망을 추구할 수 있게 되고, 따라서 인정욕망의 멍에에서도 벗어날 수 있게 될 것이다. 또한 상상계, 즉 어머니와의 상상적 결합을 통한 절대만족이라는 것도 유아기의 판타지에 불과한 것임을 알게 되면 상상계로 퇴행하려는 경향에서도 벗어나게 된다.

그러나 라캉의 관점에서 보면 우리는 상상계, 상징계를 완전히 떠날 수도, 벗어날 수도 없는 존재이다. 따라서 라캉은 상상계, 상징계를 벗어난 실재계를 상정하면서도 인간 주체를 궁극적으로 실재계에 정위시키지는 않는다. 실재계는 칸트의 용어를 빌리면 단지 통제적 원리(Regulatives Prinzip)라고 할 수 있을 것 같다.

요컨대, 라캉에 따르면 인간 주체는 상상계, 상징계, 실재계라는 세 가지의 세계 속에서 자기중심을 잡으면서 살아가야 하는 존재이다. 상상계, 상징계의 허구성을 통찰하고 있으면서도 그 안에서 살림을 꾸려가는 존재인 것이다. 실재계는 상상계, 상징계의 허구성을 통찰하면서 그것을 넘어서서 존재한다고 여겨지지만 명확한 모습으로 드러나지는 않고 흔적으로만 접근되는 세계이다. 이처럼 상상계, 상징계 안에서 살림을 꾸려가면서도 그 허구성을 통찰해 가면서 실재계를 지향해 갈 때 건강하고 성숙한 인성의 소유자가 된다고 라캉은 보는 것 같다.

인성교육의 관점에서 볼 때, 라캉에게 남는 중요한 문제는 욕망의 문제이다. 사회적 욕망을 내려놓았을 때 잔여로 남는 욕망, 즉 고유한 욕망이란 어찌 보면 생리적 욕망에 가까운 것일 수도 있을 것 같다. 그런데 라캉은 고유한 욕망을 추구하는 주체가 무의식적 주체라고 말한다. 그렇다면 무의식 속에서 나오는 욕망이 어떠한 것인지, 그것을 다 허용해도 문제가 없는 것인지, 그것이 인간적인 삶, 공동체적 삶을 어렵게 할 가능성은 없는지를 물어야 할 것이다.

요컨대, 라캉의 체계 안에서는 욕망을 조절하거나 소멸시키는 기제가 잘 발견되지 않는다. 그런데 인류의 역사적인 경험에 비추어 보더라도 인간이 가지는 욕망은 매우 다양하며, 종종 욕망은 개인이나 공동체를 파멸로 몰아가는 파괴적인 위력을 발휘하기도 한다는 것을 보여 주고 있다. 라캉의 이론은 현대적 감각을 가지고 인간의 내면을 매우 설득력 있게 그려 내고 있다는 점에서 매력적이다. 그러나 인성교육의 관점에서 보면 욕망의 문제에 대해 좀 더 깊은 숙고와 해결책이 필요하다고 생각된다.

📋5 모던과 포스트모던 인성교육 담론의 통합 가능성 탐색

우리는 이 장에서 포스트모던적 상황 속에서의 인성교육의 가능성을 알아보기 위해서 니체와 하이데거, 프로이트와 라캉에 대해 검토해 보았다.

니체는 이성과 이성의 도구들(개념, 논리, 공식, 공리 등)에 대한 신뢰성에 의문을 제기하였고, 또한 기존의 도덕의 근거에 대한 의문을 제기함으로써 서구적 전통에 커다란 지진을 일으켰으며, 이러한 니체의 선구적 작업은 이른바 '해체'를 깃발로 하는 포스트모더니즘으로 나타나 현재까지도 진행 중에 있다. 니체적 의미에서 인성교육은 전통적 규범을 충실히 따르는 사람을 기르는 것이 아니라, 기존의 인식문화와 도덕문화를 주체적으로 검토하고 오류를 극복하면서 자주적 인식과 도덕을 만들어 갈 수 있는, 자신의 삶의 질서를 스스로 창조할 수 있는 역량(competencies)을 길러 주는 것이다.

하이데거는 전통 형이상학이 눈에 보이는 그대로(눈앞의 존재, Vorhandensein)를 믿고 이에 근거하여 보이지 않는 영역에 대한 상상의 질서를 구축한 '빛의 형이상학(Lichtmetaphysik)'이라고 비판하며, 종래의 휴머니즘적 인간관도 인간을 눈앞의 존재로 보는 빛의 형이상학에 근거하고 있으므로 극복되어야 한다고 주장하였다. 눈앞의 존재인 '존재자(Seiendes)'를 극복하고 존재자의 '존재(Sein)'에 귀의해야 한다고 하는 하이데거의 주장은 일종의 신비주의적 교의로 들리기도 한다. 그러나 이러한 하이데거의 주장은 우리의 '감각'과—우리가 대물림하면서 지니고 있는—우리 의식 속에 자리잡고 있는 '관념적 틀'을 통해서 알고 있는 인간과 세계의 모습이 과연 진실된 것인가, 우리가 관념적 구성물의 안개 속에 갇혀서 자신과 세계를 오해하고 있는 것은 아닌가에 대한 근본적인 문제제기라고 할 수 있다. 이러한 하이데거의 철학에서 인성교육과 관련하여 얻을 수 있는 가장 중요한 메시지는 존재에 대해서 좀 더 근원적으로 물어 갈 수 있도록 아동·청소년들을 도와야 한다는 것이다. 다시 말해서 인간, 자아, 세계, 사회 등에서 사유를 시작하도록 해서는 안 되며, 인간의 인간임, 자아의 자아임, 세계의 세계임이 무엇인가를 물어 가도록 해야 한다는 것이다. 요컨대, '있다'는 것이 무엇인지를 물어야 한다. 이러한 물음 속에서 인간, 자아, 세계 등의 습관적인 고정관념들은 지양되어 버릴 것이며, 이를 통하여 인간과 세계는 우리에게 다시 무한하고 신비로운 영역으로 되돌아올 것이다.

프로이트에 의해서 전통적 이성주의는 근본적인 전도(轉倒)를 겪게 되었다. 논리적 사고력이라고 볼 수 있는 이성이란 '의식(意識)'에 기반을 둔 활동인데, 그러한 '의식'이 프로이트에 의하여 '무의식(無意識)'이라는 조련되지 않은 말의 등에 불편하게 올라타 있는 기수(騎手)로 전락되었다. 특히 프로이트가 도덕, 양심, 자아이상 등을 지니고 있는 초자아(superego)가 자아(ego)와 이드(id)를 지배하는 것은 정신적·신체적 건강성을 해치므로 자아를 초자아로부터 독립적으로 만들어 주어야 한다고 하는 프로이트의 주장은 덕목중심 인성교육관에 대한 근본적인 문제제기라고 할 수 있다.

라캉은 프로이트의 무의식이론을 언어학적 관점에서 재해석하면서 정교화한다. 인성교육의 관점에서 볼 때, 라캉의 이론에서 가장 관심을 끄는 것은 욕망의 문제이다. 아이가 상상계에서 갖는 욕망은 어머니의 팔루스가 되어 주이상스를 얻으려는 욕망이라고 라캉은 말한다. 그러나 그러한 욕망은 실현될 수 없는 환상이므로 아이는 채워지지 않는 욕망의 갈증을 갖게 된다. 아이가 이윽고 상징계, 즉 기호질서로서의 사회로 옮겨감에 따라 사회적 상징체계가 유발하는 욕망, 즉 사회적 욕망이 더해진다. 그런데 사회적 욕망도 또한 허구적으로 구성된 욕망이므로 잘 채워지지 않으며, 특히 사회적 욕망의 주요 부분인 인정욕망을 만족시키기란 매우 어렵다. 이러한 욕구불만의 상태에서 벗어나는 길 중의 하나로 라캉은 상징적 기호질서의 허구성에 대한 통찰을 통한 무화(無化)를 제시한다. 물론 우리가 사회 속에서 살고 있는 한 사회적 욕망, 특히 인정욕망을 쉽게 무화시킬 수는 없다. 그러나 무화(無化) 기제를 통하여 어느 정도 조절을 할 수는 있을 것이며, 상상계적 욕망도 그것이 환상이라는 것을 알면 어느 정도 완화시킬 수 있을 것이다. 라캉은 이 두 가지 욕망이 아닌 개인의 고유한 (무의식적) 욕망을 상정하고 있으며 이러한 욕망은 가급적 허용되어야 한다고 말하고 있다. 그러나 실제로 일상생활 속에서 이러한 욕망들의 성격을 명확하게 구별하기란 쉽지 않아 보인다. 그리고 우리가 자신의 고유한 욕망을 알고 있다고 해도 문명사회 속에서 그러한 욕망을 마음껏 추구할 수 있는가 하는 의문도 여전히 남는다. 그리고 실제로 개인의 욕망추구가 사회문화적 질서와 충돌할 때 어떻게 해야 하는가 하는 물음에 대한 답도 라캉에게서 잘 보이지 않는다. 요컨대, 라캉의 체계에서는 욕망이 분화하는 모습을 잘 보여 주지만 이들을 조절할 수 있는 확실한 방법은 제대로—필자가 아는 한—제시되지 않고 있다.

이상의 고찰을 통하여 우리는 모던적 사유를 포스트모던적 사유로 간단히 대체할 수 있는 것은 아님을 알게 된다. 실제로 니체의 인식비판이나 하이데거의 형이상학 비판도 이성, 즉 논리적 사고에 대한 전면적 거부는 아니다. 다만 언어적·개념적 인식을 진리 자체로 오인해서는 안 된다는 것, 언어논리적 사고의 거친 그물에 포착된 것을 있는 그대로의 실상(진리)으로 오해하지 말아야 한다는 것이 니체나 하이데거가 공통적으로 제시하는 메시지이다. 또한 우리는 '차이'에 더 민감하고 섬세해져야 하며, 작은 차이를 무시하는 동일시(同一視)의 경향—우리 인간의 미약하고 둔감한 사고력에 기인하는—에서 벗어나야 한다는 것이다. 이처럼 포스트모더니즘이 발견한 것은 모더니즘적 이성주의가 동일시를 통해 은폐하고 억압해 버린 미세한 차이들이다. 그렇다면 인성교육의 담론에 있어서 모던적 사유와 포스트모던적 사유는 어떻게 만날 수 있을까?

우리가 학교현장에서 인성교육을 시행하기 위해서는 다수가 공유할 수 있는(보편성을 지닌) 인성교육의 틀을 짜야 한다. 다시 말해, 우리는 어느 정도 이상 일반화시킬 수 있는 인성교육의 목적, 목표, 교육과정, 교육방법, 평가방법, 시설 및 제도 등을 설계해야 한다. 보편성을 지닌 이론적·제도적 시스템을 짜기 위해서는 보편적 개념을 상정하기 좋아하는 모던적 사유의 도구가 단연 강점이 있다. 먼저, 우리가 "제2장 5. 모던적 인성교육 기획의 현재화 가능성 탐색'에서 논의한 인성교육의 핵심목표(인성요소)들을 도표화하면 〈표 3-1〉과 같을 것이다.

이러한 내용을 보다 압축해 본다면 개인적 차원의 인성요소는 '자기존중'으로, 사회적 차원의 인성요소는 '타인존중'으로 개념화할 수 있다고 보며 이 두 카테고리에 의하여 「인성교육진흥법」에 나타난 인성교육 핵심덕목, 그리고 교육부의 '인성교육 5개년 종합계획(2016~2020)'에서 제시된 5대 핵심인성역량을 〈표 3-2〉와 같이 구분해 볼 수 있을 것이다.

〈표 3-1〉 인성요소 비교

구분		루소	칸트	헤르바르트	듀이
인성요소	개인적 차원	자기사랑	자신에 대한 의무	내면적 자유	자아정체성 (흥미도야/문제해결력)
				완전성	
	사회적 차원	타인사랑	타인에 대한 의무	호의	사회성
				정의	민주시민성
				공정성	

〈표 3-2〉 8대 인성덕목과 5대 인성역량

구분	기본 카테고리	8대 핵심인성덕목 (인성교육진흥법)	5대 핵심인성역량 (교육부 종합계획)
개인적 차원	자기 존중	정직	자기관리역량
			심미적/감성역량
사회적 차원	타인 존중	예(禮)/효(孝)	의사소통역량
		소통	갈등관리역량
		책임	공동체역량
		존중	
		배려	
		협동	

이 표를 볼 때, 우리나라의 인성교육에 대한 국가적인 목표는 대체로 모던적 사유의 틀에서 벗어나지 못하고 있음을 알 수 있다. 다만 교육부의 '종합계획'을 보면 덕목보다는 역량중심으로 인성교육을 시행한다는 입장이 천명되어 있는데, 역량(competencies)은 욕망을 추구하기 위해 필요한 것이라고 볼 수 있으므로 욕망의 추구를 인간의 핵심으로 보는 프로이트, 라캉의 입장과 근접하다고 볼 수 있다. 니체가 충동을 중시하는 것도 비슷한 맥락이라고 볼 수 있다.

그러나 현존하는 국가적 인성교육의 기조는 도덕과 인식의 근거를 그 발생시점까지 거슬러 올라가 조명(照明)함으로써 그 진실성 여부를 검토하여 도덕문화와 인식문화를 새롭게 업데이트해 나가야 한다고 주장한 니체의 입장이나, 형이상학적 관점에 물들어 있는 언어개념들을 지양하고 그 개념들의 본래적 시원으로 거슬러 올라가야 한다는, 즉 '존재물음을 제기해야 한다'는 하이데거의 입장과는 현격한 거리감이 느껴진다. 니체나 하이데거의 사유를 따라가다 보면 위에서 제시한 인성덕목이나 인성역량들이 상당 부분 지양되어 버릴지도 모른다.

　그러나 우리가 교육자로서 '진정한' 인성교육을 하기 위해서는 언어개념 뒤에 숨어 있는 실제 사태(특히 아이들 개개인과 그들의 삶의 상황)를 편견 없이 직면할 수 있어야 하지 않을까? 언어논리와 관념적 형이상학의 그물을 벗어나서 아이들을 있는 그대로 볼 수 있을 때, 아이들의 외침을 들을 수 있고 그들의 말 걸어옴에 사심 없이 응답할 수 있지 않을까?

　포스트모던적 관점에서는 인성교육의 목표(인성요소)를 똑떨어지는 개념으로 제시하기 어렵다. 그러나 교육자가 '차이의 감각'을 익히기 위해서, 그리고 특히 우리의 눈 앞에 있는 아이들에 대한 진정한 통찰을 얻기 위해서 지속적으로 노력하지 않는다면, 아동・청소년의 개인적・상황적 차이를 고려하면서 그들 자신의 본래적 삶으로 이끌어 주기는 어려울 것이다. 따라서 실제로 인성교육을 담당해야 하는 교육자들이 포스트모던적 소양을 익히는 것이 매우 요망된다고 하겠다.

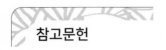

참고문헌

1. 니체 '자유정신'의 인성교육론적 의미

강선보, 김영래(2012). 니체 자유정신의 교육적 의미. 한국교육학연구, Vol. 18, No. 3, 25-47.

김정현(2000). 니체의 몸 철학. 서울: 문학과 현실사.

박찬국(2004). (니체의 아침놀에 대한) 해설. 아침놀(pp. 431-454). 서울: 책세상.

양대종(2011). 니체 철학에서 본 인식의 문제. 철학연구, Vol. 42, 1-28.

최순영(2009). 니체의 진리비판의 의의와 한계에 대하여. 니체연구, Vol. 15, 177-211.

Frenzel, I. (1997). 니체(강대석 옮김). 서울: 한길사.

Kant, I. (1990). *Kritik der praktischen Vernunft*. Hg. von Karl Vorlaender. 10. Aufl. Hamburg [KpV]

Lehmann, G./Nieke, W. Zum Kompetenzmodelle (메클렌부르크 포어포머른 주정부(州政府) 교육서버 문서 http://www.bildungsserver-mv.de/download/material/text-lehmann-nieke.pdf)

Nietzsche, F. (1999). Menschliches Allzumenschliches I. in: *Kritische Studienausgabe in 15 Baenden*. [KSA] Bd. 2. G. Colli u. M. Montinari, S. 9-366. [MA I]=Nietzsche, F. (2001). 인간적인 너무나 인간적인 1(니체전집 7) (김미기 옮김). 서울: 책세상.

Nietzsche, F. (1999). *Kritische Studienausgabe in 15 Bänden*. G. Colli u. Montinari: F. 니체(2005). 니체전집 전21권(정동호 외 옮김). 서울: 책세상.

Nietzsche, F. (1999). Menschliches Allzumenschliches II. in: *Kritische Studienausgabe in 15 Baenden*. [KSA] Bd. 2. G. Colli u. M. Montinari, S.

9-366. [MA Ⅱ]＝Nietzsche, F. (2002). 인간적인 너무나 인간적인 2(니체전집 8) (김미기 옮김). 서울: 책세상.

Nietzsche, F. (1999). Morgenröte. in: *Kritische Studienausgabe in 15 Baenden*. [KSA] Bd. 3. G. Colli u. M. Montinari, S. 9-342. [MR]＝Nietzsche, F. (2004). 아침놀(니체전집 10) (박찬국 옮김). 서울: 책세상.

Nietzsche, F. (1999). Die fröhliche Wissenschaft. in: *Kritische Studienausgabe in 15 Baenden*. [KSA] Bd. 3. G. Colli u. M. Montinari, S. 343-651. [FW] ＝Nietzsche, F. (2005). 즐거운 학문, 메시나에서의 전원시, 유고(1881년 봄~ 1882년 여름) (니체전집 12) (박찬국 옮김). 서울: 책세상, 21-418.

Nietzsche, F. (1999). Also sprach Zarathustra. in: *Kritische Studienausgabe in 15 Baenden*. [KSA] Bd. 4. G. Colli u. M. Montinari. [Za]＝Nietzsche, F. (2000). 짜라투스트라는 이렇게 말했다 (니체전집 13) (정동호 옮김). 서울: 책세상.

Nietzsehe, F. (1990). Genealogie der Moral. in: *Kritische Studienausgabe in 15 Baenden*. [KSA] Bd. 5. G. Colli u. M. Montinari. [GM]= Nietsche, F. (2002). 선악의 저편/도덕의 계보(니체전집 14) (김정현 옮김). 서울: 책세상.

> * 니체의 저술에 대한 인용은 독일어 원전(Kritische Studienausgabe=KSA)
> 의 쪽수를 인용함.
> 예) MA I, 189[225] : Menschliches, Allzumenschliches 1부, 189쪽, [225절]
> 을 의미함.

2. 하이데거의 '존재사유'와 인성교육

김영래(2004). 탈자아적 사유의 교육학적 전망: 발라우프의 체계적 교육학을 중심으로. 아시아교육연구, 5권, 3호, 1-22.

김영래(2006). 체계적 교육학의 필요성과 가능성. 교육철학, 제36집, 45-63.

김영래(2009). 발라우프(Th. Ballauff)의 도야개념. 교육의 이론과 실천, 제14권, 제1호, 1-19.

김종욱(2001). 하이데거의 무(無)와 불교의 공(空)사상. 하이데거연구, 제6집,

23-54.

김창환(2007). 인본주의 교육사상. 서울: 학지사.

송재우(1997). 형이상학의 전복에서 형이상학의 회복에로: 하이데거에서 현상학적 전복의 도정. 철학연구, 제63집, 263-285.

이기상(2001). 존재 역운으로서의 기술. 하이데거연구, 제6집, 308-355.

윤병렬(2007). 하이데거의 존재사유에서 고향상실과 귀향의 의미. 하이데거연구, 제16집, 61-97.

윤병렬(2001). 도와 존재: 노자와 하이데거의 사유 세계 엿보기. 하이데거연구, 제6집, 106-138.

전동진(2001). 하이데거와 노장사상. 하이데거연구, 제6집, 139-162.

정은해(2001). 하이데거 철학의 교육학적 의의. 하이데거연구, 제6집, 227-256.

Ballauff, T. (1979). "Pädagogik der selbstlosen Verantwortung der Wahrheit". in: Schaller, Klaus (Hg.). *Erziehungswissenschaft der Gegenwart*. Bochum 1979, 8-27.

Biemel, W. (1997). 하이데거 [*Heidegger*] (신상희 역). 서울: 한길사.

Heidegger, M. (1963). *Sein und Zeit*. Tübingen.

Heidegger, M. (1986). *Vom Wesen der Wahrheit*. Frankfurt A.M.

Heidegger, M. (1991). *Über den Humanismus*. Frankfurt A.M.

Husserl, E. (1992). Ideen zu einer reinen Phänomenologie. in: ders.: *Gesammelte Schriften* Bd. 5. hg. von Elisabeth Ströker. Hamburg.

Heidegger, M. (1996). *Wegmarken*. Frankfurt A.M.

Heidegger, M. (2005a). 이정표1 [*Wegmarken*] (신상희 역). 경기: 한길사. (원저는 1967년에 출판).

Heidegger, M. (2005b). 이정표2 [*Wegmarken*] (이선일 역). 경기: 한길사. (원저는 1967년에 출판).

Scheler, M. (1991). *Die Stellung des Menschen im Kosmos*. 12. Aufl. Bonn.

3. 프로이트 무의식이론의 인성교육론적 해석

김영래(2011). 프로이트 무의식이론의 인성교육론적 의미. 교육철학, Vol. 43, 67-103.

유한평(1997). 자기최면. 서울: 갑진출판사.

이무석(2008). 정신분석에로의 초대. 서울: 도서출판 이유.

한국교육심리학회 편(2001). 교육심리학 용어사전. 서울: 학지사.

Bristol, C. M. (2016). 신념의 마력(최봉식 옮김). 서울: 지성문화사.

Custer, Dan (2014). 정신력의 기적(진웅기 옮김). 서울: 문예출판사.

Freud, S. (2004). 새로운 정신분석 강의(임홍빈, 홍혜경 옮김). 경기: 열린책들.

Freud, S. (2007a). 정신분석 강의(임홍빈, 홍혜경 옮김). 경기: 열린책들.

Freud, S. (2007b). 꿈의 해석(김인순 옮김). 경기: 열린책들.

Freud, S. (2009a). 정신분석학의 근본개념(윤희기, 박찬부 옮김). 경기: 열린책들.

Freud, S. (2009b). 종교의 기원(이윤기 옮김). 경기: 열린책들.

Freud, S. (2010a). 히스테리 연구(김미리혜 옮김). 경기: 열린책들.

Freud, S. (2010b). 문명 속의 불만(김석희 옮김). 경기: 열린책들.

Freud, S. (2010c). 정신분석학 개요(박성수, 한승완 옮김). 경기: 열린책들.

Freud, S. (2010d). *Die Traumdeutung*. 2. Aufl. Frankfurt am Main.

Freud, S. (2010e). *Das Ich und das Es. Metapsychologische Schriften*. 2. Aufl. Frankfurt am Main.

Freud, S. (2010f). *Das Unbehagen in der Kultur. und andere kulturtheoretische Schriften*. 2. Aufl. Frankfurt am Main.

Rousseau, J. J. (2008). 에밀 [*Émile ou de l'édueation*] (민희식 옮김). 경기: 육문사.

4. 라캉의 관점에서 본 인성교육

강창동(2016). 한국의 학력상징계와 라캉의 인정욕망에 관한 연구. 한국교육학연구, Vol. 22, No. 4, 337-360.

김석(2016). 에크리: 라캉으로 이끄는 마법의 문자들. 경기: 살림출판사.

김지연(2015). 자크 라캉 정신분석학의 도덕교육적 함의. 교원교육, Vol. 31, No. 2, 353-379.

노상우, 진상덕(2014). 라캉의 정신분석에서 본 주체형성과정과 교육적 함의. 교육의 이론과 실천, Vol. 19, No. 1, 65-84.

마상룡, 신창호(2011). 라캉의 정신분석에서 인격 발달과 그 교육적 함의: 자아와 주체 형성 과정을 중심으로. 인격교육, Vol. 5, No. 1, 29-52.

맹정현(2013). 리비돌로지. 서울: 문학과지성사.

임진수(2011). 부분 대상에서 대상a로. 서울: 파워북.

임진수(2012). 상징계-실재계-상상계. 서울: 파워북.

Evans, D. (2004). 라캉 정신분석 사전 [*An Introductory Dictionary of Lacanian psychoanalysis*] (김종주외 옮김). 경기: 인간사랑. (원저는 1996년에 출판).

Fink, B. (2015). 에크리 읽기: 문자 그대로의 라캉 [*Lacan to the Letter: Reading Écrits Closely*] (김서영 옮김). 서울: 도서출판 b. (원저는 2004년에 출판).

Lacan, J. (2003). 욕망 이론(민승기, 이미선, 권택영 편역). 서울: 문예출판사.

Lacan, J. (2008). 자크 라캉 세미나 11권 [*Les quatre concepts fondamentaux de la psychanalyse de jacques Lacan*] (맹정현, 이수련 옮김). 서울: 새물결출판사. (원저는 1973년에 출판).

Lemaire, A. (1998). 자크 라캉 [*Jacques Lacan*] (이미선 옮김). 서울: 문예출판사. (원저는 1970년에 출판).

제4장

인성교육의 새로운
지평으로서의 영성교육

이 장에서는 이른바 종교적 영성(靈性)과 인성교육의 관련성에 대하여 고찰해 보고자 한다. 영성은 본래 기독교적인 용어로서, 초월적 절대자에 대한 믿음을 바탕으로 절대자와의 관계가 형성되고 이에 따라 절대자의 신성(神性)에 상응하는 영성을 자각하게 된다는 것이다. 영성의 요소로서는 "하나님과 인간에 대한 온전한 사랑, 말씀에 기초한 도덕적 통찰과 능력, 그리고 하나님의 깊은 신비에 대한 신령한 지식과 지혜"라고 교회용어사전은 기술하고 있다.[1] 유럽의 중세시대에 평신도 여성들이 대거 참여했던 영성운동의 핵심적 동기는 직접적 체험을 통하여 신성을 확인하고자 하는 것이었다(길희성, 2012: 51). 그런데 현대의 서구사회에서는 영성을 기독교적 맥락으로만 사용하지 않고 종교다원주의적 입장에 따라 다른 종교(이슬람교와 불교, 힌두교 등의 동양 종교)의 관점에서도 영성이 존재한다고 보는 입장이 널리 지지되고 있다. 이렇게 볼 때, 영성의 일반적인 의미는 경험과 논리적 사고를 초월한 신령스러운 정신적 차원을 말한다고 할 수 있으며, 따라서 일상적으로는 쉽게 접근되지 않는 영역이라고 할 수 있다. 일상적으로 쉽게 접근되지 않으므로 대다수의 사람이 별로 관심을 기울이지 않는 영역이기도 하다. 그러나 종교적 수행을 통해 종종 영성이 드러난다면 일반 사람들에게도 영성이 깃들어

---

1) http://terms.naver.com/entry.nhn?docId=2376115&cid=50762&category
   Id=51365

있다는 추측이 충분히 가능하다. 필자는 특히 4차 산업혁명의 시대, 로봇과 인공지능의 시대를 앞두고 인간의 기계와의 차별성을 확보하기 위해서도 영성을 적극적으로 계발할 필요가 있다고 생각하며, 나아가 이러한 영성이 인간 존재의 최고심급(最高審級)이 될 수 있다고 생각한다. 다시 말해, 영성은 이성-감성-욕망을 이끌어 주면서 삶에 최고의 통일성을 부여할 수 있을 것이며, 이러한 관점에서 영성도 인성교육이 고려해야 할 중요한 요소라고 본다.

그러나 영성에 대한 연구는 그 자체로 매우 방대한 과제이므로 이 장에서는 부분적·범례적인 논의로 한정 지을 수밖에 없을 것 같다. 이하에서는 기독교, 불교, 성리학의 관점에서 영성과 영성교육(靈性敎育)에 대하여 간단히 고찰해 보도록 하겠다.

1 마이스터 에크하르트의 기독교적 영성수행론

1) 들어가기

Meister Eckhart
(1260?~1327)

마이스터 에크하르트(Meister Eckhart, 1260?~1327)는 독일뿐만 아니라 유럽 전체에서 가장 위대한 신비주의 사상가였다. 그는 독일 튀링겐 지방의 호흐하임에서 기사(騎士)의 아들로 태어났으며, 청년 시절에 도미니크 수도원에 수도사로 들어갔고, 후에 파리 대학에서 수학한 다음, 1302년 신학박사 학위를 받고 신학부 교수가 되었다. 이때부터 그는 '박사 에크하르트(Meister Eckhart)'라고 불리게 된다. 1313년경 귀국한 이래, 주로 쾰른에 머무르면서 그 시대의 가장 저명한 설교자의 한 사람으로 각광을 받았다. 그러나 자신의 신비적 체험에 입각한 설교를 했다는 이유로 재판에 회부되어 유죄선고를 받고, 교황에게 상소하였으나 결말을 보지 못한 채 사망했다. 그의 저술은 이후 600여 년 이상을 가톨릭 교회에 의해서 금서(禁書) 처분을 받았다가 최근에 와서야 해제되었다. 마이스터 에크하르트는 유럽의 전통 교육사상의 핵심 중의 하나인 'Bildung(교양)'의 개념을 처음으로 사용한 사람으로 알려져 있다. 마이스터 에크하르트가 인간의 영혼이 절대자의 신성에 합일되어 가는 것을 의미하는 용어로 사용했던 'Bildung'은 특히 르네상스 시대와 계몽주의 시대, 신인문주의 시대를 거치면서 '인간 내면성의 형성'을 의미하는 용어로 자리를 잡게 되었다. 이러한 관점에서 볼 때, 유럽적 의미의 인성교육관의 형성과정에 마이스터 에크하르트가 깊은 영향을 미쳤다는 것이 분명하며, 이것이 또한 인성교육의 담론에서 그를 언급해야 하는 또 하나의 이유라고 하겠다.

2) 인간의 영혼과 신성의 동일성

마이스터 에크하르트가 당시의 스콜라 철학의 커다란 흐름에 속해 있으면서도 이러한 흐름, 특히 토마스 아퀴나스와 뚜렷한 입장의 차이를 보인 것은 스콜라 철학자들이 대체로 신과 인간의 넘어설 수 없는 차이를 인정한 반면, 에크하르트가 신과 인간의 근원적 동일성을 주장했기 때문이다(Mojsisch, 2010: 358). 아퀴나스 등이 인간과 신의 차이를 존재론적 차이로 보고 이러한 차이를 극복할 수 없는 것으로 본 반면에, 에크하르트는 신의 본질을 순수한 정신 또는 이성(理性)으로 보며, 인간의 본질인 영혼도 그 근본바탕, 또는 근저(根底, Grund)에 있어서는 순수한 정신이며, 따라서 인간의 영혼도 그 근저에서는 처음부터 신성(神性)과 하나로 연결되어 있다고 주장하였다.

마이스터 에크하르트는 이러한 합일성이 성경에 대한 단순한 신학적 해석의 결과가 아니며, 자신이 체험한 진리임을 설파하여 적지 않은 충격을 동반한다. 더욱 충격적인 것은 우리 존재본질인 영혼은 신에 의해 창조된 것이 아니며, 창조 이전에 이미 신의 영혼 속에 내재해 있었다고 주장하는 점에 있다.

> 내가 아직 나의 첫 번째 원인 안에 처해 있었을 때, 거기에 신은 없었고, 내 스스로가 나의 원인이었을 뿐이다. 거기에서 나는 원하는 것도 없었고, 갈망하는 것도 없었다. 왜냐하면 거기에서 나는 자유로운(ledig) 존재였고, 진리를 향유하는 내 자신의 인식자였기 때문이었다. 거기에서 나는 나 자신만을 원했고, 그 외에는 어떤 것도 원치 않았다. 내가 원했던 것, 그것이 나였고, 나였던 것, 그것만을 원했다. 여기에서 나는 신이나 그 밖의 어떤 사물로부터도 벗어나 있었다. 그런데 내가 자유로운 의지결정으로 나의 피조된 존재를 받아들였을 때, 비로소 나는 신을 갖게 되었다. 왜냐하면 피조물들이 있기 이전에는 신은 아직 신이 아니었기 때문이다. 그는 다만 그 자신일 뿐이었다(Meister Eckhart, 1995: 304).   *고딕체 강조 - 필자

피조된 존재란 나를 구성하는 의식과 육체 그리고 나의 외부에 있는 삼라만상이다. 신에 의해 창조된 이 모든 것을 '나'와 '내가 사는 세상'으로 삼게 되었을 때, 나는 피조물의 삶으로 들어섰고, 피조물로서의 나는 신과 분리되어 신과 마주하게 된 것이다. 창조가 이루어지기 전에는 '신'도 '신'이 아니었다! 피조물이 없으면 신을 신이라고 불러 주는 존재가 없기 때문이다. 창조 이전에는 신이나 나의 영혼이나 분리되지 않은 채 단지 영원한 정신일 뿐이었다. 그런데 신은 나의 영혼을 안식의 상태에서 끌어내 신을 닮은 모습(Gottes Ebenbild)으로, 자신의 아들로서 탄생시켰다.

> 여기서 영원한 아버지의 숨겨진 인식에 나는 영원히 쉬고 있
> 었다. 그 안에서 표현되지 않고 잠들어 있었다. 이러한 순수성
> 으로부터 아버지는 자신이 낳은 하나뿐인 아들로서 나를 영원한 아
> 버지와 같은 모습(Ebenbild)으로 영원으로부터 낳았다(Meister
> Eckhart, 2010: 191).　　　　　　　　　　*고딕체 강조 – 필자

　예수만이 신의 아들이 아니며 우리 모두가 신의 아들이다! 왜냐하면 우리 모두는 영혼을 지닌 존재들이며, 신의 정신에서 유출된 우리의 영혼은 그 근본에 있어서 신과 차별이 없기 때문이다. 에크하르트에 따르면 우리는 우리 영혼의 가장 '내적인 세계'—에크하르트가 영혼의 '작은성'이라고도 표현하는—에서는 신과 합일되어 있다. 이러한 내적 세계가 모든 존재가 유출되어 나온 유일한 근원이며, 따라서 모든 존재는 그 근원에 있어서는 차별이 없다.

> 아버지는 자신의 아들을 자신의 단순한 본성 속에 자연스럽
> 게 참으로 낳으신 것처럼 정신의 가장 내적인 곳에 아들을 낳
> 으셨다. 이것이 바로 내적 세계이다. 여기서는 신의 근저(根底)가
> 바로 나의 근저(根底)이고, 나의 근저가 바로 신의 근저이다(고딕
> 체 강조–필자). 여기서는 신이 자신의 고유한 것으로부터 살
> 듯이, 나도 나의 고유한 것으로부터 산다. 이 근저를 단 한순
> 간이라도 엿본 사람에게는 빨갛게 주조된 금 천 마르크가 마
> 치 위조된 헬러와 같다(Meister Eckhart, 2010: 58).

　이상의 에크하르트의 언급들을 정리해 보자. 나의 영혼은 엄밀한 의미에서 창조된 것이 아니다. 왜냐하면 무(無)에서 유(有)가 만들어진 것이 아니고 신성 안에 본래 있던 것이 유출된 것일 뿐이기 때문이다. 영혼은 창조된 것이 아니므로 소멸하지도 않는, 시간을 벗어나 영원한 것

이다. 그러나 형태가 지어진 육체와 모든 사물들은 무에서 유로 만들어진 것이므로 창조된 것이고, 따라서 피조물이라고 불릴 수 있다. 무(無)에서 만들어진 유(有, 형체)는 시간에 매여 있어서 변화하는 것이고 따라서 유한하며 제약된 것이다(Meister Eckhart, 2010: 128).

3) 초탈(버리고 떠나 있음)

앞서 보았다시피, 마이스터 에크하르트에 따르면 우리 인간은 신성에서 유출된 영혼을 지닌 존재이며, 따라서 우리의 영혼은 그 근원에 있어서 신성과 동일하다. 그런데 왜 인간은 신적(神的)인 자유와 불멸, 전지전능(全知全能)을 잃어버렸는가? 그 까닭은 우리가 오관의 대상들에 함몰되면서 아만(我慢)과 무지(無知)에 사로잡혔으며, 이로 인하여 자신의 근거인 신성(神性)을 망각해 버렸기 때문이다(Meister Eckhart, 2009: 238). 그러므로 우리가 영혼의 신적 상태를 회복하기 위해서는 오관의 대상인 피조물들(신에 의해 창조된 세계)을 완전히 떠나야 하며, 또한 나의 몸과 '나'라고 하는 집착, 즉 아집(我執)까지도 완전히 떠나야 한다. 왜냐하면 창조된 것은 변화하는 것이며, 변화하는 것은 결국 무(無)이기 때문이다. 그래서 에크하르트는 단적으로 "모든 피조물은 순수한 무"라고 말한다(Meister Eckhart, 2010: 112). 유(有), 즉 진정한 존재는 오직 신에게만 귀속된다. 신만이 참되고 영원한 존재이다. 따라서 우리가 본래의 영혼을 회복하여 신성과의 합일 상태에 도달하려면 모든 피조물들을 버리고 떠나야, 즉 초탈(Abgeschiedenheit)해야 한다.

> 피조물이 끝나는 지점에서 신은 존재하기 시작한다. 신이 그대에게 오직 원하는 것은 피조물의 방식에 따라 사는 그대 자신으로부터 벗어나, 신이 그대 가운데에서 신이게끔 하는 것이다. 당신 자신 속에 그려져 자리잡고 있는 가장 사소한 피조물의

상(像: Bild)이라도 신만큼 크다. 왜 그러한가? 그것이 그대로부
터 신 전부를 빼앗기 때문이다. 이러한 상이 그대 속으로 들어서자
마자 신은 퇴각한다. 신성 전체가 퇴각한다. 그러나 이러한 상이 그
대로부터 나가자마자 신은 그대에게 들어선다(Meister Eckhart,
2010: 59f.).   *고딕체 강조 – 필자

　나는 본래 신에서 유출된 영혼이었다. 그런데 영혼은 피조물인 육체
와 외부세계의 피조물들을 받아들이고 혼합되었으며, 이를 통해 영혼
의 순수성을 상실하였다. 영혼은 육체와 외부세계에 대한 인식과 감
정, 의지, 욕망을 형성하면서 이를 '나'로 오인하게 되었고, 순수한 영
혼으로서의 자신의 본질을 망각하였다. 이 가짜 나(假我)는 이제 오인
된 자기 자신을 사랑하고 집착하며, 이러한 자기사랑과 집착, 즉 자기애
(Eigenliebe)가 중심이 되어 외부세계의 피조물들을 사랑하고 집착하며,
미워하고 배척한다. 그래서 에크하르트는 말한다. 외부세계의 피조물들
과 세간적인 모든 것에 대한 우리의 사랑과 집착은 자기애(自己愛) 위에
세워져 있다. 그러므로 우리가 자기애를 놓아 버린다면 전 세상을 놓게
될 것이다(Meister Eckhart, 2010: 67). 나아가 우리는 신에 대한 생각까지
도 버려야 한다고 에크하르트는 단언한다. "그대는 생각된 그대의 신을
버려야 한다. 신은 선하고, 지혜롭고, 정의로우며, 무한하다고 하는 등
의 신에 대한 그대의 불충분한 모든 생각과 표상을 버려야 한다." 왜냐
하면 "그대가 신에 대해 생각하고 말하는 모든 것은 신이 아니라 오히려
그대 자신"이기 때문이다(Meister Eckhart, 2009: 34f.).
　초탈은 궁극적으로 '나'를 완전히 비우고 무(無)로 돌리는 것이다. '나'
라는 생각, 집착, 애착, 감각인상, 표상, 인식, 의도와 목적, 욕구와 욕망
을 완전히 비우는 것이다. 그래야만 영혼을 가리고 있는 안개가 사라지
고 순수한 영혼이 드러나면서 신과 다시 합일될 수 있기 때문이다. 마이
스터 에크하르트는 말한다. 피조물이 아닌 본래의 영원한 자신이 되고

싶은가? 그러면 지금 여기서 '나'를 완전히 버리고 떠나라!

4) 돌파와 탄생

초탈이 궁극에 이르면 모든 피조물적 요소들이 비워지고 영혼의 근저로의 돌파가 이루어진다. 돌파(Durchbruch)란 모든 피조물적 요소들을 돌파하고 영혼의 근저(根底), 즉 순수한 영혼에 도달하여 거기에 맞닿아 있는 신과 합일을 이루는 극적인 사건을 표현한다. 신과 완전히 합일하기 위해서는 나에게 인간적인 요소가 조금도 남아 있으면 안 된다.

> 인간은 죽임을 당하고, 완전히 죽어 그 자신이 무(無)여야 하며, 모든 유사한 것으로부터 완전히 벗어나고 누구와도 더 이상 비슷하지 않아야 한다. 그때 인간은 신과 참으로 같아진다 (Meister Eckhart, 2010: 112).

자신의 근저이자 신의 근저인 '바닥 없는 근저'까지 돌파해 들어간 영혼은 거기에서 신의 아들로의 탄생을 경험한다(길희성, 2012: 219). 그런데 여기에서 아들의 탄생은 신과의 분리를 의미하는 것이 아닌가 하는 의문이 제기될 수 있을 것이다. 아들로의 탄생은 신과의 분리가 아니라는 것을 에크하르트는 기독교적인 삼위일체론으로 설명하고 있다 (Pietsch, 2004: 92). 아들의 탄생은 신의 근저와 영혼의 근저가 합일된 '내적 세계'인 '작은 성' 안에서 이루어진다.

> 아버지는 자신의 아들을 쉬지 않고 낳으신다. 하지만 나는 이를 넘어서서 아버지는 나를 자신의 아들로, 동일한 아들로 낳으신다고 말한다. 하지만 나는 이 또한 넘어서서 아버지는 나를 자신의 아들로 낳을 뿐만 아니라 나를 자신으로서, 자신을 나로

서, 그리고 나를 자신의 존재로서 자신의 본성으로서 낳으신다고 말
한다. 나는 가장 내적인 원천에서 성령으로부터 솟아나왔다. 가장 내
적인 원천에서는 하나의 생명과 하나의 존재와 하나의 작용만 있다.
**신이 작용하시는 모든 것은 하나이다. 그 때문에 아버지는 나를
자신의 아들로서 어떤 차이도 없이 낳으신다**(Meister Eckhart,
2010: 67f.).   *고딕체 강조 – 필자

　에크하르트는 '아버지는 나를 자신의 아들로 낳을 뿐만 아니라 나를
자신으로서, 자신을 나로서 낳는다'고 말하면서 신과 나는 둘이면서 둘
이 아닌 관계임을 제시한다. 나의 영혼이 신의 근저와 영혼의 근저가 합
일된 작은 성으로 돌파해 들어갈 때, 신은 나를 아들로 낳는다. 그런데
신이 나를 낳을 때, 신도 또한 비로소 탄생한다. 아들의 탄생과 신의 탄
생은 동시이다! 이러한 신과 아들의 탄생은 실존적(實存的)이고 비역사
적(非歷史的) 사건이며, 그야말로 신비적(神秘的) 사건이다! 더 나아가 여
기에서 에크하르트가 말하는 아들의 탄생은 독생자 예수의 탄생이나 인
간 존재의 탄생만을 말하는 것이 아니라 신의 모든 창조행위를 포괄한
다. 왜냐하면 모든 창조된 것, 인간과 천사는 물론 까마귀와 찌르레기,
나아가 돌멩이와 풀 한 포기까지도 신에 의해 창조되었으며 이에 따라
신의 정신을 분유하고 있기 때문이다. 그래서 에크하르트는 이 모든 것
들에게서 신을 볼 수 있어야 한다고 말한다.
　그렇지만 다른 생명체들과 만물들에 비해서 인간이 특별한 것은 자신
의 영혼과 신의 동일성을 인식할 수 있을 뿐만 아니라, 이러한 동일성
의 근저로, '내적 세계'로, '작은 성'으로 돌파해 들어갈 수 있는 존재이
기 때문이다. "우리가 영원히 있었고, 그리고 우리가 영원히 머무르게
될 우리의 참된 본질로 되돌아간다."는 것, 즉 돌파(Durchbruch)와 복귀
(Rückgang)를 한다는 것은 창조의 과정을 통한 유출(Ausgang)보다 훨씬
고귀하다(Meister Eckhart, 2009: 37). 왜냐하면 우리는 이를 통하여 신의

창조에 참여할 수 있게 되기 때문이다.

5) 마이스터 에크하르트의 영성수행론

앞서 보았다시피 초탈(버리고 떠나 있음, Abgeschiedenheit)은 에크하르트의 영성 수행방법의 핵심을 이룬다. 엄격한 의미에서의 초탈은 모든 피조물의 방식을 떠나는 것이며, 이는 절대적 금욕을 의미한다. 에크하르트가 영혼이 초탈하여 도달하는 신적인 내면세계(순수한 영혼)를 '고요한 사막'이라고 표현하고 있는 데에서도 이를 확인할 수 있다. 이러한 입장에 따라서 에크하르트는 기도와 묵상, 성지순례 등의 작위적인 수행을 통해 점진적으로 신성에 접근한다는 입장을 배격한다. 에크하르트는 말한다. "신을 일정한 방식으로 추구하는 사람은 '방식'을 취함으로써 신을 잃어버리는 사람"이다(Meister Eckhart, 2009: 59). 왜 그러한가? 인위적인 방식은 결국 나의 생각, 나의 집착, 나에 대한 사랑(자기애, Eigenliebe)에서 유래하며, 이 모든 것이 결국 피조물의 방식이기 때문이다. 에크하르트는 설교집에서 "예수께서 성전으로 들어가시어 팔고 사는 사람들을 내쫓기 시작하셨다"(마태복음 21: 12)는 성경 구절을 다음과 같이 해석한다.

> 이 성전은 바로 인간의 영혼이다. …… 신은 자기 자신과 같은 모습으로 인간의 영혼을 만드셨기 때문에 …… 성전에서 팔고 샀던 사람들은 누구였던가? …… 무례한 죄를 짓지 않으려고 노심초사하는 사람들, 기꺼이 좋은 사람이었으면 하는 사람들, 단식, 철야, 기도 및 그와 같은 것들, 모든 종류의 선행 등과 같은 자신들의 좋은 행실들을 신의 영광의 위해 행하는 사람들은 모조리 장사꾼들이다. 그들은 여전히 우리 주님께서 그 대가로 어떤 것을 자신들에게 주실 것이기 때문에, 또는 신이 자신들이 바라는 어떤 것을 자신들에

게 그 대가로 베풀어 주실 것이기 때문에 행한다. 이들 모두는 장
사꾼들이다(Meister Eckhart, 2010: 12f.).

*고딕체 강조 – 필자

　　그러면 어떠한 것이 신적 합일로 돌아가는 진정한 수행인가? 요컨대
우리의 마음(Gemüt)에서 '나'를 내쫓고 전적으로 신께 향하는 것이다.
"신이 그대에게 위대하게 되도록, 그리고 그대의 능동적인 일과 수동적
인 일 가운데에서 그대의 모든 노력과 열성을 신께로 향하도록 혼신의
힘을 다하라."(Meister Eckhart, 2009: 76) 이를 통해 우리는 신을 자기 안
에 지니게 된다. 그리고 이러한 신을 지님이 일상생활 속에서도 동일하
게 지속되도록 해야 한다. 따라서 명상(冥想, Meditation)에 치우치는 정
적주의(靜寂主義, Quitismus)나, 기적이나 신비적 황홀경을 추구하는 것
도 올바른 길이 아니다. 왜냐하면 이러한 방향들은 일상적 현실들로부
터 도피하는 경향이 있기 때문이다.

　　우리는 이를[= 신적(神的) 진리를] [사람들이나 사물들로부터]
　　도피해서는 배울 수 없다. 이 경우 우리는 사물들을 두려워하
　　여 외적으로 홀로 있는 쪽으로 방향을 돌리는 것이기 때문이
　　다. 오히려 우리는 내적으로 홀로 있기를 배워야 한다. 어디에 있
　　든, 누구와 함께 있든 간에 그렇게 해야 한다. 우리는 사물들을
　　꿰뚫고 파고들어 그 가운데에서 자신의 신을 포착해 내는 것을 배워
　　야 한다. 그리고 본질적인 방식으로 힘차게 신을 자신 속으로
　　모시고 들어와 자신의 모습을 바꾸는 법을 배워야 한다. ……
　　아무런 노력도 수고도 하지 않지만 자신에게 신의 현존이 두
　　루 비춰질 수 있도록, 그리고 더 나아가 자신이 모든 것에서
　　풀려나 모든 것에 완전히 자유롭게 머무를 수 있도록, 우리는
　　신적 현존에 푹 잠겨들어야 한다. 사랑하는 신의 모습에 의해

철저히 모습이 바뀌어야 하고 신 가운데 자리잡고 있어야 한
다. 물론 초심자일 때는 반드시 이를 위해 생각하고 신경을 써서 하
나하나 익힐 수밖에 없다. 마치 글쓰기를 익히는 학생처럼 그렇게 해
야 한다(Meister Eckhart, 2009: 81f.).   *고딕체 강조 – 필자

우리는 외적으로 홀로 있고자 하는 도피적 인간이 되어서는 안 되며
내적으로 홀로 있는 인간, '내적(內的) 인간'이 되어야 한다. 에크하르트
는 내적 인간을 또한 의로운 인간 또는 고귀한 인간으로 부른다. 내적
인간이 되기 위해서는 끊임없는 연습을 통해 세워진 내적 규율과 질서
―어떤 혼란에 의해서도 더 이상 흩어지거나 파괴될 수 없는 그러한 규
율과 질서―를 통하여 내적인 확고함과 신조를 확립해야 한다(Meister
Eckhart, 2010: 46). 이러한 내적 확고함과 신조가 확립되기 위해서는 신
에 대한 절대적인 믿음이 관건이라는 것은 자명하다. 그러나 생각된 또
는 만들어진 신이 아닌, 모든 생명과 만물의 근원이며, 나의 영혼과 둘
이 아닌 무한정신으로서의 신에 대한 절대적 믿음이 있어야 한다. 이러
한 절대적인 믿음을 바탕으로 하여 육체와 감각을 가지고 지상적인 것
에 몰두하는 외적(外的) 인간으로부터 단호하게 벗어나서 신의 영원성과
하나되는 내적 인간으로 전향(轉向)해야 한다.[2]

---

2) 에크하르트는 6단계를 거쳐서 내적 인간이 되는 과정을 제시한다.
  1단계: 이 시작 단계에 있는 내적 인간은 좋고 성스러운 사람의 모범에 따라 산
  다 하더라도, 여전히 비틀거리면서 의자로 가서 그것을 짚고 벽에 기대어 젖비
  린내 나는 우유로 배를 채운다.
  2단계: 두 번째 단계에 있는 내적 인간은 외적 모범들과 선한 사람들을 바라볼
  뿐만 아니라, 신의 충고와 가르침과 신적 지혜로 급히 달려가서, 인간성에 등을
  돌리고 신에게 얼굴을 향한다. 어머니 품(지상적인 것)을 벗어나 하늘에 계신
  아버지를 보고 웃는 단계이다.
  3단계: 세 번째 단계에 있는 내적 인간은 어머니에게서 더더욱 벗어나고, 어머

에크하르트의 제자인 조이제(Heinrich Seuse, 약 1295~1366)는 스승 에크하르트의 가르침을 3단계로 요약하였으며, 이것이 이른바 독일적 '도야(Bildung)'의 원형이 되었다: '도야해 벗어남(entbilden)'–'도야해 들어감(einbilden)'–'도야해 넘어감(überbilden)'. '도야해 벗어남'이란 감각적 표상들과 경험적 감각세계에 연루되어 있음으로부터 영혼이 벗어나는 것을 뜻한다. 이렇게 자유로워진 뒤에야 영혼은 신 안으로 도야해 들어가며, 신 안에서 영혼의 신비적인 자기완성으로 도야해 넘어가게 된다(Böhm, 2017: 58).

에크하르트는 이렇게 내적인 인간이 되어 궁극적으로 '신의 탄생'으로 돌파할 때까지 인내하며 기다릴 것을 촉구하였다. 이러한 기다림의 진정한 의미는 인간이 자신의 완전한 초탈 또는 자신의 감추어진 가장 내

니의 품에서 더욱더 멀어진다. 이때 그는 근심에서 벗어나며 공포를 집어던진다. 그리하여 비록 그가 모든 사람의 분노를 사지 않으면서 나쁜 일이나 부당한 일을 행할 수 있다 하더라도, 그는 그렇게 하고자 하지 않을 것이다. 왜냐하면 그는 불타는 노력으로 신과 사랑으로 결합되어 있기 때문이다. 그리하여 신이 그를 기쁨과 감미로움과 지복으로 이끌어 갈 정도로 그는 신과 사랑으로 결합되어 있다. 거기에서는 신과 같지 않거나 낯선 모든 것은 거절된다.

4단계: 네 번째 단계의 내적 인간은 사랑과 신 안에서 더욱더 중대하고 뿌리를 두게 된다. 그리하여 그는 모든 비난, 시련, 지겨운 일, 고통을 기꺼이 참아내고 즐겁게, 흔쾌히 그리고 기쁜 마음으로 받아들일 준비가 되어 있다.

5단계: 다섯 번째 단계의 내적 인간은 어디에서나 자기 자신 가운데서 기쁘게 살게 된다. 그리고 말로 표현할 수 없는 최고의 지혜가 풍부하게 흘러넘치는 가운데 조용히 머물러 쉬게 된다.

6단계: 최종적 단계에서 내적 인간은 이전의 자신을 벗어나서(entbildet), 신의 영원성에 의해 자신을 넘어서 형성된다(überbildet). 그리고 그가 소멸하는 것과 시간적인 생명을 완전히 망각하는 데에 도달하고 신의 상(ein göttliches Bild)으로 이끌려 거기로 전환되는(hinüberverwandelt) 단계이다. 한마디로 그가 신의 아들이 되는 때이다(Meister Eckhart, 2009: 212f.).

적인 근저—여기에서 신과 인간이 합일된다—를 향해서 지속적이고 참
을성 있게 나아감을 말한다(Pietsch, 2004: 94).

이상에서 살펴본 바에 따를 때 에크하르트가 말하는 내적 인간은 자칫
고립적이고 은둔적·내향적인 인간으로 오해되기 쉽다. 그러나 내적인
인간은 내향적 인간과는 구별되어야 한다. 내적 인간은 인간사의 시끄
러움에서 물러나서 고독과 명상을 즐기는 은둔적 수행자가 아니다. 시
장바닥에 처해 있어도 내적 영성의 충만함을 잃지 않으며, 아만과 아집
을 가지고 사람과 사물을 대하는 것이 아니라 영성의 충만함으로 사람
과 사물을 포용한다.

내적인 인간이 향했던 신적 이성의 '고요한 사막'은 적막과 허무가 지
배하는 곳이 아니라 무한 에너지와 무한 창조력을 지닌 생성의 근원이다
(Meister Eckhart, 2009: 40). 그러므로 내적 인간이 완성되어 갈수록 다른
사람들과 사물을 널리 포용하며 그 모두를 이루어 줄 수 있게 된다.

6) 마이스터 에크하르트 영성사상의 인성교육론적 의미

마이스터 에크하르트는 도입부에서 언급한 것처럼 서구의 인성교육
의 개념에 있어서 중요한 요소인 Bildung(교양)의 개념을 처음으로 제시
한 사람이다. 이에 못지않게 중요한 것은 그가 내면의 길을 통해서 신성
을 만날 수 있다는 점을 설득력 있게 보여 줌으로써 동양의 영성사상과
의 연결 통로를 놓았다는 점에 있다. 그런데 에크하르트의 시대에는 물
론이고 20세기 후반까지의 기독교세계에서 인간의 영혼과 신의 신비적
합일(合一)에 관한 사상은 위험한 사상으로 치부되었고 그의 저술은 오
랫동안 금서(禁書)로 취급되어 왔다(그의 저술이 교황청의 금서목록에서 제
외된 것은 최근의 일이다). 에크하르트는 나아가 영혼근저와 신근저가 합
일될 때 만물과도 더불어 하나가 된다고 설파하였다. 이러한 합일의 사
상은 특히 불교적 영성사상과의 회통 가능성을 보여 준다는 점에서 매

우 흥미롭다.

인성교육의 관점에서 본 영성사상의 특별한 의미는 위에서 언급한 바와 같이, 인간의 삶과 세계에 대한 보다 심도 있고 포괄적인 관점을 제시해 준다는 것 외에도, 체험적 실증사례를 통하여 인간의 근본적인 변화 가능성을 보여 준다는 데에 있다. 마치 유대교인이던 사울이 기독교인들을 박해하기 위해 다마스커스로 가던 중 예수의 환영을 접하고 근본적으로 회심(回心)하여 바울로 변화하듯이 말이다. 그런데 에크하르트의 영성사상은 신과의 합일, 그리고 만물과의 합일이라는 엄청난 정신적 비약과 확장의 가능성을 보여 주면서도 그것이 특정 종교에 국한되지 않을 수 있다는 가능성까지 보여 준다는 점에서 커다란 의의가 있다고 하겠다.

📝 2 선불교의 영성수행론

1) 선불교와 인성교육

선불교는 동아시아적 전통 속에서 형성된 대승불교의 한 유형으로서, "직지인심(直指人心) 견성성불(見性成佛)", 즉 "바로 사람의 마음을 가리켜서 성품을 보아 부처를 이룬다."는 보리달마(菩提達磨)의 가르침을 종지(宗旨)로 하고 있다(鏡虛惺牛, 2005: 17ff.). 여기에서 말하는 성품(性品)이란 우리의 현상적인 몸과 마음의 근저(根底)에 근원적인 존재바탕이 있음을 의미하며, 불성(佛性), 자성(自性), 진여(眞如) 등과 동의어로 사용되고 있다.

그런데 이러한 존재의 바탕은 물질적 현상이나 의식현상으로 포착되지 않는, 물질과 의식을 초월한 존재 근거이다. 따라서 물질적 현상이나 의식현상으로 나타나야만 무엇이 있다고 생각하는 우리 보통 사람의 입장에서 보면 성품이란 허공과 같이 비어 있지만(空性), 이러한 공한 성품에서 모든 물질적 현상이나 의식현상이 나오고 들어가므로 예로부터 성품은 진공묘유(眞空妙有: 참으로 비어 있으되 묘하게 있다)나 공적영지(空寂靈知: 비고 고요하되 신령스럽게 안다) 등으로 표현되기도 하였다. 요컨대, 성품(性品)은 개체적 존재의 근본바탕이면서 개체적 존재를 넘어선 포괄적·우주적 존재원리이다. 존재하는 모든 것은 성품이라고 하는 동일한 뿌리를 지니고 있으며, 이러한 동일한 존재근거에서 개체적 존재들은 모두 하나로 연결되어 움직이고 있다. 따라서 성품을 깨달은 자는 우주 전체가 자신의 몸과 같아서 우주 안에서 일어나는 모든 것을 알며(一切智), 뜻한바 모든 것을 이룰 수 있게 된다(一切能). 즉, 깨달은 자가 한 생각을 일으키면 우주 전체에 통신이 되어 우주 전체가 움직여지게 된다는 것이다. 성품은 또한 생겨나지도 않고 사멸하지도 않으므로(不生不滅), 성품을 깨달아 성품으로 온전히 존재하는 자는 현상적으로 나타나는 생사에 구애됨이 없이 우주적 대자유인으로 살게 되니 이를 부처라고 부른다.

보리달마 이래로 중국과 한국, 일본의 수많은 선불교 수행자들이 이상과 같은 존재의 실상(實相)을 체험을 통해 증명해 냄으로써 동아시아 선불교는 교학적(敎學的) 이해를 넘어서서 전체 삶을 통해서 실현되는 역동적인 깨달음의 운동으로 나타났으며, 이러한 선불교적 전통은 오늘날까지도 면면히 맥이 이어져 동아시아 정신세계의 중요한 한 축을 이루고 있다. 성품을 바로 깨달아 우주적 대자유의 삶을 실현코자 하는 선불교 운동은 가히 최고도(最高度)의 인간혁명 운동이며 인성혁명 운동이 아닐 수 없다. 이것이 한국의 인성교육을 논함에 있어서 선불교를 빠뜨릴 수 없는 이유일 것이다. 이 절에서는 중국에서 선불교를 크게 일으킨 당나라시대의 혜능(慧能)의 불성관(불교적 영성관)과 현대 한국 사회에서 선불교를 크게 중흥시킨 대행(大行)의 불성관을 범례적으로 살펴보고 불교적 인성교육의 가능성을 간단히 고찰해 보도록 하겠다.

2) 혜능선사의 불교적 영성사상

혜능(慧能, 638~713)은 중국 당대(唐代) 초기의 인물인데, 홀어머니를 봉양하는 나무꾼으로서 시장에서 땔감나무를 팔다가 우연히 지나가던 승려가 외우던 금강경의 "응무소주이생기심(應無所住以生其心: 마땅히 머무름이 없이 그 마음을 내라)"이라는 글귀를 듣고 마음이 열려 성품을 깨달은 것으로 되어 있다. 그 인연으로 보리달마를 이은 오조(五祖) 홍인(弘忍)을 찾아가 인가(認可)를 받고 육조(六祖)가 되었다. 그가 홍인이 설하는 금강경을 들고 크게 깨달아 스승 홍인에게 구두로 바

慧能
(638~713)

친 게송을 보면 그의 깨달음의 내용이 무엇인지 짐작해 볼 수 있다.

> 어찌 자성(自性)이 본래 스스로 청정(淸淨)함을 알았으리요.
> 어찌 자성(自性)이 본래 생멸(生滅)하지 않는 것임을 알았으리요.
> 어찌 자성(自性)이 본래 스스로 구족(具足)함을 알았으리요.
> 어찌 자성(自性)이 본래 동요(動搖)가 없음을 알았으리요.
> 어찌 자성(自性)이 능히 만법(萬法)을 냄을 알았으리요.
> (六祖慧能, 1992: 84)

혜능은 평생 문자를 익히지 않은 문맹(文盲)의 상태로 자기의 본래 성품을 깨닫고 오조(五祖)의 인가를 받은 후 가르침을 펼침으로써, 참다운

깨달음은 문자와 관계가 없으며 자신의 가르침 또한 형이상학적 사변과는 관계가 없는 철저한 깨달음에 근거하고 있음을 입증해 보였다. 그는 또한 점차로 닦아서 깨달음을 이루고자 하는 점교(漸敎)를 반대하고, 단박에 성품을 보아 자신이 본래 부처임을 깨달아야 한다는 돈교(頓敎)를 주장하였다. 오조 홍인의 상수제자였던 신수(神秀)가 자신의 공부 경지를 나타내기 위해 지은 게송(偈頌)과, 이를 반박하기 위해 혜능이 지은 게송을 비교해 볼 때, 혜능의 게송에는 이미 돈교의 입장이 뚜렷이 나타나 있음을 알 수 있다.

> 몸은 보리수요 마음은 밝은 거울과 같네
> (身是菩提樹 心與明鏡臺)
> 부지런히 털고 닦아서 티끌이 묻지 않게 하리
> (時時勤拂拭 勿使惹塵埃)
>
> — 神秀頌 — (六祖慧能, 1992: 70)

> 보리에는 본래 나무가 없고 거울 또한 거울이 아니다
> (菩提本無樹 明鏡亦非臺)
> 본래 한 물건도 없거니 어느 곳에 티끌이 묻으랴
> (本來無一物 何處惹塵埃)
>
> — 慧能頌 — (六祖慧能, 1992: 80)

신수의 게송에는 몸과 마음을 닦아서 부처를 이룬다는 입장이 표현되어 있는 반면에, 혜능의 입장에 따르면 '본래무일물(本來無一物)'이라는 표현에서 드러나듯이, 몸과 마음이라는 실체가 본래 없고, 부처와 중생도 본래 없으며, 미혹과 깨달음도 본래 없으므로 닦아서 이룬다는 생각 자체가 미혹(迷惑)이라는 것이다. 왜 그런가? 우리의 근본인 불성이 항상 청정하여 부처와 다름이 없기 때문이다. 이것이 본래성불(本來成佛)

의 사상이다. 즉, 우리는 본래 깨달아 있다는 것이다. 우리의 근본인 자성은 더함과 덜함이 없으며 따라서 자성은 부처와 중생이 다르지 않다. 다만 우리 의식이 미혹(迷惑)해 있어서 자기 근본인 자성(自性), 즉 자기 불성(自己佛性)을 알지 못하고 있을 뿐이다. 그렇다면 어떤 것이 미혹인가? 우리가 밖으로 대상들을 지각(知覺)하면서 이렇게 대상을 지각하는 주체인 것처럼 느껴지는 내적 자의식을 '나'로 알고 있는 상태가 바로 미혹이다. 우리는 이렇게 대상의식과 맞물려 있는 자아의식의 안개 속에서 일상을 살아가고 있으며, 이러한 의식의 안개에 가려서 자신이 본래로 청정한 자성의 존재임을 알지 못하는 것이다.

이러한 미혹의 상태에서 벗어나려면 깨달은 스승의 가르침에 따라 바로 자기 성품을 보아야(見性) 한다. 견성을 하면 자성, 즉 자기의 본래성품을 회복하여 자성의 존재로 살게 되므로 생사를 초월한 우주적 대자유인이 된다. 자성은 본래 여여(如如)하여 생겨나지도 사멸하지도 않으며(不生不滅), 개체적 존재에 국한되지 않은 전체 존재를 포괄하는 원리로서, 모든 존재(우주 삼라만상)를 생산하는 근원이기 때문이다. 자성은 또한 본래 청정하므로 밝은 거울이 일체를 있는 그대로 비추듯이 모든 것을 있는 그대로 밝게 비추어 아는 지혜가 갖추어져 있으니 이를 반야(般若)라고 한다.

그런데 어찌하여 우리는 자기의 성품을 깨닫지 못하고 반야의 지혜를 쓰지도 못하는가? "삿된 소견(邪見)의 장애가 무겁고 번뇌의 뿌리가 깊기 때문이니, 마치 큰 구름이 해를 가리었을 때 바람이 불지 않으면 햇빛이 드러나지 않는 것과 같다."(六祖慧能, 1992: 118) 자기 본성이 본래 부처임을 알지 못하고 밖으로 부처를 구하고자 하는 것이 사견(邪見)이며, 자기 본성을 미혹하고 중생으로 살아온 습성과 집착이 곧 번뇌(煩惱)로서, 이러한 사견과 번뇌가 자성을 가리고 있으므로 이로부터 벗어나 청정한 자성으로 돌이키기가 어려운 것이다. 그러면 어떻게 해야 하는가? 바르게 깨달은 스승을 만나 스승의 가르침에 결정적인 믿음을 일으키면 마치 해를 가린 구름을 큰 바람이 불어 흩어 버릴 때 해가 밝게 드러나듯이 사견과 번뇌가 문득 끊어지면서 견성을 할 수가 있다.

이러한 관점에서 혜능은 점차적으로 닦아서 부처를 이룬다고 하는 신수(神秀)의 점교(漸敎) 입장을 반대한다. 분별하는 의식은 본래 자성을 알지 못하는 미망(迷妄)의 마음 작용으로서 이러한 분별하는 의식으로 밝고 청정하다는 생각을 일으켜 이를 닦아서 얻고자 한다면 이것은 혹에 혹을 덧붙이는 격이어서 참된 자성으로부터는 오히려 멀어지고 만다(六祖慧能, 1992: 178f.).

이러한 혜능의 불교관은 "무념(無念)으로 종(宗)을 삼고, 무상(無相)으로 체(體)를 삼으며, 무주(無住)로 근본(根本)을 삼는다(無念爲宗 無相爲體 無住爲本)."라는 그의 언급에 요약되어 있다(六祖慧能, 1992: 170). 무념, 무상, 무주는 무엇에도 물들거나 집착함이 없어서 막힘과 장애가 없는 완전히 자유롭고 청정한 마음의 상태를 말한다고 할 수 있으며, 이러한 마음의 상태에 도달하는 것이 선불교의 목적임을 천명한 것이다. 그런데 집착이 없고 청정한 마음이 되기 위해서는 세상사(世上事)에서 물러나서 아무것도 하지 않고 은둔하여 명상만 하면서 살라는 것으로 생각하기 쉽지만 사실은 그렇지 않다.

무념이란 무상과 무주를 전제로 하므로, 먼저 무상과 무주에 대하여 설명해 보겠다. 불교에서 말하는 상(相)이란 감각에 포착되는 모습들뿐만 아니라 마음속의 관념들도 포함한다. 우리는 일상적으로 감각적 형상(이미지)들과 갖가지 관념들을 의식 속에 지니고 있으면서 이에 머물고 있다. 그런데 우리의 본래의 청정한 마음은 상(相)을 벗어난, 그래서 상(相)에 머무르지 않는 마음이다(無相). 상(相)에 머무르지 않는다고 함은 마음이 어느 곳에도 머무르지 않는다는(無住) 의미가 된다.

마음이 상에 머물지 않기 위해서는 마음속에 머물고 있는 갖가지 상을 내려놓아야 하지만, 우리가 견성(見性)의 체험을 하기 전에는 상(相)들에서 완전히 벗어날 수 없다. 왜냐하면 우리의 분별하는 의식은 언제나 분별할 대상을 필요로 하기 때문이다. 그런데 자성이 본래 청정하여 모든 상을 여읜 자리임을 깨달아, 이러한 모습 없는 자성이 우리의 본래 존재 바탕임을 확연히 알게 되면 갖가지 모습을 대하더라도 그에 머물러 집착을 하지 않게 된다. 그러면 우리의 마음은 더 이상 모습의 부림을 받지 않게 되고 반대로 자유롭게 모습을 부릴 수 있게 된다. 이것이 금강경에서 말한바 '어디에도 머무르지 않는 마음을 내는 것'이다.

　마음이 모든 상에서 벗어나 순수하고 텅 빈 본래의 마음이 되면 이러한 마음에서 생각[念]을 내더라도 생각[念]에 장애를 받지 않는다. 다시 말해서, 텅 비고 고요한 마음도 어떤 상황을 마주치면 생각이 일어나지만 그러한 생각을 고정된 것으로 취하여 집착하지 않으므로 경계(境界)가 사라지면 생각도 사라져서 다시 텅 비고 고요한 마음으로 돌아간다. 이를 혜능선사는 무념(無念)이라고 한 것이다. 이처럼 무념이란 생각이 아예 없어서 아무것도 행하지 않는다는 것이 아니라 모든 것을 생각하고 행하더라도 마음이 구속을 받지 않고 어디에도 머물러 집착함이 없어서 항상 자유자재한 상태를 말한다. 그래서 무념행(無念行)을 자재해탈(自在解脫)이라고도 한다(六祖慧能, 1992: 125f.).

　이상에서 보듯이 혜능은 우리 모두가 자기의 본래 성품을 단박에 깨달아 영원불멸의 대자유인이 될 수 있다고 하는, 최고의 존재 가능성에 대한 희망을 안겨 준다. 그러나 '우리가 사견과 번뇌를 어떻게 극복하고 견성을 할 것인가?' 하는 난제가 여전히 남는다. 나아가 견성만을 논하고 수행은 논하지 않는다(六祖慧能, 1992: 98)는 혜능의 입장은 견성하기 이전의 삶은 어차피 꿈을 꾸는 상태와 같은 것이니 논할 가치가 없고 오로지 견성을 하기 위하여 노력하는 것만이 의미가 있다는 것으로 해석될 소지가 있다. 혜능은 『육조단경』에서 "불법이 세간 중에 있는 것이므로 세간을 여의고 보리를 찾으면 마치 토끼뿔을 구함과 같다."(六祖慧能, 1992: 134)라고 말하고 있음에도 불구하고 그의 가르침은 대체로 전문수행자, 즉 출가사문(出家沙門)에게 초점이 맞추어져 있다.

그런데 1972년 한마음선원을 창건한 대행선사(大行禪師)는 복잡한 현대사회 속에서 끊임없이 닥치는 삶의 문제들을 잘 해결하며 살아가는 길과 본래의 자기를 회복하는 길이 둘이 아님을 설파하였다. 대행은 자신의 실천행을 통해 일상생활 속에서 깨달음의 진리를 구현하는 길을 보여 줌으로써 한국 불교에 새로운 바람을 일으켰을 뿐만 아니라, 자신의 '한마음'의 가르침이 종교의 테두리에 국한되지 않는 보편적이고 근원적 진리임을 설파하여 국내외의 수많은 사람에게 커다란 반향을 불러일으켰다.[3] 현재에도 활발히 진행 중인 이러한 '한마음운동'은 현대 한국 사회에서 가장 괄목할 만한 불교적 영성운동이며, 수많은 사람이 이 운동에 참여하여 삶의 새로운 지평을 열어가고 있다. 이러한 한마음운동은 인성교육의 관점에서도 매우 흥미로운 사건이 아닐 수 없으며, 이에 따라 대행의 사상을 인성교육의 관점에서 논의해 보고자 한다.

3) 대행선사의 불교적 영성관

大行
(1927~2012)

대행(大行, 1927~2012)의 불교적 영성관을 알아보기 위해서는 먼저 그녀의 성장과정과 구도수행의 과정을 살펴볼 필요가 있다. 왜냐하면 그녀가 깨닫고 많은 사람에게 가르쳐 준 '한마음의 도리(道理)'는 그녀의 구도 수행의 과정과 밀접한 관련이 있기 때문이다. 대행은 일제 강점기에 구한말 퇴역 무관을 지냈던 부친의 딸로 태어났다. 부친이 일제에 의해 불령선인(不逞鮮人)으로 지목되고 재산

---

3) 현재 한마음선원은 안양시 석수동에 본원이 있으며, 국내에 15개, 국외에 9개의 지원을 두고 있고, 등록된 신도 수는 15만 명을 넘는다.

을 몰수당하여 그녀의 가족은 극심한 생활고를 겪게 되었는데, 설상가상으로 그녀의 부친은 가세 몰락 등으로 인한 개인적인 불만과 분노를 그녀에게 지속적으로 쏟아냈다. 때문에 매우 불우하고 고독한 어린 시절을 보내던 그녀는 9세 때부터 내면의 음성을 듣기 시작했으며, 이를 '아빠'라고 불렀다. 내면의 아빠는 그녀에게 힘이 되어 주고 잘 이끌어 주었을 뿐만 아니라, 그녀는 자신이 마주치는 모든 것이 내면의 아빠와 하나가 되어 함께 호흡하며 움직이는 것을 느끼게 되었다.

> "아빠!" 하고 나직이 부를라치면 묘지의 망부석, 나무 등걸, 바위 또는 이름 모를 뭇 생명까지도 나 자신과 친한 친구가 되어 숨결을 나누는 것처럼 여겨졌다. …… 그러니까 '아빠'가 등장하고부터는 점차로 모든 것이, 심지어 하찮은 풀뿌리나 돌까지도 내면의 아빠처럼 느껴졌다. 나는 모든 것을 아빠라는 그곳에다 밀어 넣었다(한마음선원 출판부, 2009: 31f.).

이와 같이 하여 대행의 내면과의 대화는 점점 더 깊어져 갔으며, 18세가 되어 이제까지 아빠라고 불러왔던 내면의 소리가 자기의 근본 불성임을 확연히 깨달아 알게 되었다(한마음선원 출판부, 2001a: 161). 그 무렵 오대산 상원사에 주석하던 당대 최고의 선승(禪僧) 방한암(方漢巖)을 만나 가르침을 받았으며, 이것이 인연이 되어 23세 되던 1950년에 방한암 선사의 문하로 출가하여 수행에 전념하였다. 그러나 그녀는 어려서부터 산중을 혼자 떠돌며 내면으로의 길을 걸어온 터라 사찰의 격식화된 수행 풍토와는 잘 맞지 않았으므로, 얼마 지나지 않아 사찰을 떠나 혼자서 산중으로 다니면서 마주치는 모든 사람, 생명, 사물을 공부 재료로 삼아서 수행을 계속하였다. 이를 통하여 사람뿐만 아니라 모든 생명, 사물과 마음으로 연결되어 함께 소통하며 함께 움직이고 있음을 알기 시작했고, 이를 실험을 통하여 체득해 나갔다. 종국에는 우주 삼라만상이 모두 연결되어 하나로 돌아가고 있음을 깨달았으며, 모든 것이 하나로 돌아가는 '한마음'의 살림살이임을 체득하게 되었다. 이상에서 간단히 살펴본 대행의 구도과정을 볼 때, 이러한 그녀의 개인적 수행체험으로부터 '한마음사상'이 발전되어 나왔다는 것을 알 수 있다.

대행에 따르면, 한마음은 개별적인 마음(의식)이 생겨나기 이전의 근원이며, 이러한 한마음의 바탕에서 모든 마음이 하나로 연결되어 작용하고 있다. 따라서 한마음은 개별자를 벗어나 우주 삼라만상을 포용하는 원리이며, 일체제불(一切諸佛)과 일체중생(一切衆生)의 동일한 근원이다.[4]

이러한 한마음사상은 단지 이론적 교설에 그치는 것이 아니었다. 대행은 한마음이 일체와 하나로 연결되어 있으며, 한마음에서 한 생각을 일으키면 일체에 통신이 되어 움직인다는 것을 매 순간 자신의 행(行)을 통해 증명해 보였다. 한마음선원에서 발행한 각종 책자와 비디오, 오디오 자료들은 수많은 사람이 찾아와 가지가지의 질병이나 생활문제에 대해 하소연을 할 때, 대행이 이를 "알았어요!"라는 단 한마디로 해결해 준 무수한 사례를 전하고 있다. 이러한 그녀의 법력(法力)이 그녀가 1972년 안양에 선원을 설립한 이래 수많은 사람이 운집하여 출가제자가 되고 재가신도가 되면서 교세가 크게 확장된 이유에 대한 유력한 설명 근거가 된다.

대행은 병고(病苦)나 생활고(生活苦) 등으로 찾아오는 사람들의 문제를 해결해 주면서, 각자의 존재바탕이 한마음이며, 이 한마음이 각자존재

---

4) 한마음의 한 점은 바로 우주의 근본이며, 태양의 근본이며, 바로 천지의 근본이니 내 한마음의 한 점이 그렇게 위대하다는 겁니다(한마음선원 출판부, 1999a: 100). 한마음은 어떠한 개별적인 마음이 따로 있는 것이 아니라 일체가 한데 합쳐진 것이 한마음입니다(한마음선원 출판부, 1999b: 131). 일체제불과 모든 일체 중생이 다 한마음 속에 있다, ……들이고 내는 모든 것이 전체 한마음에서 들이고 내진다(대행선사, 1999c: 119).

의 주인공이니 이 주인공을 믿고 일체를 그 자리에 맡기면 모든 문제가 해결되어 간다고 가르쳤다. 우리 모두가 한마음의 존재임에도 불구하고 이를 알지 못하고 한마음으로 살지도 못하는 이유는 무수한 생을 살아오면서 지은 업식(業識: 습관화된 의식)으로 우리의 본래 마음인 한마음이 덮여 있기 때문이다. 우리가 일상 중에 여러 가지 괴로움과 부자유를 겪는 이유도 바로 이 업식 때문이다. 이전 삶의 과정에서 입력된 업식은 기회와 조건(인연)을 만나면 출력되어 나온다. 그래서 우리는 업식의 지배에서 벗어나기가 어려운 것이다[5]. 그런데 대행은 모든 출력되는 것을 한마음에 돌려놓으면 업식이 소멸된다고 말한다.

한마음에서 출력된 업식을 따라 행(行)을 일으키면, 이 행의 결과는 다시 새로운 업식이 되어 한마음에 입력된다. 그러나 출력된 업식을 나온 곳(한마음)에 돌려놓고 행을 짓지 않게 되면, 출력된 업식은 소멸되어 버리며, 따라서 후속적인 입력이 일어나지 않게 된다. 업식의 입력이 일어나지 않거나 줄어들면 업식의 출력도 지속적으로 줄어들게 된다. 이와 같이 돌려놓는 작업을 계속해 나가다 보면 문득 업식의 출력이 멈추는 체험을 하게 되고 이를 통해 업식이 나오는 바탕, 즉 한마음이 드러난다.[6] 이것이 대행이 말하는 현재의식과 잠재의식의 계합(契合), 즉 깨달음의 의미이다.[7]

---

5) 자기가 어떻게 살았느냐에 따라서 인과가 되는 거죠. 그래서 자동적으로 입력이 된 겁니다. 벗어나려야 벗어날 수가 없어요. 입력이 된 대로 여러분을 지금 이끌어 가고 있죠(한마음선원 출판부, 1999a: 413).

6) "과거에 어떻게 살았느냐에 따라서 모두 자동적으로 입력이 되는데, 오신통이라는 그 작자가 바로 컴퓨터와 같다. …… 그래서 입력이 돼서 현실에 나오는 것을 다시 거기다 입력을 하니까 그릇이 비더라. 자꾸자꾸 그릇이 비고 또 비고 또 비고, 그러는 대로 자꾸 입력을 하니까 완전히 해말갛게 그릇이 비더라. 그래서 아주 밝게 자기라는 놈이 등장을 하더라."(한마음선원 출판부, 2001b: 772)

7) "또 한 사람한테 묻기를 '먹는 사이 없이 먹을 줄 아느냐?' 하고 묻더라는 겁니

대행은 이러한 마음교육의 방법을 '주인공관법'이라고 명명하였는데, 이는 전문수행자들에게만 해당하는 것이 아니며 일상생활을 원활하게 해 나가는 방법이기도 하다. 일상생활에서 닥쳐오는 모든 문제를 "그 자리에서밖에 해결할 수 없다" 하고 내면에 맡기고 지켜보며, 또한 "참 나가 있다는 증명도 거기서만이 해 줄 수 있다." 하고 입력하고 지켜본다. 이를 관(觀)한다고 말한다. 문제해결에 있어서 대행선사는 두 가지 경우를 구별한다. 어떻게 해결해야 할지 모를 때에는 "너만이 잘 알아서 해결할 수 있다."라고 주인공(한마음)에 입력하고 지켜보며, 해결방법을 알고 있는 경우에는 "이러이러하게 하는 것도 너밖에 없다."라고 입력하고 지켜보아야 한다.[8] 그리고 이에 대한 결과가 나오면 잘된 것은 감사하게 그 자리에 되맡겨 놓고, 잘 안 된 것은 "이것이 슬기롭게 돌아가게 하는 것도 여기다."하고 돌려서 놓아야 한다(한마음선원 출판부, 2001a: 218). 이렇게 일체를 그 자리에 놓고 물러서지 않는 믿음으로 지켜보고 실험하며 체험해 나가면 생활의 문제들이 잘 해결되어 나갈 뿐만 아니라 업식(業識)이 녹아져서 결국 '참 나'를 발견(=견성, 見性)하게 된다.

다. 그러니깐 그 스님은 아무 소리 없이 나가더니 수박 한 통을 턱 쪼개가지고는 터억 갖다 놓고는 삼배를 올리고 가만히 앉았더라는 겁니다. 그러니까 …… 대뇌의 (머리의 왼쪽과 오른쪽을 차례로 짚으시며) 잠재의식 쪽, 현재의식 쪽이 다 계합이 됐구나 하더랍니다. …… 이러고선 '너는 참 골수를 얻었구나!' …… 하시면서 …… 껄껄 웃으시더라는 겁니다."(한마음선원 출판부, 1999b: 228; 고딕체 강조-필자)

8) "내가 모를 때, 이렇게 해야 할지 저렇게 해야 할지 모를 때 '너만이 알아서 할 수 있어.' 하고 그냥 맡겨만 놓으면 아주 정식대로 다 해 나가죠. 그런데 내가 알고 있을 때, 내가 이렇게 이렇게 해야겠다 할 수 있을 때는 '이렇게 하는 것도 너밖에 없어!' 하고 놔야 굴려 놓는 거죠. 구정물이 들어왔을 때 바로 그 구정물을 새 물로 바꿔 쓰는 거나 똑같죠."(한마음선원 출판부, 2001a: 358) "'주인공만이 주인공이 있다는 증명을 해 줄 수 있다.' 또는 '네가 있다는 걸 너만이 증명해 줄 수가 있다.' 그렇게 하는 것이 관(觀)입니다."(한마음선원 출판부, 2001a: 73).

요컨대, 주인공관법은 삶의 문제를 해결하는 방편이면서 동시에 '참 나(주인공)'를 발견해 가는 근본 수행이기도 하다. 생활의 문제들을 해결하는 과정도 주인공이 스스로 해결하도록 관(觀)하고 체험하는 과정이므로 그대로가 참 나를 찾아가는 본분공부가 되는 것이다. 이처럼 주인공관법은 일상생활 속에서 그대로 수행을 해 나갈 수 있는 생활참선(生活參禪)이다(대행선사, 2001a, 217ff.).

끝으로, 이상의 고찰을 바탕으로 대행의 한마음 사상의 현대적 의의에 대해 간단히 논의해 보고자 한다. 우리는 위에서 혜능이 "견성만을 논하고 수행은 논하지 않는다."(六祖慧能, 1992: 84)라고 말하는 것을 보았다. 이러한 언급이 이루어진 본래의 맥락을 떠나서 절대화될 때, 견성(見性), 즉 자기불성의 깨달음에만 매달리는 경향으로 나타날 수 있고, 이것은 출가 수행자가 아니면 실천하기 어려운 일이 아닐 수 없다.

이에 반해서 대행은 현대사회 속의 분주한 일상 속에서 누구나 한마음의 존재로 살아갈 수 있는 길을 보여 주었다. 우리 각자가 한마음의 존재이며, 한마음은 무한한 지혜와 무한한 능력의 보고임을 이해하고 믿기만 하면 된다는 것이다. 우리가 자신이 원하는 바를 한마음에 입력하면 한마음은 이에 응답한다. 또한 우리에게 바람직하지 않은 생각, 감정, 욕망이 일어나거나, 원치 않는 현상과 일들이 닥쳐오는 것도 한마음에 입력되어 있던 업식(業識)이 기회와 조건을 만나 발현되어 나오는 것이니, 나오는 업식을 한마음에 되돌려 놓으면 녹아서 사라진다. 나아가서 한마음은 '나'가 사라진 자리이며 삼라만상을 포괄하는 자리이므로, 나에게 다가오는 모든 것을 한마음에 맡기고 살아가면 모든 사람, 생명, 사물과 둘이 아니게(不二) 더불어 살아가는 공생(共生), 상생(相生)의 삶이 저절로 실현된다. 이상에서 보듯이, 대행의 한마음수행론은 일상생활 속에서 자기의 근원(=한마음)을 찾아갈 수 있도록 설계된, 매우 현대적인 수행론이라고 하겠다.

4) 선불교 영성사상의 인성교육에 대한 의미

앞서 중국 당나라 시대의 혜능과 현대 한국의 대행의 선불교적 영성사상에서 보듯이 선불교는 개체적 인간의 마음의 근본바탕에 초개인적이고 우주적인 불성(=자성, 한마음)이 있음을 체험적으로 입증하고 있다. 이를 통하여 인성교육의 지평은 거의 무한대로 확장된다. 물론 견성성불을 하는 사람의 수는 극히 적으며, 따라서 이러한 선불교적 깨달음의 과정은 보편화된 교육과정으로 삼기가 어렵다는 난점이 있는 것은 사실이다.

그러나 선불교의 거장(巨匠)들이 체험적으로 증명하고 있는 근원적인 우주적 마음의 세계를 우리가 받아들이기만 해도 우리 삶의 지평은 현저하게 달라질 수 있다. 이러한 가능성은 특히 전통적 선불교를 현대적 관점에서 쇄신한 대행의 한마음사상을 통해 크게 확장된다. 한마음(불성)의 자리가 우리 각자 현상적 존재의 바탕이며 근본 에너지임을 받아들이게 되면, 우리는 한마음을 자신의 중심축으로 삼아 일체를 그 자리에 맡겨 놓고서 태평하고 당당한 삶을 살아갈 수 있을 것이다. 또한 한마음의 자리에서 삼라만상이 하나로 연결되어 있으며, 모든 존재가 공생, 상생하고 있음을 통찰한다면 자기만 살려는 생각을 버리고 모두와 더불어 사는 공생(共生)의 길로 나아가게 될 것이다. 이렇게 되면 인성교육은 완전히 새로운 차원으로 올라서게 되는 것이다.

끝으로, 선불교가 속해 있는 대승불교의 관점에서 인성역량으로서 자아역량과 사회적 역량은 무엇인가를 논의해 보겠다. 불교는 기본적으로 무아(無我), 무상(無常)과 상호성(연기법)을 가르치며 이를 수행을 통해 체득하도록 한다. 그런데 무아의 교설은 주관도 방향도 없이 살아가는 것과는 정반대의 교설이다. 수행을 통하여 표면적인 자아의식이 지양될수록 깊은 내면에 중심이 잡혀간다. 이것은 니체나 융이 표면적인 자아(Ego)에 대하여 보다 근원적인 자기(Self)가 있다고 본 것과 유사하다. 표면적 자아의식은 습관화된 프레임(＝업습, 業習)의 지배를 받고 있다. 수행은 이러한 업습을 벗겨내고 소멸시켜 가는 과정이며, 이를 통해 보다 근원적 존재바탕이 드러난다. 업습이 엷어질수록 마음이 밝아지고 깊어지며('속이 깊은 사람') 직관적 지혜와 창의력이 증진된다. 습관적으로 환경에 반응하지 않고 그때그때 깨어 있는 순수한(선입견 없는) 의식으로 상황을 있는 그대로 관찰하고 인식하며 가장 객관적이고 적절한 판단을 내릴 수 있다. 이런 사람이야말로 자주적이고 자유롭게 자신의 삶을 이끌어 가는 사람, 즉 셀프리더(self-leader)이다. 자기 스스로를 올바로 이끌 수 있는 사람인 셀프리더만이 타인들도 올바로 이끌 수 있다. 타인들을 지배의 대상으로 보거나 자신의 욕구충족의 수단으로 보는 리더가 아니라, 각자가 셀프리더가 될 수 있도록 도와주고 이끌어 주는 자가 진정한 공생(共生)의 리더일 것이다. 이러한 셀프리더, 공생의 리더를 대승불교에서는 보살(菩薩)이라고 부른다.

　대승보살은 요컨대 개인의 자아구제를 궁극의 목표로 하지 아니하며, 모든 중생의 고통을 줄이고 기쁨을 늘리며, 탐·진·치를 줄이고 지혜·자비를 늘리기 위해 우주를 경영하는 자이다. 이와 같은 대승불교의 입장에서 보면 자아와 사회 및 세계가 둘이 아니므로 자아역량과 사회적 역량도 둘이 아니며 하나로 통합되어 있다. 나와 남을 둘로 보지 않으므로(不二), 자기를 잘 이끌어 가는 역량이 그대로 타인들을 더불어 이끌어 가는 역량이 되는 것이다. 자리(自利)와 이타(利他)가 둘이 아니다.

　이러한 대승불교적 관점에서 볼 때, 인성교육은 궁극적으로 나와 모든 사람, 모든 생명체와 삼라만상이 서로 둘이 아니게 연결되어 함께 어우러져 돌아가고 있음을 통찰하여, 일체를 포용하면서 함께 웃고 함께 울며 공생(共生)·상생(相生)의 우주적 삶을 살아가는 공생인(共生人)이 되도록 안내하고 이끌어 주는 과정이 된다.

📋 3 유교의 영성수행론

1) 들어가기

유학의 관점에서 영성(靈性)과 영성교육(靈性教育)을 논할 수 있는가에 대해서는 논란의 여지가 있을 것 같다. 왜냐하면 영성이란 일상적인 경험과 의식의 차원을 넘어선 초월적인 정신적 영역(영혼, 불성 등)을 상정하는 것으로 보이기 때문이다. 유학은 이른바 현실 참여적 입장이 강하여 우리나라에서도 삼국시대 이래 조선조에 이르기까지 현실정치의 이념으로 채택되어 왔음을 우리는 알고 있기에 유학이 초월적 요소를 지니고 있다는 점을 간과하기 쉬운 것 같다. 그러나 유학에도 형이상학적 교의가 들어 있으며, 송대(宋代) 이후의 이른바 신유학(新儒學)이라고 할 수 있는 성리학에서는 매우 사변적인 형이상학을 발달시켰다.

우리는 유교적 영성관을 살펴보기 위해 먼저『중용(中庸)』을 주목한다. 『중용』1장에 "천명지위성(天命之謂性), 솔성지위도(率性之謂道), 수도지위교(修道之謂教)"라는 언급이 있다. 하늘이 명하는 것이 성품이고, 성품을 따르는 것이 도(道)이며, 도를 닦아가도록 하는 것이 가르침(教)이라는 것이다. 인간은 누구나 하늘로부터 부여받은 근본적 성품(性品)을 지니고 있는데 타고난 기질의 장애를 받아 잘 드러나지 못하므로 교육과 자기수양을 통해서 근본적 성품을 뚜렷이 드러나게 하면 누구나 완성된 인격자, 즉 성인군자가 될 수 있다는 것이다. 다시 말해서, 기질지성(氣質之性)인 희(喜), 노(怒), 애(哀), 구(懼), 애(愛), 오(惡), 욕(欲)을 잘 다스리고 순화시켜서 순선(純善)한 근본 성품인 사단(四端), 즉 인(仁), 의(義), 예(禮), 지(智)가 잘 드러나게 해야 한다는 것이다.[9] 이처럼『중용』은 사

---

9) 조선조 중기 이후에 이황(李滉)과 기대승(奇大升)을 중심으로 사단칠정에 대한

서(四書) 중에서도 가장 정치(精致)하고 심오한 인간 본성론을 담고 있으므로 이 절에서는 먼저『중용』을 중심으로 유교의 인성관을 살펴보고자 한다.

중국의 송대(宋代)에 등장하기 시작한 성리학은 당대(唐代) 이래 중국에서 꾸준히 교세를 넓혀 온 불교와 대결하면서 불교의 영향을 많이 받아들였다(황금중, 2005: 10). 이를 통하여 성리학은 매우 치밀한 이론체계를 갖추었으며 수양론도 깊이를 더해 갔다. 성리학이 '마음'을 강조함으로써 심학(心學)이라고도 불린다는 점에서 특히 불교의 영향을 뚜렷이 느낄 수 있다. 이처럼 성리학은 불교의 영향을 받아 한당유학보다는 영성적인 깊이를 더 갖추게 되었다고 할 수 있다. 따라서 이 절의 후반부에서 대표적 성리학자인 주자의 수양론을 인성교육의 관점에서 간단히 고찰해 보도록 하겠다.

2)『중용』의 인간 본성론

앞서 인용한 중용 1장의 글귀에서 보듯이 인간의 본성은 하늘이 명한 것이다. 그렇다면 하늘이란 무엇이며, 하늘은 인간에게 무엇을 명하는가? 그 답은『중용』제20장에서 찾아볼 수 있다.

> 성(誠)이란 하늘의 도이며 성을 실천하는 것은 사람의 도이다. 성이란 힘쓰지 않고도 알맞으며 생각하지 않아도 얻어져

논쟁이 활발하게 일어났다는 것은 주지의 사실이다. 이러한 논쟁의 중심에는 인간의 본연지성(本然之性)으로서 사단(四端), 즉 인(仁), 의(義), 예(禮), 지(智)와 기질지성(氣質之性)인 희(喜), 노(怒), 애(哀), 구(懼), 애(愛), 오(惡), 욕(欲)의 관계, 그리고 사단칠정과 이기설(理氣說)과의 관계 등에 대한 유학자들의 상이한 견해의 충돌이 있었다.

서 차분하게 도에 맞는 것이니, 이는 곧 성인이다. 성을 실천
한다는 것은 선(善)을 선택하여 굳게 잡는다는 뜻이다(誠者
天之道也 誠之者 人之道也 誠者 不勉而中 不思而得 從容中道
聖人也 誠之者 擇善而固執之者也;『중용』20장).

　하늘은 인간에게 하늘의 도인 성(誠)을 깨달아 실천하도록 명한다. 그
렇다면 성(誠)이란 무엇을 말하는가? "성(誠)이란 스스로 이루는 것이
다."(誠者 自成也;『중용』25장) 나아가 "성이란 스스로 나를 이룰 뿐만 아
니라 그것을 가지고 사물도 이룬다."(誠者 非自成己而已也 所以成物也;『중
용』25장) 하늘의 도로서의 성(誠)은 만물을 화육(化育)하는 원리인데(『중
용』22장), 하늘은 만물을 화육하되 의도를 가지고 애를 쓰지 않는다. 왜
냐하면 하늘은 본래부터 성(誠)을 갖추고 있기 때문이다. 인간은 이러한
하늘의 원리인 성을 본받아 힘써 실천함으로써 만물의 화육(化育)을 도
울 수 있고, 이를 통하여 하늘의 질서에 참여하게 된다.

　오직 천하의 지극한 성(誠)만이 그 성(性)을 다할 수 있으며,
그 성(性)을 다할 수 있으면 곧 사람의 성(性)을 다하는 것이
며, 사람의 성(性)을 다할 수 있으면 사물의 성(性)을 다할 수
있는 것이다. 사물의 성을 다할 수 있으면 천지의 변화와 육성
을 도울 수 있고, 천지의 변화와 육성을 도울 수 있으면 천지
의 운행에 참여하게 되는 것이다(唯天下至誠 爲能盡其性 能
盡其性 則能盡人之性 能盡人之性 則能盡物之性 能盡物之性
則可以贊天地之化育 可以贊天地之化育 則可以與天地參矣;
『중용』22장).

　이러한 언급들을 보면서 서구의 과학적 세계관에 익숙해 있는 현대인
들로서는 중용에서 말하는 천(천지)이 근대과학에서 말하는 현상적 · 물

리적 자연과 같은 것이 아닌가 하는 생각을 하기 쉽다. 그러나『중용』에
서 말하는 천은 현상적 자연 자체라기보다는 현상적 자연의 운행에 질
서를 주고 에너지를 주는 근원적·이상적 원리 같은 것이라고 이해된
다. 그렇다고 하여 현상적 자연과 분리된 이념천(理念天)을 상정하고 있
는 것 같지는 않다. 그렇다면 우리는 천(天)을 과연 어떻게 이해해야 하
는가? 현상적 자연은 지진이나 화산, 태풍 등 인간을 포함한 생명체들
을 가차 없이 파멸시키기도 한다. 또한 지구상의 다양한 동물과 식물을
포함한 생명들의 세계를 관찰할 때 이상적인 질서에 따라서 움직인다고
보기 어려운 측면도 적지 않다(다른 생명체들을 해치는 해충과 육식동물, 미
개하고 조야한 동물의 행태 등).

　이러한 세계질서 속에서 인간에게 독특한 지위가 부여된다. 인간은
천지의 근원적 운행질서를 통찰할 수 있는 존재이며, 천지의 운행질서
속에서도 특히 바람직하고 이상적인 원리들을 찾아내어 이를 적극적으
로 실천함으로써 천지만물을 긍정적인 방향으로 이끌 수 있는 존재이
다. 사람 중에서도 이러한 역할을 특히 잘해 낼 수 있는 사람이 성인(聖
人)이다. 현상적 자연에 가려져서 잘 드러나지 않는 하늘의 근원적 원
리, 즉 만물을 화육하고 이상적 삶으로 이끄는 원리를 통찰하고 이를 사
람들에게 가르쳐 이끌 수 있는 사람이 성인이고 군자(君子)이다. 하늘의
도인 성(誠)은 요컨대 성인이 통찰하고 실천해 보임을 통하여 인간세계
에 모습을 드러낸다. 성인은 가장 지극하게 성(誠)을 실천하는 자이며,
이러한 성의 실천을 통해 그의 본성 자체도 완전히 발현될 수 있다. '오
직 천하의 지극한 성(誠)만이 그 성(性)을 다할 수 있다'는 것이다. 자신
의 성품을 다 알고 온전히 발휘할 수 있으면 다른 사람들의 성품도 다
알고 온전히 발휘하게 할 수 있으며, 더 나아가 사물들의 성품도 다 알
고 온전히 발휘하게 할 수 있다. 이처럼 성인은 성(誠)의 실천을 통하여
천지의 질서에 참여할 수 있으며, 만물의 화육(化育)을 도울 수 있다. 이
러한 성(誠)의 실천과 이를 통한 성(性)의 완전한 발현을 유교적 인성교

육의 핵심으로 보아도 크게 틀리지는 않을 것이다. 성의 실천은 인(仁)과 지혜(知)로 귀결된다.

> 성(誠)이란 스스로 나를 이룰 뿐만 아니라, 그것을 가지고 사물도 이룬다. 나를 이루는 것은 인(仁)이며, 사물을 이루는 것은 지혜(知)이니, 이는 성(性)의 덕이며 안과 밖을 합하는 도이다(誠者 非自成己而已也 所以成物也 成己仁也 成物知也 性之德也 合外內之道也;『중용』 25장).

　자신을 이룬다 함은 가장 인간다운 도리를 지극하게 실천하여 체득하는 것이므로 '인(仁)'이라고 한다. 지극한 성(誠)은 온갖 사물에 두루 통하며 온 세상을 인도하여 구제할 수 있는 '지혜'로 발현된다(張岱年, 1998b: 663). 요컨대, 하늘의 궁극적 원리로 해석된 것이 성(誠)이고 성의 실천을 통하여 인(仁)과 지혜(知)가 인간에게 갖추어진다는 것이다.

　따라서 『중용』의 관점에서 볼 때, 인성교육이란 인간의 순선(純善)한 본성인 인(仁)과 지혜를 발현하고 길러 내는 과정이다. 그런데 이를 위해서는 감정과 욕망, 생리적 조건 등을 포함하는 기질(氣質)의 장애를 극복해야 한다. 보다 정확하게 말하면 기질을 순선(純善)한 본성에 부합되도록 변화시켜야 한다. 이것이 유학의 인성교육 방법론이라고 볼 수 있는 수양론(修養論)이다. 유학의 수양론을 가장 체계적으로 정리한 사람이 주희라고 볼 수 있으므로, 이하에서는 주희의 수양론을 인성교육 방법론으로 해석해 보고자 한다.

3) 주희의 인성교육론

　주희(朱熹, 1130~1200)는 『중용장구(中庸章句)』에서 희로애락이 아직 발하지 않은 미발(未發)의 상태를 본성(性)으로 해석하고, 희로애락이 이

미 발한(既發) 후에는 성에 합당하게 절도를
지킬 수 있어야 한다고 보았다. 이미 발한 정
(情)이 본성에 어긋나거나 거슬리지 않을 때
화(和)라고 한다(朱子, 2008: 167f.). 유학의 인
간이해에 따르면 인간의 본성은 동일하나 저
마다 타고난 기질에 차이가 있으며, 이에 따
라 기질에서 일어나는 감정도 사람마다 차이
가 있다. 따라서 감정이 본성과 조화를 이루
도록 하려면 기질이 변화되어야 한다.

朱熹
(1130~1200)

기질의 변화를 위한 공부(工夫)로서 주자는 거경(居敬)과 궁리(窮理)를
제시하였다. 거경과 궁리는 요컨대 인욕(人慾)을 끊고 성인의 이상적 인
격에 도달하기 위한 방법이다. 인욕을 제거하기 위해서는 반드시 내심
(內心)의 거경(居敬)을 철저히 실천해 나가야 하며, 천리(天理)를 보존하
고자 하면 반드시 천지만물의 이치를 투철하게 궁구해야 한다(최영찬,
2004: 106). 주자는 거경과 궁리를 상호보완적 수양방법으로 제시하였다.

> 배우는 사람들이 해야 할 공부는 오직 거경(居敬)과 궁리(窮
> 理) 두 가지 일에 있다. 이 두 가지 일은 상호발용(相互發用)
> 하는 것으로 충분히 궁리하면 거경공부는 날로 진보할 수 있
> 는 것이고 또 충분히 거경한다면 궁리공부는 날로 세밀해지
> 는 것이다. 이것을 비유하면 사람의 두 다리와 같아서 왼발이
> 나아가면 오른발이 멈추는 것과 같다. 그 실제(實際)는 하나
> 의 일이다(『주자어류』 9권: 최영찬, 2004: 106에서 재인용).

이처럼 주자는 거경으로 함양(涵養)하고 궁리로서 진학(進學)하는 하
학상달의 수양론을 제시하였다. 그렇다면 거경과 궁리의 구체적인 실천
방법은 무엇인가?

(1) 거경의 공부법

주자가 제시한 거경(居敬)의 공부방법은 주일무적(主一無適), 상성성(常惺惺), 심수렴불용일물(心收斂不容一物), 정제엄숙(整齊嚴肅)으로 압축할 수 있다(황금중, 2005: 16). '주일무적(主一無適)'이란 생각을 그때그때 당면한 일이나 목표에 집중함으로써 마음의 집중력을 기르는 수련법이다. 책을 읽을 때에는 책의 내용에만 생각을 두고, 밥을 먹을 때는 오로지 밥을 먹는 데에만 집중한다. 지금 여기에서 목표로 하는 일 외에는 그 어떤 다른 생각도 마음에 들이지 않는다.

이러한 면에서 '마음에 한 물건도 들이지 않음'을 의미하는 '심수렴불용일물(心收斂不容一物)'도 주일무적과 궤를 같이하는 수양법이다. 어떤 사람이 마음속에 어떤 외적 대상에 대한 생각도 일으키지 않고 당면한 일이나 목표에만 오롯이 집중하고 있을 때, 그의 마음에는 혼란이나 갈등, 흐트러짐이 없을 것이며, 투명하고 밝게 깨어 있을 것이다. 이것이 곧 '상성성(常惺惺)', 즉 '마음이 항상 또렷이 깨어 있음'이다. 마음이 혼미하지 않고 밝게 깨어 있을수록 마음 안에서 일어나고 있는 생각들과 감정들이 잘 드러나게 되며, 어둠 속에서 오락가락하던 잡다한 생각과 감정들은 마음의 밝은 빛을 받으면서 스스로 잦아들거나 소멸된다. 이를 통해 마음이 맑고 평화로워진다.

끝으로, '정제엄숙(整齊嚴肅)'이란 가지런하고 숙연한 기품을 지켜 가는 것을 말한다(황금중, 2005: 19). 이것은 유가에서 일반적으로 말하고 있는 예(禮)를 갖추는 노력으로 이해될 수 있다. 위에서 언급된 주일무적, 심수렴불용일물, 상성성이 내적인 수양법이라고 한다면 정제엄숙의 수양법은 외적인 수양법이라고 볼 수 있다. 그러나 정제엄숙에 있어서도 외적 행동보다는 내적 태도가 중요하다(최영찬, 2004: 109).

이상에서 보다시피, 한 곳에 집중함(주일무적), 마음에 한 물건도 들이지 않음(심수렴불용일물), 항상 밝게 깨어 있음(상성성), 숙연한 기상을 지님(정제엄숙)은 모두가 하늘로부터 품부(稟賦)받은 본연지성(本然之性)을 회복하여 이상적 인격을 이루고자 하는 노력의 과정이다.

그런데 이러한 공부를 거경(居敬), 즉 '경(敬)에 머무름'이라고 한 뜻을 잠시 생각해 보고자 한다. 경(敬)이란 존경(尊敬) 또는 경외(敬畏)의 의미이다. 그렇다면 누구를 존경하고 무엇을 경외한다는 말일까? 요컨대, 주공, 문왕, 공자, 맹자 등의 유교적 성인들을 존경하며, 이들이 밝히고 가르쳤던 하늘의 도리를 경외한다는 것이 아닐까. 칸트는 인간의 도덕화 과정에서 대체로 감정의 중요성을 인정하지 않았음에도 불구하고 예외적으로 존경(Achtung)의 감정만은 도덕화의 중요한 추진력으로 예찬했다(KpV, A 156). 칸트가 생각한 존경은 인간의 이성적 · 도덕적 본분에 대한 자기존경이었다. 앞서 보았다시피, 유가는 인간의 이상적 품성은 하늘에 그 완전한 원형을 두고 있다. 따라서 유교적 경(敬)이 완전히 실천되기 위해서는 인간적 완전성과 이에 상응하는 천리(天理)의 완전성에 대한 확신이 있어야 한다. 그래야만 하늘의 도(道)와 성인(聖人)의 도(道)를 존경하고 두려워하면서 이를 체득하기 위해 노력하는 삶을 살아갈 수가 있을 것이다. 칸트에게 있어서 이상적 인격의 실현을 위한 정의적(情意的) 요소로서 '존경'이 중시되었듯이, 유가에 있어서도 천리(天理)와 성인의 가르침에 대한 믿음과 존경, 경외가 이상적 인격의 실현을 위한 중요한 정의적 요소임을 확인할 수 있다.

(2) 궁리의 공부법

궁리(窮理)는 대학의 8조목에서 격물(格物)과 치지(致知)로 나타난다. 격물이란 개별적인 사물의 이(理)를 궁구한다는 것이며, 치지란 격물을 통해 알게 된 것에 미루어 점점 더 넓은 범위의 앎에 도달하게 되는 것을 말한다. 따라서 격물이 개별적인 경험들에 관한 지적 활동이라면, 치지는 유추(類推)를 통한 보편적인 이(理)를 터득하는 것을 말한다(최영찬, 2004: 117).

그런데 이러한 궁리의 공부법, 즉 성리학의 지공부(知工夫)가 현대의 지식공부, 특히 자연과학적인 연구나 학습과 다른 점은 성리학의 지공부는 철저하게 가치론적이라는 것이다. 성리학에서 말하는 격물이란 존재 자체를 규명하는 데에 목표가 있는 것이 아니라 시비를 가리는 가치판단을 목표로 한다(최영찬, 2004: 116). 이러한 사태는 근본적으로 볼 때, 사물의 질서와 인간의 질서가 하나이며 다르지 않다는 성리학의 기본 입장을 반영한다. 성리학에 있어서 우주론과 인성론은 하나로 연결되어 있다. 이에 따라 성리학에서 사물의 이치를 연구하는 것은 인간 삶의 올바른 이치를 알아내어 실천함으로써 이상적인 삶을 살고자 하는 목적에 따라 이끌어진다. 따라서 성리학에서는 경험적이고 체험적인 앎이 강조되며 이를 통해 자기 것이 된 지식, 실천으로 이어질 수 있는 지식이 중시된다(황금중, 2005: 24).

이상의 논의에 비추어 볼 때, 성리학의 궁리는 결국 사물에서 이(理)를 읽어 내려는 노력인데, 이러한 이(理)는 하늘이 인간에게 명한 본연지성과 다른 것이 아니다. 이것이 주자가 말하는 성즉리(性卽理)의 의미일 것이다. 그렇다면 궁리는 사물의 세계에서 성(誠), 그리고 성에서 발현되는 인(仁)과 지(知), 또는 오상(五常: 인의예지신)을 읽어 내려는 노력이 아닐까? 그렇다면 성리학의 궁리는 단지 선배들의 가르침을 추종하고 모방하는 데에 그치는 것인가? 그것은 아닐 것이다. 선배들(주공, 문왕, 공자, 맹자, 자사 등)이 하늘이 부여한 인간의 본연지성이 사단(四端) 또는 오상(五常)이라고 가르쳐 놓았지만, 후배들인 우리는 이러한 본연지성의 실재를 우리 자신의 실천적 체험 속에서, 그리고 사물의 질서 속에서 통찰해 내야 한다. 이렇게 볼 때, 성리학의 수양론은 요컨대 사단(또는 오상)을 자기 내면과 외부세계에서 읽어 내고 이를 실천을 통해 증장시킴으로써 그 실재성을 증명해 내야 하는 과제를 제시하고 있다고 하겠다.

(3) 성리학적 인성교육의 교육과정으로서의 『소학』과 『대학』

주희는 『소학』과 『대학』을 성리학적 수양론의 기본 교재로 제시하였다. 『소학』은 주희와 유청지(劉淸之)가 공동으로 편찬한 아동용 유교교재로서, 쇄소응대(灑掃應對)로 요약되는 기본적인 삶의 규범과 태도를 가르치는 것을 주요 내용으로 하고 있다. 소학은 기본적으로 내편(內篇)과 외편(外篇)으로 구성되어 있으며, 입교(入敎), 명륜(明倫), 경신(敬身), 계고(稽古)의 네 편으로 이루어진 내편은 주제별로 유교경전의 구절들로 구성되어 있다. '입교'는 교육의 원칙을, '명륜'은 부자, 군신, 부부, 장유, 붕우 사이의 도리를, '경신'은 몸가짐을 공경히 할 것을 밝혔으며, '계고'에서는 춘추시대 이전 성현의 자취를 고찰하고 있다. 가언(嘉言)과 선행(善行)으로 구성되어 있는 외편은 유교적 가르침의 본보기가 되는 아름다운 말과 선한 행실의 사례들로 구성되어 있다(朱熹・劉淸之, 2012: 6f.).

　　주자는 소학을 대학의 과정에 선행되어야 할 필수적인 과정으로 보았다. "옛사람들은 소학과정에서 존양공부가 완숙되어 근본이 돈독하였기 때문에 대학과정에 이르러서는 다만 그 위에 나아가 정밀하게 완성시키면 될 뿐이었다."(『주자어류』 권7, 제10조: 김기현, 2009: 134에서 재인용) 이처럼 소학의 공부는 주자는 물론, 조선시대의 이이(李珥)나 김종직(金宗直), 김굉필(金宏弼) 등 많은 유학자가 매우 중시하였는데, 그 이유는 좋은 행위태도와 습관에 의해 피교육자의 의식 상태가 일정하게 선(善)으로의 지향성을 갖는다면 후일에 선을 자발적으로 통찰하고 확립할 가능성이 훨씬 크다고 보았기 때문일 것이다(김기현, 2009: 136).

　　『대학(大學)』은 15세가 된 청소년이 태학(太學)에 들어가 배우고 익혀야 할 궁리정심(窮理正心)과 수기치인(修己治人)의 도리를 설파한다(朱子, 2008: 25). 주자는 『대학』의 3강령 8조목을 수양방법론의 핵심으로 보고 있다. 3강령이란 '명명덕(明明德)' '신민(新民)' '지어지선(止於至善)'을 말하는데, ① '밝은 덕을 밝히고', ② '사람들을 새롭게 하며', ③ '밝은 덕을 밝힘과 사람들을 새롭게 함이 지극한 경지에 이른다.'는 것이다. 최고 이념인 3강령에 따라 단계적으로 실천해 가는 것이 8조목이다. 8조목은 격물(格物), 치지(致知), 성의(誠意), 정심(正心), 수신(修身), 제가(齊家), 치국(治國), 평천하(平天下)인데, 격물, 치지, 성의, 정심은 명명덕(明

明德)에 해당하며, 수신, 제가, 치국, 평천하는 신민(新民)에 해당한다. 그리고 '지어지선(止於至善)'은 '명명덕(明明德)'과 '신민(新民)'이 최선의 경지에 이른 상태라고 할 수 있다(김병희, 2001: 27).

또한 명명덕에 속하는 4조목 중 격물, 치지는 궁리에, 성의와 정심은 거경에 속한다는 것은 앞에서(거경과 궁리의 공부법) 설명한 바와 같다. 요컨대 대학의 8조목은 개인의 수양이 높아지면서 그 공덕이 사회적으로 확산되는 양상을 보여주고 있다. 이와 같은 내용은 『대학』 1장에서 다음과 같이 명쾌하게 밝혀 주고 있다.

> 옛날에 밝은 덕을 천하에 밝히고자 하는 자는 먼저 그 나라를 다스리고, 그 나라를 다스리고자 하는 자는 먼저 그 집안을 가지런히 하고, 그 집안을 가지런히 하고자 하는 자는 먼저 그 몸을 닦고, 그 몸을 닦고자 하는 자는 먼저 그 마음을 바르게 하고, 그 마음을 바르게 하고자 하는 자는 먼저 그 뜻을 성실하게 하고, 그 뜻을 성실하게 하고자 하는 자는 먼저 바르게 알아야 한다. 바른 앎은 곧 사물의 도리를 터득함에 있다.
> 사물의 도리를 잘 구명한 후에 사물을 참되게 알 수 있고, 사물을 참되게 안 후에 뜻을 성실하게 세울 수 있고, 뜻을 성실하게 세운 다음에 마음을 바르게 잡을 수 있고, 마음이 바르게 된 다음에 몸을 닦을 수 있고, 몸이 닦아진 다음에 집안을 가지런히 할 수 있고, 집안이 가지런하게 된 연후에 나라를 다스릴 수 있고, 나라가 잘 다스려진 다음에 비로소 천하를 평화롭게 할 수 있다(朱子, 2008: 40ff.).

4) 유교적 수양론의 인성교육적 의미

앞서 살펴본 바와 같이, 『중용』은 인간의 본성을 천명(天命)으로부터

연역하는 것처럼 보이나 실제로는 여러 대에 걸친 탁월한 사상가들(주
공, 문왕, 공자, 맹자, 자사 등)의 자기해석의 결과라고 보는 것이 더 개연
성이 크지 않을까 생각된다. 이러한 인간의 자기해석이 우주의 질서와
부합하는 것으로 상정(想定)했거나 또는—칸트식으로 표현하자면—요
청(要請)을 한 것이 아니었을까 하는 생각이 든다. 왜냐하면 성(誠), 그리
고 인(仁)과 지(知), 또는 사단(四端)이나 오상(五常)이 우주의 질서 속에
객관적으로 실재한다는 증거는 찾아보기 어렵기 때문이다.

　인성교육의 관점에서 볼 때, 이러한 유학의 입장은 현세적 삶 속에서
가장 이상적인 인격을 추구하면서 사람들과 우주만물들과의 조화를 이
루면서 살아갈 수 있는 인성교육의 모델을 제시한 것으로 볼 수 있다.
다만 필자의 짧은 식견으로 볼 때, 유학은 성(成)의 측면을 중시하고 성
(成) 뒤에 필연적으로 따라오는 괴(壞)는 잘 언급하지 않는다는 점, 삶을
주요 주제로 다루고 죽음은 중요한 주제로 다루지 않는다는 점, 사후의
문제는 더군다나 다루지 않는다는 점이 유교적 인간관과 세계관의 현세
지향적 특성을 보여 주는 것이 아닌가 생각된다.

📝 4 영성사상의 인성교육에 대한 의미

　이상에서 매우 부분적이기는 하지만 기독교적·불교적·성리학적 영
성사상을 살펴보았다. 마이스터 에크하르트에 따르면 우리의 영혼은 신
의 영혼과 근본에 있어서는 다르지 않다. 다만 우리의 영혼은 피조물의
방식에 물들어 있기 때문에 신의 영혼이 지닌 무제약적 권능(전지전능)
을 갖지 못한다. 우리가 피조물의 방식에 물든 거짓된 자아를 철저히 초
탈(超脫)하고 신의 영혼으로 돌파(突破)해 들어갈 때, 우리의 영혼은 신
의 영혼과 하나가 된다. 이러한 에크하르트의 관점에서 보면 영성은 신

의 영혼을 닮은 인간 영혼의 특성과 능력을 의미한다고 볼 수 있다.

선불교적 의미의 영성, 즉 불성(佛性)은 영성의 지평을 무한대로 넓히고 있다. 혜능에 의하면 불성은 본래 청정하고, 생멸이 없으며, 모자람이 없고, 동요가 없으며, 만법(萬法: 우주 삼라만상)을 들이고 내는 자리이다. 이 자리를 깨달아 하나로 계합(契合)하면 우주적 대자유인이 된다. 대행은 종교적 색채가 있는 불성이라는 용어 대신에 한마음이라는 용어를 사용하였으며, 깨달음과 깨닫지 못함도 구별하지 않았다. 다만 일체 모든 현상은 한마음이 인연(기회와 조건) 따라 나타나는 모습들이며, 이 한마음이 각자의 근본이자 주인공임을 진실하게 믿어서 이 한마음에 각자 삶의 모든 것을 맡기고 살아가는 것이 생활과 수행을 둘 아니게(不二)해 나가는 길임을 보여 주었다.

유가(儒家), 특히 성리학에 있어서는 마이스터 에크하르트나 선불교의 경우와 비교해 볼 때, 영성의 전망이 제한적으로만 나타난다. 영성은 몬딘이 말한 바와 같이, 기본적으로 '자기초월'을 통해서 접근될 수 있다고 본다면(Mondin, 1996: 235f.), 유가는 이러한 자기초월에 대해서 다소 유보적 입장을 취하고 있는 것으로 보인다. 예컨대, 주자가 거경(居敬) 공부의 하나로서 '상성성(常惺惺)'에 대하여 언급하면서 유가는 마음을 밝게 깨어 있게 하여 여러 다른 도리를 밝히려는 데 목적이 있는 반면 불교에서는 공(空)을 깨우쳐 모든 것을 떨쳐 버리는 데 목적이 있다고 말하고 있다.[10]

이처럼 대승불교에서 말하는 공(空)은 매우 빈번히—특히 유학자들에 의하여—공허(空虛)나 허무(虛無)와 동의어인 것처럼 오해되어 왔으므로 여기에서 잠시 이러한 오해를 바로잡기 위한 논의가 필요하다. 엄밀하게 말해서, 만물은 잠시도 정지되어 있지 않으므로 어떤 것도 고정된

---

10) 吾儒喚惺惺之說. 欲他照管許多道理. 佛氏則空喚醒在此無所作爲.(朱子語類 卷 17: 최영찬, 2004: 110에서 재인용)

모습으로 파악할 수 없고 이름 지을 수도 없다. 그런데 우리는 사물들의 어떤 순간의 모습을 포착하여 이를 고정된 이미지나 언어개념의 형태로 기억 속에 저장하며, 이러한 고정된 이미지나 언어개념을 실제 사물과 동일시한다. 그러나 실제 사물은 우리가 지니고 있는 이미지나 언어개념과 동일하지 않다. 또한 사물은 잠시도 고정되어 있지 않고 지속적으로 변화하고 움직이는데, 우리는 이렇게 변화하고 움직이는 사물의 세계를 실시간적으로 보거나 알 수 없다. 다만, 우리는 우리에게 저장되어 있는 사물들에 대한 고정관념들을 가지고 외부세계를 바라보고 있는 것이다. 이러한 우리의 일상적인 관찰방식과 앎의 방식으로 파악되는 세계는 실상과 부합되지 않는 공허(空虛)한 것이라는 것이 공(空)의 본래 의미이다. 우리의 세계에 대한 관찰방식만 공(空)한 것(法空)이 아니라, '나'라는 관념도 또한 공하다(我空). 왜냐하면 '나'라는 것도 사실 고정된 실체가 없으며, 순간순간 인연(기회와 조건)에 따라 변화하면서 나타날 뿐이기 때문이다.

이상에서 보듯이, 내가 공하고 내가 마주하는 대상세계가 공하다는 것은 허무(虛無)에 빠지는 것과는 관계가 없다. 나라는 의식과 세계라는 의식은 습관화된 고정관념의 프레임이니 이를 깨뜨리고 벗어나라는 것이 공(空)이 주는 메시지이다. 고정관념의 프레임에서 벗어나면 모든 것을 있는 그대로 생생하게 보고 알게 된다. 그러나 보고 안 것을 언어개념의 틀에 온전히 담을 수는 결코 없다. 고정관념의 프레임에서 벗어난 사람(=깨달은 사람)은 보고, 듣고, 느끼고, 알더라도 고정된 이미지나 관념에 사로잡히지도 않고, 이러한 것들을 새로 만들어 마음속에 남기지도 않는다. 요컨대, 대승불교에서 말하는 공(空)의 실제적 의미는 "고정관념의 프레임으로 본 나와 세계는 실상(實相)이 아니다."라는 것이다.

더 이상의 번거로운 논의는 줄이고, 필자가 대학교 학부생 시절에 명망 있는 유가철학(儒家哲學) 교수였던 K교수의 강의에서 들었던 일화를 소개해 보겠다. K교수는 자신과 친분이 있는 M교수와 함께 경남 양산에 있는 통도사(通度寺) 극락암(極樂庵)에 주석(住錫)하고 있던 당대의 선승(禪僧)을 찾아간 적이 있다고 한다. 연로한 모습의 선승은 서울에서 교수 두 분이 왔으니 휘호(揮毫)를 써 주겠다고 하며 시봉승에게 필묵을 준비시켰다. 그런데 그 선승은 휘호를 쓰려고 하다가 먹이 덜 갈아졌다고 시봉승을 책망하더니 조금 뒤에는 종이를 삐뚤어지게 놓았다고 또 시봉승을 나무랐다. 두 교수가 휘호를 받아가지고 인사를 한 뒤에 산문(山門)을 나오면서, M교수가 K교수에게 말했다. "나는 도인(道人)이면 인자하고 너그러울 줄 알았는데, 왜 그렇게 화를 잘 내는지 좀 의외더군요." 이에 대해 K교수는 "맑은 것을 맑다고 하고 삐뚤어진 것을 삐뚤어졌다고 말할 수 있는 사람이 도인입니다."라고 대답했다. 그러나 M교수가 이 말에 별로 수긍이 안 가는 눈치를 보이자 K교수는 다시 말했다. "그런데 그 노스님이 시봉승을 야단치고 나서 그 다음 순간의 그 노스님 표정을 보았습니까? 금방 천진하고 해맑은 표정이 되지 않던가요?" "그러고 보니 그렇군요." "도인은 어떤 일을 당하든지, 어떤 감정을 일으키든지 그것으로 마음이 물들지 않습니다. 마치 거울에 무엇이 나타나면 밝게 비춰 주다가 사라지면 이내 아무것도 남지 않는 본래의 거울로 돌아오는 이치와 같지요." 이렇게 유학자(儒學者)인 K교수는 선승과의 만남을 우리 수강생들에게 이야기해 주고 나서 덧붙여 말했다. "나도 불도(佛道)를 닦아서 상당히 높은 정신적 경지에 도달할 수 있다는 것을 안다. 그러나 산속에서 수십 년 살면서 인간이 갖고 있는 인정(人情)을 다 잊어버린다면 그를 사람이라고 할 수 있겠는가?"

  필자는 이 일화를 오래도록 기억하면서 여러 번 그 의미를 반추해 보았다. K교수가 말한 인정(人情)이란 무엇인가? 대승불교의 이상적 인간상인 보살은 자비심의 화신인데 그렇다면 그에게 인정이 없다고 할 수 없지 않은가? 보살은 모든 생명과 사물이 하나로 연결되어 있는 생명의 실상을 깨달은 자로서, 개체적 자아에 머물지 않고 모든 생명과 사물을 사랑하고 그들의 아픔을 감싸 안는 깊은 슬픔을 지닌 자이다. 이렇게 보면 유가와 불가의 차이는—몬딘의 용어를 사용하면—'자아초월'에 대한 입장의 차이라고 말할 수도 있지 않을까 하는 생각이 든다(Mondin, 1996: 235ff.). K교수가 말한 인정이란 예컨대 "팔은 안으로 굽는 것이 인지상정이지!"라고 하는 말 속에 들어 있는 인정일 것이다. 어느 정도의 자기중심성, 절제된 이기심은 인간적인 것이라고 보는 것이리라. 이렇게 보면 "고정된 자아는 존재하지 않는다(我空)."라는 불가(佛家)의 입장에 대한 유가(儒家)의 거부감이 이해가 된다.

그럼에도 불구하고 유가에 있어서 자기초월의 가능성이 배제되어 있는 것은 아니다. 우리가 앞에서 살펴보았다시피, 우리가 하늘의 원리인 성(誠)을 본받아 힘써 실천함으로써 만물의 화육(化育)을 도울 수 있고, 이를 통하여 하늘의 질서에 참여하게 된다고 하는 『중용』의 언급에서 우리는 자기중심적 소아(小我)를 넘어서서 천지의 운행질서에 부합하고자 하는 유가의 의도를 읽을 수 있다(『중용』 22장). 다만 유가는 유가가 가지고 있는 현세 지향적 성격 때문에 이러한 자기초월의 가능성을 좀 더 적극적으로 밀고 나가지 못한 것이 아닌가 생각된다.

이상에서 고찰한 영성의 세 가지 유형을 볼 때, 영성에 대한 어느 정도의 통합적인 이해를 도출해 낼 수 있는 가능성이 보인다. 물론 단일화가 아닌, 각 유형의 독자성을 지니면서도 서로 소통하고 대화하는 형태로 말이다. 그리고 이러한 의미의 영성이—종착점으로서가 아니라 무한으로 열린 지향점으로서—인성개념의 정점(頂點)이 될 수 있다고 본다. 왜냐하면 영성이란 이성과 감성을 넘어선 보다 근원적인 정신적 영역이라고 볼 수 있기 때문이다. 앞의 마이스터 에크하르트나 선불교, 성리학의 영성관에서 살펴보았듯이, 영성이란 요컨대 '내 안에 있는 무한(無限)'으로의 길이라고 표현할 수 있을 것이다. 영성교육과 전체적 인성교육의 관계에 대해서는 다음 장에서 좀 더 구체적으로 논의해 보겠다.

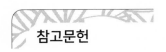

참고문헌

1. 마이스터 에크하르트의 기독교적 영성수행론

길희성(2012). 마이스터 엑카르트의 영성사상. 경북: 분도출판사.

Meister Eckhart(2009). 마이스터 에크하르트 독일어 논고 [*Meister Eckharts Deutsche Predigten und Traktate*] (이부현 옮김). 서울: 누멘. (원저는 1995년에 출판).

Meister Eckhart(2010). 마이스터 에크하르트 독일어 설교 1 [*Meister Eckharts Deutsche Predigten und Traktate*] (이부현 옮김). 서울: 누멘. (원저는 1995년에 출판).

Meister Eckhart(2013). 마이스터 에크하르트(이민재 옮김). 서울: 다산글방.

Böhm W. (2017). 서양교육 이념의 역사(김영래 외 옮김). 경기: 교육출판사.

Meister Eckhart(1995). *Deutsche Predigten und Traktate*. hrsg. und übersetzt von Josef Quint. Carl Hanser Verlag: München.

Meister Eckhart(1958). Die deutschen und lateinischen Werke. Abt. 1 Die deutschen Werke, Bd. I Stuttgart (DW Ⅰ).

Meister Eckhart(1958). Die deutschen und lateinischen Werke. Abt. 1 Die deutschen Werke, Bd. II Stuttgart (DW Ⅱ).

Meister Echkhart(1958). Die deutschen und lateinischen Werke. Abt. 1 Die deutschen Werke, Bd. III Stuttgart (DW Ⅲ).

Meister Echkhart(1958). Die deutschen und lateinischen Werke. Abt. 1 Die deutschen Werke, Bd. V Stuttgart (DW Ⅴ).

Mojsisch, B. (2010). 마이스터 에크하르트. 유비, 일의성 그리고 단일성 [*Meister Eckhardt. Analogie, Univosität und Einheit*] (이상섭 옮김). 서울: 서강대

학교 출판부.

Pietsch, R. (2004). 대행(大行)선사와 마이스터 엑카르트사상에 대한 비교연구: 공생(共生)의 장(場)으로서의 근본(根本)개념을 중심으로- [Die Lehre vom gemeinsamen Leben bei der koreanischen Zen(Seon)-Meisterin Dae-Haeng Kunsunim und bei Meister Eckhart]. 일본학, Vol. 23, 77–106.

Wehr, G. (2009). 마이스터 에크하르트 [*Meister Eckhart*] (이부현 옮김). 경기: 안티쿠스. (원저는 1989년에 출판)

2. 선불교의 영성수행론

한마음선원 출판부(1999a). 대행스님 법어집 허공을 걷는 길: 정기법회1. 경기: (재)한마음선원.

한마음선원 출판부(1999b). 대행스님 법어집 허공을 걷는 길: 정기법회2. 경기: (재)한마음선원.

한마음선원 출판부(1999c). 대행스님 법어집 허공을 걷는 길: 정기법회3. 경기: (재)한마음선원.

한마음선원 출판부(1999d). 대행스님 법어집 허공을 걷는 길: 정기법회4. 경기: (재)한마음선원.

한마음선원 출판부(2001a). 대행스님 법어집 허공을 걷는 길: 법형제법회1. 경기: (재)한마음선원.

한마음선원 출판부(2001b). 대행스님 법어집 허공을 걷는 길: 법형제법회2. 경기: (재)한마음선원.

한마음선원 출판부(2009). 한마음요전. 경기: (재)한마음선원.

鏡虛惺禹 편(2005). 선문촬요(이철규 옮김). 서울: 민족사.

六祖慧能(1992). 육조단경(광덕 옮김). 서울: 불광출판부.

3. 유교의 영성수행론

김기현(2009). 주자 성리학의 공부론 중 함양에 관한 연구. 윤리교육연구, 제18집, 123–144.

김병희(2001). 소학 공부와 대학 공부: 유학의 인성교육론. 교육철학, Vol. 19, 19-31.

박의수(2007). 유가적 전통에서의 인성교육. 교육문제연구, Vol. 28, 1-22.

최영찬(2004). 주자의 수양론. 새한철학회 학술대회 발표논문집, pp. 104-121.

황금중(2005). 성리학의 마음교육 이해와 현대 공교육에의 시사. 한국교육, Vol. 32, No. 3, 3-33.

張岱年(1998b). 중국철학대강(하)(김백희 옮김). 서울: 까치글방.

朱子(2008). 대학장구 중용장구(장기근 옮김). 서울: 명문당.

朱熹·劉清之(2012) 소학(박승주, 조수익 옮김). 서울: (사)전통문화연구회.

Kant, I. (1990). *Kritik der praktischen Vernunft*. Hg. von Karl Vorlaender (= KpV)

4. 영성사상의 인성교육에 대한 의미

최영찬(2004). 주자의 수양론. 새한철학회 학술대회 발표논문집, pp. 104-121.

Mondin, B. (1996). 인간: 철학적 인간학 입문 [*Philosophical Anthropology. Man: An Impossible Project?*] (허재윤 옮김). 서울: 서광사. (원저는 1985년에 출판).

제5장

통합적 인성교육의 시론

1 통합적 인성개념의 획득을 위한 인간학적 탐구

인성교육은 넓게 보면 인간다운 성품을 기르는 교육이므로 교육의 전체장면을 통하여 이루어져야 한다. 왜냐하면 교과학습이나 다양한 교과외 교육활동, 그리고 가정과 사회의 삶의 현장 속에서 아동·청소년의 인성은 지속적인 변화를 겪기 때문이다. 그런데 교육의 전체장면 속에서 인성교육이 실질적으로 온전하게 이루어지기 위해서는 교육의 전체과정이 인성교육과 유기적인 통합을 이루어야 하고, 이를 위해서는 교육 전체를 포괄할 수 있는 넓은 의미의 인성개념이 제시되어야 한다.

필자는 지금까지의 고찰과 논의에 근거하여 영성, 이성, 의지, 감정, 욕망, 신체 등을 큰 틀의 인성개념에 포함시켜야 한다고 생각한다. 이를 위해서는 무엇보다도 기존의 인성개념에서 별로 고려되지 않고 있던 영성의 개념이 다른 요소들과 어떠한 연관성을 가질 수 있는지에 대해 숙고하면서 통합적 인성개념의 밑그림을 그려 볼 필요가 있다. 이러한 작업을 위한 이론적 틀로서 지난 20세기 초반 이후 독일을 중심으로 활발히 연구되었던 '철학적 인간학(Philosophische Anthropologie)'을 업데이트시킬 필요가 있다고 필자는 생각한다. 20세기 후반 독일의 지도적인 교육철학자였던 볼노(O. F. Bollnow, 1903~1991)는 "모든 교육행위는 특정의 인간상(人間像, Menschenbild)을 전제하고 있다."라고 설파하였다. 교육자가 인간을 어떤 존재로 바라보느냐에 따라 교육의 방향이나 방식이 달라질 것이라는 점은 자명하다. 이러한 견지에서 볼노는 20세기 초반부터 셸러(Max Scheler), 플레스너(Helmuth Plessner), 겔렌(Arnold Gehlen), 란트만(Michael Landmann) 등에 의해 발전되어 온 철학적 인간학의 교육학적 적용의 필요성을 주장하였다(Bollnow, 1990: 65). 철학적 인간학의 기본 의도는 인간이 나타내는 개별 현상들과 경험과학들이 제시하는 연구 결과들로부터 인간의 본질을 해석해 내고, 이렇게 해석된 인간의 본질로부터 인간의 개별 현상들과 경험과학의 결과들을 이해하고자 하는 것이다. 이처럼 철학적 인간학은 인간이 나타내는 다양한 현상을 통합하고 통섭(統攝)할 수 있는 틀을 지니고 있으므로 인성개념에 대한 통합적 전망을 그려 내기에 적합한 이론적 틀이라고 필자는 판단한다.

필자가 앞 장에서 간단히 언급했듯이, 영성(spirituality)은 본래 기독교에서 주로 사용되던 개념으로서, 요컨대 기독교인이 신앙생활을 통하여 도달하게 되는 '초월적 · 영적(靈的) 실재, 혹은 신의 현존에 대한 의식과 경험'을 표현하는 말이었다(길희성, 2012: 274). 나아가 이러한 의식과 체험을 통하여 각성(覺醒)된 보다 높은 수준의 정신 영역을 일컫는 말이기도 하다. 중세사회는 물론이고 근대사회 초반까지 서구사회를 지배하던 기독교적 인간관에 따르면 인간은 신성을 닮은, 또는 신성을 분유(分有)한 '영혼'을 지닌 존재이다. 따라서 영성은 인간 존재의 최고 심급(審級)으로 간주되었다.

그런데 계몽주의 운동의 도래와 함께 이러한 영성의 차원이 일반적인 담론 영역에서 밀려나기 시작한다. 계몽주의는 특히 인간의 정신세계를 종교적 권력으로부터 독립적으로 만들고자 하는 의도에서 추진되었으며, 이에 따라 이성을 인간 삶의 최고 심급으로 승격시켰다. 이렇게 하여 진리와 비진리를 판단하는 최고기관으로 등극한 이성적 합리성에 의해 그 실재성이 객관적으로 검증되지 않는 영성은 종교적 · 신비주의적 개념으로 치부되기에 이르렀다. 이러한 근대사회의 탈종교적 흐름 속에서 인류의 장구한 역사에 걸쳐 인간 삶에 커다란 영향력을 행사해 온 종교적 체험의 세계가 잊혀져 갔다.

그런데 20세기 중반 이후 이른바 포스트모던적 흐름 속에서 탈종교적 · 보편적인 영성의 개념이 새롭게 등장하였다. 계몽주의적 합리성과 자본주의, 과학주의가 지배하는 현대사회 속의 인간 삶이 결국 무제한적인 감각적 · 물질적 욕망의 추구로 나타나면서 인간의 존엄성과 존재의미가 상실될 위기가 간파되었고, 그 결과 이러한 감각적 · 물질적 욕망을 넘어서서 인간에게 존엄성과 존재의미를 '새롭게' 부여하는 원리로서 영성이 다시 주목받게 된 것이다. 그런데 인간이 외재적인 신적 본질에 참여함을 통해서 영성이 드러난다고 보는 기독교적 영성개념과는 달리, 포스트모더니즘은 영성을 인간에 본질적으로 내재되어 있는 신적인 속성으로 이해함으로써 탈종교적 경향을 보인다(신승환, 2007: 571). 인간이 영성을 체험하는 것은 외재적 신성에 의한 것이라기보다는 인간 존재 자체가 내면에 신성을 지니고 있기 때문이라는 것이다. 그렇다면 내재적 신성으로서 영성은 구체적으로 무엇인가? 영성이 종교를 떠나서도 그 실체를 인정받을 수 있는가? 이러한 물음에 답할 수 있어야 학술적 담론의 틀에서 영성을 논의할 수 있을 것이다.

탈종교적 관점에서 볼 때, 영성의 실재를 간접적으로나마 알려 주는 요소 중의 하나는 '직관(直觀, intuition)'이라고 필자는 생각한다. 고대 그리스시대 이래로 인간에게는 이러한 직관의 능력이 있음이 주장되어 왔는데, 특히 아리스토텔레스는 그의 저서 『니코마코스 윤리학(Nikomachische Ethik)』 제6권 제3장에서 인간의 정신능력으로 기예(thechnē), 논증적 지성(epistēmē), 실천적 지성(phronēsis), [철학적] 지혜(sophia), 직관적 지성(nous)의 다섯 가지로 언급하면서(NE 1139b14-17), 누스(nous, 직관적 지성)가 인간이 지닌 정신적 능력 가운데 최고의 지위를 지닌다고 말하고 있다.[1] 계몽적 합리주의가 말하는 이성은 아리스토텔레스의 구도에서 볼 때 논증적 지성과 실천적 지성에 배대(配對)해 볼 수 있지 않을까 생각된다. 칸트의 용어로 보면 논증적 지성은 사변이성(Spekulative Vernunft)에, 실천적 지성은 실천이성(Praktische Vernunft)에 배대될 수 있을 것이다. 물론 이것은 단순한 배대이며, 아리스토텔레스의 용어와 칸트의 용어가 지닌 의미가 얼마나 겹치는지를 밝히는 것은 후속적인 연구를 필요로 한다.

다만 필자가 여기에서 주장하고 싶은 것은 적어도 계몽의 완성자라 불리는 칸트에 있어서 직관적 지성은 인간 정신능력의 목록에 들어 있지 않다는 것이다. 칸트는 모든 감성적 조건을 완전히 벗어난 '지적 직관(知的 直觀)'의 능력을 지닌 순수한 예지존재(叡智存在: 신적인 존재)를 상정하였다. 이러한 완전한 예지존재의 지적 능력과 비교해 볼 때 인간의 지성능력은 감성의 제약을 받고 있으며, 그렇기 때문에 인간은 유한한 예

---

1) 아리스토텔레스가 말한 5가지 지적 탁월성(aretē)을 자세히 설명해 보면 다음과 같다. ① 기예(thechnē)란 건축술과 같은 제작 능력이며, ② 논증지(epistēmē)는 보편적, 필연적인 것에 대한 앎을 말한다. 근본원리로부터 논리적으로 증명(=논증)하여 아는 능력이며, 대체로 오늘날 우리가 학문적·과학적 인식의 능력이라고 생각하는 것에 해당한다. ③ 실천지(phronēsis)란 인간적 행위에 의해 성취될 수 있는 것(인간적인 좋음)들 중 최선의 것을 헤아리는 앎의 능력이므로 국내 학계에서 보통 실천적 지혜로 번역되고 있으며, 도덕, 행복, 정치 등과 관련된 인간적 지혜라고 말할 수 있다. ④ (철학적) 지혜(sophia)란 실천지가 마련해 준 한가(schole), 즉 내적 평정의 상태에서 발휘되는 앎의 능력을 말한다. 소피아는 생성(生成)에 상관하지 않으며, 인간의 행복에 관련된 것을 탐구하지도 않는다고 아리스토텔레스는 말한다. 다시 말해서, 소피아는 인간적 필요, 즉 실용성을 고려하지 않고 있는 그대로를 순수하게 아는 본래적 의미의 지혜이다. ⑤ 직관지(nous)란 모든 것을 무목적적(無目的的)으로 있는 그대로 관조하는(theoria) 능력으로 우리 안의 신적(神的)인 요소라고 아리스토텔레스는 말한다(NE 1139b14-17).

지존재라고 보았다. 신적인 존재는 지적 직관의 힘으로 대상들을 직접적으로 인식하므로 그에게 있어서는 직관과 사고가 분리되지 않고 하나이다. 요컨대, 완전한 지성을 지니고 있는 신적 존재는 인식을 위하여 감각과 감성에 의지하지도, 개념을 사용하지도 않으며, 대상들을 순수한 (지적인) 직관으로 완벽하게 인식한다(Kant, 1983: 598). 그러나 인간에게 있어서는 직관과 사고가 명백히 구분된다. 인간의 직관은 언제나 감성적이며, 따라서 단지 '수용적(rezeptiv)'이다. 인간의 사고는 또한 '직관적(intuitiv)'이 아니라 '논의적 · 논증적(論議的, diskursiv)'이므로 지적 직관의 능력이 없다(김영래, 2003: 43). 요컨대, 칸트는 직관적 지성을 신적인 존재에게만 귀속시키고 인간에게서는 배제시킨 것이다.

그런데 20세기 후반 독일 철학계에서 철학적 인간학의 대가로 알려진 피퍼(Josef Pieper, 1904~1997)에 따르면 서양의 고대와 중세의 정신세계 속에 풍부하게 보존되어 있던 직관의 요소는 오늘날에도 우리를 떠나지 않았다. 단지 우리가 주의를 기울이지 않고 있을 뿐이다.

> 중세 때 사람들은 라치오(ratio)라는 의미의 이성과 인텔렉투스(intellectus)라는 의미의 이성을 구별했다. 라치오는 논증적 사고, 추구와 탐구, 추상, 상세한 설명, 추론 등을 할 수 있는 힘이다. 반면, 인텔렉투스는 단순한 직관(simplex intuitus)인 한에서의 이성을 일컫는 것으로, 여기에서는 마치 풍경이 눈에 들어오듯 참된 것이 뚜렷하게 보인다(Pieper, 2011: 41).

피퍼에 따르면 라치오, 즉 논증적 사고는 의도적 사고이므로 '노동'이다. 그러나 인텔렉투스, 즉 직관적 사유는 순수한 바라봄이므로 노동이 아니다(Pieper, 2011: 43). 라치오의 노동이 멈추더라도 인텔렉투스의 무목적적(無目的的)인 바라봄은 멈추지 않는다.[2] 인텔렉투스는 또한 라치오의 노동, 즉 논증적 사고활동 자체도 담담하게 바라본다. 이를 달리 표현해 보면, 자아의 의도적 사고활동(논증적 사고)을 아무 의도도 없이 지켜보는 보다 근원적인 지적 능력(직관적 지성)이 존재한다는 말이 된다.[3] 직관적 지성은 외부세계에 대해서도—마치 거울이 마주 대하는 모든 것을 있는 그대로 비추듯이—아무런 의도 없이 바라보기 때문에 모든 사태를 왜곡됨이 없이 참되게 바라볼 수 있다. 이것이 서양 고대와 중세의 핵심적 정신자산이라고 할 수 있는 관조[觀照, theoria(고대 그리스어)/contemplatio(라틴어)]이다.

그렇다면 여기에서 '이러한 관조, 또는 직관이 우리의 일상생활 속에서도 실제로 작동되고 있는가?' 하는 물음이 제기되어야 할 것 같다.[4]

---

2) 라틴어 '라치오(ratio)'는 아리스토텔레스의 체계에서 보면 대략 논증적 지성(에피스테메, epistēmē)에 해당되며, '인텔렉투스(intellectus)'는 직관적 지성(누스, nous)에 해당된다.

3) 니체와 융은 현재적 자아(Ego)의 배후에 자아를 지켜보고 움직이는 보다 근본적인 바탕이 있다고 보았으며, 이를 자기(Self)라고 불렀다.

4) 앞의 피퍼(Pieper)의 인용문에서 관조와 직관은 거의 같은 의미로 사용되고 있는 것을 알 수 있다. 그런데 현대적 관점에서 대략적으로 볼 때, '관조'는 '관찰'에 가까운 의미로, '직관'은 '직접적·순간적·돌발적인 인지(認知)', 즉 '통찰(insight)'에 가까운 의미로 이해되는 것 같다. 그러나 서양 고대와 중세의 정신적 전통에서는 관조가—욕구, 욕망, 감정, 에고에 사로잡힌—인간적 한계를 넘어선 신적 지성으로서의 누스(또는 인텔렉투스)의 활동이라고 보고 있다. 인간 안에는 '인간적인 것'을 넘어선 신적인 앎의 능력이 있다는 이러한 입장에서 보면, 소크라테스, 플라톤, 아리스토텔레스, 토마스 아퀴나스, 마이스터 에크하르트 등은 이러한 누스의 관조를 체험하고 증언한 사람들로 볼 수 있다. 그러나 이러한 누스의 활동으로서의 '관조'는 현대적 삶 속에서 망각되고 감추어져 버렸으며, 단지 간간히 우발적이고 모호한 형태로 의식역(意識閾) 위로 떠오르는, 그래서 '직관'이라고 불리는 것이 아닌가 한다. 이러한 관조와 직관의 개념에 대해서는 후속적인 심도 있는 탐구가 요구된다고 하겠다.

논증적 사고를 집중적으로 훈련받으면서 살아온 현대인들은 일상생활 속에서 해결해야 할 사안에 부딪칠 때마다, 관련된 경험들과 전문지식을 조회해 보면서 '합리적으로' 판단하고 대처하고자 노력한다. 그러나 현대의 직관 연구자들에 따르면 우리는 실제로는 일상 중에도 직관에 크게 의지하고 있다. 직관은 논증적 사고가 작동하기 이전에 이미 작동하고 있다. 그런데 우리는 이를 거의 알아채지 못하거나 그저 막연한 느낌으로만 생각하며 지나쳐 버린다. 그런데 결과적으로 그 느낌이 맞았다는 것을 추후에 확인하곤 한다. 독일인들은 이를 '배의 느낌(Bauchgefühl)' '배의 결정(Bauchentscheidung)'이라고 부른다(Gigerrenzer, 2008: 11). 이것은 비교적 명료한 의식층의 이면(裏面)으로부터 무언가 불현듯 솟아나는 직관의 경험을 표현하고 있는 것이다. 우리는 실제로 먼저 직관을 하고 있다. 즉, 우리는 그때그때 마주치는 사태로부터 종종 어떤 느낌, 어떤 인상(印象)을 받는다. 그다음에 이러한 직관적 사고내용을 검토하기 위해 논증적 사고가 뒤따라 활동하기 시작한다. 그런데 이렇게 등장한 논증적 사고가 직관적 사고내용에 대해 합리성을 부여하거나 불합리한 것으로 기각해 버린다. 이러한 과정에서 논증적 사고의 활동이 일방적으로 두드러지므로 우리는 논증적 사고에 앞서서 순간적으로 이루어지는 직관의 활동을 거의 알아채지 못하는 것이다.

그런데 직관 연구자들이 조사한 바에 의하면 미국의 대기업 경영자들의 경우 절반 정도는 분석을 통해서, 나머지 절반 정도는 직관에 의지하여 의사결정을 한다고 한다. 더 나아가 성공적인 의사결정 중에서 거의 80퍼센트 정도는 직관에 의지하는 것으로 조사되었다(Traufetter, 2009: 164f.). 이러한 연구 결과에 근거하여 직관 연구자들은 현대사회 속에서도 직관의 중요성은 실질적으로 감소하지 않았으며, 다가오는 지능정보사회에서는 직관의 중요성이 오히려 더욱 커지므로 직관적 지성의 효과적인 계발을 위한 연구와 실천이 매우 요청된다고 주장한다.

그렇다면 직관능력은 어떻게 계발될 수 있는가? 연구자들에 따르면,

직관능력은 실제로 우리에게서 사라진 적이 결코 없으므로 다만 직관을 가로막거나 왜곡하는 요소들을 지양시키는 것이 직관능력 계발에 있어서 관건이라고 말한다. 세계적인 직관 연구자 뮐러-카인츠(Müller-Kainz)와 죄니히(Sönnig)에 따르면 직관을 가로막거나 왜곡하는 핵심적 요소는 자아(Ego)이다. 개인의 자아는 논증적·기술적 지성의 운전자이며 성격적·정서적 특성을 포함하고 있다. 자아는 생명활동의 주체를 자임하면서 생명활동을 촉진시키기 위한 이해관심(利害關心, interest)의 프레임을 가지고 활동한다. 이러한 유목적적(有目的的)인 자아의 활동은 아무 목적 없이 순수하게 바라보는 직관적 지성의 활동과 종종 배치된다. 왜 그럴까? 자아(Ego)는 생명활동을 위해 필요한 대상에 대해서는 욕구, 욕망을 일으키며[5], 생명활동을 저해할 것으로 보이는 대상들에 대해서는 혐오, 분노, 불안, 공포 등의 감정을 일으킨다. 요컨대, 자아의 사고 및 인식활동은 이러한 자기보존(self-preservation)을 위한 이해관심에 의해 지배되고 있다. 다시 말해서, 자아가 주체가 되어 이루어지는 사고와 인식활동은 결국 유용한 것(욕구, 욕망의 대상)에 대한 사고와 인식이며, 있는 그대로의 진리를 파악하는 활동이 되지 못한다. 이것이 "개의 눈에는 ○만 보인다."는 속담이 보여 주는 진리이다. 요컨대, 자아에 의한 유용성의 추구는 무목적적(無目的的)인 순수한 진리추구와는 근본적으로 다른 것이다.[6]

앞서 고찰한 바와 같이, 논증적 사고는 자아(자의식, 주체)에 의한 의도적 사고이다. 반면에, 직관적 사고는 의도나 목적이 없는 사고양태이므

---

5) 여기에서 필자는 '욕구'는 주로 생리적 욕구의 의미로, 그리고 '욕망'은 사회적·문화적 맥락 속에서 발생하고 증폭되고 있는 욕망의 의미로 사용한다.

6) 여기에서 우리는 니체가 "우리는 인식을 위한, 진리를 위한 기관이 전혀 없다. 인간 무리나 종족에 유익한 딱 그만큼만 안다(또는 믿거나 상상한다)."(Nietzsche, 2016: 392)라고 한 언급을 상기한다.

로 우리가 목적 추구적 사고의 긴장에서 벗어나 마음이 느슨하고 비어 있을 때에 비로소 원활하게 활동한다. 다시 말해서, 직관적 사고는 자아의 의도적 사고활동(=논증적 사고)이 쉬고 있을 때, 그래서 자아(자아의식)가 약하거나 일시적으로 활동을 멈출 때 잘 드러난다는 것이다. 이러한 사정은 특히 종교적 황홀경(무아지경)의 상태나 환각제 복용을 통해 일상적인 자아의식이 탈각(脫却)된 상태에서, 또는 명상수련 등을 통해 일상적 자아의식이 초월될 될 때에 직관이—매우 정확한 통찰이나 예측, 투시(透視) 등의 형태로—자주 경험되는 사례를 통해 확인된다(온기찬, 1995: 81).

그럼에도 불구하고 우리는 자아의 활동을 쉽게 지양(止揚)시킬 수 없다. 그렇다면 우리가 자아를 지양시키지 않고도 순수한 직관의 소리를 들을 수 있는 길은 없는가? 뮐러-카인츠와 죄니히는 우선적으로, 자아의 활동의 저변에서 잘 드러나지 않는 '내면의 느낌' '내면의 목소리'에 귀를 기울이는 훈련이 필요하다고 말한다. 이를 통하여 우리는 내면의 느낌에 민감해져야 하고, 이에 대한 신뢰를 키워 가야 한다는 것이다. 이러한 노력을 지속적으로 기울여 나감으로써 우리는 자기 내면의 소리를 점점 더 잘 들을 수 있고 신뢰할 수 있게 되며, 이를 실제 삶에 적용하면서 보다 지혜로운 삶을 살아갈 수 있게 된다. 그런데 현대인들은 자아의식이 매우 첨예하게 발달되어 있어서 이른바 '내면의 목소리'를 따른다고 해도 그것이 순수한 직관을 따른 것인지 또는 자아를 따른 것인지를 구별하기가 어렵다(Müller-Kainz & Sönnig, 2014: 32). 특히 특정의 감정(애착, 욕망, 공포, 혐오, 분노 등)에 사로잡히면 감정에 치우친 시각을 갖게 되어 인지능력이 흐려지고 직관이 장애를 받거나 왜곡된다(Müller-Kainz & Sönnig, 2014: 182). 이러한 문제점을 극복하기 위해서 우리는 자아(의식) 및 자아와 관련된 욕구, 욕망을 극복하는 노력이 필요하며, 이것이 이른바 '자기초월'의 길이다. 요컨대, 직관적 지성이 온전히 발휘되기 위해서는 자기초월의 노력이 필수적으로 요구된다.

이상의 논의과정은 다시금 아리스토텔레스가 전형적으로 표현해 놓은 서양 고대의 관조적 삶의 이상을 상기시킨다. 관조(*theoria*, *contemplatio*)는 기본적으로 누스(*nous*), 즉 직관적 지성의 활동이다. 그런데 누스에 의한 관조가 제대로 이루어지기 위해서는 스콜레(schole, 한가, 閑暇)가 전제되어야 한다(NE 1177b16-24). 스콜레란 단지 힘든 노동이나 전쟁의 공포에서 해방되는 것만을 의미하지 않는다. 스콜레의 핵심은 마음의 한가함이다. 즉, 마음이 목적지향적 사고활동인 논증적·기술적 사고에서 벗어나 아무런 목적도 없는, 특정의 욕구나 욕망에 의하여 간섭받지 않는 순수한 상태라야 주어진 사태를 치우침 없이 있는 그대로 관조할 수 있다는 것이다.[7]

이제 여기에서 직관적 지성과 영성을 동일시할 수 있는지에 대해 물어야 한다. 물론 이러한 물음에 제대로 답하기 위해서는 또한 심도 있는 후속적 연구들이 요구된다. 여기에서 필자는 다만 이상의 고찰과정에 의지하여, 직관적 지성은 그것이 지성인 한, 영성의 부분집합으로 보아야 한다고 생각한다. 왜냐하면 영성은 지적인 부분만으로 구성되어 있지는 않을 것으로 추정되기 때문이다. 철학적 인간학의 창시자 중의 한 사람인 셸러(Max Scheler)는 인간 존재의 최고심급은 '자아(Ego)'가 아닌 '정신(Geist)'이며, 정신은 논증적 사고뿐만이 아니라 직관, 감정, 의지 등을 포함하며, 이러한 정신이 구체적으로 실존하고 있는 개인의 행위중

---

7) 스콜레(schole)가 school의 어원임을 상기할 때, 학교는 본래 한가를 위한 기관이었음을 알 수 있다. 이상적으로 말해서, 학교는 학생들로 하여금 유용성에 대한 관심에서 벗어나 모든 것을 있는 그대로 관조(theoria)할 수 있게 하며, 이러한 관조를 통해 지혜(sophia)를 얻게 하는 곳이었다는 말이다. 이렇게 보면 오늘날의 학교는 스콜레와는 너무 멀어져 있다. 오늘날 스콜레는 학습으로 지친 몸과 마음을 회복시키기 위한 휴식으로만 허용되며, 그 이상의 한가는 게으름과 낭비로 치부된다. 그러나 후속적인 노동을 위한 휴식은 스콜레의 본래적 의미가 아니다.

심으로 나타날 때 이를 인격이라고 부른다고 말했다.

> 그리스인들은 이미 이러한 원리[＝인간이 인간이게 하는 궁극
> 적 원리]를 주장하였으며, 이 원리를 '이성'이라고 불렀다. 우
> 리는 오히려 저 미지의 X에 대하여 보다 더 포괄적인 말을 사
> 용하고 싶다. 이 말은 아마도 '이성'이라는 개념도 포함하지만
> '이념사유'와 함께 또한 특정한 종류의 '직관'도 포괄한다. 이
> 말은 근원현상들 또는 본질내용들의 직관, 더 나아가서 선의,
> 사랑, 후회, 경외, 정신적 경탄, 축복과 절망, 자유로운 결단을
> 포괄하는 특정한 종류의 의지적이고 정서적인 활동을 포함한
> 다. 다시 말해서 [이 모두를 포함하는 용어가] '정신'이라는 말
> 이다. 우리는 정신이 유한한 존재 영역의 내부에서 나타나고
> 있는 활동중심체를 '인격'이라고 표현한다(Scheler, 1976: 32).

　이 인용문에서 셸러가 영성이라는 용어를 사용하지는 않았지만, 그의
'정신'이라는 용어는 의미상 우리가 앞서 고찰했던 내재적 신성의 의미
에서의 영성의 개념에 가깝다고 볼 수 있다. 왜냐하면 셸러가 정신은 자
아를 초월한 보다 근본적인 존재바탕이라고 언급하고 있기 때문이다.
이러한 필자의 판단은 몬딘이 현대적 영성개념의 기본적 특징이 '자기초
월성'이라고 주장하는 데에서 지지를 받는다(Mondin, 1996: 235ff.). 몬딘
에 따르면 영성이란 요컨대 에고(Ego)가 초월될 때(즉, 자아의식이 약화되
거나 일시적으로 중지될 때) 드러나는 정신의 양상을 말한다. 그런데 자아
의식이 중지된다고 하더라도 감정이나 의지적·미적 요소들이 함께 사
라지지는 않을 것이다. 그렇다면 욕구와 욕망은 어떨 것인가? 자아의식
을 견지하고 있는 상태에서 목마름을 느꼈던 사람이 다음 순간에 자아
의식이 문득 사라진다고 해서 갈증도 함께 사라지지는 않을 것이다. 왜
냐하면 갈증은 신체적 생리현상이기 때문이다. 그러나 사회적 맥락에서

형성된 욕망은—예컨대, 의대에 합격해서 의사가 되고 싶다는 욕망—자아가 지양될 경우 변화를 겪거나 사라질 것이다.

끝으로, 필자가 이 장의 첫 부분에서 언급한 바대로, '인성'에 대한 가장 포괄적 이해를 얻기 위해서 영성, 이성, 감성, 의지, 욕망, 감각, 신체를 연관적으로 숙고해 보고자 한다. 우리가 앞에서 본 바와 같이, 루소와 칸트를 대표로 하는 계몽주의적 인성교육의 개념은 요컨대 이성, 감성, 의지의 조화를 추구하는 것이라고 할 수 있다. 특히 칸트에게서 전형적으로 볼 수 있듯이, 이성이 최고 지휘자가 되어 다른 인간적인 모든 요소(의지, 감정, 욕망, 감각, 신체 등)가 이성의 지휘를 받아 조화로운 오케스트라를 연출하는 것이 칸트적인 인성교육의 이상이라고 할 수 있다.

그런데 영성과 직관에 대한 고대와 중세의 관점을 현대적 삶 속에서 복권시키고자 하는 연구자들에 따르면 계몽주의적 이성과 감성에 공통되는 보다 근본적인 존재바탕으로서 영성이 존재하며, 이러한 존재바탕에 이르는 길은 자아를 초월하는 것이다. 아니, 자아를 초월하기 이전에도 영성 또는 직관적 지성은 자아를 주체로 하는 이성과 감성의 유목적적(有目的的) 활동을 무목적적(無目的的)으로 지켜보고 있다. 여기에서 직관적 지성과 (계몽주의적) 이성을 구별하기 위하여 (계몽주의적) 이성을 논증적 지성이라고 칭하고자 한다. 논증적 지성, 감성, 의지, 신체, 감각이 항상 유목적적으로 작동하는지에 대해서는 잠시 유보해 둘 필요가 있다. 반면에, 욕구와 욕망은 유목적적임이 분명하다. 만일 우리의 내면에 어떤 욕구나 욕망이 없다면 논증적 지성, 감성, 의지, 신체, 감각이 유목적적으로 활동할까? 아닐 것이다. 만일 그렇다면 자아의 활동을 유목적적으로 만드는 것은 욕구와 욕망이다. 그렇다면 자아의 실질적 뿌리는 욕구, 욕망이 아닐까?

막스 셸러는 욕구, 욕망의 뿌리는 '생명충동(Lebensdrang)'이라고 말한다. 생명충동을 제외하면 직관적 지성, 논증적 지성, 감성, 의지가 모두 '정신'에 속한다. 따라서 셸러에게 있어서 인간 존재는 궁극적으로 '정신'

과 '충동'으로 환원된다. 인간 존재의 두 원리인 정신과 충동은 지속적인 상호 침투를 통하여 정신은 충동으로부터 에너지를 얻으며, 충동은 정신에 의해 승화되어 간다. 이처럼 셸러는 인간을 정신과 생명충동의 종합으로 이해하지만 그럼에도 불구하고 이 양자 간의 대립이 완전히 지양될 수 있다고 보지는 않는다. 왜냐하면 그는 이 양자 간의 끊임없는 대립을 역동하는 인간 삶 그 자체로 보기 때문이다. 만일 인간이 정신적인 존재이기를 포기하면 인간은 다만 높은 지능을 소유한 동물로 전락할 것이다. 만일 충동적인 존재이기를 포기하는 것은 곧바로 삶의 쇠퇴 내지는 종말을 의미할 것이다(김영래, 2002: 10).

셸러가 보여 주는 이러한 대립성은 그의 인성교육 기획이 계몽주의자들, 그리고 신인문주의자들이 꿈꾸었던 이성과 감성, 의지의 화해, 통일, 그리고 이렇게 합일된 이성·감성·의지에 의한 신체, 감각, 욕망의 '지배'라는 근대의 기획을 근본적으로 극복하지 못하고 있다는 것을 보여 준다. 따라서 현재적 지평에서 볼 때, 오히려 의식과 무의식의 통일(프로이트와 라캉의 의미에서), 또는 직관적 지성, 또는 영성이 논증적 지성, 감성, 의지, 신체, 감각, 욕망을 포괄하는 통일(아리스토텔레스, 마이스터 에크하르트와 선불교의 의미에서)이라는 구상(構想)이 더 있을 법하고 인간의 본성과 시대적 상황에 더 적합할 것으로 필자는 생각한다.

마이스터 에크하르트나 선불교가 우리에게 보여 주는 메시지는 인간이 자기 존재의 궁극적 근원으로서의 영성에 스스로 귀의할 때 저 대립이 지양될 수 있다는 것이다. 이와 유사하게, 하이데거는 '존재'로의 귀의를 말하고 있다. 다만 저 대립이 쉽게 극복되기가 어려운 이유는 우리가 육체를 지닌 생명적 존재라는 점 때문이다. 생명적 존재를 유지하기 위해서는 무목적적인 직관적 지성의 활동과 그 결과인 무목적적인 지혜(sophia)만으로는 충분하지 않다. 세계 안에서 구체적 실존으로 살아가기 위해서 우리는 구체적 인간 존재로서 자기를 보존할 수 있는 지혜, 즉―아리스토텔레스의 용어에 따르면―프로네시스(phronēsis: 실천적 지혜)를 필요로 한다(NE 1141b9-24). 아리스토텔레스에 따르면 무목적적인 관조(theoria)에 따른 무목적적인―그래서 인간의 행복을 전혀 고려하지 않는―지혜와는 달리(NE 1143b16-20), 프로네시스는 인간의 행복을 고려하는 지혜이다. 다시 말해서, 프로네시스는 "어떻게 하면 우리를 만족시킬 삶의 전반적인 상태가 생길 수 있는지에 대해서 잘 숙고하는 힘"이다(Ross, 2016: 365). 그런데 프로네시스는 본래 무목적인 소피아를 끌어다 유목적적으로―행복을 위하여―사용하기도 한다. 그러면서 다른 요소들, 특히 소피아와 종종 불화를 일으키는 요소들인 신체, 감각, 욕구/욕망, 감성 등을 사려 깊게 다스리면서 점차로 소피아와 화해하도록 한다. 이러한 의미에서 프로네시스는 스콜레(한가, 閑暇)를 촉진한다(편상범, 2012: 80). 즉, 프로네시스는 당사자가 처해 있는 상황적 여건 속에서 행복을 증진시키는 길을 찾고자 하며, 이러한 목표를 제시하면서 신체, 감각, 감정, 욕구, 욕망 등의 협력을 얻어낸다. 신체, 감각, 감정, 욕구, 욕망이 프로네시스의 가이드라인을 받아들이면서 미덕을 지니게 된다. 예컨대, 만용은 용기로, (욕구와 욕망의) 방종은 절제로 바뀐다. 아리스토텔레스는 이러한 프로네시스의 가이드라인을 중용(中庸)이라고 불렀다(NE 1106b20 ff.).

프로네시스의 활동 덕분에 우리의 마음은 시끄러움과 분주함에서 벗어나 다시 스콜레(한가)의 상태로 돌아오게 된다. 스콜레의 상태에서 누스(직관적 지성)는 관조를 수행하며, 논증적 지성(epistēmē)과 협력하면서 소피아(순수한 지혜)를 도출한다(NE 1141b2-3; 편상범, 2012: 78 각주 13번). 이는 누스가 제시하는 직관적 관조내용에 논증적 지성이 언어적·논리적 형식을 부여함으로써 보편적으로 전달 가능한 형태의 앎인 소피아가 산출되는 것이라고 해석해 볼 수 있다. 이상의 논의과정에서 프로네시스의 계발과 이를 통한 미덕의 증진을 (좁은 의미의) 인성교육이라고 본다면, 인성교육은 진정한 지식교육, 진리교육을 위해서도 불가결하다고 하지 않을 수 없다. 요컨대, 아리스토텔레스에게 있어서 인성교육과 지식교육은 하나로 통합되어 있다.

이상과 같은 논의과정에 근거하여, 인간의 정신능력을 기예(thechnē), 논증적 지성(epistēmē), 실천적 지성(phronēsis), (철학적) 지혜(sophia), 직관적 지성(nous)의 유기적 통합으로 보는 아리스토텔레스의 인간관을 통하여 이미 가장 포괄적인 인성의 개념이 전범적(典範的)으로 제시되었다고 필자는 판단한다.

2 통합적 일반교육학의 시론

1) 일반교육학의 필요성

필자는 위에서 인성교육은 교육의 전체적인 틀 안에서 이루어져야 한다고 주장한 바 있으며, 이를 위해서는 모든 교육활동을 아우를 수 있는 통합적인 교육의 틀이 설계될 필요가 있다고 본다. 헤르바르트 가 1806년에 선보인『일반교육학(Allgemeine Pädagogik aus dem Zweck der Erziehung abgeleitet)』은 서양교육의 역사에 있어서 바로 이러한 의도를 본격적으로 구현하기 위한 첫 번째 시도이다(Herbart, 2006). 오늘날 독일의 교육학계에서 일반교육학이라는 용어는 교육의 개별적인 전문영역을 다루는 '특별교육학(Spezielle Pädagogik)'에 대하여(예컨대, 학교교육학, 사회교육학, 성인교육학, 특수교육학 등) 모든 교육 분야에 공통적으로 해당되는 이론적 토대를 제시하는 교육학적 작업을 말한다. '일반교육학'과 비슷한 의미로 사용되고 있는 용어로서 '체계적 교육학 (Systematische Pädagogik)'이 있다. 그러나 이 두 용어가 동일한 개념인 것은 아니다. 일반교육학이 모든 교육 형태에 대한 공통의 토대를 산출하려는 시도인 데 반해서, 체계적 교육학이란 모든 분야의 교육의 이론과 실천을 포괄적으로 아우를 수 있는 조직적인 틀을 제시하려는 이론적 노력을 말한다고 할 수 있다. 다시 말해서, 마치 집을 짓기 위해서는 먼저 기초공사를 하고 나서 그 위에 필요한 건물들을 지은 다음에 모든 살림살이를 이 건물들 안에 질서 있게 정돈해 들이듯이, 모든 형태의 교육의 이론과 실천을 질서정연하게 정돈해 들일 수 있는 조직체계를 만드는 것이 체계적 교육학의 목표라고 할 수 있는 것이다.[8] 이에 반해서, 일반교육학은 건물들을 지을 토대에 비유할 수 있다. 즉, 일반교육학은 모든 영역별 교육이론에 대한 공통의 토대가 되는 교육이론을 말한다. 그러나 현대에 와서 일반교육학은 대체로 이와 같은 엄격한 의미로 이해되지 않고 교육에 대한 일반적 체계의 의미로 사용되는 경우가 많아, 체계적 교육학이라는 용어와 거의 동의어로 쓰이고 있다.

20세기 후반에 독일의 교육철학자 발라우프가 "커다란 체계의 시대는 지나갔다."라고 말한 것처럼, 현대적 상황에서 교육학의 보편적 체계를 세운다는 것은 불가능한 시도처럼 보인다(Ballauff, 1984: 425). 그럼에도 불구하고 그 자신이 저술한 『체계적 교육학(Systematische Pädagogik)』에서 현대교육을 위한 교육학 체계를 모델링하는 노력을 보여 주고 있다(Ballauff, 1970). 왜 그랬을까?

오늘날 교육학은 많은 전문 영역으로 분화되어 각 영역별 분과학문들이 거의 독립적으로 연구·발전되고 있다. 그 결과, 이러한 분과학문들은 '교육'의 각 영역에 대한 학문이면서도 서로 긴밀한 연관성을 갖지 못하고 다소간에 격리된 채 병존하고 있는 것이 오늘의 현실이다. 다양한 교육 분과학문의 우후죽순과도 같은 전개 속에서 전문 교육학자들마저도—마치 빌딩 숲의 한가운데 서 있는 사람이 도시에 대한 조망을 할 수 없는 것처럼—교육학 전반에 대한 일목요연한 조망을 한다는 것이 거

---

8) 여기에서는 특히 칸트가 천명한 학문체계의 이상에 준하여 체계적 교육학의 의미를 규정해 보았다(김영래, 2006: 47ff.).

의 불가능한 실정이다. 이와 같은 사실은 교육의 분과학문들 간의 의사소통의 결여를 초래하며, 교육실천을 위한 유기적인 협력을 불가능하게 만든다.

이러한 상황은 대학의 교직과정 수업에도 그대로 반영되고 있다. 각각의 교직과목들은 대개의 경우 상호연관성을 고려함이 없이 따로따로 가르쳐진다. 예비교사들이 이렇게 배운 각각의 교직과목들을 상호 연관적으로 이해한다는 것은 기대하기 어려우며, 이처럼 단편적으로 익힌 교직과목의 지식들이 교육실천에 효과적인 도움을 준다는 것 또한 크게 기대하기 어려운 상태이다. 이상과 같은 상황을 돌아볼 때, 교육의 분과학문들 간의 긴밀한 상호연관성을 산출하고 교육에 대한 체계적인 관점의 형성을 도와주기 위한 학문적 노력이 오늘날에도 포기될 수 없으며, 이와 같은 노력이 다름 아닌 체계적 교육학(또는 일반교육학)의 시도라고 할 수 있다.

체계적 교육학에 대한 시도를 포기할 수 없는 더 중요한 이유는 교육 전체의 틀 안에서 인성교육이 이루어질 때만이 인성교육이 성공할 수 있다고 보기 때문이다. 개인의 인성은 그를 둘러싼 물리적·심리적 환경과의 지속적인 상호작용의 영향을 받는다. 이에 따라 아이들의 인성은 그들의 삶의 모든 분야를 통해서 형성되고 변화되어 간다. 그러므로 학교와 학교 밖에서의 교육적·교육외적 활동을 포함한 모든 활동이 아이들의 인성에 지속적으로 영향을 미치게 된다. 따라서 인성교육이 학교교육과 가정교육, 나아가 사회교육과 연관되어 이루어지지 않으면 인성교육의 효과는 기대하기 어려운 것이다.

이상과 같은 관점에 따라서 필자는 인성교육이 전체교육의 틀 안에서 이루어질 수 있는 통합적 일반교육학이 개발될 필요가 있으며, 그 첫 시도로서 헤르바르트의 일반교육학에 대한 현재화(업데이트)를 시도해 보고자 한다. 일반교육학 또는 체계적 교육학은 헤르바르트 외에도 플리트너(Wilhelm Flittner), 발라우프(Theodor Ballauff), 벤너(Dietrich Benner),

디코프(Karl-Heinz Dickopp) 등의 시도에서도 볼 수 있다. 그런데 헤르바르트의 일반교육학은 일반교육학의 효시로서 후속적인 작업들에 전범(典範)이 되어 왔다는 점 외에도, 서양 고대와 중세의 관조적 전통을 부분적으로 보존하고 있다는 점이 인성교육의 담론 영역을 확장하고자 하는 본 저술의 의도에 부합한다.

2) 헤르바르트의 일반교육학 개요

헤르바르트의 일반교육학 구상에 대한 업데이트를 시도하기 위하여, 그의 일반교육학 개요를 다시 한 번 상기해 볼 필요가 있을 것이다('제2장 3. 헤르바르트: 통합적 인성교육의 기획' 참조). 헤르바르트는 『일반교육학』(1806)을 통하여, 요컨대 모든 교육활동의 공통적인(일반적인) 기초가 된다고 생각하는 '관리(Regierung)' '수업(Unterricht)' '훈육(Zucht)'에 대한 이론적 정립을 시도하였다.

그런데 이러한 관리, 교수, 훈육은 '사고권(Gedankenkreis)' 안에서, 사고권과 함께 수행된다. 사고권이란 개인이 내면적으로 지니고 있는 서로 연결된 표상들(관념들)의 총체를 의미하므로 '내면세계(內面世界)'라고 표현해 볼 수도 있다. 인간은 또한 지속적인 의사소통과 기록을 통하여 초개인적인 사고권을 형성하고 있다. 이러한 초개인적 사고권은 궁극적으로 인류가 지닌 관념들의 총체를 포괄하며, 따라서 인류 정신문화의 총화를 의미하게 된다. 그리하여 헤르바르트는 인류가 궁극적으로 사고권에 의해서 교육된다고 말하고 있다(Herbart, 2006: 40).

'관리'는 아동의 기본적 태도나 습관을 형성시키기 위한 예비적 교육이다.

'수업'은 경험과 교제(인간관계)를 보완하는 작업이다. 경험은 인식을 낳고, 교제는 공감을 낳는다. 경험이 보완을 필요로 하는 이유는 (좁은 의미의) 경험(=감각경험)이 단편성과 우연성을 벗어날 수 없으므로 경험 자체만으로는 경험에 대한 전체적인 연관성에 도달할 수 없기 때문이다. 이를 위해서는 사변적 방법이 불가피하다. 사변(speculation)은 개별적 경험들 사이의 연관관계를 산출하며, 이를 통해 점점 더 넓은 사고권이 형성되어 간다. 그런데 사고권의 형성에는 경험과 사변 외에 제3의 요소, 즉 미적(美的) 인식이 부가된다. 경험과 사변으로 파악된 세계는 이제 심미적으로 관조(觀照)된다. 요컨대, 세계가 경험되고, 사변적으로 숙고되며, 미적으로 관조될 때, 인식은 온전해진다. 그러나 이러한 인식은 사고권의 절반밖에 채우지 못한다. 나머지 절반을 채우는 것이 공감(共感)인데, 공감에는 인간에 대한 공감, 사회에 대한 공감, 초월적 존재자(신)에 대한 공감(＝종교적 공감)이 있다.

  헤르바르트에 따르면 도덕교육을 의미하는 '훈육'도 이러한 사고권의 바탕 위에서만 온전히 수행될 수 있다. 그에 의하면 훈육은 교육자가 아동·청소년에게 보편타당한 도덕적 이념(원칙)을 따르도록 요구하는 방식으로 이루어져서는 성공하기 어렵다. 그보다는 흥미와 공감을 통하여 도덕의식이 미적(美的)으로 동기화되는 것이 중요하다.[9] 그 결과, 아동·청소년들은 우선은 개인적이고 주관적인 도덕성을 형성한다. 이러한 주관적 도덕성이 지속적인 도야의 결과 점차로 보편적 도덕성으로 이행(移行)하는데, 보편적 도덕성을 구성하는 요소로서 헤르바르트는 5개의 실천이념(내적 자유의 이념, 완전성의 이념, 호의의 이념, 정의의 이념, 보상 또는 공정성의 이념)을 제시한다. 그런데 이러한 5개 실천이념은 칸트적 의미의 초월적 이념이라기보다는 서양문화의 전통으로부터 도출

---

9) 헤르바르트는 도덕적 사태에 대한 심미적 지각이 도덕의식을 동기화시킨다고 주장한다. 예컨대, 아동이 이순신 장군이 죽음을 맞이하면서 보여 준 의연한 모습을 서적이나 영상매체 또는 교육자의 묘사를 통하여 접하고 이를 아름답고 가치 있는 도덕적 사태로 지각한다면 이러한 '미적 지각'은 해당 아동의 도덕의식을 동기화시킬 수 있다는 것이다.

된 것이라고 할 수 있다. 즉, 내적 자유와 완전성은 그리스적 전통이요, 호의는 기독교적 전통, 정의와 보상 또는 공정성의 이념은 로마의 전통 이라고 볼 수 있는 것이다.

이상에서 약술한 헤르바르트의 일반교육학을 도해(圖解)해 보면 [그림 5-1]과 같다.

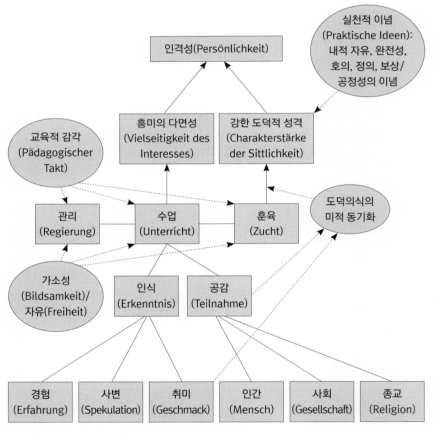

[그림 5-1] 헤르바르트의 일반교육학 체계

3) 헤르바르트 일반교육학의 업데이트를 위한 숙고

헤르바르트는 일반교육학의 수업론의 말미에서 "학술을 위해서가 아니라 삶을 위해서 배워라(non scholae, sed vitae discendum)!"라는 스토아 철학자들의 표어를 소개하면서, 삶과 학술의 관계에 대해 숙고한다(Herbart, 2006: 174). 먼저 헤르바르트는 학교, 학술, 학파 등을 뜻하는 독일어 단어인 Schule(영어의 school)는 본래 스콜레(schole), 즉 한가(Muße)를 의미한다는 것을 상기시킨다(Herbart, 2006: 179). 또한 삶을 위해서 배운다는 것은 삶의 활동에 도움이 되는 방향으로, 즉 삶의 유용성을 위해 배우라는 말이 되는데, 이러한 교육관은 몇몇의 욕망 아래에서 다양한 흥미가 질식되어 버리는 결과를 초래할 위험이 있다고 말한다(Herbart, 2006: 174). 여기에서 왜 헤르바르트가 수업의 목표로 흥미의 다면성을 제시했는지를 다시 돌아보게 된다. 그가 주장한 흥미의 다면성이란 마음이 특정의 욕망에 점유(占有)되지 않아 자유롭고 유연한 상태, 즉 스콜레의 상태라야 가능하다. 이러한 측면에서 헤르바르트는 서양 고대와 중세의 관조적 전통을 계승하고 있다.

교육에 있어서 삶을 위한 유용성만을 추구하면 스콜레의 공간이 없어지고 스콜레가 없으면 순수한 관조(테오리아/콘템플라치오)가 일어나기 어렵다. 순수한 관조가 없으면 참다운 지혜(sophia)도 사라진다. 그러기에 스콜레는 "사변과 취미, 종교를 위한 공동의 자산"인 것이다(Herbart, 2006: 179). 헤르바르트는 사변과 취미를 '관조적 삶(vita contemplativa)'에 연결시키고 관찰과 공감을 '활동적 삶(vita activa)'에 연결시킨다. 그런데 이 두 삶의 방식 중 어느 한쪽을 선택하기보다는 이 두 방식이 순환적으로 교체되는 것이 "인간의 정신적 호흡을 위해서", 그리고 몸과 마음의 건강을 위해서 바람직하다고 말한다(Herbart, 2006: 179). 다만 생애주기에 따라 그 비중이 달라질 수 있다는 것을 추측해 볼 수 있다. 유년기에서 청년기에 이르는 생명활동이 왕성한 시기에는 아무래도 '활동적 삶'에 무게중심이 주어지는 것이 자연스러운 일일 것이다. 반면에, 장년기에서 노년기에 이르는 생명활동이 약화되는 시기에는 '관조적 삶'의 중요성이 더욱 커진다. 그러나 왕성한 젊음의 시절이라고 하더라도 활동적인 삶과 더불어 관조적 삶을 함께 익혀 나가야 한다. 왜냐하면 관조적 삶은 활동적 삶이 절도 있고 지혜롭게 이루어질 수 있도록 안내할 것이기 때문이다. 또한 젊은 시절에 관조의 힘을 길러 두지 않으면 노년기에 이르러서도 활동적 삶, 즉 욕구, 욕망을 따라가는 삶에서 벗어나기 어려울 것이다. 그 결과, 노년의 행복이라고 할 수 있는 관조적 삶을 즐기기가 어렵게 될 가능성이 크다. 활동적 삶과 관조적 삶 사이를 자유롭게 왕래할 수 있는 사람만이 삶을 향유하면서도 때가 되면 삶을 떠날 줄 아는 "영혼의 고매함"을 지닐 수 있다(Herbart, 2006: 179).

이상의 논의과정에 근거하여, 필자는 헤르바르트의 일반교육학 수업론의 말미에서 간단히 언급하고 있는 '관조적 삶을 위한 교육' 부분을 좀 더 적극적으로 해석할 필요가 있다고 생각한다. 우리가 앞 장에서 살펴보았듯이, 아리스토텔레스에 따르면 관조는 지혜를 얻기 위한 기본적 실천방식이다. 따라서 관조적 삶을 위한 교육은 곧—좁은 의미의—'지혜교육(wisdom education)'이라고 명명될 수 있다고 필자는 생각한다.

필자는 이러한 지혜교육이 이른바 4차 산업혁명시대가 초래하고 있는 지능정보사회(Intelligence Information Gesellschaft)에 특히 적합한 교육의 방향이라고 본다. 미래학자들의 연구들에 따르면, 지능정보사회는 지속적으로 발전하는 첨단 기술들에 의하여 물질, 에너지, 정보의 연결과 융합이 전방위적으로 진행되는 사회이다. 이러한 연결과 융합을 통하여 인간의 욕구, 욕망의 충족이 거의 무제한적으로 추구될 것으로 전망되고 있다. 그러나 이를 위하여 인간의 몸과 감각, 감정, 기억, 사고 등에 대한 통제, 조작, 변형, 개조의 시도가 점점 더 광범위하게 이루어질 가능성이 크다. 또한 권력과 자본, 기술을 가진 특정인이나 특정 집단이 자신들의 배타적인 이익을 위해 첨단기술들이나 데이터들을 장악하고

통제함으로써 일반인들의 삶은 그들에 의해 조종되고 이용될 위험성이 또한 존재한다. 요컨대, 인류는 고도로 조작된 인위적 삶의 환경에 노출될 것이며, 그 속에서 사람들이 자신이 처한 삶의 상황을 깊이 통찰하지 못하고 단지 개인적인 욕구, 욕망의 충족만을 추구하는 삶을 살아간다면, 이러한 삶의 모습은 2400여 년 전에 플라톤이 『국가(Politeia)』 7권에서 그려 보여 준 동굴 속 죄수의 삶과 크게 다르지 않을 것이다.

우리가 다가오는 지능정보사회가 보여 주는 '환상적인 기술의 세계'에 매료되어 그 속에 갇힌 죄수가 되지 않기 위해서는 무엇보다도 참다운 의미의 '지혜'를 길러야 한다. 지능정보사회를 살아갈 미래세대들에게 지혜를 길러 주기 위해서 교육에 있어서의 관조적 전통을 되살려 내야 하며, 이를 위해서는 성장세대들에게 스콜레와 관조(테오리아)를 가르쳐야 한다. 스콜레와 테오리아는 자기중심적 욕구, 욕망을 벗어나 순수하게 모든 것을 바라보는 것이며, 이를 통해 사태를 치우침 없이 파악할 수 있게 되니 이를 지혜라고 한다. 지혜로운 자는 자신의 의도와 필요, 욕망을 타인들, 생명들, 사물들에게 투사(投射)하지 않기 때문에, 자신과 타인들, 생명들과 사물들을 그 자체로 보고, 그들의 말 걸어옴을 그 자체로 들을 수 있다.

20세기 후반 독일의 대표적인 교육학자였던 발라우프는 하이데거의 철학을 교육학에 적용하여 '진리에 대한 사심 없는 책임의 교육학(Pädagogik als selbstlose Verantwortung der Wahrheit)'을 제시한 바 있다. 여기에서 말하는 '사심 없음(Selbstlosigkeit)'은 '탈자아성(脫自我性)' 또는 '무아(無我)'로 번역될 수 있는 말로서 결국 스콜레와 비슷한 의미를 가지고 있다. 어떤 의미에서 보면 탈자아성의 원리는 고대와 중세 철학자들보다 더욱 철저한 스콜레를 요구하는 것이라고 볼 수 있다.

> 내가 관여하는 지식, 내가 하는 경험, 내가 수행하는 직책, 내가 속하는 과제 영역, 이 모든 것이 결국 자아 속에 집중된다.

탈자아성이란 다음과 같은 것이다. 나는 모든 것에 속한다. 그러나 그 모든 것이 나에게 속하지는 않는다. 어떤 원칙에 의해서도 내가 모든 것을 임의로 처리하는 일은 없다. …… 모든 경우에 나(Ich)와 자기(Selbst)가 사라지지만 내 안에 정립되어 있는 통찰과, 나에 의하여 성취되어야 하는 작업, 오직 나를 통해서만 일어날 수 있는 행위 등은 존립된다(Ballauff, 1979: 18).

그런데 교육원리로서의 '탈자아성'은 '자기보존'의 원리와 상보적 관계에 놓일 필요가 있음을 필자는 주장한 바 있다(이 책 194f. 참조). 이것은 다시 관조적 삶과 활동적 삶의 조화로운 통일이라는 관점으로 되돌아간다. 인간은 한편으로는 진실을 중시하며, 이에 따라 순수한, 본래적 '진리'를 추구하는 존재이다. 그러나 동시에 생명적 존재로서 주어진 환경에 적응하면서 살아가야 하는 존재로서 '행복'을 추구하는 존재이기도 하다.

여기에서 진정한 행복이란 무엇인가 하는 물음이 떠오른다. 그러나 이 물음만으로도 방대한 주제이므로 여기에서 본격적으로 탐구하기에는 무리가 있다. 다만 지혜교육을 서구의 관조적 전통으로부터 읽어내려는 본 장의 기본적 의도에 따라, 여기에서는 관조적 전통을 전범적(典範的)으로 그려낸 아리스토텔레스의 행복관을 간단히 살펴보고자 한다. 아리스토텔레스에 의하면 행복은 "완전한 탁월성에 따르는 영혼의 어떤 활동"이라고 말한다(NE 1102a5). 탁월성은 지적 탁월성과 성격적 탁월성으로 나누어질 수 있는데, 지적 탁월성은 그가 인간의 정신적 능력들로 분류한 누스, 소피아, 프로네시스, 에피스테메, 테크네에 있어서 탁월한 것을 말하며(이 책 291f. 참조), 성격적 탁월성은 온화, 관대, 용기, 절제 등 품위 있는 성격적 특성들, 즉 미덕을 갖추는 것을 말한다. 그 외에도 아리스토텔레스는 삶을 위한 (건강과 재산과 같은) 외형적·물리적 요소들이 행복의 중요한 조건들 중의 하나라는 점을 부인하지 않는다. 그러나 아리스토텔레스는 궁극적으로 최고의 행복은 관조하는 삶 속에 있다고 단언한다. 왜냐하면 누스(nous: 직관적 지성)의 관조는 신적(神的)인 것이며, 그 자체로 완전하고 자족적인 것이기 때문이다. 왜 그러한가? 아리스토텔레스는 신의 활동은 순수한 관조적 활동일 것이라고 말한다(NE 1178b20-21). 신의 관조는 그 자체외의 다른 목적이 없으며, 자족적이며, 영원하다. 따라서 신의 삶 전체가 지극히 복된 것이다. 반면에 인간의 관조는 불완전하며 지속적이지 못하므로 인간은 아직 지복(至福)의 존재가 아니다(NE 1178b25-32).

그렇다면 여기에서 우리는 관조가 도대체 무엇이기에 아리스토텔레스는 이것을 최고의 행복(eudaimonia)이라고 말하는지를 물어야 한다. 에우(eu-)는 '완성' '완전함'을 의미하며 하며, 다이모니아(daimonia)는 '다이몬(daimon)', 즉 인간에 깃들어 있는 신성이다. 따라서 에우다이모니아의 본래적 의미는 '신성의 완전함' '신성의 완성'이다(박성호, 2017: 72). 이렇게 볼 때, 아리스토텔레스가 (최고의) 행복을 '에우다이모니아'라고 부른 이유가 이해되기 시작한다. 고대 그리스 사람들은 자신들의 등 뒤에 정령, 또는 수호신이 달려있다고 생각했으며 이를 다이몬이라고 불렀다(Steel, 2018: 92). 소크라테스도 어려서부터 내면의 소리를 들었고, 이 소리를 믿고 따랐는데 이를 다이몬이라고 하였다. 소크라테스는 말년에 그가 젊은이들을 타락시키며, 아테네의 신을 믿지 않고 새로운 신, 즉 다이몬을 믿는다는 죄로 고발되었는데, 그는 아테네의 법정에서 자신을 변론하면서 자신이 체험해온 다이몬에 대해 다음과 같이 말하고 있다. "내게는 이것이 소싯적에 시작된 것이며, 일종의 소리로서 나타나는 것인데, 이것이 나타날 때는 언제나 내가 하려고 하는 일을 하지 말도록 말리지, 결코 적극적인 권유를 하는 일은 없습니다"(Platon, 2003: 153[AP 31d]). 이처럼 고대그리스인들에게 다이몬은 인간에 내재하는 신성으로 상정(想定)되었고, 체험되었다. 그런데 스틸(Sean Steel)에 의하면 이러한 내재적 신성으로서의 다이몬이 초기기독교 논객들에 의해 악마화(demon)되고 배척되었다.[10] 그러나 이제 다이몬은 오랜 파문(破門)의 상태에서 풀려나 복권이 되어야 한다고 필자는 생각한다. 왜냐하면 다이몬이야 말로 우리가 미래시대 인성교육을 통해서 구현해 나가고자 하는 내재적 영성이며 지혜의 원천이기 때문이다.

그러면 다시 아리스토텔레스의 행복, 즉 '에우다이모니아'로 돌아가 보자. 최고의 에우다이모니아는 '인간적인 것'을 넘어선 순수한, 무목적적인 관조 속에 있다. 그러기에 관조의 능력으로서의 누스 자체가 신적(神的)이며 불멸의 것이라고 아리스토텔레스는 생각했다. 인간은 신적인 누스를 지니고 있어서 신처럼 완벽하게는 아니지만 신과 비슷하게 세계를 관조하며, 또한 자기 자신(누스)과 자신의 근원이라고 여겨지는 신을 관조한다. 누스는 요컨대 삶과 세계의 근원적인 질서, 즉 신적(神的) 질서를 관조하며(편상범, 2012: 85), 또한 이 질서에 자신이 참여하고 있음을 관조한다. 관조를 통해 인간은 신에 가까운 존재가 되는 것이다! 이것이 아리스토텔레스가 말하는 신적인 행복, 최고의 에우다이모니아가 아니겠는가. 아리스토텔레스의 말을 들어보자:

> 만약 누스(nous)가 인간에 비해 신적인 것이라면, 누스를 따르는 삶 또한 인간적인 삶에 비해 신적인 것이다. 그러니 '인간이니 인간적인 것을 생각하라', 혹은 '죽을 수밖에 없는 운

---

10) 단 한번 기독교가 고대세계를 장악하면서 "다이몬"이라는 단어가 학대당하거나 오히려 악마가 되어 버렸다. 기독교의 논객들은 이교도들이 그들의 신화적 언어와 사고의 정신적 유산으로부터 확실히 결별하도록 하기 위해서 단어의 의미와 사용을 바꾸어버렸다. 근본적으로 그리스도인들은 그들 주변에 있는 고대인들이 신과 사람 사이에 중재자가 여럿이 아니고 오직 하나, 즉 예수만 존재한다고 생각하기를 바랐다. 나아가 모든 다른 영혼들은 악마, 즉 나쁘거나 사악하다고 주장했다. 현대사회에서 사용하는 'demon'이라는 단어는 편견과 오해로 가득 차 있다"(Steel, 2018: 92f.).

명이니 죽을 수밖에 없는 것들을 생각하라'라고 권고하는 사
람들을 따르지 말고, 오히려 우리가 할 수 있는 데까지 우리
들이 불사불멸의 존재가 되도록, 또 우리 안에 있는 것들 중
최고의 것에 따라 살도록 온갖 노력을 기울여야만 한다(NE
1177b 30-35).

누스(직관지)의 관조는 에피스테메(논증지)의 협력을 얻어 순수 지혜,
즉 소피아(sophia)를 산출한다. 그리고 이 소피아에 따른 삶을 추구함으
로써 인간은 불멸의 신적(神的) 존재로 승화해 가며, 이에 따라 '인간적
(人間的)'인 희로애락은 점차로 사소한 것이 되어간다. 그러므로 이러한
관조적 삶을 향유하는 사람은 가난이나 여러 가지 재난, 신체적 질병이
나 부자유 등의 불운이 그를 놓아주지 않는 경우에도 쉽게 흔들리지 않
는다(NE 1101a7-12). 물론 그에게 외형적, 물리적인 면에서도 행운이
따라준다면 그의 행복은 더욱 완전해 질 것이지만 말이다(NE 1178b33-
36). 이상과 같이, 아리스토텔레스에 있어서 지혜의 추구와 행복의 추구
는 서로 연결되어 있으며, 궁극적으로는 하나로 만난다.
　그런데 지혜보다 행복의 추구를 앞세우는 사람은 최고의 행복, 즉 관
조하는 삶의 행복을 맛보기 어려울 가능성이 크다. 왜냐하면 어떤 사
람이 행복만을 치우쳐 추구한다면 그가 구하는 행복은─긍정심리학
(positive psychology)에서 행복의 정의로 제시하고 있는─'주관적 만족
감' 내지는 '주관적 안녕감(subjektive well-being)'일 가능성이 크기 때문
이다(권석만, 2009: 49). 주관적 만족감은 요컨대 쾌적한 감각이나 유쾌한
감정에 근거한다. 그런데 감각은 자극에 의해 생겨나고 감정은 흥분(=
주어진 사태에 대한 감정적 반응)에 의해 생겨난다. 따라서 주관적 만족감
으로서의 행복은 외부적 상황에 크게 의존하게 될 수밖에 없다. 그러나
외부적 상황은 마음대로 통제하기가 어렵기 때문에 주관적 만족감을 높
이기 위해서는 주로 자기긍정에 의지하는 수밖에 없다. 그런데 자기긍

정이 과도해지면 나르시시즘과 자기위로에 빠진다. 요컨대, '주관적 만족감'이 실재 사태에 대한 '주관적 왜곡'의 결과라면 이를 진정한 행복이라고 보기가 어렵지 않겠는가. 따라서 필자는 아리스토텔레스가 권고한 바와 같이 지혜의 추구를 우위에 두면서 행복을 증진시켜 가는 것, 그리고 궁극적으로는 최고의 지혜에 도달하여 지복(至福)의 존재가 되는 것이 올바른 인간 삶의 목적이며, 이것이 동시에 교육의 목적이 되어야 한다고 생각한다.

이상에서 논의한 '관조적 삶'과 '활동적 삶'의 균형 잡힌 추구를 위한 안내로서의 교육을 필자는 '지혜교육(Wisdom Education)'이라고 명명한다. 넓은 의미에서, 지혜교육은 지식교육과 인성교육 · 도덕교육, 미적(美的) · 신체적 교육 등 모든 교육활동을 포함하며, 아동 · 청소년들이 지혜를 핵심 축으로 하여 인식과 기술, 덕과 행복을 합일시킬 수 있도록 이끌어주는 통합적 교육으로 이해될 수 있다. 이러한 지혜교육이 현대교육에 적용되기 위해서는 많은 후속적 연구와 개발을 필요로 한다. 여기에서는 범례적으로 아리스토텔레스적 관점에서 지혜교육이 어떻게 이해될 수 있는지 간단히 논의해 보겠다.

아리스토텔레스에 있어서 지혜교육의 핵심은 소피아(순수한 지혜)의 계발이다. 소피아의 개발을 위해서는 관조의 능력을 길러야 하고, 관조를 위해서는 스콜레(schole: 한가)가 확보되어야한다. 그래서 고대의 현자들은 학교(school)를 스콜레, 즉 한가(閑暇)가 확보된 공간이라고 불렀던 것이다. 스콜레는 외적으로 노동, 전쟁 등의 고달픔과 고통에서 벗어남을 의미할 뿐만 아니라, 내적으로 마음이 욕구, 욕망의 소용돌이에서 벗어나 있음을 또한 의미한다. 스콜레의 확보를 위해서는 욕구와 욕망, 자기중심성을 완화, 내지는 일시적으로 중지시키는 다양한 체험활동이 도움이 될 것이다. 놀이, 스포츠, 예술활동이나 예술작품 감상을 통한 순수한 희열과 미적 경험은 자아(Ego)의 자기중심성을 완화시키면서 스콜레를 증진시킨다. 친교와 여행도 마찬가지로 스콜레에 기여한다. 아리스토텔레스에 따르면 스콜레의 확보에 보다 확실하게 기여하는 것은 프로네시스(실천적 지혜)이다. 프로네시스는 삶을 전반적으로 편안한 방향으로 제어, 조절하는 생활의 지혜로서 마음의 내적 안정에 기여한다.

교육자는 한편으로는 스콜레를 증진시키면서 관조를 연습시킨다. 관조는 누스(직관적 지성)의 활동이며, 누스의 관조를 에피스테메(epistēmē: 논증적 지성)가 언어 논리적 지혜, 즉 소피아로 구성한다. 그렇다면 무엇을 관조하는가? 최고의 관조는 신성을 관조하는 것임은 위에서 말한 바와 같다. 그러나 아동·청소년들이 쉽게 관조를 연습할 수 있도록 하기 위해서 아리스토텔레스는 "자연적인 좋음들의—육체의 좋음이든 부(富)든 친구들이든 또는 다른 좋음이든—택함과 획득"에 대해서 관조를 연습하고 이로부터 신에 대한 관조로 자연스럽게 옮겨가도록 하는 것이 좋다고 말하고 있다(EE 1249b17-19).

요컨대, 관조교육의 핵심은 내적 평정(스콜레)을 유지하면서 모든 것을 순수하게(=무목적적으로), 세밀하고 깊게 지켜보는 훈련이며, 이를 통해 사람들, 생명들, 사물들을 원리적으로 참답게 알도록 하는 것이다. 이를 통해 우리는 근대 이래의 자연과학적 세계관의 오류에서도 벗어날 수 있게 될 것이다. 현대인은 객관화되고 절대화된 과학적 지식에 가려서 모든 것을 있는 그대로 보는 눈을 잃어버렸다.[11] 관조는 과학적 관찰

---

11) 이러한 자연과학적 세계관의 오류를 가장 잘 지적한 사람 중의 하나가 니체이다(본서 139쪽 이하 참조). 니체는 말한다. 우리가, 예컨대 물을 H_2O라는 화학식으로 이해한다고 하여 물을 여실하게 아는 것이 아니며, 야구선수가 홈런을 날리는 것과 같은 물체의 운동을 운동역학이론을 가지고 이해한다고 해도 우리가 힘이 어떻게 전달되는지를 실제로 아는 것이 아니다. 또한 현상은 고정됨이 없이 연속적인 흐름 속에 있는 것인데, 이 흐름에서 인위적으로 원인과 결과를 지어내어 설명하는 방식인 인과론적인 세계관도 지적 오류이다(Nietzsche/곽복록 옮김, 2016, 274).

방식에서 벗어나 궁극적 근원(신성)의 관점에서 모든 것을 바라보는 것
이며, 이를 통해 자아와 세계는 다시 경이로운 무한성 속에 놓이게 된다.
　이상에서 아리스토텔레스적 관점에서 간단히 스케치해본 (좁은 의미
의) 지혜교육은 종교적 맥락에서는 물론이고, 탈종교적 맥락에도 적용
이 가능하다. 특히 관조의 핵심적 지향점인 신(神), 또는 신성(神性) 대신
에 내재적 영성(靈性)이나 불성(佛性), 하이데거적 의미의 '존재(Sein)'를
놓을 수도 있을 것이다.

　끝으로, 이러한 지혜교육이 미래세대인 우리의 아동·청소년에 대해
갖는 의의에 대해 간단히 논의해 보겠다.
　첫째, 지혜교육은 관조능력을 계발하고 향상시킨다. 관조는 유용성(욕
구, 욕망)의 프레임에서 벗어나 모든 것을 있는 그대로 보는 능력이다.
관조를 통하여 삶과 세계의 참다운 진실을 꿰뚫어볼 수 있으며 이를 통
하여 우리의 아동·청소년들이 세계 속에서 자신의 삶을 올바로 정위
(定位)시키는 데 도움을 줄 수 있다. '진리'와 '근원적인 존재바탕'에 자기
삶의 뿌리를 확고하게 내리게 되므로 첨단 문명의 현란함에 현혹되어
길을 잃고 방황하거나, 무한히 폭주하는 욕망의 노예로 전락하지 않고
자기중심을 확고하게 잡을 수 있게 된다.
　둘째, 지혜교육은 인간, 생명, 사물들을 선입견 없이 깊고 세밀하게 관
찰하는 능력을 길러줌으로써 기존의 고정관념을 극복하고 모든 것을 새
롭게 바라볼 수 있게 한다. 이를 통해 창의성이 크게 증진될 것이며, 이
를 토대로 직업세계에서도 혁신을 선도하는 리더가 될 것이다.
　셋째, 지혜교육은 아동·청소년들이 관조적 삶과 활동적 삶의 조화로
운 균형을 잡을 수 있는 능력을 길러줌으로써 행복한 현자(賢者)로 살아
갈 수 있게 할 것이다.
　넷째, 지혜교육은 아동·청소년들이 자기중심성의 좁은 틀에서 벗어
나 크고 열린 마음의 소유자가 되게 한다. 그러므로 사람들, 생명체들,

사물들을 있는 그대로 보고, 공감하며, 포용할 수 있는 '큰 사람', 모두와
더불어 살아가는 '우주적 공생인(共生人)'이 되게 할 것이다.

다음 절에서는 이러한 지혜교육의 관점에서 헤르바르트의 일반교육
학 체계에 대한 업데이트를 시도해 보고자 한다.

4) 지혜교육을 위한 일반교육학의 구상

여기에서는 위에서 논의된 '지혜교육'의 관점에서 볼 때, 헤르바르트
의 일반교육학 체계가 어떻게 현재화될 수 있는지에 대해 숙고해 보기
로 하겠다. 물론 여기에서 헤르바르트의 일반교육학에 대한 전면적인
재해석을 시도할 수는 없으며 단지 기본적인 방향만 제시해 보고자 한다.

① 인간상: 먼저, 지혜교육이 목표로 하는 인간상에 대해 생각해 보자.
   우선은 지혜와 미덕을 추구하면서 행복을 증진시켜 가는 인간상
   을 떠올릴 수 있겠다. 그런데 참다운 지혜는—발라우프가 말하듯
   이—탈자아적(脫自我的, selfless)이다. 다시 말해서, 자기중심성을
   벗어난 순수한 관조(theoria, contemplatio)만이 있는 그대로의 실재
   (reality)를 파악할 수 있고, 이에 상응(相應)할 수 있다. 지혜인의 마
   음은 우주를 향해 열려 있으며, 사람들, 생명체들, 사물들을 있는
   그대로 보고 그들이 걸어오는 말을 있는 그대로 들을 수 있으며, 그
   들의 부름에 사심 없이(selfless!) 응답할 수 있다. 그러므로 지혜인
   (智慧人)은 모두와 더불어 살아가는 '우주적 공생인(共生人)'이라고
   할 수 있다.
② 교육목적: 지혜교육의 목적은 '지혜(wisdom)' '미덕(virtues)' '행복
   (happiness)'의 통합적 구현에 있으며, 모든 교육활동은 이러한 목적
   을 실현하는 과정으로 설계되어야 한다.

③ 교육원리: 지혜교육은 관조적 삶(*vita contemplativa*)과 활동적 삶(*vita activa*)의 조화로운 균형을 추구하며, 이를 위해 '탈자아성'과 '자기보존(자아실현)'을 근본적 교육원리로 삼는다.

④ 교육내용: 관조교육(좁은 의미의 지혜교육)과 미덕교육, 실용교육(문제해결교육)을 주요 교육내용으로 하며, 삶의 건강성, 희열, 활력의 증진을 위한 기초적 생활교육을 추가한다. 이를 위하여 헤르바르트가 교육의 하위 범주로 제시한 관리-수업-훈육이 시대에 적합하게 설계되어야 한다.

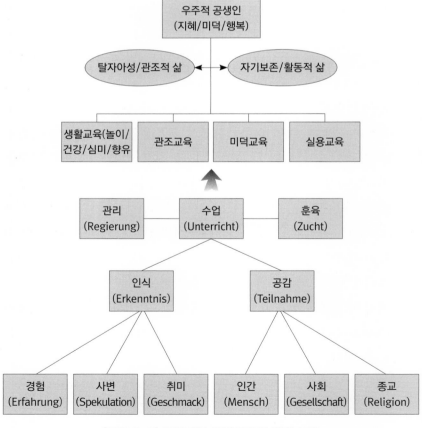

[그림 5-2] 현대적인 일반교육학 체계 시안

⑤ 수업원리: 수업은 경험과 교제의 보완이며, 경험에서 인식이, 교제에서 공감이 발생된다는 것, 그리고 인식은 경험-사변-취미로, 공감은 인간-사회-신에 대한 공감으로 발전된다고 보는 헤르바르트의 견해도 대체적으로 유효성을 상실하지 않았다고 본다. 다만 '신에 대한 공감'은 특정 종교의 신에 대한 의미로 볼 수도 있겠지만ー포스트모던 영성담론에서처럼ー각자에게 내재하는 신성(영성)의 의미로, 또는ー아리스토텔레스처럼ー내 안의 불멸하는 신적 지성(nous)의 의미로 재해석될 수도 있을 것이다.

5) 지혜교육의 핵심요소로서 한가와 관조

우리는 앞에서 활동적 삶과 관조적 삶을 균형 있게 추구하는 것이 진정한 행복의 길이며, 이러한 삶을 살아갈 수 있도록 이끌어 주는 것이 지혜교육의 핵심임을 밝혔다. 그런데 이러한 삶을 실제로 어떻게 구현할 것인가를 제시할 수 있어야 지혜교육이 실행될 수 있을 것이다. 활동적 삶은 요컨대 욕구, 욕망의 충족을 추구하는 삶이므로 모든 사람들이 처음부터 영위하고 있는 삶의 양식이다. 그러나 관조적 삶은 대부분의 사람에게 있어서는 의식적인 노력이 없이는 잘 실천되기 어려운 삶의 방식이다. 따라서 관조적 삶을 어떻게 영위할 것인가에 대한 구체적이고 실행 가능한 방안이 제시되는 것이 지혜교육의 관건이 된다.

고대 그리스인들은 스콜레(schole), 즉 한가(閑暇)함이 관조(觀照, 테오리아, theoria)의 전제라는 것을 알고 있었다. 무엇보다도 마음이 욕구·욕망, 유용성 추구를 위한 사고활동, 그리고 기타 내적·외적 상황에 대한 정서적 반응(시기, 질투, 원망, 분노, 불안, 공포 등)에 의해 점령되지 않고 한가해야 한다. 이러한 마음의 상태를 산출하기 위해 인류가 사용해 온 여러 가지 방법은 다음과 같다.

① 가장 기본적이고 보편적인 방법은 진리를 관조하고 진리에 상응하기 위하여 마음속의 모든 욕구, 욕망, 감정, 유용성 사고 등을 억제, 또는 배제하는 것이다. 이러한 억제, 배제는 결연한 의지적 결단을 통하여 일어난다. 이른바 '진리를 위한 금욕(禁慾, Askese)'인 셈이다. 이러한 의지적 결단을 철학이론적으로 방법화한 사례로서 후설과 셸러의 '현상학적 환원(Phänomenologische Reduktion)'을 들 수 있다. 하이데거의 '무화(無化, Nichtung)'는 이와 유사하면서도 다른 길을 걷는다. 하이데거는 '존재사유'를 통해서 존재자의 세계(사람들, 생명들, 사물들에 대한 우리의 고정관념)가 스스로 무화(無化)되어 갈 수 있음을 보여 준다.

② 우리는 좀 더 부드러운 방법적 전략을 니체에게서 찾을 수 있다. 기존의 지식문화, 도덕문화 그리고 우리의 관찰능력과 인식능력을 상대화시키는 것이다. 개념적-논리적 언어로는 있는 그대로의 실재(reality)를 파악할 수 없다는 것, 수식과 화학식으로 실제 현상을 있는 그대로 표현할 수 없다는 것, 요컨대 '네모난 이성으로는 둥근 세계를 둥글게 볼 수 없다는 것'(Nietzsche, 2005: 379)을 우리가 받아들이게 되면 우리는 삶과 세계에 대하여 참으로 아는 것이 거의 없다는 사실을 받아들이게 되고, 그 결과 삶과 세계는 다시 신비롭고 무한한 것으로 우리에게 돌아온다. 이러한 니체의 입장은 소크라테스의 '무지(無知)의 지(知)'에 대한 새로운 버전이라고 하겠다.

③ 여러 종교의 종교적 수행 속에 스콜레의 계기들이 관찰된다. 천주교, 개신교의 기도, 헌신, 회개, 회심, 피정(避靜) 등을 통하여, 불교의 예참, 기도, 독경, 선정수행 등을 통하여 일상적인 시끄러운 의식들이 비워지면서 스콜레 상태가 얻어질 수 있다.

④ 무목적적(無目的的)인 놀이, 스포츠 활동, 예술활동, 친교적 대화, 여행, 축제 등 각종 여가활동을 통하여 이기적 자아의식이 완화되면서 스콜레의 상태가 얻어질 수 있다.

⑤ 간혹 의도치 않은 사건을 통해 스콜레가 얻어지기도 한다. 예컨대, 들판을 거닐다가 길가에 피어 있는 이름 모를 들꽃의 조촐한 아름다움에 감동하여 일상적 욕망이나 근심, 걱정을 잠시 잊어버릴 때 마음에 스콜레가 찾아온다. 또는 사랑하고 의지하던 부모나 배우자 또는 친구가 갑자기 사망했을 때, 사람들은 '하늘이 무너지는 것 같다.'고 말한다. 이러한 극단적인 체험을 통해서도 스콜레가 찾아올 수 있다. 이런 일을 당했을 때, 옛사람들은 인생무상(人生無常)을 느끼고 출가수행의 길을 걷기도 하였다. 너무나 극단적인 비극 앞에서는 인간적인 욕구, 욕망이 거의 사라질 수 있다. 그러한 마음의 상태에서는 세상이 완전히 다르게 보일 수 있는 것이다.

⑥ 스콜레는 신체적·생리적 상태를 통해서도 얻어질 수 있다. 어떤 사람이 중병에 걸려서 삶에의 의지를 상실했을 때 또는 죽음을 앞두고 있을 때 그의 마음은 욕구, 욕망에서 벗어난다.[12] 이럴 때 사람들은 죽기 전에 마음이 변한다고 말한다. 그리고 환각제 복용을 통해서도 일상적인 의식의 상태를 벗어나는 체험을 할 수 있다고 한다(온기찬, 1995: 81).[13] 또한 우주비행사들이 무중력 상태에 있거나 우주비행을 할 때에도 일상적 의식의 상태를 벗어나는 체험을 한다는 것이 보고되어 있다.[14]

---

12) 니체는『즐거운 학문(Fröhliche Wissenschaft)』에서 질병의 극심한 고통이 자신의 사고를 냉철하고 심오하게 만들었다고 술회하고 있다(Nietzsche, 2005: 28f.).

13) 환각제의 복용은 물론 심신의 건강을 손상시킨다. 1960년대 이후 많은 미국의 젊은이가 환각제를 복용하면서 직관적 사고를 체험했는데, 환각제를 복용하지 않고도 명상수련을 통해서 직관적 경험을 할 수 있다는 것을 알게 되면서 미국을 중심으로 명상 붐이 일기 시작했다(온기찬: 1995: 81).

14) 사람들은 이러한 우주비행사의 체험을 지구상에서 유사하게 재현하기 위해 격리탱크 실험을 실시하였으며, 이러한 실험을 통해서 실제로 무중력 상태에서 일어나는 변성의식(變性意識) 체험과 유사한 체험을 하는 것으로 보고되고 있

이상의 경우들 가운데에서 스콜레를 확보하기 위해 교육의 장에서 보편적으로 활용할 수 있는 방법은 주로 첫 번째와 두 번째, 세 번째 방법일 것이다. 그런데 첫 번째 방법을 사용하기 위해서는 당사자가 자신의 일상적인 마음의 상태가 진리에 접근하기 어려운 상태라는 것과, 진리에 접근하기 위해서는 스콜레의 상태가 필요하다는 것을 이해해야 하며, 그 위에 또한 잠시라도 욕구, 욕망을 뒤로하고 진리에 접근하고 싶다는 마음을 갖는 것이 필요하다. 따라서 사람들이 이러한 마음가짐을 가질 수 있도록 하는 예비적이고 입문적인 교육의 과정이 필요하다고 하겠다.

두 번째 방법은 교과학습 위주의 오늘날 학교교육에 대해 적용 가능성이 특히 높은 방법이라고 할 수 있다. 니체의 조언을 따르면 우리는 논리적·수학적 지식의 한계를 알게 되어 기존 지식을 절대시하거나 맹종하지 않게 된다. 대부분의 실증적 지식은 삶을 위한 유용성에 봉사하는 도구적 지식이라는 듀이의 견해가 니체에 있어서도 타당하다. 그러나 니체에 있어서 앎의 가능성은 훨씬 넓게 열려 있다. 감각적 지식과 논증적 지식 외에도 직관적 지식이 부가된다. 나아가 예술적 상상력과—계보학(Genealogie)[15]과 관점주의(Perspektivismus)[16]를 동반한—역사적 통

다(강형철, 2017: 23ff.).

15) 계보학은 어떤 지식이나 도덕이 생성·변화해 온 과정을 거꾸로 소급해 올라가서 그 본래적 의미나 동기, 원인 등을 밝히고, 이러한 최초의 원인의 입장에서 지식이나 도덕이 형성되는 과정을 이해하고자 하는 입장을 말한다.

16) 관점주의란 보편타당하고 절대불변의 인식이 있다는 입장을 유보하고 보는 관점과 입장에 따라서, 인식자의 개인적·주관적 상태(인지구조, 관심, 욕구 등)에 따라서 인식이 달라진다는 입장을 말한다. 그러나 니체의 관점주의는 단순한 상대주의가 아니다. 왜냐하면 다양한 관점에서 사태를 바라볼 때, 해당 사태에 대한 보다 포괄적이고 덜 치우친 인식을 얻을 수 있다는 것이 관점주의가 겨냥하는 바이기 때문이다. 그리고 이러한 관점주의를 통하여 '역사적 감각'이 길러진다.

찰력이 함께 들어선다. 니체에 있어서 인식의 과정은 이러한 여러 인식의 기관이 함께 참여하면서 보다 참된 앎을 향해 순환적으로 움직이는 해석학적인 과정이 된다. 이렇게 하여 우리의 마음은 기존의 지식에 의해 점령되어 지배를 당하지 않게 되고 우리가 진실임을 통찰하는 만큼만 자주적으로 수용하여 사용할 수 있게 된다. 도덕에 대해서도 그 근거를 통찰할 수 있게 되므로 기존의 도덕에 맹목적으로 복종하거나 타인에게 강요하지 않으며, 상황적·인간적 측면을 고려하면서 자율적인 도덕적 판단에 따라 행동하게 된다. 요컨대, 기존의 지식과 도덕에 맹종하지 않고, 그 근거를 통찰하면서 자주적으로 지식과 도덕을 삶에 적용할 수 있게 되니 이를 통해 마음이 유연하고 관용적이며 자유로워진다.

세 번째의 종교적 방법은 보편화시키기는 어렵지만 스콜레의 증진을 위해 매우 중요하다. 종교가 사람들의 심성에 미치는 영향은 오늘날에도 막대하기 때문이다. 따라서 종교계도 종교의 근본 목적 중에 하나가 사람들의 진정한 지혜와 행복의 증진이라는 점을 명확히 인식하고, 종교활동을 통한 스콜레-테오리아-소피아의 증진을 위해 노력할 필요가 있다고 본다.

네 번째 방법은 그 자체로 스콜레와 테오리아를 산출하는 방법이기도 하고, 다른 한편으로 보면 첫 번째, 두 번째, 세 번째 방법에 대한 입문적·보조적 역할을 할 수 있는 방법이기도 하다. 그런데 이러한 방법을 통하여 효과적으로 스콜레의 상태를 이끌어 내기 위해서는 교육자의 역할이 중요하다. 교육자 자신이 스콜레와 지혜, 행복을 추구하는 자이어야 하며, 다양한 체험활동 속에서 아이들과 함께 호흡하면서도 면밀하게 준비된 교육과정을 통하여 자연스럽게 아이들을 스콜레로 이끌 수 있어야 할 것이다.

다섯 번째, 여섯 번째 방법도 보조적 방법으로 활용되면 사람들에게 스콜레와 테오리아를 위한 강력한 동기를 부여할 수 있을 것이다. 물론 환각제 복용 같은 개인적·사회적 문제를 일으키는 방법은 지양되어야 하겠지만 말이다.

6) 활동적 삶과 관조적 삶의 균형 추구

끝으로, 활동적 삶과 관조적 삶의 균형을 어떻게 추구할 것인가에 대해서 논의해 보기 위하여, 철학적 인간학의 창시자 중 한 사람인 셸러(Max Scheler)의 지식관을 간단히 소개해 보겠다. 셸러는 지식을 세 가지 형태, 즉 '성과지식 또는 지배지식(Leistungs-bzw. Herrschaftswissen)' '본질지식 또는 교양지식(Wesens-bzw. Bildungswissen)' '형이상학적 지식 또는 구원지식(metaphysisches Wissen bzw. Erlösungswissen)'으로 분류한 바 있다. 첫 번째 종류의 지식, 즉 '성과지식 또는 지배지식'은 '활동적 삶'을 위한 지식이며, 두 번째와 세 번째 지식의 형태는 '관조적 삶'에 부합되는 지식이라고 보아 무리가 없다. 그런데 셸러에 따르면 이 세 가지 형태의 지식이 균형을 이루며 발전할 때, 인간사회는 온전하게 진보해 나갈 수 있다(Scheler, 1976: 77ff.). 마찬가지로, 개인적으로도 이 세 가지 형태의 지식의 균형을 이룰 수 있어야 온전한 인격체로 살아갈 수 있다. 이를 위해 셸러는 "명확히 의식된 방법적인 의도에서 이루어지는 기술적 선택원칙의 작동과 차단"에 대한 실천적 연습의 필요성을 주장한다(위의 책, 117). 이러한 주장에 따르면 우리가 물질세계에 변경을 가해야 하는 노동의 세계에 처해 있으면 지배 관심적 태도를 작동시켜야 한다. 그러나 우리가 사물의 본질을 통찰하고 자신의 인격을 성장시키며, 존재의 궁극적 구원의 길로 나아가려면 지배 관심적 태도를 차단시키고 현상학적 · 형이상학적 태도를 작동시킬 수 있어야 한다. 우리가 이렇게 두 가지 정신적 태도를 교차적으로 작동, 차단시킬 수 있어야만 세가지 형태의 지식의 조화로운 균형을 유지할 수 있다는 것이다(김영래, 2002: 8f.). '지배 관심적 태도'란 우리의 인간적 필요와 욕망의 충족을 위하여 자신과 타인, 생명들과 사물들을 지배(통제, 제어, 제작, 변경, 제거……)하고자 하는 입장을 말한다. 반면에 현상학적·형이상학적 태도란 나의 이기적 관심을 내려놓고 타인들, 생명들과 사물들이 그 자체로 온전히 나에게 드러나도록 허용하는 것(현상학적 태도), 그리고 이 모든 존재자들이 어떤 근원적 원리에서 생성되는지를 물어가는 것(형이상학적 태도)을 말한다. 따라서 셸러가 말하는 현상학적·형이상학적 태도란 전통철학에서 말하는 '관조적 태도'와 크게 다르지 않다.

　　그러므로 위에서 본 셸러의 제안은 교육실제에서 '관조적 태도'와 '활동적 태도'의 교차 작동으로 응용될 수 있다고 본다. 예를 들면, 교육자가 아이들에게 스콜레와 관조를 어느 정도 연습시킨 후에, 아이들을 편한 자세로 앉아있게 하고 다음과 같이 차분하게 이야기를 해준다.

　　"자, 지금부터 우리 마음 속에 두 개의 버튼이 있다고 생각해 보자. 하나는 '쉼' 버튼이고 다른 하나는 '움죽'[17] 버튼이야. 한쪽 버튼을 켜면 다른 쪽 버튼은 자동적으로 꺼진단다. '쉼' 버튼일 때는 모든 생각과 감정을 쉬는 거야. 잠시 눈을 감아 보자. 좋은 생각, 나쁜 생각도 쉬고, 하고 싶은 것, 갖고 싶은 것에 대한 생각도 잠시 내려놓는 거야. 숨을 편안히 쉬면서 마음속에 언짢은 기분, 창피한 기분, 불안한 기분 등 모든 감정도 내려놓아 보자. 마음이 홀가분하고 편안해질 거야. 그 마음을 느껴 보아라. 바로 마음이 안정이 안 되면 파란 하늘을 담고 있는 잔잔한 호수를 떠올려 보아라. 네 마음이 이 잔잔한 호수와 같다고 생각해 봐. 이제 마음이 좀 편안해지지? 조용히 눈을 뜨고 주위를 둘러봐. 친구들과 교실 곳곳을 차분히 둘러보아라. 모든 것이 더 잘 보이지? 마음이 쉼의 상태일 때 모든 것이 더 잘 보인단다. 그래서 평소에 마음속이 시끄러울 때엔 보이지 않던 것이 보이기도 하고 알지 못했던 것을 알게 되기도 한다."

　　"자, 이제 움죽 버튼을 켜 보자. 그러면 쉼 버튼은 자동적으로 꺼지지.

---

17) '움죽'은 활동, 움직임을 의미하는 순 우리말이다.

우리에게 닥친 문제를 해결하기 위해, 우리가 원하는 바를 이루고, 필요
한 것을 얻기 위해 생각과 감각, 신체를 효과적으로 움직이게 하는 거
야. 그리고 우리가 쉼의 모드였을 때 보거나 알았던 것을 활동을 위해
잘 사용할 수도 있단다."

"자, 이제 다시 쉼 버튼을 켜볼까? 움죽 버튼은 자동적으로 꺼졌지? 쉼
은 우리 마음속에 시끄럽게 떠드는 녀석들을 침묵시키는 거야. 욕구, 욕
망도 침묵시키고, 잘하고 못하고, 좋고 나쁘고, 맞고 틀리고를 따지는 생
각들도 침묵시키는 거야. 나라는 생각, 내가 잘났고 못났고 하는 생각들
도 침묵시켜 봐. 너 조용히 해, 너도 조용히 하고! 조용히 하라니깐! 이
렇게 해 봐."

"다시 움죽 버튼을 켜 보자. 침묵하고 있던 아이들이 다시 떠들기 시작
하지? 그럼 한번 물어봐. 너는 무엇을 원하니? 어떻게 하면 되겠니? 어
디 한번 해 봐 하고 말야."[18]

이러한 방식으로 연습을 시키고, 혼자서 스스로 연습을 해 보도록 한
다. 그리고 학교 밖에서도 이러한 연습을 해 보도록 권장한다. 예컨대,
공부를 할 때 시간을 정해 놓고 쉼 버튼을 작동시켜서 마음속에 다른 요
소들을 침묵시키고 공부하기 위한 사고력만 켜 놓고 공부를 해 보는 것
도 좋은 실험이다(미술작품을 그릴 때에는 미적 사고와 상상력을 켜 놓으면
될 것이다). 공부를 하면서 다른 생각, 감정들이 일어나더라도 "너희들
조용히 하라고 했잖아! ○시까지만 조용히 가만히 있어!"라고 하면 다시
집중할 수 있다. 이러한 실험을 통해 아동·청소년이 쉼 버튼과 움죽 버
튼의 교차적 작동에 능숙해지면 성인이 되어서도 수월하게 관조적 삶과
활동적 삶의 균형을 이룰 수 있게 될 것이다.

---

18) 영화 〈인사이드 아웃(inside out)〉은 아이들이 마음속에 여러 요소가 독립적으
    로 또는 협력적으로 움직이고 있음을 이해하는 데에 도움이 된다.

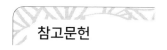

참고문헌

1. 통합적 인성개념의 획득을 위한 인간학적 탐구

길희성(2012). 마이스터 엑카르트의 영성사상. 경북: 분도출판사.

김영래(2002). 지식과 도야: 막스 셸러의 지식사회학의 도야론적 함의. 한독교육학연구, 제7권, 제1호, 1-16.

김영래(2003). 칸트의 교육이론. 서울: 학지사.

신승환(2007). 현대문화에서의 영성론 연구. 현대유럽철학연구, 제15집, 567-596.

온기찬(1995). 직관에 관한 최근 연구동향과 교육적 의미. 교육학연구, 제33권, 제5호, 75-102.

편상범(2012). 아리스토텔레스 윤리학에서 이론적 탐구(theōria)와 도덕적 실천(praxis)의 관계. 철학사상 Vol. 43, 69-98.

Aristoteles (2013). 니코마코스 윤리학(강상진, 김재홍, 이창우 옮김). 서울: 도서출판 길(=NE).

Bollnow, O. F. (1990). 교육의 인간학[Pädagogik in anthropologischer Sicht] (오인탁·정혜영 옮김). 서울: 문음사. (원저는 1971년에 출판).

Gigerrenzer, G. (2009). 생각이 직관에 묻다[Bauchentscheidungen. Die Intelligenz des Unbewussten und die Macht der Intuition] (안의정 옮김). 서울: 추수밭. (원저는 2008년에 출판).

Kant, I. (1983). Welches sind die wirklichen Forschritte, die die Metaphysik seit Leibnizens und Wolffs Zeiten in Deutschland gemacht hat? in: Kant, Immanuel: Werke in sechs BÄnden. Bd. 3 (pp. 583-676) hg. von Wilhelm Weischedel. Darmstadt.

Klein, G. (2012). 인튜이션[Sources of Power: How People Make Decisions] (이

유진 옮김). 서울: 한국경제신문 한경BP. (원저는 2008년에 출판).

Mondin, B. (1996). 인간: 철학적 인간학 입문[*Philosophical Anthropology. Man: An Impossible Project*] (허재윤 옮김). 서울: 서광사. (원저는 1985년에 출판).

Müller-Kainz, E., & Sönning, C. (2016). 직관력은 어떻게 발휘되는가[*Die Kraft der intuitiven Intelligenz*] (강희진 옮김). 서울: 타커스. (원저는 2003년에 출판).

Nietzsche, F. W. (2016). 비극의 탄생/즐거운 지식(곽복록 옮김). 서울: 동서문화사.

Pieper, J. (2011). 여가와 경신[*Muße und Kult*] (김진태 옮김). 가톨릭대학교출판부. (원저는 2007년에 출판).

Ross, D. (2016). 아리스토텔레스[*Aristotle*] (김진성 옮김). 서울: 세창출판사. (원저는 2004년에 출판).

Scheler, Max(1976). Die Stelling des Meuschen im Kosmos. in: *Gesqmmelte Werkeq: Späte Schriften*. Bern/München: Franke Verlag, 11-71.

Traufetter, G. (2009). 섬광처럼 내리꽂히는 통찰력[*Intuition: Die Weisheit der Gefühle*] (노선정 옮김). 경기: ㈜살림출판사. (원저는 2007년에 출판).

2. 통합적 일반교육학의 시론

강형철(2017). VR(가상현실) 및 AR(증강현실)의 명상교육 활용가능성에 대한 고찰. 2017년도 한국종교교육학회 춘계 학술대회 자료집, pp. 21-35.

권석만(2009). 긍정심리학: 행복의 과학적 탐구. 서울: 학지사.

김영래(2002). 지식과 도야: 막스 셸러의 지식사회학의 도야론적 함의. 한독교육학연구, Vol. 7, No. 1, 1-16.

김영래(2003). 칸트의 교육이론. 서울: 학지사.

김영래(2006). 체계적 교육학의 필요성과 가능성. 교육철학, 제36집, 45-63.

박성호(2017). 아이스토텔레스의 에우다이모니아 개념에 관한 연구. 철학연구 제141집, pp. 63-84.

온기찬(1995). 직관에 관한 최근 연구동향과 교육적 의미. 교육학연구, 제33권, 제5호, pp. 75-102.

Aristoteles (2012). 에우데모스 윤리학 (송유레 옮김). 서울: (주)도서출판 한길사 (약어: EE).

Aristoteles (2013). 니코마코스 윤리학 (강상진, 김재홍, 이창우 옮김). 서울: 도서 출판 길(약어: NE).

Ballauff, T. (1970). *Systematische Paedagogik*. 3., umge. Aufl. Heidelberg.

Ballauff, T. (1979). Pädagogik als selbstlosen Verantwortung der Wahrheit. in: Schaller, K. (Hg.). *Erziehungswissenschaft der Gegenwart*. Bochum, 8−27.

Ballauff, T. (1984). Ist systematische Paedagogik heute noch moeglich und notwendig? in: *Vierteljahresschrift fuer wissenschaftliche Paedagogik* (60), 425−441.

Benner, D. (1991). *Allgemeine PÄdagogik: Eine systematisch-problemgeschichtliche Einführung in die Grundstruktur pädagogischen Denkens und Handelns*. 2. Aufl. Weinheim/München: Juventa Verlag.

Dickopp, K-H. (1983). *Lehrbuch der systematischen Paedagogik*. Düsseldorf.

Flitner, W. (1997). *Allgemeine Pädagogik*. 15. Aufl. Stuttgart: Klett-Cotta Verlag.

Herbart, J. F. (2006). 헤르바르트의 일반교육학[*Allgemeine Pädagogik aus dem Zweck der Erziehung abgeleitet*] (김영래 옮김). 서울: 학지사. (원저는 1806년에 출판).

Kant, I. (1990). *Kritik der reinen Vernunft*. hg. von R. Schmidt. Hamburg.

Nietzsche, F. (2005). 즐거운 학문 · 메시나의 전원시 · 유고(1881년 봄~1882년 여름) (안성찬, 홍사현 옮김). 서울: 책세상.

Platon (2003). 플라톤의 네 대화 편 에우티프론, 소크라테스의 변론, 크리톤, 파이돈 (박종현 편역). 서울: 서광사.

Scheler, M. (1976). Späte Schriften. Gesammelte Werke IX. hrsg. von Manfred S. Frings. Bern/München.

Steel, Sean(2018). *Teacher Education and the Pursuit of Wisdom*. New York: Peter Lang Publishing.

제6장

인성교육의 방법론

우리나라의 교육현장에서 이루어지고 있는 인성교육의 다양한 사례들을 통하여, 인성교육은 매우 다양한 방법으로 이루어질 수 있음을 확인할 수 있다. 이 책은 인성교육 실천가들에게 필요한 이론적 숙고의 기회를 제공하는 데에 초점을 두고 있으므로 방법론에 있어서는 '인문학적 스토리텔링'과 '사회정서학습'의 두 가지만 범례적으로 기술하고자 한다.

인문학적 스토리텔링을 먼저 소개하는 이유는 인성교육은 기본적으로 인문학교육이며, 인문학교육의 가장 보편적인 방법이 스토리텔링이라고 보기 때문이다. 사회정서학습을 그다음으로 소개하는 이유는 미국 등 영어권에서 개발·보급되면서 현대사회에서 매우 필요한 감정 인지 및 조절 능력, 의사소통 및 공감 능력, 갈등조절 및 의사결정 능력 등의 함양에 뚜렷한 효과가 있음이 입증되고 있기 때문이다. 따라서 필자는 서구에서 개발된 사회정서학습이 한국 사회의 청소년에게 적합한 형태로 개정된다면 인성교육의 효과성 증진에 크게 도움이 될 것으로 본다.

1 인문학적 스토리텔링을 통한 인성교육

동서양을 막론하고 전통적 인성교육의 주요 토대는 인문학이었다. 서양의 경우 특히 철학과 문학, 역사학, 신학, 심리학 등이, 동양의 경우 유교, 불교, 도교 등이 인간다운 인간양성이라는 측면에서 가르침의 활동, 즉 교육의 주요 토대를 이루어 왔다. 그러나 서구에서 19세기 후반 이후 크게 발달한 자연과학과 사회과학이 교육학을 지배하게 되었고, 그 결과 교육학도 사회과학으로 범주화되었으며, 교육 연구에 있어서도 현상적 측면에 대한 실증적 연구가 대세를 이루게 되었다. 이러한 추세가 한국 사회의 현대화, 서구화의 과정에서 한국 교육을 지배하게 되면서 전통적인 유·불·도의 정신적 자산들이 교육의 토대로서의 지위를 상실했음은 주지의 사실이다.

실증주의가 지배하는 현대교육은 은연중에 인간 삶과 세계의 비계량적(非計量的)·비가시적(非可視的)인 차원, 즉 인간의 내면성 및 인간과 세계 사이의 폭넓은 의미연관성을 등한시하게 되었으며, 이것은 요컨대 인간교육, 인성교육의 등한시로 나타났다고 해도 과언이 아니다. 이로 인하여 아이들의 인성이 황폐화되어 가고, 아동·청소년의 안전하고 즐거운 생활 공간이 되어야 할 학교는 폭력으로 얼룩지게 된 오늘날의 상황은 거의 필연적인 결과가 아닐 수 없다.

이러한 한국 교육문제의 근본 원인은 요컨대 현대사회의 전반적인 실증주의적 추세가 수반하는 인간의 정신적 본성에 대한 등한시에 있다고 필자는 생각한다. 따라서 이와 같은 한국 교육의 문제를 근본적으로 해결하는 길은 교육의 인문학적 토대의 확립에 있다고 판단한다. 왜냐하면 인문학은 장구한 역사를 통하여 인간의 정신적 본성에 대한 심원한 이해를 축적해 왔으므로, 인문학만이 정신적 삶을 담보할 수 있는 교육의 토대를 제공할 수 있다고 보기 때문이다.

교육의 인문학적 토대를 복원한다는 것은 교육에 있어서 인문학이 본래적 역할, 즉 아동·청소년의 정신적 발달에 주도적으로 기여해야 한다는 뜻이다. 이것이 인문학적 인성교육이 필요한 이유이며, 이를 통하여 실용교육에만 치중하고 있는 기존의 교육의 병폐를 개선하여 인성교육과 실용교육의 균형을 다시 회복할 수 있을 것이다. 인문학을 통하여 인성이 올바로 형성될 수 있기 위해서는 인문학을 좋아하고 향유(享有)할 수 있게 되며, 이를 통해서 삶과 세계에 대한 인문학적 성찰이 일어날 수 있게 되어야 한다. 그러나 대표적 인문학 교과인 언어(국어, 외국어) 교과와 역사 교과마저도 입시위주의 교육체제 속에서 점수를 따기 위한 도구 과목이 되어 버린 현재의 상태에서 인문학을 통한 인성교육이란 연목구어(緣木求魚)인 것처럼 보인다.

  이러한 현실적인 난관을 타개하기 위한 유력한 방법으로서 필자는 최근 우리 사회에 관심을 일으키고 있는 '스토리텔링(storytelling)'에 주목하게 되었다. 스토리텔링이 기본적으로 '이야기하기'를 의미한다는 점에서 보면, 태고 이래로 인류가 살아온 과정 속에 언제나 존재하던 담화 및 소통의 방식이라고 할 수 있다. 그런데 '이야기하기'가 지난 1990년대 중반 이후 우리 사회에서 새롭게 부각되고 있는 이유는 무엇보다도 20세기 후반 이후 비약적으로 발전해 온 컴퓨터, 인터넷, 모바일을 포함한 디지털기술이 이전과는 완전히 새로운 양상의 '다감각적(多感覺的) · 상호소통적(interactive) 이야기하기'를 가능하게 하고 있으며, 이렇게 디지털화한 이야기하기가 매우 효과적으로 사람들의 흥미와 공감, 감동을 일으킬 수 있다는 것이 확인되고 있기 때문이다. 현대인들은 다양한 디지털 매체를 통해 매일같이 쏟아지는 정보의 홍수 속에 살고 있기 때문에, 감성을 매혹하는 흥미나 감동이 없으면 어떤 콘텐츠건 도무지 관심을 갖지 않는다. 이러한 상황에서 콘텐츠에 흥미와 감동을 불어넣는 장치로서 디지털 스토리텔링(digital storytelling)이 새롭게 등장하여 문화산업 및 문화담론 전반에 걸쳐서 메가트렌드를 이루고 있다. 이제 스토리텔링은 소설, 영화, 드라마, 애니메이션, 게임뿐만 아니라, 교육, 경영, 마케팅, 관광, 축제, 테마파크 등 사실상 문화 및 산업 분야 전반에 걸쳐 그 근간을 이루는 담화장치 내지 소통장치가 되었다(류은영, 2012: 207). 이러한 상황에 비추어 볼 때, 현장교육에서 재래식 아날로그 텍스트를 위주로 하는 인문학교육이 왜 난관에 부딪혀 있는지를 이해할 수 있게 된다. 현대사회의 아동 · 청소년들은 디지털문명의 세례를 받고 자란 세대라는 점에서 앞선 세대와는 근본적으로 다른 "디지털 원주민(digital native)"들이므로(Tapscott, 2009: 82), 이들에게 인문학교육을 하기 위해서 디지털 텍스트의 형태로 접근해 가야 한다는 것은 거의 필연적이라고 하겠으며, 이러한 관점에서 디지털 스토리텔링은 우리에게 희망적인 메시지를 전해 준다.

디지털 스토리텔링은 '다감각적 · 상호소통적으로 이야기하기'이므로 기본적으로 인문학적 요소를 지니고 있으며, 기존의 연구 성과들을 보더라도 문학작품 등의 인문학적 텍스트들을 스토리텔링 콘텐츠로 만들어 다양한 목적으로 활용할 수 있음을 보여 주고 있다. 특히 디지털 스토리텔링은 제시하는 주제에 대한 이해와 공감을 신속하고 효과적으로 이끌어 낼 수 있기 때문에, 교육에도 널리 활용될 수 있다는 것을 연구물들은 확인시켜 주고 있다. 이야기하기는 심리적 치유효과를 가지고 있으며(김은수, 2013; 이민용, 2009, 2013), 감성과 공감능력을 계발시키며(손정희, 김여진, 2013; 엄명자, 강현석, 2013), 언어표현 능력을 효과적으로 발달시키고(손정희, 김여진, 2013), 의미를 생성시킴으로써 주체적 사고력과 도덕의식, 자아정체성 발달에 기여한다(김재춘, 배지현, 2009; 손정희, 김여진, 2013; 박세원, 2006). 또한 학업동기를 증진시킨다는 보고도 있다(구정모 외, 2009). 이상의 연구 결과들에 대한 고찰을 통하여, 스토리텔링이 인성교육을 위한 효과적인 통로가 될 수 있다고 필자는 판단한다.

아래에 소개하는 자료는 필자가 2015년도에 제작한 스토리텔링 기반 인문학적 인성교육 자료이다. 실제로 경기도 소재 한빛고등학교에서 3차시 수업으로 시행하여 학생들로부터 좋은 반응을 얻은 바 있다.

스토리텔링 기반 인문학적 인성교육 자료

주제: 죽은 시인의 사회(Dead Poets Society)

죽은 시인의 사회(Dead Poets Society)		
인성덕목		• 기본 덕목: 정직/진실성, 주체성, 통합성 • 하위 덕목: 내적 자기일치, 자아정체성, 책임, 용기
1차시: 이해		
도입	5분	• 작가와 작품 소개 • 활동지 배부

　한 주 동안 잘들 지냈나요? 이번 주와 다음 주는 〈죽은 시인의 사회〉라는 작품을 가지고 함께 이야기를 나누어 보려고 합니다. 이 작품은 소설보다 영화가 먼저 나왔어요. 이 작품의 배경인 월튼 아카데미는 졸업생 중 70% 이상이 아이비리그에 진학하는 미국의 최고 명문 사립고등학교인데, 이 영화를 만든 영화감독인 톰 슐만이 바로 이 학교 출신이랍니다. 그래서 자신의 체험을 바탕으로 월튼 아카데미를 생생하게 묘사할 수 있었지요. 이 영화는 영국 아카데미 최우수 작품상과 음악상을 받으면서 세계적으로 유명해졌어요. 소설『죽은 시인의 사회』는 소설가 낸시 클라인 바움이 영화를 각색하여 소설로 쓴 것인데, 영화 못지 않은 성공을 거두었답니다. 20개국 이상의 언어로 번역되었고, 2천만 부 이상이 팔렸대요. 그리고 지미 카터 전 미국 대통령은 이 책을 '21세기 리더를 꿈꾸는 청소년들이 반드시 읽어야 할 책'이라고 극찬했다고 하네요. 자, 그럼 작품 속으로 들어가 봅시다!

명칭과 정의	5분	• 작품의 명칭 소개 및 정의

　소설이나 영화의 작품이름은 보통 그 작품의 핵심적 메시지를 담고 있지요. 죽은 시인의 사회란 무엇을 의미할까요? 한 번 말해 볼 사람은 손을 들어봐요.
• 죽은 시인의 사회: 작품 속에 등장하는 학생들의 비밀단체 이름. 학교 근처 동굴에 모여서 시를 읽으며 낭만적인 정서를 공유함. 죽은 시인의 사회의 정회원은 죽어야만 가입이 된다는 것은 사회 속에서 생존하기 위해서는

낭만과 자유를 누리는 시인으로 살기 어렵다는 의미로 볼 수 있음. 또는 현재의 사회는 사람들이 마땅히 누려야 할 낭만과 자유를 빼앗고 있다는 해석도 가능함.

영상 감상하기	10분	• 영상 편집본 감상

　　우리 사회는 어떻게 그리고 왜 사람들의 낭만과 자유를 빼앗고 있을까요? 낭만과 자유는 왜 소중한지, 그리고 이를 지키면서 살아가기 위해서는 어떻게 해야 하는지를 잘 생각하면서 영화 편집본을 함께 감상해 봅시다.
• 영상으로 보기(영화 〈죽은 시인의 사회〉 편집본)

공감하기	20분	• 팀토론(10분) • 팀별 토론 결과 발표(10분)

• 팀별로 팀장의 사회로 영화내용을 가지고 토론하도록 한다. 팀장은 서기를 지명하여 토론내용을 기록하도록 한다.
• 영화를 보면서 각자 느낀 점을 말하도록 한다. 어떤 장면에서 무엇을 느꼈는지를 말하게 한다. 왜 그렇게 느꼈는지 물어볼 수도 있다. 다른 팀원들도 비슷하게 느꼈는지 물어본다.
• 팀토론을 마친 후 팀별로 팀장이 지명한 사람이 토론 내용을 발표하도록 한다.

보충설명 및 과제	10분	• 작품에 대한 교수자의 보충설명 • 작품 읽기 과제부과 • 활동지 토론주제 작성 과제부과(활동지 1)

• 해당 작품의 기본적인 메시지를 보충적으로 설명해 주면서, 동시에 관점에 따라 생각은 다양할 수 있음을 설명한다. 특히 각자가 자신의 삶의 주인공으로 살고 있는지, 주인공으로 살기 위해서는 어떻게 해야 하는지를 생각해 보게 하는 영화임을 말해 준다.
• 해당 작품을 한 주 동안 읽어 보도록 권장한다. 읽으면서 마음에 남는 구절들을 표시해 두도록 한다.
• 활동지를 배부하고, 각자가 다음 시간에 토론해 보고 싶은 주제들을 적어 오도록 한다.
• 다음 시간에 활동지를 가지고 토론을 할 것임을 알려 준다.

[활동지 1]

죽은 시인의 사회
□ 작품을 읽고 느낀 점을 적어 보세요.
□ 작품 내용에 대해 토론해 보고 싶은 주제를 적어 보세요.

2차시: 의미 생성을 위한 토론		
도입	5분	• 활동지 작성 과제 확인

여러분, 한 주 동안 잘 지냈어요?

〈죽은 시인의 사회〉를 다들 잘 읽어보았나요?

그리고 활동지에 이번 시간에 함께 토론할 각자가 생각하는 주제를 잘 정리해 왔죠?

이번 시간에는 먼저 소설의 주요 부분을 함께 읽으면서 메시지를 다시 새겨 보고 나서 각자가 준비해 온 토론주제를 가지고 팀토론을 하기로 하겠습니다.

텍스트 함께 읽기	10분	• 작품 발췌문 함께 읽기

여러분 중에 작품을 읽으면서 마음에 남는 구절을 함께 공유하고 싶은 사람이 있나요? 좋아요. ○○학생, 한 번 읽어봐요. (2~3명의 학생이 낭독하도록 한다.) 자, 그러면 선생님이 뽑은 글들을 한번 읽어 볼게요. (영화대사는 사전에 출력해 둔 발췌문을 나누어 주고 함께 읽는다. 책의 내용은 해당 페이지를 함께 찾아서 함께 읽도록 한다.)

시가 아름다워서 읽고 쓰는 것이 아니다.

인류의 일원이기 때문에 시를 읽고 쓰는 것이다

인류는 열정으로 가득 차 있어.

의학, 법률, 경제, 기술 따위는 삶을 유지하는 데 필요해.

하지만 시와 미, 낭만, 사랑은 삶의 목적인 거야.

휘트만의 시를 인용하자면,

'오, 나여! 오 생명이여!

수없이 던지는 이 의문!'

'믿음 없는 자들로 이어지는 도시

바보들로 넘쳐흐르는 도시'

'아름다움을 어디서 찾을까?'

'오, 나여, 오 생명이여! 대답은 한 가지: 네가 거기에 있다는 것'

'생명과 존재가 있다는 것

화려한 연극은 계속되고'

'너 또한 한 편의 시가 된다는 것'
여러분의 시는 어떤 것이 될까?(영화 속 대사)

타인의 인정을 받는 것도 중요하지만 자신의 신념의 독특함을 믿어야 한다.
다른 사람이 이상하다고 보든 나쁘다고 생각하든.
로버트 프로스트는 말하길,
'숲 속의 두 갈래 길에서
난 왕래가 작은 길을 택했고'
'그게 날 다르게 만들었다'고 했다.
이제부터 여러분도 나름대로 걷도록 해라.
방향과 방법은 여러분이 마음대로 선택해라.
그것이 자랑스럽든, 바보 같든.
자, 걸어 보아라.
걷고 싶은 대로 걸어!(영화 속 대사)

나는 여러분에게 아이비리그 진학 이상의 것을 가르쳐 주고 싶다! 내가 바라는 것은
여러분이 스스로 생각하고, 주체적으로 판단하고, 그에 따라 자신 있게 행동하고 말
하는 것이 얼마나 아름답고 소중한 것인지를 깨닫게 되는 것이다. 자기 자신의 말과
행동, 스스로 내린 판단과 결정을 진정 사랑하는 사람이 되길 바란다(소설: 89 - 90).

의학, 법률, 금융, 이런 것들은 모두 삶을 유지하기 위해 필요한 것들이다. 그렇
다면 시, 낭만, 사랑, 아름다움이 세상에 있는 까닭은 무엇일까? 그건 바로 사람
들의 삶의 양식(糧食)이기 때문이다(소설: 91).

여러분은 여러분 내면의 고유한 목소리를 찾아야 한다. 만약 여러분이 망설인다
면 그 효과는 점점 더 작아질 수밖에 없다(소설: 134).

어느 누구든 상대가 존재하는 한, 내면의 목소리에 귀를 기울이거나 스스로 믿음을 지
켜 나가기가 쉽지 않다는 사실이다. …… 사람은 누구나 남들에게 좋게 받아들여지고
싶은 강한 욕구가 있다. 하지만 자신에게는 자신만의 독특한 개성이 있지. 그리고 그
것을 반드시 믿어야 한다. 심지어 남들이 알아주지 않는다고 해도 말이다(소설: 182).

의미생성 토론/공유	25분	• 각자 토론 주제 정리한 활동지 준비 • 교수자 토론 주제 제시 • 주제 토론 및 공유

함께 읽으니 느낌이 다르죠? 자 그럼 이제 토론 준비를 합시다. 활동지에 토론하고 싶은 주제들을 적어 왔지요? 지금 새롭게 생각나는 주제가 있으면 더 적어도 좋아요. 자, 이제 팀별로 팀장의 사회로 진행하세요. 시간이 많지 않으니 토론주제를 2~3개로 하는 것이 좋겠어요. 그럼 먼저 팀별로 어떤 주제를 가지고 토론할 것인지를 정하고, 주제가 정해지면 토론을 시작하세요. 토론시간은 20분입니다.

참고로 다음과 같은 주제를 생각해 볼 수 있습니다.
✔ 우리는 자신의 내면적 자아(내면의 고유한 목소리, 자신만의 생각과 감정, 욕망)를 얼마나 알고 있을까요?
✔ 자신의 내면적 자아를 지킨다는 것은 왜 중요한가요?
✔ 내면적 자아와 사회의 필요, 규범의 조화를 위해서는 무엇이 필요한가요?
✔ 닐이 파국을 면하기 위해서는 어떤 대안이 있을까요?
✔ 나는 얼마나 자기 삶의 주인공으로 살아가고 있나요?(스스로 생각하고, 주체적으로 판단하고, 그에 따라 자신 있게 행동하고 말하면서 살고 있나요?), 이것이 중요하다고 생각하나요? 중요하다면 어떤 점에서 그렇게 생각하나요?

토론이 끝이 없지요? 이쯤해서 정리하고 팀별로 토론한 것을 공유해 봅시다. 먼저 발표할 팀 손들어 봐요(팀발표 5분).

마이스토리 작성/마무리	10분	• 활동지 '마이스토리' 작성(활동지 2) • 다음 차시 수업 안내

('마이스토리' 활동지를 배부한 후) 자, 이제 활동지에 각자의 스토리를 한번 써 보세요. 나는 얼마만큼이나 내 삶의 주인공으로 살아왔나를 먼저 써 보시고, 주인공으로 살기 위해서 무엇을 실천할 것인지를 써 보세요.
  ……
다 썼나요? 그럼 다음 시간까지 한 가지 이상을 꼭 실천하고 실천한 것을 활동지에 적어 오세요. 다음 시간에는 각자가 한 주 동안 실천한 것을 가지고 토론을 해 보기로 해요.

[활동지 2]

마이 스토리
☐ 나는 지금까지 얼만큼이나 내 삶의 주인공으로 살아왔는지에 대하여 서술해 보세요.
−내 삶의 주인공으로 살아온 부분이 대략 몇 퍼센트나 될까요? (   )%
☐ 내 삶의 주인공으로 살기 위해서 무엇을 실천할 것인지에 대해 써 보세요.

3차시: 실천 나누기 및 종합토론		
도입	5분	• 활동지 수행 과제 확인
여러분, 한 주 동안 잘 지냈어요? '마이스토리'에서 정한 실천포인트를 실천해 보았나요? 이번 시간에는 한 주 동안 실천한 것을 공유하면서 주인공으로 사는 삶에 대해 좀 더 깊이 토론해 보기로 하겠습니다.		
마이스토리 토론/공유	35분	• 마이스토리 실천 결과에 대한 팀별 토론(25분) • 팀토론 결과 발표(10분)
• 한 주간 '마이스토리'의 실천포인트를 잘 수행했는지, 아니라면 무엇이 문제였는지 등을 팀별로 토론한다. • 3주간 수업을 통해 느낀 점도 간단히 공유하도록 한다. • 팀별로 팀토론 내용을 발표한다. • 주인공으로 사는 삶의 중요성에 대해 다시 생각해 보도록 한다.		
마무리 및 공지	10분	• 교수자 수업 총평 • 다음 차시 작품 공지 및 읽기 독려
• 교수자가 〈죽은 시인의 사회〉 수업 전반에 대해 총평한다. • 각자가 정한 실천포인트들을 계속 실천할 수 있도록 격려한다. • 다음 차시의 작품을 공지하고 미리 읽어 보도록 독려한다.		

[스토리텔링 가이드]

■ 줄거리 가이드(Kleinbaum, 2015: 4 ff.)

미국에는 8개의 유명한 사립대학이 있다 브라운(Brown), 컬럼비아(Columbia), 코넬(Cornell), 다트머스(Dartmouth), 하버드(Harvard), 펜실베이니아(Pennsylvania), 프린스턴(Princeton), 예일(Yale) 대학이 그곳이다. 이들 8개 대학을 미국에서는 아이비리그(Ivy League)라고 부른다. 원래 아이비리그란 이들 8개 대학이 펼치던 미식축구 경기를 말했다. 그러다 세월이 흐르면서 리그전을 벌이는 8개 대학을 뜻하는 말로 굳어졌다.

아이비리그는 미국의 대표적인 명문대학교들이고, 많은 학생이 아이비리그 진학을 꿈꾼다. 이러한 열망은 아이비리그 진학률을 기준으로 평가하는 이른바 명문 고등학교를 만들어 냈다.

〈죽은 시인의 사회〉 무대인 '웰튼 아카데미'는 미국 내에서 아이비리그 진학률이 가장 높은 사립고등학교 가운데 하나로 해마다 졸업생의 70% 이상이 아이비리그로 진학한다.

학생들은 모두 기숙사 생활을 하면서 철저하고 엄격하게 교육을 받는다. 물론 교육의 목표는 오로지 아이비리그 진학이다. 그것은 학교가 바라는 것이었고, 학부모들도 바라는 것이었다. 그리고 학생들 자신도 그렇게 되기를 원했다.

웰튼 아카데미에서는 오로지 공부와 성적, 아이비리그 진학이라는 일차원적인 선상에서 모든 것이 판단되고 결정될 뿐이었다. 학교는 그것을 오래된 전통으로 목숨처럼 지켰고, 학부모들은 그런 웰튼 아카데미를 믿고 자식들을 학교로 보냈다.

학생들은 학교와 학부모 사이에 맺어진 그러한 현실적인 관계를 극복하지 못한 채 꼭두각시처럼 오로지 아이비리그 진학만을 위해 공부했다. 그 결과, 그들은 점점 기형적인 모습으로 변해 갔지만 그것을 이상하게 생각하는 학생들은 아무도 없었다.

이러한 웰튼 아카데미에 존 키딩이란 젊은 국어(영어) 선생이 오면서 학교는 잔잔한 변화를 겪게 된다. 존 키딩 역시 웰튼 아카데미를 졸업하고 옥스퍼드 대학을 졸업했으며, 그곳에서도 가장 성적이 뛰어난 사람에게 주는 로즈 장학금을 받은 수재 중의 수재였다.

그런데 국어 교사로 다시 웰튼 아카데미에 나타난 그는 다른 교사들과 달랐다. 첫 수업부터 학생들에게 명문대 합격을 위한 맹목적인 공부보다는 스스로 생각하고, 스스로 인생을 설계하는 창조적인 삶을 위한 공부를 하라고 요구했다. 학생들로 하여금 주체적인 판단을 가로막는 그 모든 억압과 굴절된 삶의 방식에서 벗어나 거침없이 능동적으로 살아가는 독립적이고 개성이 강한 인간이 되라고 가르쳤다. 그런 그가 학생들에게 던진 한마디는 '카르페 디엠(Carpe Diem)', 즉 '오늘을 즐겨라(Seize the day!)'였다.

학생들은 당황하기 시작했다. 오로지 아이비리그에 진학해 부모님이 원하는 공부를 하고, 부모님이 원하는 직업을 갖는 것을 인생의 가장 중요한 목표라고 생각하던 그들에게는 너무나 충격적인 것이었다. 그렇지만 곧 학생들은 키딩 선생의 말을 이해할 수 있었고, 스스로 문제점들을 느껴 가면서 조금씩 변하기 시작했다.

키딩 선생의 가르침에 따라 가장 먼저 변화를 보인 것은 닐과 그의 친구들이었다. 닐은 웰튼 아카데미 최고 모범생으로 학업성적도 가장 뛰어났다. 닐의 친구들인 달튼, 낙스, 믹스, 캐머룬, 피츠 역시 공부도 잘하고 서클 활동에도 충실한 모범생들이었다. 여기에 전학생 토드까지 합세해 키딩 선생이 웰튼 아카데미 학생일 때 결성했던 '죽은 시인의 사회'라는 비밀 조직을 다시 만든다. 그리고 이들은 '부모님이 원하는 삶'에서 '자기 자신이 원하는 삶'으로 자신들을 차츰 바꾸어 간다.

작가는 이러한 변화의 과정을 특히 토드를 통해 세밀하게 보여 주고 있다. 늘 자신 없고 무기력하기만 하던 토드 앤더슨은 키딩 선생을 만난 뒤부터 활기차고 자신감 넘치는 모습으로 변해 간다. 다른 사람 앞에서 큰 소리로 대답하는 것조차 어려워하던 토드는 자작시까지 짓고, 그 시를 친구들 앞에서 낭독하기에 이른다. 이러한 토드의 변화는 소설 결말 부분에서 절정에 이르게 되는데, 키딩 선생을 징계하기 위한 거짓 서류에 그는 끝내 서명하지 않는다. 토드보다 더 적극적으로 '죽은 시인의 사회' 모임에 참여했던 낙스와 믹스 마저 학교 측의 강요를 이기지 못하고 끝내 서명을 한 것과 비교하면 토드가 얼마나 용감한 학생으로 바뀌었는지 잘 알 수 있다.

토드의 변화와 함께 닐이 새로운 자아를 찾아가는 모습 역시 감동적이다. 닐은 단 한 번도 아버지의 말을 거역한 적이 없는 학생이었다. 그런데 이 소설에서 닐은 처음이자 마지막으로 아버지의 명령을 거역한다. 그리고 자기가 하고 싶어 했던 연극을 열정적으로 마무리짓고 스스로 목숨을 끊고 만다.

토드와 닐이 힘겹게 참된 자아를 찾아가는 모습, 여기에다 사랑하는 여자 친구 크리스를 위한 낙스의 엉뚱한 행동과, 웰튼 아카데미를 상대로 일종의 공개적인 불만을 드러낸 달튼의 독특한 행동은 키딩 선생의 창조적이고 자율적인 가르침이 실천적으로 드러나는 좋은 예라고 하겠다.

닐의 자살과 존 키딩이 학교를 떠나는 것으로 이야기는 마무리되지만 그렇다고 비극으로만 끝나는 것은 아니다. 키딩 선생의 수업 방식에 불만을 품었던 라틴어 선생 캑카리스터가 자신도 모르는 사이에 키딩 선생의 수업 방식을 흉내 내는 것을 보여 줌으로써 작가는 웰튼의 변화가 계속된다는 것을 암시한다. 그리고 수업 도중 학생들 모두가 책상 위로 올라가 키딩 선생에게 작별인사를 보내는 맨 마지막 장면을 통해 작가는 웰튼의 변화가 이제부터 시작이라는 것을 은연중에 알려 준다.

■ 토론 가이드

□ 이 작품에 말하는 시(詩)란 무엇인가요? 그리고 시를 쓰고 읽는 것은 왜 중요한가요?

- 시란 내면의 고유한 목소리, 자신 만의 생각과 감정, 욕망 등을 간결한 언어로 표현한 것이다. 무엇보다도 개인의 깊은 내면에서 울려 나오는 외침과 열정을 응축된 언어로 표현하는 것이 시 쓰기이며, 시를 읽는 것은 이러한 영혼의 외침을 공명하면서 자신의 영혼의 외침을 들을 수 있기 위해서이다.
- "시가 아름다워서 읽고 쓰는 것이 아니다.
  인류의 일원이기 때문에 시를 읽고 쓰는 것이다.
  인류는 열정으로 가득 차 있어.
  의학, 법률, 경제, 기술 따위는 삶을 유지하는 데 필요해.

하지만 시와 미, 낭만, 사랑은 삶의 목적인 거야.

휘트만의 시를 인용하자면,

'오, 나여! 오 생명이여!

수없이 던지는 이 의문!'

'믿음 없는 자들로 이어지는 도시

바보들로 넘쳐흐르는 도시'

'아름다움을 어디서 찾을까?'

'오, 나여, 오 생명이여! 대답은 한 가지 : 네가 거기에 있다는 것'

'생명과 존재가 있다는 것

화려한 연극은 계속되고'

'너 또한 한 편의 시가 된다는 것'

여러분의 시는 어떤 것이 될까?"

□ 우리는 자기 내면의 목소리(자신만의 생각과 감정, 욕망)를 얼마나 잘 알고 있을까요?

• 닐이 연극 〈한 여름밤의 꿈〉의 배역에 지원하기로 결심하면서 한 말을 생각해 보세요. "중요한 건 내가 이 세상에 태어난 후 처음으로 내가 하고 싶은 것을 깨달았다는 거야. 아버지가 반대해도 상관없어. 그리고 나는 태어나 처음으로 내가 하고 싶은 것을 할 거야. '오늘을 즐겨라'라는 말이 있잖아!"(139쪽) 동굴 속에서 죽은 시인의 사회의 회원들과 대화하면서 달튼이 다음과 같이 말하지요. "나는 지금 내가 정말 살아있구나 하는 생각이 들어. 여태껏 용기를 내서 뭔가에 도전해 본 적이 단 한 번도 없었거든. 내가 누구인지, 내가 바라는 것이 무엇인지도 전혀 모르고 바보처럼 부모님이 시키는 대로 살아왔어" 여러분들은 어떤가요?

☐ 자신의 내면적 자아를 지킨다는 것은 왜 중요한가요?

- 왜냐하면 진정한 자기 자신으로 살 수 있기 위해서지요. 여러분들은 그것을 원치 않나요? 키딩 선생님은 말합니다. "나는 여러분에게 아이비리그 진학 이상의 것을 가르쳐 주고 싶다! 내가 바라는 것은 여러분이 스스로 생각하고, 주체적으로 판단하고, 그에 따라 자신 있게 행동하고 말하는 것이 얼마나 아름답고 소중한 것인지를 깨닫게 되는 것이다. 자기 자신의 말과 행동, 스스로 내린 판단과 결정을 진정 사랑하는 사람이 되길 바란다."(89~90쪽)

- 그런데 그것이 그리 쉽지는 않습니다. 왜 그럴까요? "종교적 신념과 교육은 잠시 접어두고 그 어떤 어려움도 물리치고 나는 말하겠다. 있는 그대로의 자연 속에 인간의 독창적인 에너지가 있다 …… 하지만 우리 조상과 전통, 시대가 정해 놓은 종교적 믿음과 사상을 뛰어넘는 것은 그리 쉬운 일이 아니야. 과연 어떻게 해야 우리가 휘트먼의 시에서처럼 있는 그대로의 자연이 소리를 내게 할 수 있을까? 다시 말해 편견이나 습관, 외부의 압력 따위로부터 어떻게 우리 각자를 해방시킬 수 있겠느냔 말이다. 자, 사랑하는 제자들아. 내 대답은 이렇다. 그건 끊임없이 사물을 새롭게 바라보는 시각을 갖도록 애써야 한다는 것이다."(132~133쪽)

- "여러분은 여러분들 내면의 고유한 목소리를 찾아야 한다. 만약 여러분이 망설인다면 그 효과는 점점 더 작아질 수밖에 없다."(134쪽)

☐ 내면적 자아와 사회의 필요, 규범의 조화를 위해서는 무엇이 필요한가요?

- "어느 누구든 상대가 존재하는 한, 내면의 목소리에 귀를 기울이거나 스스로 믿음을 지켜 나가기가 쉽지 않다는 사실이다. …… 사람은 누구나 남들에게 좋게 받아들여지고 싶은 강한 욕구가 있다. 하지만 자신에게는 자신만의 독특한 개성이 있지. 그리고 그

것을 반드시 믿어야 한다. 심지어 남들이 알아주지 않는다고 해도 말이다."(182쪽)

- 그러나 자신의 내면적 자아를 지키기 위해 부모나 사회와 너무 강하게 부딪치는 것은 위험하겠지요. 자신을 지킬 만큼의 충분한 힘이 생긴 다음에는 다를 수 있겠지만요. 따라서 닐과 같이 행동하는 것은 현명한 방법이 아니라고 생각됩니다. 여러분의 생각은 어떠세요? 어떤 경우에도 자기를 보존할 수 있어야 하지 않을까요?

□ 닐이 파국을 면하기 위해서는 어떤 대안이 있을까요?

- 이 작품에서 닐이 아버지에 대항하다가 좌절하여 자살을 하게 되는 것은 가장 안타깝고 비극적인 부분입니다. 아버지의 행동도 이해하기 어렵고요. 그러나 우리가 살아가면서 겪게 되는 현실들 가운데는 이해하기 어려운 일들이 많습니다. 그럴 때에는 타협의 지혜도 필요하지 않을까요? 예컨대, 다시는 연극 같은 것에 참여하지 않고 학업에 열중하여 의대에 입학을 하겠다고 아버지에게 약속을 하고, 의대에 들어간 뒤에는 자신이 하고 싶은 것을 해 볼 수 있는 여지가 커지지 않을까요?

- 닐의 극단적인 선택을 하게 된 동기에는 자신의 꿈이 무참히 좌절되었다는 절망감 외에도 그런 아버지에 대한 분노도 들어 있지 않을까요? 그래서 일종의 소극적인 복수를 한 측면도 있지 않을까요? 만일 닐이 좀 더 성숙하여 인간사회에 대해 좀 더 폭넓게 이해하게 되고, 인간의 욕망(사회적 욕망을 포함하여)에 대해 좀 더 깊이 이해하게 된다면 부모의 마음을 좀 더 잘 이해하게 되지 않을까요? 그렇게 되면 부모의 기대를 그대로 따르지는 않더라도 부모의 입장을 존중하면서도 자신의 입장을 이해시켜 갈 수 있는 길을 찾을 수 있을 것입니다.

🗒2 사회정서학습을 통한 인성교육

1) 들어가기: 학교폭력으로부터 우리 아이들을 구출해야 한다!

　현대사회에서 학교는 자라나는 아동·청소년들이 그들 삶의 많은 시간을 보내는 생활 공간이 된 지 오래이다. 그런데 이러한 학교 안에서 폭력이 만연함으로써 학교는 더 이상 아동·청소년들이 즐겁고 안전하게 생활할 수 있는 공간이 되지 못하고 있다.

　학교폭력의 심각성은 한번 학교폭력을 경험한 아이들에게는 학교가 무섭고 고통스러운 지옥으로 변하며, 학교를 떠나지 않는 한 이 상태를 계속 감내해야 한다는 데에 있다. 그 결과, 아이들은 가해자들에게 소극적으로 순종하면서 괴롭힘을 당하다가 우울증에 빠지고, 등교거부, 자해, 자살 등을 하거나 가해자에게 보복을 하는 등, 밝고 건강하게 지내야 할 성장기를 암흑 속에서 헤매게 된다. 따라서 학교폭력의 문제는 한국교육이 해결해야 할 가장 시급한 문제가 아닐 수 없다.

　학교폭력의 해소방법은 크게 세 가지로 생각할 수 있다.

　첫째, 학교폭력이 일어날 수 있는 조건들을 최대한 통제하여 학교폭력의 발생을 억제하거나 감소시키는 것이다.

　둘째, 인성교육을 통하여 학교폭력의 근본 원인인 공격적 에너지를 감소시키거나 파괴적인 방향이 아닌 생산적인 방향으로 승화시키는 것이다.

　셋째, 학교, 가정, 사회에 만연해 있는 지나친 경쟁적·억압적 풍토를 개선하는 것이다. 학교폭력의 발생 원인이나 발생 상황은 매우 복합적인 성격을 지니므로, 이에 대한 대책도 복합적이어야 하며, 따라서 위의 세 가지 방안이 함께 강구되어야 할 것이다.

　두 번째 방책으로 제시한, 공격적 에너지의 감소 또는 승화(昇華)는 주로 인성교육의 과제라고 볼 수 있다. 그런데 문제는 지금까지의 인성교육을 위한 노력들이 별로 성공적이지 못했다는 것이다. 지난 1990년대 중반 무렵부터 우리 사회에서 인성교육에 대한 관심이 고조되면서 많은 연구 결과물과 교육 프로그램이 개발되어 사회기관들과 일선학교에 보급·시행되어 왔음에도 불구하고 현재까지 인성교육은 뚜렷한 실효를 거두지 못하고 있는 실정이다. 이에 대한 가장 주요한 원인은 첫째로, 대부분의 시도가 단편적으로 이루어지거나 일과성(一過性)에 그치는 경우가 많았다는 데에 있다. 왜냐하면 아동·청소년의 인성은 그들 삶의 전체 장면 속에서 지속적으로 형성되어 가는데, 주당 한두 시간 분량의 프로그램을 진행하거나 교장이나 담임교사의 훈화, 캠프 등 각종 단기 체험활동 등을 통해서 인성의 변화를 기대하는 것은 무리가 있기 때문이다. 두 번째의 원인은 그동안의 인성교육들이 대부분 전통사회의 문화적·종교적 가치덕목에 의지하는 이른바 '가치덕목중심'의 인성교육이어서 21세기의 시대적 요구에 잘 부합되지 않는 측면이 있으며, 특히 디지털유목민(Digital Nomad)이라고 불리는 현재의 아동·청소년 세대들에게 어필하기가 쉽지 않았다는 점에 있다고 필자는 판단한다.

가치덕목을 당위로서 주입하는 방식의 인성교육은 닫혀 있는 문화권(기독교문화권, 유교문화권 또는 이슬람문화권 등) 안에서는 가능한 모델이지만, 현대사회와 같은 개방적 정보화사회, 다문화, 가치다원화사회에서는 보편적 가치덕목에 대한 사회적 동의가 도출되기 어려운 반면, 개인의 취향과 욕구에 부합되는 가치의 추구가 지배적이 되기 때문에 가치덕목중심의 인성교육은 성공 가능성이 적다고 하지 않을 수 없다.

이러한 현대사회의 추세를 감안할 때, 인성교육은 당위적 규범의 주입이 아니라 행복한 삶을 살아가기 위해 필요한 역량(competency)의 관점에서 접근해야 한다고 필자는 생각한다. 그래야만 수요자들의 자발적인 동기를 이끌어 낼 수 있을 것이기 때문이다. 이러한 점을 충분히 고려하지 못한 것이 그동안 우리 사회의 다양한 인성교육의 시도가 성공을 거두지 못했던 것에 대한 주요 원인이라고 필자는 보고 있다. 이러한 면에서 미국과 유럽 각국에서 연구되고 실제 교육에 널리 적용되고 있는 '사회정서학습(Social & Emotional Learning: SEL)'이 시사하는 바가 크다.

　SEL의 기본 목표는 아동·청소년의 정서적 역량과 사회적 역량을 증대시킴으로써 학교생활을 의욕적·자발적으로 해 나갈 수 있도록 하는 데에 있다. SEL의 장점은 무엇보다도 학생들이 SEL이 제시하는 개념과 기술에 흥미를 느끼면서 쉽게 습득한다는 점과, 이러한 개념과 기술들이 학생들의 일상생활과 자연스럽게 연계되어 그들의 삶에 실질적인 도움을 준다는 점이다(Merrell & Gueldner, 2012: 51). 이에 따라 SEL은 현재 미국의 일리노이주를 비롯한 많은 주에서 필수교과과정으로 지정하고 있으며, 학생들은 수학이나 언어 과목과 마찬가지로 SEL에서도 일정 수준의 점수를 획득하도록 되어 있다. SEL에 대한 각종 효과성 검증 결과도 고무적이다. 신체적 폭력과 정학, 중퇴 비율이 현저하게 감소되고, 수업참여도와 학업성취도, 커뮤니케이션 능력, 문제해결 능력, 삶의 만족도 등이 유의미하게 향상되는 것으로 보고되고 있다(손성현, 2012: 204f).

　미국에서의 이와 같은 SEL의 성공 배경을 돌아보면, 그동안 미국의 학교교육이 아동·청소년의 지적(知的)인 발달에 치중하면서, 사회적·정서적 발달이 심각하게 지체·결핍되는 현상을 낳게 되자, 이러한 문제점을 보완해 주는 효과적인 교육적 처방으로서 SEL이 호응을 얻게 된 것으로 볼 수 있는데, 이것은 우리나라의 교육 상황에도 비슷하게 해당되는 일이 아닐 수 없다. 따라서 필자는 SEL의 한국적 적용이 의미 있는 시도라고 판단하게 되었다.

2) 정서적·사회적 역량의 계발을 위한 사회정서학습 프로그램 개요

　이상과 같은 취지에 따라, 본 절에서는 메렐(Merrell)과 궐드너(Gueldner)

가 선정한 9개의 대표적인 SEL 프로그램 중에서, 메릴이 제작하여 널리 시행되고 있는 '강한 아이(Strong Kids)' 프로그램을 소개해 보고자 한다.

프로그램의 명칭인 '강한 아이(Strong Kids)'가 보여 주듯이 이 프로그램은 사회적 · 정서적 역량과 적응유연성의 계발을 목표로 하며, 우울, 불안, 사회적 위축, 이들 심리적 요인과 관련된 신체 증상과 같은 내재화 증상들을 해소할 수 있는 기술을 가르치는 간결하고도 사용하기 쉬운 프로그램으로 설계되어 있다(Merrell & Gueldner, 2012: 77f.).

프로그램은 연령단계별로 5개의 프로그램으로 구성되어 있다.

〈표 6-1〉 연령단계별 프로그램

연번	프로그램명	연령단계
1	Strong Start for Pre-K	유치원 취학 이전
2	Strong Start for Grades K-2	유치원 취학~초등 2학년
3	Strong Kids for Grades 3-5	초등 3학년~초등 5학년
4	Strong Kids for Grades 6-8	중등 1학년~중등 3학년
5	Strong Teens for Grades 9-12	고등 1학년~고등 3학년

각 프로그램의 책자는 10~12개의 수업지도안으로 구성되어 있는데, 각 프로그램의 기본적인 구조는 동일하다.

〈표 6-2〉 프로그램 기본구조

차시	제목	설명
1	프로그램 소개: 정서적 힘의 훈련	교육과정의 개요
2	내 감정을 이해하기(1)	정서의 소개/편한 정서와 불편한 정서의 확인
3	내 감정을 이해하기(2)	정서를 표현하는 적절한 방식과 부적절한 방식에 대한 토론
4	분노를 관리하기	분노 촉발요인의 확인/부적절한 반응을 변경시키는 방식의 학습

5	타인의 감정 이해하기	단서를 활용하여 타인의 정서 확인
6	명료하게 사고하기(1)	부정적 사고 패턴의 인식
7	명료하게 사고하기(2)	긍정적 사고를 위한 부정적 사고의 변경
8	긍정적 사고의 힘	낙관적 사고의 증진
9	대인 간 문제를 해결하기	갈등해소의 전략
10	스트레스 날려 버리기	스트레스 감소와 이완 연습
11	행동변화: 목표를 설정하고 능동적으로 행동하기	즐거운 활동 참여와 목표 달성
12	종결하기	복습

여기에서는 중학생들을 대상으로 하는 '강한 아이-중학생용-(Strong Kids for Grades 6-8)'의 주요 내용을 살펴보기로 하겠다(Merrell, 2012). 지면관계상 12개 차시를 다 소개할 수 없으므로, 1, 2, 4, 5, 6차시의 내용만 간단히 소개하기로 한다.

(1) 1차시: 교육과정 소개

개요: 1차시에는 12차시 교육과정을 소개하고, 기본적인 규칙을 알려 준다. 또한 교육과정을 시작하기 전에 학생들의 사회 · 정서적 상태(역량)를 사전 검사한다.

• 12차시의 내용에 대한 간단한 설명
• Strong Kids 학습을 위해 지켜야 규칙 1. 타인을 존중하라. 다른 사람이 말할 때 조용히 집중해서 들으라. 2. 준비하라. 숙제를 해야 한다. 3. 개인적인 사항을 그룹 밖으로 유출하지 말라. 친구들의 프라이버시를 존중하고, 소문을 내지 말라.
• 활동지(숙제) 당신이 참으로 행복을 느꼈던 시간을 생각해 봅니다. 이 기억에 따라 다음 질문에 답해 보세요. 1. (행복을 느꼈을 때) 무슨 일이 있었나요? 2. (행복을 느꼈을 때) 어떤 생각들이 떠올랐나요? 3. 당신이 행복했다는 것을 어떻게 알았나요? 어떤 특징들이 이것을 나타내 주었나요? 4. 다른 사람에게 당신이 행복하다는 것을 어떻게 표현했나요?

(2) 2차시: 정서의 이해(1)

개요: 2차시와 3차시에는 기본적인 감정들을 확인하고 이해시키는 훈련이 이루어진다.

• 기본적인 감정들의 확인 및 이해 －편안한 느낌이나 불편한 느낌에 대한 사례가 무엇이 있을까? －편안한 느낌이나 불편한 느낌으로부터 무엇을 배울 수 있으며, 무엇이 전개될 수 있을까? －당신은 어떤 느낌이 안락하거나 불편하다는 것을 어떻게 알 수 있는가?
• 느낌들의 확인 －안락한 느낌: 좋은 기분을 느끼게 함/즐거움을 갖도록 도울 수 있고, 삶을 즐기게 할 수 있음 －불편한 느낌: 나쁜 기분이 들게 함/보다 좋은 것을 위해서 성숙하고 변화할 수 있도록 사람들을 도울 수 있음/안락한 느낌에 주목하고 음미하는 것을 도울 수 있음

• 느낌 목록 1							
행복한	외로운	겁먹은	지루한	화난	슬픈	혼란스러운	놀란
강한	자만하는	걱정하는	기쁜	부끄러운	당황한	피곤한	사랑하는

• 느낌 목록 2

유감인	죄책감을 느끼는	행복한	참담한	흥분된	혼란된	충성스러운	심술궂은 …

• 당신은 어떻게 느낍니까?(활동지: 숙제)

내가 (　　　)을 느끼는 경우는 [　　　　　　　　　　　　　　　　　　　　　]

※ 행복, 즐거움, 스릴, 외로움, 분노, 감사

(3) 4차시: 분노 관리하기

개요: 분노의 단계 모델을 소개하고, 분노를 조절하는 기술을 학습시켜, 일상생활 중에 분노를 관리할 수 있도록 돕는 내용이다. 아래의 표에서 왼쪽이 분노가 진행되는 단계를 표시한 분노단계 모델이다.

〈표 6-3〉 분노단계 모델

분노 단계 모델	사례
1. 유발 상황	네가 점심급식을 받기 위해 줄을 서 있는데, 한 아이가 네 앞에 서 있는 아이에게 다가오더니 그와 이야기를 하기 시작한다. 줄이 움직이자 그 아이는 너의 앞으로 끼어들면서 계속 이야기에 열중한다.
2. 해석	너는 그 아이가 자기 친구와 이야기를 하다가 떠날 것인지, 아니면 교활하게 줄에 끼어든 것인지를 생각하다가, 그가 줄에 끼어든 것이라고 판단한다.
3. 감정적 반응	그렇게 판단하자 화가 치밀어 오른다.
4. 결심	너는 가만히 있어서는 안 되겠다고 생각하고 그에게 고함치겠다고 마음먹는다.
5. 행동	너는 줄에서 벗어나 그에게로 다가가서, "끼어들지 마, 바보야! 줄의 맨 끝으로 가란 말이야!" 하고 말한다.

| 6. 결과 | 그 아이도 너에게 고함으로 맞대응을 하여 말싸움이 일어났다. 너는 그를 밀어붙였고 그도 또한 너를 밀치면서 엎치락뒤치락하는 상황이 벌어졌다. 이로 인해 너와 그 아이는 교장실로 불려갔고, 5일간 정학처분을 받았다. 그 때문에 너는 이 기간에 있었던 멋진 견학여행을 놓치고 말았다. |

그다음에 다음의 분노조절 기술을 학습시킨다.

〈표 6-4〉 분노조절 기술

분노조절 기술	설명	사용 시기
숫자 거꾸로 세기	차분하게 10에서부터 1까지 거꾸로 센다.	네가 화난 것을 알아챘을 때(감정적 반응)
'만일-그러면' 진술	네가 무엇인가 행동하고자 결심할 때, 다음과 같이 자문하라. "내가 그것을 행하면, 나에게 무슨 일이 일어날까?"	네가 무엇인가를 행동으로 옮기고자 할 때(결심)
자기대화	너 자신에게 말하라. "진정해, 별일 아니야, 무시해, 지나쳐 버려!"	네가 화가 난 것을 알아챘을 때, 너 자신을 진정시키기 위해(감정적 반응)
자기평가	이 상황에서 무엇을 얻어내기를 원하며, 어떻게 하면 그것을 가장 잘 얻을 수 있는지를 결정하라.	그 상황에서 성취하기를 원하는 것이 무엇인지를, 그리고 그것을 행하기에 최선의 방법이 무엇인지를 결정할 때(결심)

이상과 같은 분조조절 기술을 적용하여 위에 든 분노단계 사례를 다음과 같은 긍정적인 결과로 바꿀 수 있음을 학습한다.

〈표 6-5〉 분노단계 모델(분노조절 기술 적용)

분노 단계 모델	상황의 설정
1. 유발 상황	네가 점심급식을 받기 위해 줄을 서 있는데, 한 학생이 네 앞에 서 있는 학생에게 다가가더니 그와 이야기를 하기 시작한다. 줄이 움직이자 그 학생은 너의 앞으로 끼어들면서 계속 이야기에 열중한다.

2. 해석	너는 그 학생이 자기 친구와 이야기를 하다가 떠날 것인지, 아니면 교활하게 줄에 끼어든 것인지를 생각하다가, 그가 줄에 끼어든 것이라고 판단한다.
3. 감정적 반응	그렇게 판단하자 화가 치밀어 오른다.
4. 거꾸로 세기	평정심을 회복하기 위해 차분하게 10에서부터 거꾸로 1까지 센다.
5. 자기대화	거꾸로 세기를 마친 뒤, 자신에게 말한다. "진정해, 별일 아니니까!"
6. '만일-그러면' 진술	너는 무엇을 해야 하는지 생각한다. 몇 가지 선택지를 생각해 보고, 각각의 선택지를 실행할 경우 어떤 일이 일어날 것인지를 자문해 본다.
7. 자기평가	다음에 주어진 상황으로부터 자신이 어떤 결과를 얻기를 바라는지 자문해 보고, 네가 원하는 것을 얻을 수 있는 선택지를 고른다.
8. 결심	너는 무엇인가를 말해 주기는 하되, 싸움은 피하겠다고 마음먹는다.
9. 행동	너는 차분히 그 학생에게 다가가서 묻는다. "너 줄을 선 거니, 아니면 단지 친구하고 이야기만 하는 거니?" 그가 "둘 다야."라고 답한다. 너는 말한다. "그것은 먼저 와서 줄을 서서 기다린 우리들에게 부당한 일이야. 그러니 줄의 맨 뒤로 가서 서야 하지 않을까 생각해."
10. 결과	그는 비꼬는 투로 사과를 하면서 눈을 부라렸지만, 줄의 끝으로 가서 선다.

(4) 5차시: 타인의 감정 이해하기

개요: 5차시에는 타인의 감정을 확인하는 방법과 다른 관점을 가져보는 것을 학습한다. 먼저 타인의 감정을 확인하고 이해하기 위한 네 가지 카테고리가 다음과 같이 제시된다.

〈표 6-6〉 타인감정 이해하기

항목	설명
감정/느낌	너에게 일어난 무슨 일에서 오는 느낌은 너에게 무엇인가를 의미하고 있다. 감정은 보통 너의 몸 안의 느낌이나, 너의 마음속에 있는 생각에 의해서 확인된다.
공감(감정이입)	다른 사람의 느낌이나 감정 이해하기
관점	사람들이 갖고 있는 느낌이나 의견은 각자의 서로 다른 경험 안에서 얻어진다.
실마리	너는 다른 사람에 관해 무엇인가를 말해 주는(그 사람의 감정 상태를 알려 주는) 표지(標識)나 징후를 볼 수 있다.

그 다음에는 타인의 감정 상태를 외적인 표지(특징)를 통해 인지하는 연습을 한다.

〈표 6-7〉 감정의 외적 표지

항목	외적인 표지
행복한	미소/팔을 벌림/벌떡 일어남/고개를 들고 걸음/웃음
슬픈	고개를 떨굼/팔을 몸에 붙임/발을 질질 끎/울음
화난	불룩해진 입술/얼굴 찌푸림/움켜진 주먹/얼굴 붉힘/드러낸 치아/팔장을 낌/공간 차지하기(예컨대, 팔을 몸에서 떨어뜨려 들고 있기)/빨리 걷기/신체를 떨거나 흔들기/위협하는 눈으로 마주하기
겁먹은(scared)	고개를 떨굼/눈을 크게 뜸/천천히 뒷걸음질 치기/몸을 떨기
난처한 (embarrassed)	고개를 돌림/등을 구부림/얼굴 붉힘/눈맞추기를 회피함

이러한 학습을 바탕으로 하여 활동지를 통하여 상황을 제시하고 상황 중 인물의 감정을 이해해 보도록 한다.

> 너는 제이슨이다. 후안티나라는 여학생이 오늘 전학을 와서 너의 반에 배정을 받았다. 네가 그녀에게 "안녕!" 하고 말했지만 그녀는 아무 말도 하지 않고 가버렸다. 다른 학생들도 그녀와 말을 해 보려고 했지만 그들에게도 대꾸를 하지 않았다는 것을 너는 알게 된다. 교사가 그녀를 학급에 소개할 때, 그녀가 다른 나라에서 이주해 왔다고 말하였다.
>
> • 너는 후안티나의 생각과 느낌이 어떠할 것이라고 생각하니?
> • 어떠한 외형적 단서가 그러한 판단을 하게 했을까?
> • 너는 누구의 관점을 또한 고려할 수 있었니? 왜 그랬니?
> • 왜 그 사람이 그러한 관점을 갖게 되었다고 생각하니?
> • 다른 사람의 관점을 아는 것은 왜 중요할까?

(5) 제6차시: 명료하게 사고하기(1)

개요: 부정적인 사고 유형을 확인하고 감정의 범위에 대한 지각을 발

전시키는 것을 목표로 한다. 먼저 사람들이 일반적으로 범하는 사고의 오류 유형에 대해 학습을 시키고, 자신이 지니고 있는 사고오류 유형을 발견하여 이로부터 벗어나도록 지도한다.

〈표 6-8〉 사고오류 유형

번호	오류 유형	설명	사례
1	망원경 시각	사물을 실제보다 크게 보거나 작게 보는 것	파라는 받아쓰기 시험에서 낮은 점수를 받았다. 이제 그녀는 자신이 학급 안에서 가장 열등한 학생이라고 생각한다.
2	흑백 사고	사물을 양극적으로 보는 것(좋은 것이 아니면 나쁜 것, 전부 아니면 전무 등)	링은 집안일을 하지 않은 것에 대해 다음과 같은 근거를 댄다. "나는 언제나 나쁜 아이이고, 내 동생 키미는 언제나 좋은 아이니까."
3	검은색 안경	사물의 부정적인 측면만 봄	아메드의 축구 코치는 아메드에게 많은 칭찬을 해 주었고, 축구 연습에 많은 용기를 주었다. 아메드가 연습을 마치고 돌아갈 때 코치는 아메드가 집에서 드리블 기술을 많이 연습해야 한다고 말했다. 아메드는 실제로 그가 얼마나 경기를 못하는지를 비로소 깨닫고 무척 속이 상했다.
4	점치기	충분한 증거도 없이 미래를 예언하기	마르셀라의 담임교사는 그녀에게 반장에 출마해 보라고 권유한다. 그러나 그녀는 아무도 자신에게 표를 주지 않을 것이라고 생각하고 있기 때문에 출마를 하지 않겠다고 마음 먹는다.
5	개인화	자신의 잘못이 아닌 것을 자신의 탓으로 돌리기	마이클의 부모는 이혼 수속 중이다. 마이클은 자신이 가장 최근에 문제를 일으켰다는 것 때문에, 부모의 이혼이 모두 자신의 잘못 때문이라고 생각한다.

| 6 | 비난게임 | 자신에게 책임이 있는 문제를 남 탓으로 돌리기 | 래티샤는 포도 주스를 거실로 가지고 간 것에 대해 부모로부터 꾸중을 들었다. 그녀의 동생이 그녀와 부딪치는 바람에 포도주스가 바닥에 쏟아져 카펫을 더럽혔다. 그녀의 부모는 포도주스를 주방에서 가지고 나와서는 안 된다고 말했건만 그녀가 이를 무시해서 생긴 일이니 그녀가 깨끗이 청소를 해야 한다고 말했다. 래티샤는 동생도 청소에 참여해야 한다고 생각한다. |

3) 사회정서학습에 대한 논의 및 나가기

이상에서 메릴의 '강한 아이(Strong Kids)' 중학교용 프로그램을 중심으로 사회정서학습을 소개해 보았다. 이에 대한 몇 가지 논의를 붙여 보겠다.

앞의 내용을 검토해 본 독자들 가운데에서, 특히 인성교육이나 도덕교육 또는 상담이론 등에 식견이 있는 독자들은 사회정서학습(SEL)이라는 것이 별로 새로운 내용이 없는 상식적인 수준의 프로그램이라고 생각할 수도 있을 것으로 생각된다. 사실 인성교육에 있어서는 한국이 더 깊은 전통을 가지고 있으며, 이러한 전통을 현재화시키면 훨씬 더 좋은 인성교육이 될 수도 있다는 생각을 필자 개인도 가지고 있다. 그러나 SEL은 앞에서도 언급한 바와 같이 현대사회의 아동들의 심리 상태와 요구를 정확하게 파악하여 그들의 필요와 욕구를 충족시키는, 철저하게 수요자중심 인성교육이라는 장점을 지니고 있다. 또한 학생과 교사 누구나가 쉽게 습득하여 활용할 수 있도록 간단하고 명료한 내용을 흥미를 곁들여서 단계적으로 무리 없이 학습할 수 있도록 설계된 프로그램이므로 쉽게 보급·확산될 수 있었을 것이라 생각된다. 이러한 장점들을 감안할 때, 미국적 문화와 풍토에서 미국인들에 의해서 만들어진 프로그램이긴 하지만 우리 사회에 실험적으로 적용해 볼 가치가 충분히 있으며, 이러한 시험적인 적용을 통해서 우리 토양에 맞는 프로그램으로 발전시켜 나가는 것이 좋은 방향이라고 생각된다.

　동양적 관점의 인성교육관을 가지고 있는 독자들의 입장에서 보면 특히 356쪽에 제시된 '분노조절 기술'이 너무 빈약하다는 인상을 갖게 될 수도 있을 것이다. 동양의 전통사상들은 마음을 깊이 관찰하고 다스리는 것을 핵심으로 하고 있다. 유가의 격물(格物), 치지(致知), 성의(誠意), 정심(正心)을 포함하는 수기(修己)의 가르침이 그렇고, 도가의 심재(心齋), 좌망(坐忘)이 그러하며, 불가의 지관겸수(止觀兼修), 정혜쌍수(定慧雙修)가 그러하다(강선보 외, 2008: 268ff.). 이러한 사상을 요즈음 아이들에게 접근시키기에는 너무 거리가 멀게 느껴질 수도 있으나, 우리가 동양의 정신적 자산에 대해 보다 깊은 관심을 갖고 이를 현재화시키는 노력을 계속해 나간다면 요즈음의 아동·청소년에게도 쉽게 접근될 수 있는 인성교육 방법론도 개발될 수 있을 것이다.[1] 미국, 프랑스, 영국 등을 비롯한 서구사회에 동양적 명상법이 관심을 일으킨 지 오래이며, 동양적 수양론을 단순화하여 서구적으로 방법화한 MBSR(Mindfulness Based Stress Reduction: 마음챙김기반 스트레스 감소법)이 미국과 유럽 사회에서 심리치료와 체육, 교육 등에 널리 활용되고 있음은 그러한 가능성을 충

---

[1] SEL을 유교적 관점과 연관시켜 한국적 SEL로 발전시키고자 하는 시도로서 이인재와 지준호(2010)의 연구와 손경원, 이인재, 지준호, 한성구(2010)의 연구가 있다. 그러나 이들 연구는 유가사상의 키워드를 SEL 카테고리들과 연관시키고 있는 정도이어서 오늘날의 아동·청소년에게 다가가기에는 어려운 내용으로 보인다. 유가사상 자체가 오늘날의 아동·청소년 수준으로 완전히 재해석된 후에야 미국적 SEL과 유가적 관점을 통합할 수 있을 것으로 본다.

분히 보여 준다고 하겠다. 특히 불교의 위파사나 명상이나 참선 등에서 이루어지는 '마음지켜보기'는 SEL이 시도하는 '감정 인지하기'와 유사하며, 이를 간단한 기법으로 개발한다면 훨씬 더 효과적인 '분노조절, 감정조절 기술'이 될 수 있다고 본다.

이렇게 볼 때, 사회정서학습을 발전시켜 나가는 데 있어서 동·서 간 협력의 필요성이 나타나며, 서구의 학문적 담론과 동양적 정신자산을 동시에 지니고 있는 한국에서 보다 완성도가 높은 사회·정서적 교육방법이 개발될 가능성도 충분히 있다고 생각된다.

마지막으로 지적할 것은 아무리 잘 만들어진 교육 프로그램이 있다고 하더라도 프로그램만 가지고 온전한 인성이 길러지기를 기대할 수는 없다는 점이다. 모든 교육적인 노력에 앞서서 성장세대의 인성을 바람직하게 형성시킬 수 있는 가장 근본적인 조건은 성장세대의 삶이 편안하고 즐거우며, 미래에 대한 희망적 전망을 지닐 수 있어야 한다는 것이다. 아이들이 자신들의 삶에서 자유로움과 편안함, 기쁨, 인간적인 따뜻함을 많이 느끼기보다는 속박과 억압, 결핍과 차가움, 불안과 좌절감, 우울함을 많이 느끼는 어둡고 부정적인 심리 상태에 있다면 그들에게서 좋은 인성이 형성되는 것을 기대하기는 어려울 것이다. 그러므로 좋은 인성의 형성을 위해서 무엇보다도 필요한 것은, 아이들의 현재와 장래의 생활세계인 학교와 사회가 아이들에게 우호적인 삶의 공간이 되어야 한다는 것이다.

첫째로, 학교가 아이들에게 안전하고 쾌적한 생활 공간이 되어야 한다. 나아가 학교는 흥미롭고 의미 있는 경험을 제공하는 곳이어야 하고, 저마다 자신의 타고난 소질과 능력을 발견하여 이에 근거한 삶의 역량을 길러 나가도록 도와주는 곳이 되어야 할 것이다. 둘째로, 아이들에게 우리 사회가 희망을 품고 진출하고 싶은 곳이 되어야 한다. 학과성적이 우수한 아이들만 선발하는 사회가 아니라, 학과성적이 우수하지 않아도 나름대로의 장점을 살려서 열심히 노력하면 누구나 생계를 유지하며 행복을 추구할 수 있는 사회를 만들어야 할 것이다. 과도한 스트레스와 불안, 좌절, 분노를 초래하는 살벌한 경쟁적 사회 분위기를 지양하고 인간다운 방식으로 공존·공영할 수 있는 사회적 틀이 마련되어야 하는 것이다. 이러한 기본적인 문제들이 해결되지 못하면 교육활동을 통한 인성함양의 효과는 매우 제한적일 수밖에 없으리라고 본다. 기성세대와 사회가 성장세대에게 희망을 주지 못하고 과도한 스트레스만 준다면 학교폭력을 어찌 가해자만의 책임이라고 할 수 있겠는가. 그러므로 학교와 사회가 성장세대에게 우호적인 삶의 공간이 되도록 하는 것은 기성세대가 자신의 후속세대를 위해서 져야 할 가장 큰 도덕적 책무라고 생각된다.

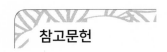

참고문헌

1. 인문학적 스토리텔링을 통한 인성교육

구정모, 박정호, 송정범, 배영권, 안성훈, 이태욱(2009). 문제중심 스토리텔링 프로그래밍 학습이 학습동기 및 문제해결능력에 미치는 효과. 한국컴퓨터교육학회 논문지, 제12권 제1호.

김광욱(2008). 스토리텔링의 개념. 겨레어문학, 제41집, 249-276.

김은수(2013). 도덕교육에서 치료기법의 활용 방향 연구: 스토리텔링을 중심으로. 윤리교육연구, 제31집, 139-160.

김재춘, 배지현(2009). 의미 생성 활동으로서의 스토리텔링의 교육적 함의. 초등교육연구, 제22권 제1호, 61-82.

김항인(2001). 내러티브 스토리텔링을 통한 초등도덕교육. 초등도덕교육, 제7집, 75-98.

김해연(2007). 스토리텔링을 활용한 인성지도 방법 연구. 광주교육대학교 교육대학원 석사학위논문.

류은영(2009). 내러티브와 스토리텔링: 문학에서 문화콘텐츠로. 인문콘텐츠, 제14호, 229-262.

류은영(2012). 서평: 스토리텔링, 그 매혹의 과학: 이야기의 본질과 21세기적 활용에 관한 과학적 담론. 인문콘텐츠, 제24호, 207-209.

박세원(2006). 초등학생의 도덕적 자기 정체성 형성을 돕는 성찰적 스토리텔링 활용 방법. 교육학논총, 제27권 제2호, 39-56.

박소화(2012). 스토리텔링 기반 교수설계 원리 및 모형 탐색. 서울대학교대학원 박사학위논문.

박인기(2011). 스토리텔링과 수업 기술. 한국문학논총, 제59집, 411-435.

손정희, 김여진(2013). 스토리텔링과 공감을 통한 언어 교육 및 정체성 형성: 월라 캐더의 '나의 안토니아' 읽기. 영어영문학21, 제26권, 제4호, 66-82.

엄명자, 강현석(2013). 스토리텔링을 통한 감성교육 프로그램 구안 방향 연구: 문헌연구를 중심으로. 수산해양교육연구, 제25권, 제1호, 113-127.

이민용(2013). 스토리텔링 인문치료와 정신분석학: 프로이트의 '늑대 인간' 치료를 중심으로. 인문과학연구, 제36호, 631-660.

이민용(2009). 인문치료와 이야기치료: '천일야화'를 중심으로. 뷔히너와 현대문학, 제32호, 259-284.

최혜실(2009). 문학, 문화산업, 문학교육의 연결고리로서의 스토리텔링. 문학교육학, 제29호, 53-76.

최혜실(2013). 스토리텔링, 그 매혹의 과학: 이야기의 본질과 활용. 경기: 도서출판 한울.

Kleinbaum, N. H. (2015) 죽은 시인의 사회[*Dead Poets Society*] (한은주 옮김). 서울: 서교출판사. (원저는 2006년에 출판).

Tapscott, D. (2008). 디지털 네이티브[*Grown Up Digital: How the Net Generation Is Changing Your World*] (이진원 옮김). 서울: 비지니스 북스. (원저는 2008년에 출판).

2. 사회정서학습을 통한 인성교육

강선보, 박의수, 김귀성, 송순재, 정윤경, 김영래, 고미숙(2008). 인성교육. 경기: 양서원.

교육과학부(2012). 학교폭력 실태조사에 따른 후속 업무처리 매뉴얼(배포용 자료). http://www.moe.go.kr/web/60879/ko/board/view.do?bbsId=291&boardSeq=28751

김영래(2008). 교육원리로서의 자기보존: 루소 교육관의 현대적 재음미. 교육의 이론과 실천, 제13권, 제1호, 1-23.

김영래(2017). 역량 중심 인성교육으로서의 사회정서학습(SEL). 교육의 이론과 실천, Vol. 22, No. 2, 27-49.

손경원, 이인재, 지준호, 한성구(2010). 초등학생의 인성함양을 위한 사회·정서적 기술 교육프로그램 개발 연구: 정서인식 및 정서관리 기술함양 능력을 중심으로. 동양교전연구, 제38집, 331–366.

손경원, 이인재(2009). 청소년 일탈행동 예방을 위한 사회정서학습의 특징과 교육적 함의. 윤리교육연구, 제19집, 169–199.

손성현(2012). 사회적·감성적 학습(SEL): 평화교육의 현장성 확보를 위한 모색. 신학연구, 제61집, 203–235.

이인재, 손경원, 지준호, 한성구(2010). 초등학생들의 사회·정서적 능력 함양을 위한 인성교육 통합 프로그램의 효과 분석. 도덕윤리과교육, 제31호, 49–82.

이인재, 지준호(2010). 초등학생의 사회인식 및 대인관계 능력 함양을 위한 도덕교육의 통합적인 방안 연구. 한국철학논집, 제29집, 395–396.

Merrel, K. W. (2014). 강한 아이: 중학생용[*Strong Kids: A Social and Emotional Learning Curriculum Grade 6–8*] (김영래 옮김). 경기: 교육과학사. (원저는 2012년에 출판).

Merrell, K. W., & Gueldner, B. A. (2012). 사회정서학습. 정신건강과 학업적 성공의 증진. [*Social and Emotional Learning in the Classroom. Promoting Mental Health and Academic Succdess*] (신현숙 옮김). 경기: 교육과학사. (원저는 2010년에 출판).

나가는 말

　한국 사회에서는 지난 1980년대 후반부터 각종 인성파탄 현상들이 만연하면서 인성교육에 대한 관심이 고조되어 왔고, 이에 따라 다양한 인성교육의 방법이 시도되어 왔지만 눈에 띄는 성과를 내지 못하였다. 2015년도에는 급기야 세계적으로 유례를 찾아보기 어려운 「인성교육진흥법」이 제정·공포되고 2016년도에는 교육부에서 '인성교육 5개년 종합계획(2016~2020)'이 발표되어 각급 학교를 중심으로 인성교육의 시행이 추진되었지만 그 효과는 여전히 미지수이다.

　그 원인이 무엇일까? 필자가 생각하기에는, 요컨대 우리 교육계가 시대에 적합한 인성 및 인성교육의 개념(원리, 내용, 방법을 포함하여)을 손에 쥐지 못했기 때문이다. 전통시대의 교육은 기성세대가 기존의 전승된 문화의 핵심들을 간추려서 성장세대들에게 잘 전해 주기만 하면 되었다. 그러나 이제 교육은 더 이상 기존의 문화유산에만 매달릴 수 없게 되었다. 교육을 인간이 살아가는 데 필요한 지식, 기술, 태도를 성장세대에게 갖추어 주는 활동(서비스!)으로 본다면 변화가 매우 빠른 현대사회를 살아갈 미래세대들에게 기존의 지식, 기술, 태도만을 습득하도록 하게 하는 교육은 점점 더 의미를 상실해 갈 수밖에 없는 것이다.

　성장세대는 나면서부터 최신의 기술문명과 문화에 노출되어 이를 체화(體化)하면서 성장하고 있다. 이들의 관점에서 볼 때 기성세대는 구식세대이다. 좋은 삶의 본보기를 통해서 인성교육을 하고자 했던 과거 방식의 인성교육이 점점 더 실효성을 잃고 있는 것은 이러한 이유 때문이다. 그렇다면 과거의 삶의 방식, 기성세대가 전수받고 이어 온 사유체

계, 가치덕목들이 모두 폐기처분되어야 하는가 하는 반문이 제기될 수
있다. 성장세대가 아직 눈뜨지 못한 깊은 사유세계와 값진 가치의 세계
가 있으며, 그들이 이러한 문화세계에 입문하지 못한다면 인류문화는
사실상 퇴보할 것이 아닌가 하고 말이다. 이러한 이의제기는 물론 정당
하다. 그러나 교육자들은 시대의 흐름을 민감하게 파악하고 자신들이
전수받은 지식문화, 도덕문화들이 현재적 상황에서 어떤 의미를 갖는
지, 어떤 부분이 시대에 뒤처졌으며, 어떤 부분이 새롭게 업데이트되어
야 하는지 통찰하는 일을 우선시해야 한다. 그래야만 성장세대와 대화
하고 소통할 수 있는 길이 열릴 것이며, 시대에 적합한 인성교육의 방향
도 도출될 수 있을 것이기 때문이다.

　인류는 현재 이른바 '4차 산업혁명시대' '지능정보사회'의 도래를 앞두
고 있다. 이미 인공지능이 곳곳에서 인간의 지적(知的) 능력을 따라잡고 있
으며, 유전자가위 등을 비롯한 의료기술, 생화학기술들이 인간 생명의
개념을 바꾸고 있다. 향후 20년 안에 인공지능을 갖춘 기계들이 인간 노
동의 영역을 절반 이상 잠식할 것이라는 섬뜩한 예측들이 나온 지 오래
이며, 인간의 정신적·문화적 영역까지 인공지능이 들어와서 함께 섞여
들고 휴머노이드, 사이보그 등이 출현하여 인간과 기계의 경계가 점점
더 모호해지는 세상도 그리 먼 미래로 여겨지지 않는다. 요컨대, 현대의
첨단과학 기술은 모든 것을 알고리즘과 데이터로 환원시키는 방향으로
가고 있으며, 지속적으로 발전하고 있는 첨단기술들이 융합되어 인간의
육체뿐만이 아니라 마음(사고, 감정, 의지, 욕망 등을 포함하여)까지도 설계
를 하는 세상이 다가오고 있다(항우울제 등의 약물을 통한 감정의 제어는 그
전조에 불과하다). 사정이 이러할진대 우리는 과연 무엇을 통하여 우리
자신들이 인간임을 확인하고 인간으로서의 자존감을 지켜 나갈 것인가?
우리는 전통적인 의미에서의 인간성을 상실할 위기에 처해 있는 것이
다! 아니, 이미 상실되기 시작했으며, 이를 되돌릴 수도 없다. 왜냐하면
우리가 살아갈 삶의 환경과 조건이 근본적으로 바뀌고 있기 때문이다.

그럼에도 불구하고 우리가 인간으로 살아가기 위해서는 새로운 삶의 상황에 적합한 인간성을 새로이 획득해야 한다.

　이것이 다름 아닌 인성교육의 과제이다. 인성교육은 미래시대에 적합한 새로운 인간을 길러 내야 한다. 지능정보사회를 살아갈 인간은 우선 자신의 삶을 스스로 보존하고 이끌어 갈 수 있는 자주적·자기책임적인 인간이면서 동시에 타인들과 소통하고 협력할 수 있는 인간이어야 한다. 우리의 아동·청소년들이 살아갈 미래시대에는 현 사회가 보여 주고 있는 정보화, 다원화 현상이 더욱 심화되면서 변동성과 불안정성이 더욱 커질 것으로 예상된다. 이러한 시대적 추세 속에서 개인들의 삶을 책임지는 사회적·국가적 시스템을 설계하고 유지하기란 더욱더 어려워질 것이다. 따라서 개인의 입장에서 볼 때, 더 이상 정해진 매뉴얼대로만 살아갈 수 없는 시대임이 분명하다. 그러므로 규범과 지시, 매뉴얼을 잘 따르는 이른바 '착한 아이들'을 만들려고 하는 인성교육은 더 이상 시대의 흐름에 적합하지 않다. 이러한 인성교육의 패러다임이 시효가 지났다는 것은 2014년도에 일어났던 세월호 참사에서도 극명하게 드러났다. 대부분의 순종적이고 '착한' 아이들은 '가만히 제자리에 있으라'는 방송을 충실히 따르다가 참변을 당했다. 만일 한국 교육이 그들에게 자주적·자기책임적 판단력을 길러 주었더라면 그들은 배가 기울기 시작할 때 당연히 배를 탈출해야 한다고 판단하고 행동했을 것이다.

　자주적·자기책임적 판단력을 갖기 위해서는 자기정체성을 되물어 갈 수 있어야 한다. '나는 누구인가?' '인간이란 무엇인가?'를 물어 갈 수 있어야 '나는 무엇을 할 수 있는가?' '무엇을 해야 하는가?'에 대한 자주적인 판단을 내릴 수 있고 이에 따라 행동할 수가 있다. 이러한 과정의 반복을 통하여 자기기준, 자기중심축이 생기게 된다. 지구가 '지축(地軸)'을 중심으로 돌아가듯이 인간은 '자기축(自己軸)'을 필요로 한다. 우리의 아동·청소년들이 이러한 자기축을 중심으로 움직이는 소우주(小宇宙, microcosmos)가 될 수 있도록 하라. 그러나 한번 획득된 자기축에

너무 강하게 고착되지 않도록 해야 한다. 자신과 세계에 대한 새로운 통찰에 따라 자기축은 재조정될 수 있어야 한다. 우리는 계속되는 관찰과 물음에 열려 있지 않으면 고루하고 편협한 사람이 되어 버린다.

아이들이 속해 있는 공동체(가정, 학교, 사회)는 이러한 자기축을 중심으로 움직이는 소우주들을 인정해 주고 이들을 지원해 주는 시스템을 만들어 갈 필요가 있다. 시스템의 이익을 위해서 개인을 투입하는 것이 아닌, 개인의 자유로운 전개와 활동을 지원하는 것이 시스템에 있어서도 궁극적으로 이익이 된다는 것이 서구 선진사회의 역사적 경험이다. 우리 사회도 이러한 경험에서 배울 필요가 있다. 이러한 인간 친화적인 공동체 안에서 서로를 존중하고 배려하며 소통하고 협업 할 수 있도록 하라.

이상의 이야기들이 독자들에게 다소 뜬구름 잡는 것 같은 소리로 들릴지도 모른다. 사실 그렇기도 하다. 왜냐하면 인성교육이란—진공 상태에서 이루어지는 자유낙하 실험과는 다르게—현실적 조건 속에서 이루어져야 하는 것이기 때문이다. 그러나 루소가 이상적인 조건이 갖추어질 때 교육이 인간을 어떻게 성장·발달시킬 수 있는지를 시뮬레이션해 보기 위해 『에밀』을 썼듯이, 이상적인 조건이 갖추어질 때 인성교육이 어떠한 모습으로 나타날 것인지를 그려 보는 것이 무슨 잘못이 있겠는가.

오늘날 우리 교육자들이 현실의 무게에 눌려 꿈을 잃어버리고 있는 것이 한국 교육의 가장 큰 위기가 아닐까? 그렇다면 우리는 다시 꿈꾸기를 연습해야 한다. 보다 좋은 교육에 대해 다시 꿈꾸기를 시작해야만 하는 것이다! 그렇지 않으면 어디에서 우리 교육의 희망을 다시 찾을 수 있을 것인가. 교육 동지 여러분의 건투를 빈다.

찾아보기

인명

Aquinas, T. 241
Aristoteles 29, 76, 189, 291, 292, 298, 301, 302, 303, 310, 312, 313, 314, 315, 316, 317, 318, 321

Ballauff, T. 191, 304, 311, 319, 305
Beaufret, J. 167
Benner, D. 305
Bollnow, O. F. 289, 290

Comenius, J. A. 37

Dewey, J. 15, 113, 114, 115, 116, 117, 118, 119, 121, 123, 124, 125, 126, 128, 129, 137, 138, 193, 324

Eckhart, M. 240, 241, 242, 243, 244, 245, 246, 247, 248, 250, 251, 252, 253, 279, 280, 301

Flitner, W. 305
Freud, S. 64, 90, 137, 138, 196, 198, 200, 201, 202, 204, 205, 207, 208, 209, 210, 211, 213, 214, 216, 224, 226, 227, 230

Gehlen, A. 290

Heidegger, M. 166, 167, 169, 171, 173, 174, 176, 177, 178, 179, 181, 183, 185, 186, 188, 189, 191, 192, 193, 194, 226, 227, 229, 231, 301, 322
Herbart, J. F. 64, 90, 91, 92, 94, 95, 96, 97, 98, 99, 100, 101, 103, 104, 105, 106, 107, 108, 109, 110, 112, 113, 115, 128, 129, 137, 138, 303, 305, 306, 307, 308, 309, 310, 320, 321
Husserl, E. 166, 176, 178, 322

Jung, C. G. 294

Kant, I. 15, 23, 60, 64, 65, 66, 67, 68, 69, 70, 71, 72, 73, 74, 75, 76, 77, 78, 79, 80, 81, 82, 83, 84, 85, 86, 87, 88, 89, 90, 115, 117, 127, 129, 137, 138, 148, 150, 155, 171, 189, 223, 225, 275, 279, 292, 300, 304
Kierkegaard, S. A. 166

Lacan, J. 90, 217, 218, 219, 220, 221, 222, 224, 225, 226, 228, 230
Landmann, M. 290
Leibniz, G. W. 64

MacIntyre, A. 76
Müller-Kainz, E. 28, 296, 297

Newton, I. 69
Nietzsche, F. 64, 90, 137, 138, 139, 142, 143, 144, 145, 148, 150, 151, 152, 153, 154, 155, 158, 159, 160, 162, 163, 165, 166, 226, 229, 266, 294, 296, 322, 323, 324, 325

Pieper, J. 293, 294
Plato 111, 116, 151, 311
Plessner, H. 290
Protagoras 116

Rousseau, J. J. 37, 39, 40, 42, 50, 51, 52, 53, 54, 55, 56, 57, 58, 59, 60, 61, 62, 64, 65, 66, 67, 69, 75, 90, 115, 121, 127, 128, 129, 137, 138, 214, 300

Sartre, J. P. 168
Scheler, M. 89, 176, 290, 298, 299, 300, 301, 322, 326, 327
Seuse, H. 251
Socrates 116, 313, 322
Sönnig, C. 28, 296, 297

Tacitus, C. 111

Wolff, C. 65

공자 275
기대승 268
김굉필 277
김종직 277

대행 254, 260, 261, 262, 263, 264, 265, 266

맹자 275

보리달마 253, 254

신수 256

유청지 276
이이 277
이황 268

주자 269, 273, 274, 277
주희 272, 276

혜능 254, 255, 256, 258, 259, 265, 266
홍인 255

내용

4차 산업혁명 26. 27, 240, 310, 372

가치 105, 200, 208, 209, 214
가치덕목 138, 208, 354
가치덕목중심 163, 164
가치덕목중심 인성교육 139
가치목록 209
가치윤리학 89
가치평가 147, 165
갈등조절 335
감각 89, 102, 104, 140, 152, 293, 300, 301, 302
감성 60, 68, 69, 70, 71, 73, 74, 77, 78, 85, 89, 104, 240, 283, 293, 300, 301, 302, 338
감성적 존재 69
감시 93, 94
감정 62, 89, 94, 101, 103, 110, 127, 128, 142, 152, 245, 289, 297, 298, 302, 322, 361
강제 78, 88, 89, 90, 94, 105, 203
강제성 89
개방성 184
개별성 80, 81, 87, 96
개성 52, 73
개인 81, 121, 129, 212
거경 273, 274, 275, 278, 280
거울 217, 257, 282, 294
거울단계 217

검열 199, 200, 201, 202
격률 73, 82, 84, 86
격물 275, 276
견성 257, 258, 265
경외 275
경쟁 41, 46, 47
경험 98, 100, 101, 102, 105, 114, 125, 126, 142, 306, 321
경험적 성격 82
경험주의 114
계몽 148, 149
계몽주의 28, 40, 76, 127, 148, 205, 241, 290, 291, 300
계몽주의자 77
계보학 149, 324
고정관념 281, 318, 322
공 280, 281
공감 98, 99, 100, 101, 102, 103, 104, 111, 113, 151, 306, 307, 309, 319, 321, 338
공동체 50, 51
공생 103, 265, 266, 267
공생인 267
공정성 107, 108, 307, 308
공존 103
관념 110

관리 92, 93, 94, 306, 320
관습 160, 165
관점주의 149, 151, 324
관조 29, 60, 104, 126, 189, 195, 207, 294, 298, 306, 307, 309, 310, 311, 313, 314, 316, 317, 318, 319, 321, 322, 327
관조교육 195, 317, 320
관조적 삶 309, 310, 312, 316, 318, 320, 321, 326, 328
관찰 98, 99, 100, 102, 103, 104, 139, 309, 322, 374
교과교육 91, 112
교수 93, 94
교양 66, 122, 126, 168, 169, 241, 252
교양교육 122, 123
교양지식 326
교육적 감각 94
교육적인 사랑 25
교육하는 수업 91, 128
교육하는 수업이론 92
교제 81, 98, 100, 105, 306, 321
교직과정 305
구멍 222
군자 268, 271
궁리 273, 275, 276
권위 93, 94
규범 159
규칙 78
근면성 109
긍정심리학 315
기독교 239, 240, 279, 290, 291
기술 181, 182
기예 291, 292, 303
기질 268, 272, 273
기질지성 268
기초존재론 167
깨달음 260, 263, 280

나르시시즘 201, 202
내면세계 100, 102, 110, 306
내적 인간 250
내적 자유 307, 308
논증적 사고 295, 297, 298
논증적 지성 28, 292, 300, 301, 302, 303

논증적 지성 291
눈앞의 존재 172, 173, 186, 191, 227
능력 45, 46, 47, 56, 57, 58, 67, 71, 78, 103, 122, 139, 140, 265, 280, 318

다면적 흥미 95
단련 75
담론 15, 16, 26, 137, 138, 166
담론화 16, 17
당위 71, 83
대승불교 253, 266, 267, 280, 281, 282
대타자 222
대학 277
덕 81
덕목 163, 230
덕목중심 228
도 268
도교 112, 336
도구주의 116, 125, 126
도덕 59, 138, 139, 142, 145, 146, 147, 148, 149, 154, 156, 159, 161, 162, 165, 166, 200, 226, 227, 231, 325
도덕교육 83, 86, 106, 307
도덕문화 148, 156, 226, 322, 372
도덕법칙 73, 74, 82, 83, 88
도덕성 72, 74, 79, 81, 84, 87, 89, 106, 107, 128, 208, 307
도덕-윤리교육 20, 21, 24, 25, 208, 210
도덕화 77, 80, 81, 82, 83, 84, 87, 88, 105
도야 251
돈교 256
돌파 246, 247, 279
동근원성 190
동물성 76, 77
디지털 스토리텔링 113, 337, 338
디지털 원주민 113, 338

리비도 202, 213

마음 262, 269, 280
마음교육 264
만남 106
명예심 109
목적 79, 119, 120, 122, 206, 316, 319

목적지 119
묘사하는 수업 99, 100
무 173, 174, 175, 184, 194, 244, 245, 246
무념 258, 259
무목적적 296, 300, 301, 314, 322
무상 258
무아 266, 311
무의식 196, 197, 198, 199, 200, 208, 210, 211,
    216, 227, 301
무의식이론 196, 203, 207, 209, 210, 211, 228
무주 258
무지의 지 322
무화 174, 175, 176, 178, 183, 184, 189, 190,
    191, 194, 222, 225, 228, 322
문명 203, 204, 205, 206, 208, 209, 212
문명인 39
문명적 206
문제해결 117, 125, 126
문제해결학습 114
문화 68, 69, 76
문화 이상 25, 108
문화적 이상 23
문화화 68, 79, 84, 85, 87
물질 140
미덕 53, 59, 302, 312, 319
미덕교육 320
미적 감각 104
미적 판단 105, 128
민주시민 114, 117, 118, 123, 125
민주시민교육 129
민주주의 114, 116, 118, 123, 124, 125, 126, 127,
    159
믿음 250, 257, 264, 275

반성적 사고 117
반야 257
배의 결정 295
배의 느낌 295
법칙 78, 98, 102, 103, 104, 151
보편자 99, 100
복종 78, 88
본능 67, 203, 209
본능충동 203, 204, 205
본래성불 256

본연지성 274, 276
본질지식 326
부분충동 219
분노 관리 359
분석적 수업 99, 100
불가 283
불교 112, 240, 269, 279, 280, 336
불성 253, 256, 261, 265, 266, 280, 318
불안 173, 174, 178, 183
비교 41, 67

사고권 92, 95, 96, 98, 100, 102, 105, 106, 107,
    110, 111, 128, 306, 307
사고오류 363
사단 18, 276, 279
사랑 25, 62, 63, 89, 93, 94, 109, 127, 203, 299,
    323
사변 98, 99, 100, 101, 102, 103, 104, 128, 307,
    309, 321
사변이성 292
사유 178, 179, 189
사회 81, 129, 267
사회 상태 39, 40, 42, 56, 58, 115
사회적 역량 266, 267
사회정서학습 335, 355, 364
사회화 81, 128
상대주의 149
상상계 217, 218, 220, 225, 228
상생 265, 266, 267
상성성 274, 280
상징계 217, 220, 221, 222, 223, 224, 225, 228
상징적 자아 222
생명충동 300
선불교 253, 254, 266, 280, 283
선의지 72, 74, 83, 84
성 269, 270, 271, 272, 276, 279, 283
성격 23, 83, 84, 105, 106, 198, 199
성격교육 23, 24, 25, 105
성격적 탁월 312
성과지식 326
성리학 240, 268, 269, 275, 276, 279, 280, 283
성실 108
성인 271, 275
성장 115

성품 253, 254, 257, 268, 289
세간지 80
세계 내 존재 167
세계시민 125
셀프리더 267
소우주 160, 374
소원충동 199
소유정신 109
소질 84, 123, 127
소타자 218
소피아 302, 316, 317, 325
소학 277
수업 92, 95, 98, 100, 101, 104, 105, 110, 306,
　　309, 320, 321
숙련성 79, 84
순수이성 73, 151
쉼 버튼 327, 328
스콜레 189, 298, 302, 309, 311, 316, 317, 321,
　　322, 323, 324, 325
스토리텔링 112, 335, 337
습관 75, 78, 88, 106, 142, 163, 306
습성 75, 77
승화 202, 206, 213
시민 54
시민교육 50, 51, 115
시민화 80, 81, 82, 84, 87
신 241, 242, 243, 245, 247, 248, 249, 251, 279,
　　318
신경증 205, 206
신성 61, 239, 241, 243, 244, 252, 291, 299, 313,
　　318, 321
신조 73, 83, 84, 104, 106, 128
신체 217, 289, 300, 301, 302
신체이성 152
실용교육 320, 336
실용주의 114
실재계 222, 223, 225
실존주의 168
실존철학 166
실증주의 91, 92, 336
실천이성 88, 292
실천적 교육 84
실천적 자유 83
실천적 지성 291, 292, 303

실천지 292
실체 143
심성 17, 18, 19, 24
심수렴불용일물 274

아만 252
알타미라 동굴벽화 40
암시 210
양성 79
양심 58, 59, 60, 61, 63, 64, 127, 147, 151, 227
양심원칙 202
양육 74, 75, 76, 84
억압 199, 200, 202, 204, 205, 209, 210, 221
억제 203, 322
언어 179, 181, 184, 185, 188
업식 263, 264, 265
에너지 96, 155
에밀 58
에피스테메 317
역량 15, 58, 94, 139, 151, 152, 153, 154, 155,
　　156, 157, 158, 159, 164, 165, 212, 226, 230,
　　267, 354
역량중심 164
역량중심 교육 164
역량중심 인성교육 139, 165
역사적 감각 149
연민 43, 61, 62, 63, 108, 109, 127
영리성 29, 84, 95
영성 239, 240, 252, 253, 260, 266, 268, 279,
　　280, 283, 289, 290, 291, 298, 299, 300, 301,
　　314, 318
영성교육 30, 240, 268, 283
영혼 63, 147, 151, 241, 242, 243, 244, 245, 247,
　　248, 250, 251, 252, 279, 280, 290
예술 162
예의범절 80, 81, 82
예지계 89
예지적 성격 82, 85, 86
예지적 존재 69, 71
오디세이 111
오상 276, 279
오이디푸스 콤플렉스 201, 220
완전성 107, 108, 109, 307, 308
욕구 44, 47, 50, 57, 95, 119, 126, 129, 142, 181,

296, 297, 298, 299, 300, 302, 310, 311, 316,
321, 322, 323, 324
욕망 45, 46, 47, 53, 54, 56, 57, 58, 73, 78, 89,
103, 110, 142, 152, 164, 209, 218, 219, 220,
222, 223, 224, 225, 226, 228, 230, 240, 245,
289, 296, 297, 298, 299, 300, 301, 302, 310,
311, 316, 321, 322, 323, 324, 326
우주적 공생인 319
움죽 버튼 327, 328
원칙 82, 88, 89, 90, 103, 104
위협 93, 94
유가 280, 283
유교 112, 268, 335
유목적적 296, 300
유용성 117, 123, 296, 309, 318, 321, 322, 324
유학 17, 272, 279
육체 63, 209
의무 53, 54, 71, 86, 129
의무감 72
의사결정 335
의사소통 335
의식 67, 196, 198, 199, 200, 208, 210, 217, 227,
257, 301, 323
의욕 95, 106, 119
의지 72, 78, 83, 89, 139, 141, 142, 152, 191,
198, 207, 210, 211, 245, 289, 298, 300, 301,
322
이기심 82
이념 104, 107, 109, 142, 160, 307
이드 198, 199, 200, 201, 206, 208, 209, 210,
212, 213, 215, 227
이미지 110, 217
이상 208, 209
이성 28, 59, 60, 61, 62, 67, 68, 69, 70, 71, 73,
74, 75, 76, 77, 78, 81, 83, 85, 87, 88, 89, 90,
104, 143, 144, 152, 198, 207, 208, 209, 210,
212, 226, 229, 240, 283, 289, 292, 299, 300,
301, 322
이성주의 198, 207, 208, 210, 212, 227
이해 25
이해관심 29
인 272, 276, 279
인간관 137
인간교육 50, 63, 64, 92

인간불평등기원론 39
인간성 76, 77, 80, 86, 372, 373
인간학 139
인격 22, 23, 54, 73, 86, 97, 98, 104, 191, 208,
279, 299, 326
인격교육 21, 23, 24, 25, 208, 210
인격성 76, 86
인격자 74, 128
인과법칙 69, 70, 71, 144
인내 109
인문학 92, 109, 111, 112, 128, 335, 336, 337
인문학교육 92, 112, 113, 335, 337
인본성 81
인성 17, 18, 20, 21, 23, 25, 27, 58, 59, 89, 92,
105, 163, 165, 167, 225, 283, 289, 290, 300,
302, 305
인성교육 15, 16, 17, 18, 19, 20, 21, 23, 24, 25,
26, 27, 29, 30, 37, 50, 88, 89, 90, 91, 92,
100, 107, 108, 109, 112, 113, 114, 117, 121,
125, 126, 127, 128, 129, 137, 138, 152, 163,
164, 166, 167, 195, 196, 207, 209, 210, 212,
213, 214, 216, 226, 227, 228, 229, 239, 240,
241, 252, 254, 266, 267, 269, 272, 276, 278,
279, 283, 289, 300, 305, 306, 335, 336, 337,
354, 364, 373, 374
인성교육관 167
인성덕목 107, 231
인성역량 231
인성요소 109
인식 95, 98, 100, 101, 102, 103, 138, 139, 142,
148, 149, 154, 155, 161, 162, 166, 226, 229,
231, 245, 293, 306, 321, 322
인식문화 148, 155, 226
인정욕망 224, 225, 228
일반교육학 104, 111, 303, 305, 306, 309, 319
입력 210, 211, 263, 264, 265

자기 266, 294
자기보존 38, 43, 48, 49, 50, 56, 57, 58, 59, 127,
157, 165, 193, 194, 195, 205, 296, 312, 320
자기사랑 129
자기소외 42, 47, 58
자기애 245, 248
자기입법 139, 150, 154, 157, 158, 159

자기정체성 373
자기존중 129, 229
자기중심성 318, 319
자기초월 280, 283, 297
자기초월성 299
자기축 373, 374
자기통제 109
자만심 42, 43, 44, 45, 58
자발성 76, 87
자비 108, 267
자비심 282
자성 255, 257, 258, 266
자아 41, 42, 43, 49, 56, 58, 142, 178, 189, 190,
    191, 192, 198, 199, 200, 201, 202, 208, 210,
    212, 213, 215, 217, 221, 222, 224, 227, 266,
    267, 279, 283, 294, 296, 297, 298, 300
자아역량 266, 267
자아의식 192, 257, 266, 297, 299, 322
자아이상 201, 202, 213, 214, 227
자아정체성 79, 338
자아초월 283
자애심 42, 43, 44, 58, 62, 63, 82, 84, 85, 127,
    129, 201, 202
자연 38, 51, 52, 67, 68, 69, 75, 76, 115, 156
자연 상태 39, 42, 44, 56, 58, 67, 115
자연성 63, 68, 69
자연인 37, 39, 54, 55, 56, 57, 115, 121
자연적 태도 176
자유 67, 69, 70, 71, 73, 74, 75, 77, 78, 83, 85,
    107, 108, 138, 149, 161, 184, 224
자유정신 150, 151, 152, 154, 157, 159, 160, 161,
    162, 165, 166
자율 74, 87
자율성 52, 64, 77
자의 78, 101
자의성 77, 78, 83
자존심 44
잠재의식 263
전의식 198, 199, 200
전형 104
점교 256, 258
정념 42, 51, 63, 64, 67
정서 101, 127, 358
정서교육 101

정신 59, 152, 209, 290, 298, 299, 300
정신분석학 197, 216
정언명법 73, 86
정의 107, 108, 109, 307, 308
정제엄숙 274
정체성 79, 123
존경 86, 275
존엄성 86, 87, 198, 291
존재 169, 173, 174, 175, 179, 181, 182, 183,
    184, 185, 186, 187, 188, 189, 190, 191, 194,
    195, 227, 301, 318
존재망각 179, 183
존재물음 188, 231
존재사유 167, 170, 181, 182, 187, 189, 192, 193,
    322
존재의미 291
존재자 169, 172, 173, 175, 179, 181, 183, 184,
    186, 187, 188, 190, 191, 192, 194, 227, 322
존중 62, 63
종교 59, 102, 161, 291, 325
종합적 수업 99, 100
주이상스 219, 228
주인공 263, 264, 280
주인공관법 264
주일무적 274
주체 77, 217, 220, 221, 222, 224, 296
주체성 75
중용 302
지각 200
지능정보사회 26, 27, 28, 29, 310, 311, 372, 373
지배 94
지배지식 326
지식 110, 138
지식문화 322, 372
지적 직관 292
지적 탁월성 312
지혜 28, 29, 30, 45, 50, 57, 239, 257, 265, 267,
    272, 291, 292, 301, 303, 309, 310, 311, 314,
    315, 319, 325
지혜교육 28, 29, 30, 310, 316, 318, 319, 320,
    321
지혜인 319
직관 28, 29, 291, 293, 295, 297, 298, 299, 300
직관적 사고 295, 296, 297

직관적 지성 28, 29, 291, 292, 293, 294, 295, 296, 297, 298, 300, 301, 303
직관지 292
진리 117, 142, 143, 146, 148, 168, 179, 181, 182, 184, 186, 188, 191, 229, 242, 260, 290, 296, 312, 318, 322, 324
진리성 15
진보주의 114

차이 229, 231
참 나 264
창의성 318
철학 30
철학적 인간 290
철학적 인간학 289, 290, 293, 298, 326
체계적 교육학 303, 305
초월 184
초자아 198, 199, 200, 201, 202, 204, 206, 207, 208, 210, 213, 214, 215, 224, 227
초탈 244, 245, 246, 248
최면 상태 197
출력 263
충동 69, 76, 177, 178, 200, 202, 203, 205, 210, 219, 230, 301
취미 98, 99, 100, 101, 102, 103, 104, 128, 309, 321
취향 104
치지 275

쾌락 202, 205, 209
쾌락원칙 199, 202

타인사랑 129
타인존중 129, 229
탈자아성 191, 192, 194, 195, 311, 312, 320
탈존 184, 189, 190, 194
태도 18, 19, 24, 306
테오리아 180, 325
통찰 96, 106, 108, 109, 374
특수자 99

판단 139
팔루스 218
포스트모더니즘 137, 226, 229, 291
포스트모던 23, 90, 129, 137, 226, 231, 291
표상 95
프래그머티즘 113
프로네시스 301, 302, 317

하늘 268, 269, 270, 271, 275, 283
학교폭력 54, 353
한마음 260, 262, 263, 265, 266, 280
한마음사상 262, 266
행복 43, 45, 46, 47, 61, 62, 81, 84, 126, 205, 208, 302, 312, 313, 315, 316, 319, 325
행위 90, 95, 106
현상계 89
현상학 166, 176
현상학적 태도 176, 327
현상학적 환원 176, 178, 322
현실성의 원칙 202
현실원칙 199, 200, 202
현재의식 263
현존재 151, 162, 167, 177, 178, 183, 184, 194
형이상학 169, 170, 171, 173, 180, 182, 183, 187, 188, 191, 227, 229, 231, 268
형이상학적 태도 327
호의 107, 108, 109, 307, 308
환경 121, 122, 123
활동적 삶 309, 310, 312, 316, 318, 320, 321, 326, 328
후마니타스 168
훈육 76, 77, 78, 79, 84, 88, 90, 92, 93, 94, 105, 106, 107, 120, 125, 306, 307, 320
휴머니즘 167, 169, 185, 186
흥미 47, 58, 95, 96, 97, 98, 113, 117, 118, 119, 120, 121, 122, 123, 127, 129, 154, 309
흥미도야 118
흥미의 다면성 309

저자 소개

김영래(Kim, Young-Rae)
이메일: kimy003@naver.com

고려대학교 독어독문학과 졸업
독일 마인츠대학교 박사학위(철학박사/교육철학 전공) 취득
서울 한성고등학교 교사 역임
고려대학교 교육문제연구소 연구교수 역임
현 고려대학교 교육대학원 강사

〈저서〉
미래세대를 위한 인성교육(공저, 학지사, 2018)
인성교육(공저, 양서원, 2008)
칸트의 교육이론(학지사, 2003)

〈역서〉
지혜교육(학지사, 2019)
서양 교육이념의 역사(공역, 교육과학사, 2017)
강한 아이: 초등 고학년용/중학생용/고등학생용(교육과학사, 2014 · 2015)
헤르바르트의 일반교육학(학지사, 2006)

〈논문〉
역량 중심 인성교육으로서의 사회정서학습(2017)
무의식의 담론과 마음교육(2017)
교육원리로서의 자기보존: 루소 교육관의 현대적 재음미(2008)
체계적 교육학의 필요성과 가능성(2006)
지식과 도야: 막스 셸러 지식사회학의 도야론적 함의(2002)
외 다수

인성교육의 담론
― 미래세대를 위한 지혜교육 탐색 ―
Discourses on Character Education

2019년 3월 30일 1판 1쇄 발행
2019년 12월 20일 1판 2쇄 발행

지은이 • 김영래
펴낸이 • 김진환
펴낸곳 • ㈜ **학지사**

04031 서울특별시 마포구 양화로 15길 20 마인드월드빌딩
대표전화 • 02)330-5114   팩스 • 02)324-2345
등록번호 • 제313-2006-000265호

홈페이지 • http://www.hakjisa.co.kr
페이스북 • https://www.facebook.com/hakjisabook

ISBN 978-89-997-1811-3 93370

정가 18,000원

이 도서의 국립중앙도서관 출판시도서목록(CIP)은 서지정보유통지원
시스템 홈페이지(http://seoji.nl.go.kr)와 국가자료공동목록시스템
(http://www.nl.go.kr/kolisnet)에서 이용하실 수 있습니다.
(CIP 제어번호: CIP2019010539)

출판 · 교육 · 미디어기업 **학지사**

간호보건의학출판 **학지사메디컬** www.hakjisamd.co.kr
심리검사연구소 **인싸이트** www.inpsyt.co.kr
학술논문서비스 **뉴논문** www.newnonmun.com
원격교육연수원 **카운피아** www.counpia.com